KB111690

가장 쉬운

자동화 수익 프로그램 만들기

가장 쉬운
자동화 수익 프로그램 만들기

초판 1쇄 인쇄 | 2024년 1월 2일
초판 1쇄 발행 | 2024년 1월 5일

지 은 이 | 조민채
감 수 | 신동규

발 행 인 | 이상만
발 행 처 | 정보문화사

책 임 편 집 | 노미라
교정 · 교열 | 안종군

주 소 | 서울시 종로구 동숭길 113
전 화 | (02)3673 - 0114
팩 스 | (02)3673 - 0260
등 록 | 1990년 2월 14일 제1 - 1013호
홈 페 이 지 | www.infopub.co.kr

I S B N | 978-89-5674-931-0

구글 스프레드시트로 만들어 돈벌기

가장 쉬운 자동화 수익 프로그램 만들기

조민채 지음 | 신동규 감수

정보문화사
Information Publishing Group

프롤로그

나 대신 일하는 자동화 프로그램, 단 한 번의 세팅으로 월 200만 원 절약하기

"하루라도 빨리 자동화에 눈떠야 한다. 바로 지금이 기회다"

여러분은 자신의 목표를 이루기 위해 뭔가를 시도해 본 적이 있나요? 필자는 이루고 싶은 꿈과 목표를 노트에 100일 동안 100번씩 쓰는 도전을 혼자 해 본 적이 있습니다. 그런데 50일까지는 열심히 썼지만 그 이후에는 쓰지 않고 건너뛰는 날이 많아졌습니다. 이 경험을 통해 '챌린지는 혼자하는 것보다는 다른 사람과 함께하면 결과가 다르지 않을까?'라는 생각으로 한 챌린지에 참여하게 됐습니다.

챌린지의 결과는 놀라웠습니다. 함께 도전하며 과정 자체를 즐기고 선택과 집중을 함으로써 완주할 수 있었고 성취감을 통해 자존감이 높아졌습니다. 과정을 즐기면 결과가 좋아지고 함께하면 성공할 수 있다는 것도 알게 됐습니다.

챌린지의 사전적인 의미는 '도전하는 것'입니다. 하지만 필자는 챌린지를 '도전 의식을 가진 사람들이 모여 과정을 함께 즐기며 성장하고 결과를 내는 것'이라고 정의하고 싶습니다. 챌린지에 참여하면 성장과 성취감을 동시에 얻을 수 있습니다.

챌린지의 매력에 빠진 후 필자가 직접 챌린지를 운영하면서 다른 사람들에게 '함께하는 것'의 힘을 느끼게 해 주고 싶었습니다. 막상 운영하려고 하니 많은 어려움이 있었습니다. 만약 챌린지에 참여하는 인원이 100명이라고 가정한다면 30일 동안 약 3000개의 챌린지 인증 사진을 일일이 이름과 대조하며 확인해야 했습니다. 또한 인증 사진을 올리지 않은 미인증과 인증을 나누고 챌린지 참가비와 보증금을 관리해야 하는 등 혼자 이 많은 일을 처리하기에는 벅차다고 느껴졌습니다. 그래서 '이 모든 과정을 나 대신 누군가 하면 좋겠다'라는 생각을 하게 됐습니다.

사업을 하든, 자기 계발을 하든 자동화 시스템이 구축돼 있다면 시간과 돈을 아낄 수 있습니다. 특히 비즈니스를 하는 사람이라면 자동화가 반드시 필요합니다. 필자는 큰 비용을 지불해 가면서 '시간과 돈을 아끼는 자동화 프로그램을 만드는 법'을 배웠고 이때 배운 것들을 공유하고자 합니다.

자동화 프로그램이 없다면 사람을 고용하거나 시간을 할애해야 합니다. 이는 곧 인건비, 즉 고정 지출이 발생한다는 것을 의미합니다. 챌린지 인증을 나 대신 다른 누군가 해 줄 수 있다면 눈으로 숫자를 세거나 대조하는 시간까지 아낄 수 있습니다. 또한 이 책 한 권으로 200만 원 또는 그 이상의 인건비와 관리비를 절약할 수 있습니다.

이 책을 다 읽고 나면 단 한 번의 세팅으로 여러분만의 자동화 프로그램을 소유할 수 있습니다. 독자의 시간은 곧 돈이고 때로는 돈 이상의 가치를 지니고 있습니다. 누군가는 이미 자동화 프로그램으로 혼자서 1인 비즈니스를 하고 있습니다. 이 책은 여러분들에게 기회가 될 것입니다. 학습 중 궁금한 사항은 저자 블로그(blog.naver.com/chal_era)에서 피드백 가능합니다. 이제 여러분만의 챌린지 '자동화 프로그램'을 만들 준비가 됐나요? 지금 바로 책장을 넘겨 실행해 보기 바랍니다.

목차

03 구글 스프레드시트 실행하고 주요 함수 배우기

목차

PART

01

프로그램을 만들기 전에 꼭 알아야 할 사항

구글 스프레드시트로 미션 인증 자동화 프로그램을 만들기 앞서 자동화 프로그램을 왜 만들어야 하는지, 카카오톡 오픈 채팅방과 챌린지를 왜 운영해야 하는지 전반적인 사항에 대해 살펴보겠습니다.

CHAPTER 01

구글 스프레드시트로 어떻게 수익화가 가능할까?

여러분은 혹시 인터넷 강의를 들어 본 적이 있나요? 인터넷 강의 중에는 무료도 있고 유료도 있습니다. 필자는 강의를 들을 때 다운로드한 교육 자료들을 2개의 폴더로 나눠 관리합니다. 한 폴더에는 비용을 내지 않고 다운로드한 자료들이 들어 있고 다른 폴더에는 비용을 내고 다운로드한 자료들이 들어 있습니다.

그런데 이 2가지 폴더를 대하는 마음가짐은 사뭇 다릅니다. 비용을 내지 않고 다운로드한 자료는 자주 열어 보지 않지만, 비용을 내고 다운로드한 자료들은 하루에도 몇 번씩 읽어 보고 내 것으로 만들기 위해 노력합니다. 그 이유는 바로 비용을 지불했기 때문입니다.

이번에는 헬스장의 3개월 이용권을 구매했다고 가정해 보겠습니다. 이 이용권으로는 헬스장을 언제든지 이용할 수 있으므로 부담이 적습니다. 오늘 가지 못하면 내일 가면 되고 내일 못 가면 주말에 가면 되기 때문입니다. 하지만 이보다 훨씬 비싼 PT(1대1, 10회) 이용권은 다릅니다. PT 수업 시간을 놓치지 않기 위해 다른 약속을 잡지 않고 오로지 내 시간을 PT 수업에 투자합니다. 약속 시간에 참여하지 못하면 수업 1회가 차감되기 때문입니다. 즉, 시간과 돈을 모두 손해보는 것입니다.

자유 이용권과 PT 이용권은 지불 금액에 차이가 있기 때문에 '우선순위'가 달라집니다. 상대적으로 비용이 싼 자유 이용권은 우선순위에서 하위권을 차지하고 1대1 코칭처럼 비용이 비싼 PT 이용권은 상위권을 차지합니다. 이처럼 비용은 그저 돈을 쓰는 것에 의미가 있는 것이 아니라 비용을 지불한 만큼의 가치를 얻기 위해 나의 '우선순위'를 설정한다는 것에 의미가 있습니다.

챌린지에 참여할 때도 참가비를 지불합니다. 보증금은 돌려받지만, 참가비는 돌려받지 못합니다. 이 돈은 챌린지를 성공시키고야 말겠다는 자신과의 약속입니다. 챌린지 운영자는 참가자들이 비용을 지불하고 참여했으므로 지불한 비용 이상의 가치를 제공해야 합니다.

챌린지를 운영할 때 참가비를 받지 않으면 문제가 발생합니다. 물론 비용을 지불하지 않았더라도 챌린지에 열심히 참여하는 사람도 있습니다. 하지만 대부분은 '회사 일이 바빠서', '약속이 있어서', '개인 사정이 있어서' 등으로 인증을 빠뜨리곤 합니다. 물론 개인 사정이 있을 수 있겠지만, 이는 개인만의 문제가 아닙니다.

곧 챌린지의 전체적인 분위기에도 큰 영향을 미칩니다. 3인 이상의 다수가 단체 행동을 하게 되면 군중 심리가 생겨납니다. 위와 같이 좋지 않은 분위기가 형성되면 챌린지의 분위기가 가라앉고 본질이 흐려지며 사기가 저하됩니다. 이런 분위기가 형성되면 챌린지에 참여하는 의미가 없어집니다. 따라서 챌린지는 유료로 진행하는 것이 모두를 위한 것입니다.

챌린지에 참여할 때 내는 참가비는 곧 '입장권'입니다. 입장권을 구매한다는 것은 내가 챌린지에 진지한 마음으로 참여하겠다는 의지의 표현입니다. 따라서 챌린지에 성공할 확률도 높아집니다.

챌린지 운영자는 참여자에게 받은 참가비로 더 좋은 자료와 가치를 제공해 그들이 성장할 수 있도록 돕습니다. 또한 구글 스프레드시트로 자동화 프로그램을 만들어 놓기만 하면 돈과 시간을 아낄 수 있습니다. 자동화 프로그램이 나를 대신해서 미션 인증 체크를 해주니까 그만큼의 인건비와 시간을 아낄 수 있는 것입니다. 구글 스프레드시트로 만든 〈자동화 프로그램〉으로 수익화가 가능한 이유는 바로 이 때문입니다. 수익을 만드는 것도 중요하지만, 참여자들이 지불한 비용 이상의 가치를 제공해야 한다는 것을 절대 잊어서는 안 됩니다.

챌린지는 대개 보증금 환급 제도를 함께 운영합니다. 보증금은 말 그대로 챌린지가 성공적으로 끝났을 때 참가자에게 돌려 주는 비용입니다. 예를 들어 참여자가 운영자에게 10만 원을 보증금으로 지불했다면 운영자는 10만 원을 챌린지가 끝날 때까지 보관하고 있다가 참여자의 미인증/인증 여부에 따라 금액을 차감한 후 차액을 돌려 줍니다.

CHAPTER 02

자동화가 왜 중요할까?

자동화의 가장 큰 장점은 잠자고 있을 때나 여행을 떠나 있을 때도 돈이 자동으로 들어온다는 것과 시간을 아낄 수 있다는 것입니다. 자동화 시스템은 단 한 번의 세팅으로 돈과 시간을 벌어 줄 수 있습니다. 비즈니스에서는 시간을 어떻게 쓰느냐가 중요하기 때문에 시간을 아껴 주는 자동화 시스템을 빼놓고 얘기할 수 없는 것입니다.

수동화와 자동화의 차이를 간단히 설명하면 다음과 같습니다.

사과 농장을 운영하는 A와 B가 있습니다. A는 수확한 사과를 팔기 위해 농장 앞쪽의 사람이 많이 지나다니는 골목을 선점합니다. 점포를 운영하면서 마을 사람들에게 사과를 팔고 점포가 쉬는 날은 더 많은 사람에게 사과를 팔기 위해 사과를 트럭에 가득 싣고 마을 여기저기를 돌아다닙니다. 한 상자라도 더 팔기 위해 밤낮 없이 일하는 것입니다. 이렇게 오로지 혼자만의 힘으로 어떻게든 운영해 보려고 애쓰고 있습니다.

반면, B는 오프라인 점포를 운영하지 않습니다. 오로지 농장 옆에 하나의 컨테이너와 컴퓨터 한 대만 있을 뿐입니다. 컨테이너 안에는 사과를 깨끗이 세척하는 파트와 세척한 사과를 정갈하게 포장하는 파트 그리고 전국으로 배송될 박스를 포장하는 파트로 나뉘어 있습니다. 자동화 시스템을 구축한 B는 농장과 관련된 일은 분산시켜 관리만 하고 사과의 품질 향상과 온라인 홍보에만 몰입하면서 사업을 확장시킵니다.

결론적으로 B는 전국 배송 서비스로 더 큰 돈을 벌게 됩니다. 이는 예시에 불과합니다. 실제 농장주들은 이런 시스템을 구축한 분들이 많습니다. 예시로 설명한 이유는 수동화와 자동화의 차이를 설명하기 위해서입니다.

자동화는 나를 대신해 업무를 처리합니다. 확보된 시간을 사업을 확장하는 데 사용하는 구조가 만들어집니다. 단순히 아날로그와 디지털의 싸움이 아닙니다. 수동화가 아닌 자동화 프로그램은 비즈니스를 설계하고 구축하는 데 있어 가장 중요한 핵심 포인트입니다.

CHAPTER 03

카카오톡 오픈 채팅방을 운영해야 하는 3가지 이유

첫째, 사람이 모이는 곳에 돈이 흐르기 때문입니다. 사람들은 공통 관심사를 통해 서로 소통하고 교류하며 정보를 나눕니다. 이 과정에서 '라포(Rapport)'가 형성되고 좋은 것을 함께 나눕니다. 사람이 모여 있다는 것은 그 안에 기회가 있다는 것을 의미합니다.

유명 카페의 경우, 10만 명 이상의 사람이 머물면서 자신의 흔적을 남깁니다. 카페 운영자는 회원들이 원하는 서비스를 제공하면서 돈을 벌거나 공동 구매 등을 통해 돈을 벌기도 합니다. 또 다른 예로 유튜버를 들 수 있습니다. 유명 유튜버는 100만 명 이상의 구독자를 보유하고 있습니다. 광고를 대신해 주거나 상품(굿즈)을 판매해서 수익을 창출합니다.

우리나라의 총 인구수는 약 5,100만 명인데 카카오톡 사용자는 약 4,100만 명이라고 합니다. 실로 엄청난 사용자를 보유하고 있는 플랫폼이라고 할 수 있습니다. 이렇게 사람이 모이는 곳에는 돈이 흐르고 잠재 고객이 숨어 있습니다. 카카오톡 오픈 채팅방을 운영하는 이유는 사람을 모으고 관리할 수 있는 시스템이 잘 구축돼 있기 때문입니다. 블로그와 카페에서 사람들을 많이 모았다면 오픈 채팅방을 적극 활용해 보길 바랍니다. 또는 오픈 채팅방을 먼저 시작해 개인 및 기업의 브랜딩용으로 사용해도 좋습니다.

둘째, 무료로 나만의 온라인 매장이 생깁니다. 오프라인 매장을 운영하면서 운영비 목록을 작성할 때 가장먼저 고려해야 할 점은 '고정 지출'입니다. 고정 지출 중에서도 '월세'는 심리적으로 부담이되는 요소입니다. 오프라인 매장을 운영하고 있다면 온라인으로 추가 사업을 하지 않는 이상, 매장 자체에 발이 묶여 버리게 됩니다. 다른 콘텐츠를 만들고 싶거나 뭔가를 배우고 싶을 때 매장을 비울 수 없기 때문에 다른 사람을 고용해야 합니다.

온라인 매장의 장점은 언제, 어디서든 일할 수 있고 고객을 만나는 곳이 고정돼 있지 않다는 것입니다. 고객이 그저 내 온라인 매장(홈페이지, 오픈 채팅방 등)으로 들어오기만 하면 됩니다. 오픈 채팅방은 온라인 매장을 무료로 갖게 되는 것과 같습니다. 오프라인 매장처럼 월세도 없습니다. 이보다 시작하기 쉬운 것은 없습니다.

셋째, 시각적 즉각성, 접근성, 편의성이 있습니다. 시각적 즉각성은 보이는 대로 몸이 행동하는 것을 말합니다. 보통 카카오톡 메시지가 오면 대화방에 빨간색 숫자로 메시지 수가 쌓인 것이 보입니다. 이 빨간색 숫자를 보면 어떤 마음이 드시나요? 당장 그 메시지를 확인해서 숫자를 없애고 싶지 않나요? 사람들은 대부분 메시지를 확인해 이 빨간색 숫자를 없애고 싶어합니다. 카카오톡 오픈 채팅방은 소식을 즉각적으로 고객에게 알릴 수 있는 최고의 도구입니다.

블로그나 카페를 통해 공지사항을 알리고자 할 때 구독한 사람에게 알람이 가도록 설정할 수는 있지만, 카카오톡의 빨간색 숫자의 힘보다는 약합니다. 특히, 카카오톡은 많은 사람이 매일 수시로 사용하는 앱으로, 접근성이 매우 좋고 탭 한 번으로 메시지와 공지사항을 확인할 수 있는 편의성까지 갖추고 있습니다. 또한 메시지를 주고받는 형태이기 때문에 빠른 피드백이 가능하며 빨간색 숫자로 메시지가 온 것을 알려 주기 때문에 참여자 간의 대화를 놓치지 않을 수 있습니다.

CHAPTER 04

챌린지를 운영해야 하는 3가지 이유

첫째, 다른 사람을 돕는 것이 나를 돕는 것이기 때문입니다(『내가 만난 1%의 사람들』(아담 잭슨 저, 씽크뱅크) 중). 앞에서 필자는 챌린지의 의미를 '도전 의식을 가진 사람들이 모여 과정을 함께 즐기며 성장하고 결과를 내는 것'이라고 정의했습니다. 챌린지 과정에서 엄청난 시너지 효과가 생깁니다. 좋은 결과를 얻거나 성장하기 위해 다른 사람을 돕는 것은 돕는 사람에게도 더욱 좋은 영향을 미칩니다.

다른 사람에게 도움을 줬을 때를 상상해 봅시다. 오르막길에서 리어카를 끌고 힘들게 올라가는 어르신을 보는 순간 뛰어가서 도와드립니다. 어르신은 뒤를 돌아보시며 "도와줘서 고맙다"라는 말과 함께 인자한 미소를 짓습니다. 마음속에 뿌듯함과 행복감이 피어납니다.

횡단보도를 건너는 어린아이가 갑자기 차도로 뛰어 나가려고 합니다. 그 아이를 얼른 잡아 사고를 피할 수 있게 도와줍니다. 아이의 어머니가 놀란 눈으로 쫓아와 감사하다며 연신 고마움을 표합니다.

여러분은 어떤 기분이 드나요? 다른 사람을 돕는 것은 그리 어려운 일이 아닙니다. 그저 마음 가는 대로 했을 뿐인데 뿌듯함을 넘어 자긍심마저 생겨납니다.

이번에는 '영어'를 예로 들어 보겠습니다. 영어 고수가 초보를 가르칠 때보다 초보가 왕초보를 가르칠 때가 더 효과가 좋고 가르침을 받는 사람보다 가르치는 사람이 더 빨리 성장합니다.

이렇게 나의 도움이 필요한 사람에게 도움을 줌으로써 더 빨리, 크게 성장할 수 있게 되는 것입니다. 주변을 둘러보면 나의 도움이 필요한 사람들이 많습니다.

둘째, 함께하는 것에는 힘이 있기 때문입니다. 시너지라는 말을 많이 들어 봤을 것입니다. 시너지(synergy)의 사전적인 의미는 '분산 상태에 있는 집단이나 개인이 서로 적응해 통합돼 나가는 과정', '한 집단이 목표를 달성하기 위해 소모하는 에너지의 총체'입니다.

우리는 개인주의적 성향이 강한 시대에 살고 있습니다. 가족에게 벗어나 독립하는 청년들이 많아지고 있고 1인 가구를 위한 다양한 혜택과 서비스들도 생겨나고 있습니다. 점점 개인화돼 가는 추세가 이어지다 보니 함께한다는 것 자체가 불편하거나 꺼려지는 사람들이 많습니다. 하지만 혼자 생활할 때는 어려운 점이 많습니다.

예를 들어 수영을 하고 싶어 수영장에 방문했다고 가정해 보겠습니다. 누군가에게 배우거나 함께하는 것이 불편해서 혼자 자유 수영을 하겠다고 하면 수영 실력이 빨리 늘지 않을 것입니다. 반면, 그룹으로 코칭을 받는 사람들은 부족한 점을 빠르게 피드백받으면서 빨리 성장합니다. 초보가 잘하는 사람에게 배우는 것은 지극히 자연스러운 것이고 함께해야만 더 빨리 성장하고 좋은 결과를 얻을 수 있습니다.

함께하는 에너지가 모이면 마치 집단 최면에 걸린 것처럼 일을 해결하는 속도와 도전 과제의 완성율이 높아지고 더 좋은 결과물을 얻을 수 있습니다. 챌린지를 운영하는 사람이나 참여하는 사람 모두 좋은 방향으로 나아갈 수 있는 것입니다.

셋째, 도전할 수 있기 때문입니다. 누구나 한 번쯤은 해 보고 싶은 일이 있습니다. 우리는 이를 '도전' 또는 '버킷리스트'라고 부릅니다. 도전 의식이 없다면 삶이 무미건조하고 똑같은 패턴 속에서 살아가야 합니다. 도전은 자기 만족일 수도 있고 인생의 기로를 바꾸기 위한 위대한 모험일 수도 있습니다. 도전 자체는 살아 있다는 것을 의미합니다. 성취감을 느끼고자 하는 열정적이고 진취적인 상태에 놓여 있는 것입니다.

필자가 20대 때의 일입니다. 약 6년이라는 시간 동안 전문직 업종에 종사하면서 다양한 상황을 마주했습니다. 많은 고객을 마주하면서 공황장애가 생긴 적이 있습니다. 그러다 찾은 일이 평범한 회사원이었습니다. 회사원 업무가 쉬워 선택한 것이 아니라 20대 초반에 계속 바쁘게 움직이는 일을 하다 보니 앉아서 근무하는 일이 좋다고 느껴져서 선택했습니다. 하지만 이내 지루함을 느꼈습니다. 내가 진짜 원하는 일이 아니라고 느껴져 약 2년간의 회사 생활을 정리했습니다. 그리고 새로운 도전을 시작했습니다.

제가 평소 입사하기를 원했던 매장의 면접을 보는 날, 그 매장의 사장님이 "회사에 다니기 전에 전문직에 오래 종사하셨네요. 그 일을 왜 그만두셨죠?"라고 물었습니다. 필자는 "제가 원하는 새로운 일을 찾고 싶었기 때문입니다."라고 대답했습니다. 그러자 그 사장님은 "그렇군요, 안타깝네요. 그 길을 포기하지 않았더라면 큰 성공을 이룰 수 있었을 텐데요."라고 다시 물었고 필자는 "저는 제 선택을 후회하지 않습니다. 이전보다 더 나은 삶을 살고 싶고 내가 원하는 삶을 살기 위해 선택한 것입니다."라고 대답했습니다.

누군가는 여러분에게 성공에 대해 다음과 같이 이야기할 수 있습니다.

"한 가지 일만 해야 성공하는 거야."

"최고가 되려면 아주 오랫동안 한 우물만 파야 해."

물론 맞는 말입니다. 하지만 이 말의 의미를 자세히 생각해 보아야 합니다. 사람들은 성공을 하기 위해 많은 도전을 합니다. 복권에 당첨돼 인생을 바꿀 수도 있겠지만, 대부분 많은 우여곡절을 겪으며 실패를 경험 삼아 성공합니다. 10가지의 도전을 했다면 그중 2, 3가지가 성공했기 때문에 현재의 자리에 있는 것입니다.

성공한 부자의 모습이 단 하나의 우물만 파서 성공한 것으로 비쳐질 수 있겠지만, 그 사람의 인생 자체를 놓고 본다면 수많은 도전의 결과물이 쌓였기 때문에 성공할 수 있었던 것입니다. 10가지의 도전 중 단 몇 가지만 성공하더라도 하나하나의 도전을 대할 때 진심이었기 때문에 한 우물만 파라는 말을 하는 것입니다.

단지 하나의 일을 성공시킨 것이라기보다 도전하는 것을 포기하지 않고 원하는 삶을 살고자 하는 열정이 있었기 때문에 성공을 이룰 수 있었던 것입니다. 따라서 도전하는 삶의 자세를 포기하지 않는 것이 중요합니다. 하고 있던 일을 그만뒀다고 해서 낙오자가 되는 것이 아닙니다. 당신의 열정이 아직도 꿈틀댄다면 도전 의식을 갖고 더욱 원하는 삶을 살기 위해 노력해야 합니다.

도전 의식은 챌린지를 운영해야 하는 이유 중 가장 중요한 의미를 갖고 있습니다. 챌린지는 포기하지 않고 목표한 것을 끝까지 이루기 위한 연습입니다. 이 경험들이 쌓이면서 도전하고 성취하고 결과를 내는 것이 내 몸의 일부처럼 남는다면 내 몸과 뇌가 그것을 기억하고 모든 도전을 습관처럼 해낼 것입니다.

"CHALLENGES MAKE US BETTER."

CHAPTER

05 구글 스프레드시트가 내 전용 비서가 된다

사람들은 사업을 하든, 하지 않든 일정을 관리해 주는 나만의 비서가 있길 바랍니다. 내 일정을 관리하며 우선순위를 정해 주고 다른 일에 집중할 수 있게 도와주는 비서 말입니다.

이 책에 나오는 구글 스프레드시트가 있다면 나만의 비서가 생기는 것이나 다름없습니다. 구글 스프레드시트는 내가 다른 일에 집중할 수 있게 도와주는 시스템이라는 것에 주목해야 합니다.

챌린지 관리, 독서 모임 관리, 학원생 관리, 직원 관리 등과 같은 운영 보조 도구 및 출석 체크 기능 등으로 사용할 때 활용도가 높습니다. 이것이 바로 구글 스프레드시트로 만든 자동화 프로그램의 핵심입니다. 굳이 시간을 들이지 않아도 알아서 체크해 주는 프로그램이 있다면 얼마나 편리할까요?

구글 스프레드시트는 100명의 한 달 기록(총 30일 = 확인해야 할 챌린지 미션 인증 개수 3,000개)을 단 몇 초 만에 해낼 수 있는 엄청난 프로그램입니다. 3,000개의 출석을 이름과 함께 대조하며 혼자 맞춰 보려면 적어도 며칠 밤은 새워야 할 것입니다. 그리고 사람이 하는 일에는 오류가 있을 수 있지만, 컴퓨터가 하는 일에는 오류가 없습니다.

사람이기 때문에 일을 하다가 눈 깜짝할 사이 다른 사람의 이름을 지워 결석으로 만들어 버릴 수도 있습니다. 하지만 컴퓨터는 일을 명령어대로 처리하기 때문에 원본 데이터 자체에 오류가 없는 이상, 최악의 상황은 일어나지 않습니다. 우리에게 엄청난 시간을 확보해 줄 뿐만 아니라 피로감도 해소해 주고 정신 건강까지 지킬 수 있습니다. 이 책으로 여러분만의 전용 자동화 프로그램을 만들어 보길 바랍니다.

PART

02

카카오톡 오픈 채팅방 만들기

챌린지를 운영하기 위해 기획(콘셉트/기간/인증)하는 것과 카카오톡 오픈 채팅방을 만드는 방법을 배워보겠습니다. 또한 다양한 기능을 활용하여 참여 설정 및 공지사항을 만들어 오픈 채팅방을 세팅하는 방법도 익혀보겠습니다.

CHAPTER

01 챌린지 기획하기

구글 스프레드시트로 자동화 프로그램을 만들기에 앞서 카카오톡 오픈 채팅방을 만들고 챌린지를 운영하며 참여자들이 인증하는 데이터를 쌓아야 합니다. 챌린지를 기획한 후 카카오톡 오픈 채팅방을 만들어 보겠습니다.

콘셉트 정하기

자동화 프로그램을 만들기 전에 어떤 콘셉트로 챌린지를 운영할 것인지를 정해야 합니다. 보통 자기 계발 챌린지를 통해 결과물을 만들어 내는 콘셉트를 많이 진행합니다. 몇 가지 예를 들어 보겠습니다.

챌린지 콘셉트: '일상의 모든 것'이 챌린지의 주제가 될 수 있다.

- 미라클 모닝(아침 기상 6시)
- 기상 후 침구/책상 정리하기
- 명상하기(기상 후 또는 취침 전)
- 러닝(외 모든 운동)
- 공부하고 있는 외국어(영어) 일기 3줄 이상 쓰기
- 독서 인증하기(본 것, 느낀 것, 깨달은 것)
- 블로그 매일 1개씩 글쓰기
- 원하는 삶의 목표 쓰기(100일 동안 100번 쓰기)
- 매일 아침 샐러드(야채) 먹기
- 하루 2L의 물 마시기

이렇게 챌린지를 할 수 있는 콘셉트는 무수히 많습니다. 매일 함께 꾸준히 하고 싶은 것을 정하면 됩니다. 위와 같은 콘셉트로 함께하고자 하는 사람들을 모으기 위해 사람들에게 먼저 '나'를 알리고 문제를 인식시켜 주는 시간이 필요합니다.

내가 가진 장점과 성공담을 자랑하는 것이 아니라 '여러분들과 똑같은 어려움이 있었는데 이렇게 하니 도움이 많이 돼서 여러분들께 제 경험을 공유하고 함께 도전하고자 합니다. 참여를 원하시는 분들은 오픈 채팅방으로 모여 주세요.'라고 하면 됩니다. 즉, 공감대 형성이 중요하다고 볼 수 있습니다.

결정한 콘셉트의 챌린지에 대한 관심이 생겨 모인 사람들에게 무료 세미나 및 무료 온라인 강의를 통해 현재 갖고 있는 문제를 인지시킵니다. 문제를 해결해 나가는 과정을 설명하면서 함께 도전하는 것에 대한 취지를 밝힙니다.

기간 정하기

콘셉트를 정했다면 챌린지를 운영하는 기간을 설정해야 합니다. 기간은 보통 '30일'과 '100일'을 가장 많이 설정합니다. 맥스웰 몰츠 박사는 자신의 저서 『성공의 법칙』(비즈니스북스)에서 21일이면 행동이 습관화된다고 말합니다. 또한 런던대학교 제인 워들 교수는 사람들이 66일이 지나면 생각이나 의지 없이 반사적으로 행동하는 습관을 형성할 수 있다고 말합니다.

이와 같이 습관이 형성되는 것에 대한 다양한 의견이 있지만, 실제로 습관이 형성되는 기간은 사람에 따라 다릅니다. 제대로 된 습관을 만들기 위해 적절한 기간 설정과 올바른 습관을 꾸준히 유지할 수 있는 힘이 중요합니다.

챌린지에서는 매달 새로운 참여자 모집을 위해 한 달 단위인 '30일 챌린지'와 100일이라는 상징적인 의미를 부여한 '100일 챌린지'를 많이 선택합니다. 기간이 너무 짧거나 길면 익숙해지는 과정에서 챌린지가 끝나버리거나 길어져서 챌린지의 본질을 잃어버리기 쉬우므로 30일에서 100일 사이가 적합합니다.

인증 방법 정하기

카카오톡 오픈 채팅방에서 챌린시 과제를 인증할 수 있는 방법은 크게 사진, 음성 메시지, 동영상 등이 있습니다. 이 3가지 중 가장 많이 사용하는 방식은 '사진 인증'입니다.

▌사진 인증 방식

모바일에서 찍은 사진을 그냥 전송만 하면 되기 때문에 매우 간편합니다. '타임스탬프' 앱을 다운로드한 후 사진을 올려놓으면 인증 확인을 더욱 편리하게 할 수 있습니다. 타임스탬프 앱은 찍고 있는 현재 시간까지 함께 나오기 때문에 사진을 조작하거나 어제 올린 사진을 오늘 또 올리거나 하는 등의 부정 행위를 할 수 없습니다.

독서 챌린지를 한다면 읽은 책의 본 것과 느낀 것을 써서 사진으로 인증할 수 있고 미라클 모닝 챌린지를 한다면 기상 후 자명종 시계의 사진을 찍어 사진으로 인증할 수 있습니다. 가장 간편하고 많이 사용하는 방식입니다.

▌음성 메시지 인증 방식

그다음으로 많이 사용하는 방식은 음성 메시지입니다. 독서 챌린지는 책을 읽었을 때 마음에 드는 구절과 자신의 생각을 간단히 3분 내외로 정리해서 카카오톡 음성 메시지로 녹음해 인증하는 방식입니다. 이는 주로 안드로이드 휴대폰 사용들에게 추천하는 방식으로, 아이폰 사용자는 인증 과정 중 오류가 나타날 수 있으므로 미리 참여자의 휴대폰 기종을 확인하는 것이 좋습니다.

▌동영상 인증 방식

마지막으로 동영상을 찍어 인증하는 방식입니다. 카카오톡의 동영상 전송 용량은 300MB로 제한돼 있습니다. 따라서 긴 시간의 동영상을 찍어야 하는 챌린지는 피해야 합니다. 하루 3~5분가량 인증할 수 있는 콘셉트로 설정하는 것이 좋습니다. 예를 들어 아침 5분 명상하기, 5분 줄넘기하기, 5분 긍정 암시하기 등을 찍은 동영상은 카카오톡으로 전송할 때 꼭 '일반 화질 전송'을 선택해 전송해야 합니다. 그래야만 동영상 용량이 줄어들어 인증이 가능하기 때문입니다.

CHAPTER

02 카카오톡 오픈 채팅방 생성 및 세팅하기

구글 스프레드시트를 만들기 전에 해야 할 것은 카카오톡 오픈 채팅방을 만들어 챌린지를 먼저 운영해 보아야 한다는 것입니다. 첫 시작은 어려울 수 있으므로 주변 지인이나 가족과 함께 '건강한 습관 만들기 챌린지'처럼 가벼운 주제로 연습해 보는 것이 좋습니다.

챌린지를 운영하기 위해 만든 오픈 채팅방의 링크를 전달해 입장시킨 후 미션을 안내하고 직접 인증 데이터를 받아 보는 것이 좋습니다. 이번 장에서 오픈 채팅방을 만드는 방법과 참여 설정하는 모든 것을 알려드리니 그대로 따라 해 보기 바랍니다.

카카오톡 오픈 채팅방 만들기

카카오톡의 개인 채팅에는 '단체톡방'과 '오픈 채팅방'이 있습니다. 개인의 '단체톡방'은 개인별 채팅이 가능하지만, '오픈 채팅방'은 개인이 따로 오픈 프로필을 만들어 입장하지 않는 이상 개인별 채팅이 불가능해 사생활을 보호할 수 있습니다.

또한 개인의 '단체톡방'은 대화 내용을 가릴 수 없지만, 오픈 채팅방은 관리자가 가리기 기능으로 도배 및 개인 홍보 글을 가리기 처리할 수 있습니다. 이제 오픈 채팅방을 만들어 보겠습니다.

01 모바일의 [앱 스토어]에서 '카카오톡'을 검색한 후 다운로드합니다. 그런 다음 본인의 이메일 계정으로 로그인해 카카오톡 채팅방 화면으로 진입합니다.

02 카카오톡에 로그인하면 개인 채팅과 오픈 채팅이 보입니다. 다음 왼쪽 그림은 '개인 채팅' 화면으로, 상단에는 '채팅'이라고 나와 있습니다. 오른쪽 그림은 '오픈 채팅' 화면으로, 상단에는 '오픈채팅'이라고 나와 있습니다. 얼마 전까지 하나의 채팅 카테고리에 '오픈 채팅'이 함께 묶여 있었지만, 현재는 카테고리가 나뉘어 채팅방을 훨씬 더 편리하게 관리할 수 있습니다. 채팅 화면의 하단에 있는 각각의 아이콘을 탭하면 화면을 자유롭게 이동할 수 있습니다.

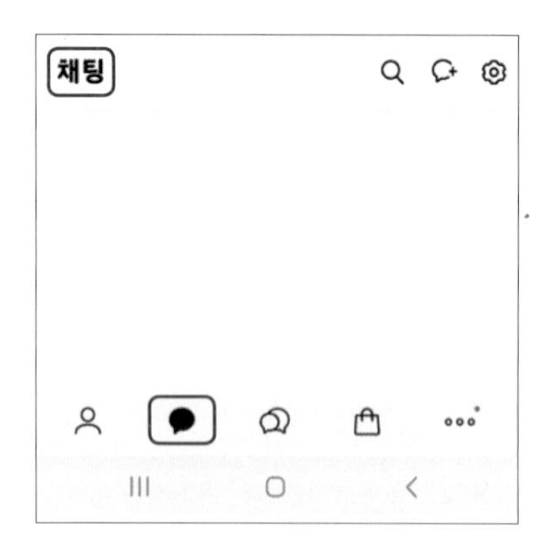

03 오픈 채팅의 오른쪽 상단에 있는 말풍선 아이콘을 탭합니다. [새로운 오픈 채팅] 화면이 나타나면 가운데에 있는 [그룹 채팅]을 탭해 새로운 그룹 채팅방을 만드는 화면으로 진입합니다.

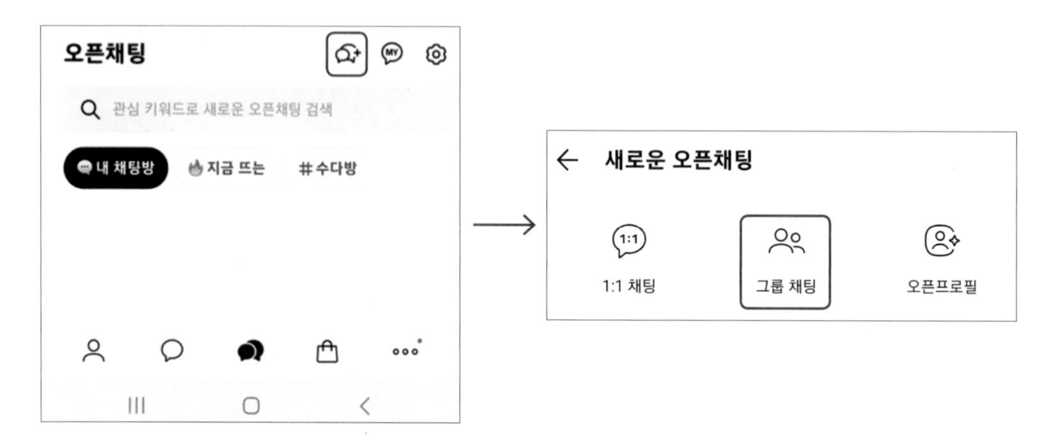

04 [그룹 채팅방 만들기] 화면으로 진입했습니다. 여기서 오픈 채팅방의 이름과 운영자의 프로필 및 입장 조건을 설정할 수 있습니다.

❶ 채팅방의 커버 그림을 설정합니다. 그림 하단에 있는 [카메라]를 탭해 [앨범에서 사진 선택하기] 또는 [랜덤 그림]을 사용할 수 있으므로 원하는 사진으로 커버 그림을 선택합니다.

❷ 오픈 채팅방의 이름을 설정합니다. 너무 길지 않게 오픈 채팅방의 콘셉트를 살려 깔끔하게 적는 것이 좋습니다.

❸ #(해시태그)를 이용해 채팅방의 주제를 카테고리로 소개할 수 있습니다. 2~3가지를 간단히 적습니다.

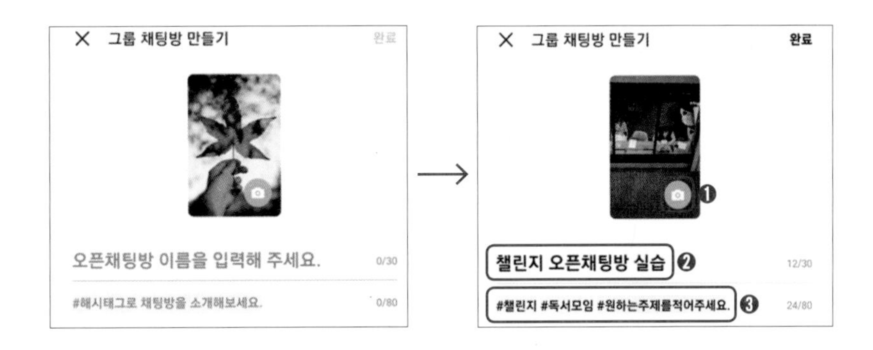

05 [프로필 설정]에서 [카카오프렌즈]를 탭하면 카카오 캐릭터로 프로필을 간단하게 만들 수 있습니다. [새 오픈프로필]을 탭하면 내가 원하는 사진을 설정할 수 있고 상대방의 메시지도 받을 수 있습니다. 이때 주의해야 할 점은 참여자들로부터 원치 않는 개인 메시지를 받을 수 있다는 것입니다. 메시지가 올 때마다 새로운 채팅창이 생성되기 때문에 100개가 넘는 1대1 채팅방이 생길 수 있습니다(1대1 문의는 [카카오톡 채널 관리자센터]에서 개인 채널 톡으로 받는 것이 좋습니다).

06 프로필 설정을 완료했으면 다음 3가지 항목의 노란색 바를 탭해 OFF 상태가 되도록 모두 해제합니다.

❶ 특히 가운데에 있는 [검색 허용]은 반드시 해제해야 합니다. 해제하지 않을 경우 참여자가 아닌 일반인이 검색을 통해 오픈 채팅방으로 들어올 수 있습니다. 일반 사람들 중 개인 광고 목적으로 들어오는 사람들이 있기 때문에 챌린지 채팅방이 자칫 지저분해질 수 있고 챌린지 참여자의 피로도가 높아지기 때문에 반드시 검색 허용을 해제합니다.

❷ 하단에 있는 [커버 미리보기]를 통해 설정한 것들이 어떻게 화면으로 보이는지 확인할 수 있고 수정도 가능하기 때문에 [커버 미리보기]를 탭해 실제로 어떻게 보이게 되는지 꼭 확인해야 합니다.

❸ 오른쪽 상단에 있는 [완료]를 누르면 오픈 채팅방 만들기가 완성됩니다.

07 새롭게 만들어진 오픈 채팅방은 다양한 관리가 가능합니다.

❶ 오른쪽 상단에 있는 [≡]을 누르면 공지사항, 일정/투표 설정 등 여러 가지 세팅을 할 수 있는 화면이 나타납니다.

❷ 오픈 채팅방 이름의 오른쪽에 있는 [오픈채팅 관리]를 탭하면 '채팅방 정보', '참여 관리', '권한 관리', '링크 정보' 등 채팅방 정보를 수정하거나 관리할 수 있습니다.

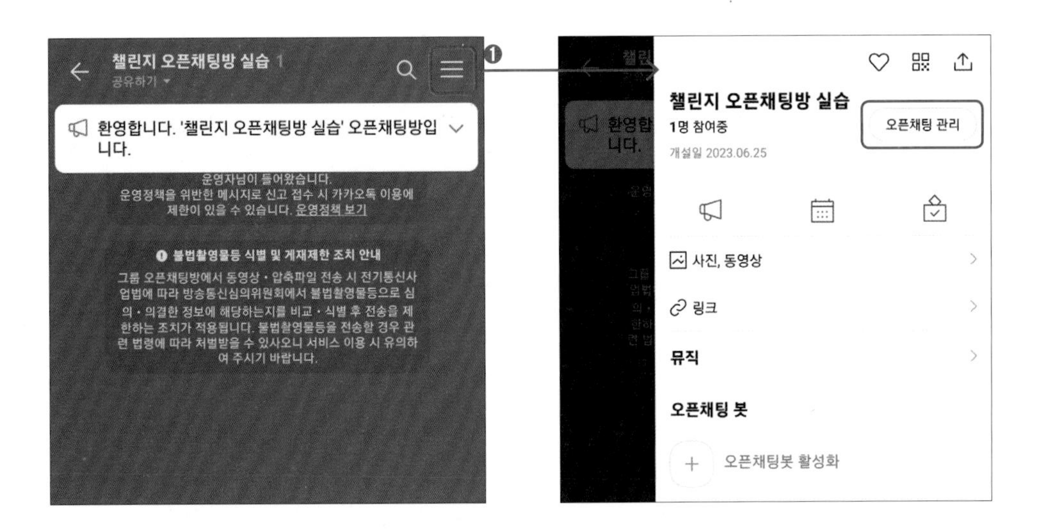

오픈 채팅방 참여 설정하기

카카오톡 오픈 채팅방을 만든 후에는 모바일보다 PC로 설정하는 것이 좀 더 편리합니다. 모바일에서 진행해도 무관하지만, 글자를 작성하고 수정하는 과정이 있을 수 있으므로 모바일 화면보다 PC 화면으로 진행하는 것이 좋습니다.

01 카카오톡 PC 버전을 사용하기 위해 인터넷 검색 화면에서 '카카오톡'을 입력합니다. 검색 결과의 바로 아래에 있는 '카카오톡' 공식 홈페이지를 클릭합니다.

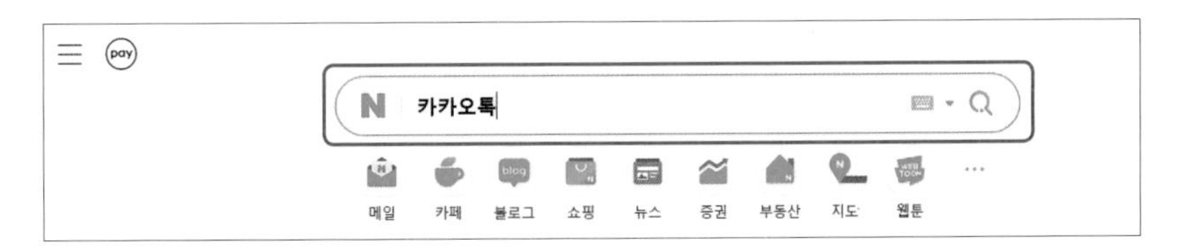

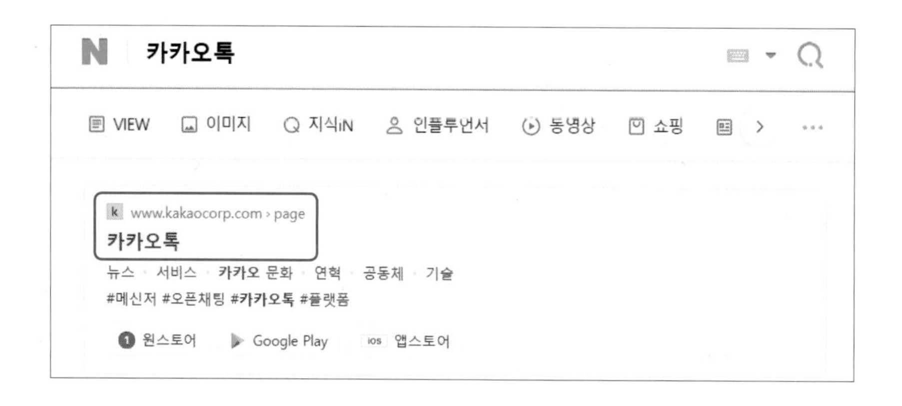

02 카카오톡 홈페이지의 오른쪽 상단에 있는 [다운로드]를 클릭합니다. 필자는 [Windows]를 다운로드해 설치했지만, 맥북을 사용하는 분들은 [macOS]를 다운로드해 설치하면 됩니다.

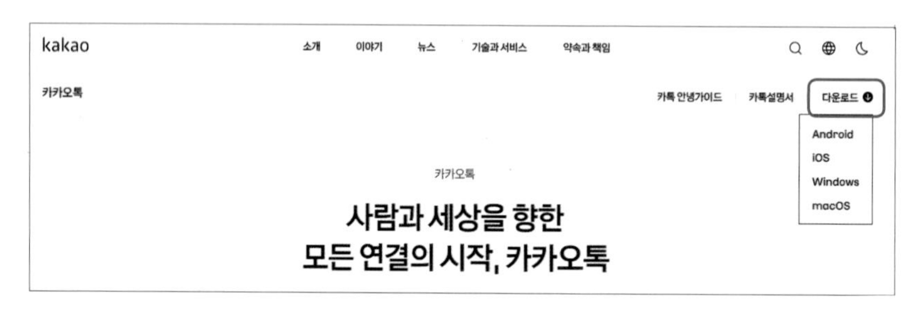

03 PC에서 카카오톡이 실행되면 본인의 카카오톡 계정으로 로그인합니다.

04 로그인하면 다음과 같이 채팅 화면이 나타납니다.

❶ 오른쪽 상단 가운데에 있는 [오픈 채팅] 말풍선 아이콘을 클릭해 오픈 채팅 화면으로 진입합니다.

❷ 오픈 채팅 화면이 나타나면 '나의 오픈채팅방' 아래에 새로 만들었던 챌린지 오픈 채팅방을 더블클릭합니다.

❸ [참여 중인 오픈채팅방]을 클릭해 채팅방을 엽니다.

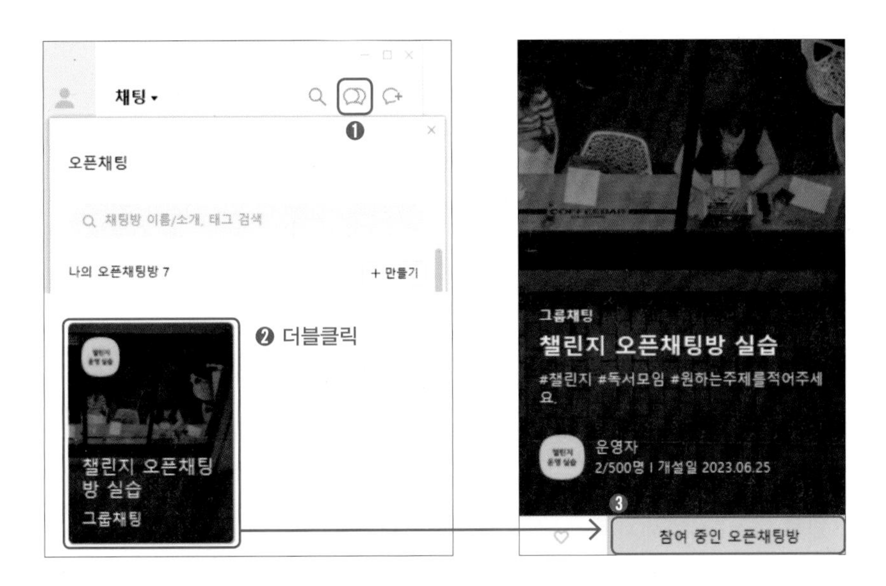

TIP 모바일에서 나의 오픈 채팅방으로 입장하려면?

PC 버전과 달리, 모바일에서 카카오톡을 실행한 후 화면 하단에 있는 말풍선이 2개 겹쳐진 [오픈 채팅] 아이콘을 클릭합니다. 오픈 채팅의 오른쪽 상단 가운데에 있는 [MY] 아이콘을 클릭하면 '나의 오픈 채팅' 화면으로 진입해 기존에 만들었던 오픈 채팅방을 확인할 수 있습니다. 만들었던 오픈 채팅방을 클릭하면 해당 방에 입장해서 관리할 수 있습니다.

05 오픈 채팅방 참여를 설정하기 위해 오픈 채팅 관리 화면으로 진입합니다.

❶ 오른쪽 상단에 있는 [≡]을 클릭하면 채팅방 URL을 복사해 챌린 오픈 채팅방으로 초대할 수 있고 오픈 채팅 관리 및 대화 내용을 관리할 수도 있습니다.

❷ [오픈채팅 관리]를 클릭하면 채팅방의 이름과 해시태그, 커버 그림 등을 수정할 수 있고 참여도 설정할 수 있습니다.

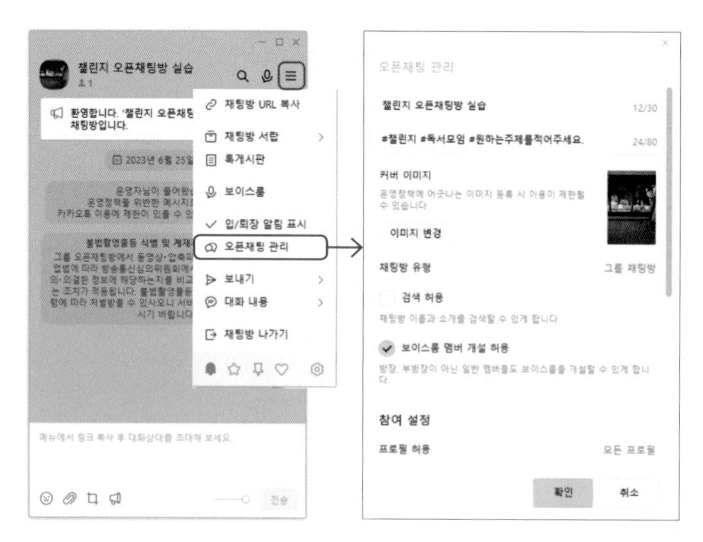

06 [오픈채팅 관리] 화면에서 오른쪽 스크롤을 아래로 내리면 '참여 설정'을 할 수 있는 화면이 보입니다. 가장 중요한 '최대 인원 수'를 설정합니다. '100명' 옆의 [▼]를 클릭하면 채팅방에 입장 가능한 인원 수를 최대 1,500명까지 선택할 수 있습니다.

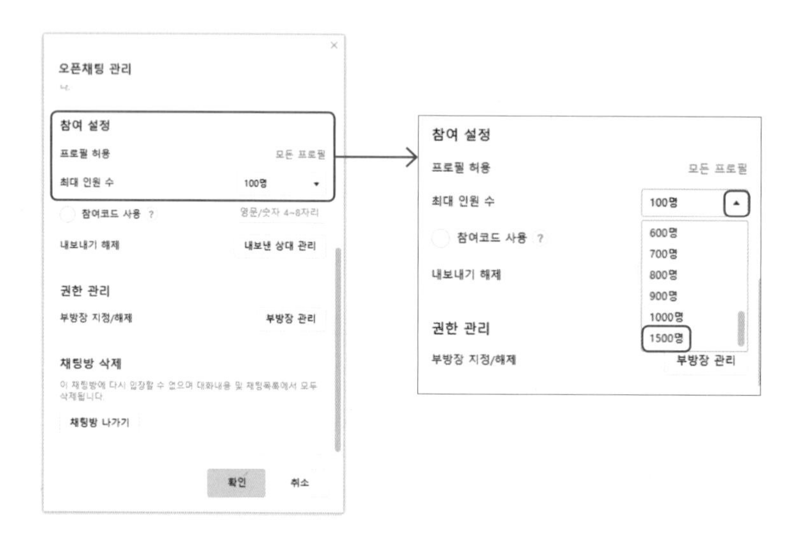

07 최대 인원 수 아래의 설정부터는 지금 설정하지 않아도 되는 항목이므로 여기서는 어떤 용도로 사용하는지만 알아보겠습니다.

❶ [참여코드 사용]을 클릭하면 채팅방 입장 비밀번호를 설정할 수 있습니다.
❷ [내보내기 해제]는 채팅방에서 내보낸 상대를 관리할 수 있는 기능입니다.
❸ [부방장 지정/해제]는 부방장을 지정해 운영자와 부방장이 함께 채팅방을 관리할 수 있습니다.

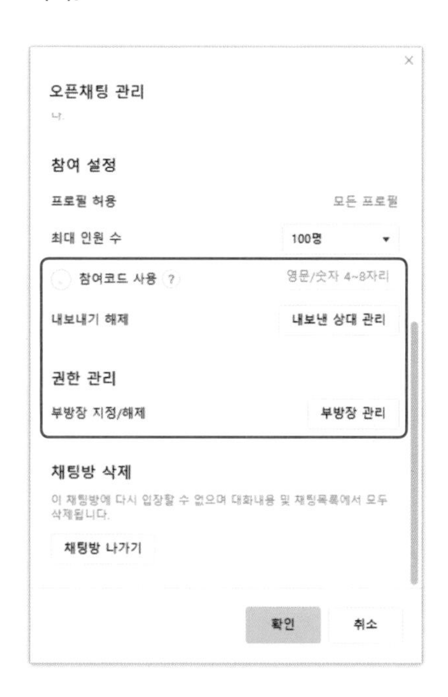

TIP 오픈 채팅방 입장 시 필수 안내사항

입장 기준을 '모든 프로필 허용'으로 설정했기 때문에 챌린지 오픈 채팅방에 참여자가 입장한 후에는 반드시 닉네임을 이름으로 바꿔달라고 안내해야 합니다. '카카오프렌즈' 닉네임으로 입장하면 다음과 같은 랜덤 닉네임이 만들어지기 때문에 중복되는 참여자가 많습니다.

예 춤추는 네오(X) → 홍길동(O)

만약, 닉네임을 이름으로 바꾸지 않으면 구글 스프레드시트 자동화 프로그램을 실행했을 때 참여자가 누락될 수 있습니다.

오픈 채팅방 공지사항 생성 및 OOOOO 기능으로 환영 메시지 작성하기

참여 설정을 마쳤다면, 이제 참여자가 입장해서 보는 공지사항을 만들어야 합니다. 어떤 챌린지를 운영하는지, 챌린지 운영 방식은 어떤지 언제든지 살펴볼 수 있게 작성해야 합니다. 이번에는 '오픈 채팅봇' 기능으로 '환영 메시지'를 작성해 새로 만든 매장의 '매니저'가 되도록 활성화하고 신규 참여자가 입장할 때 환영 인사를 하도록 설정하는 방법을 알아보겠습니다.

01 참여자가 보게 되는 챌린지 공지사항을 만들어 보겠습니다.

❶ 참여자들이 입장했을 때 공지를 볼 수 있도록 공지사항의 내용을 수정해야 합니다. 오픈 채팅방의 상단에 공지 박스를 클릭합니다.

❷ 공지 화면이 나타나면 [글쓰기]를 클릭해 챌린지에 대한 소개와 인증 기간 및 인증 방법을 입력합니다.

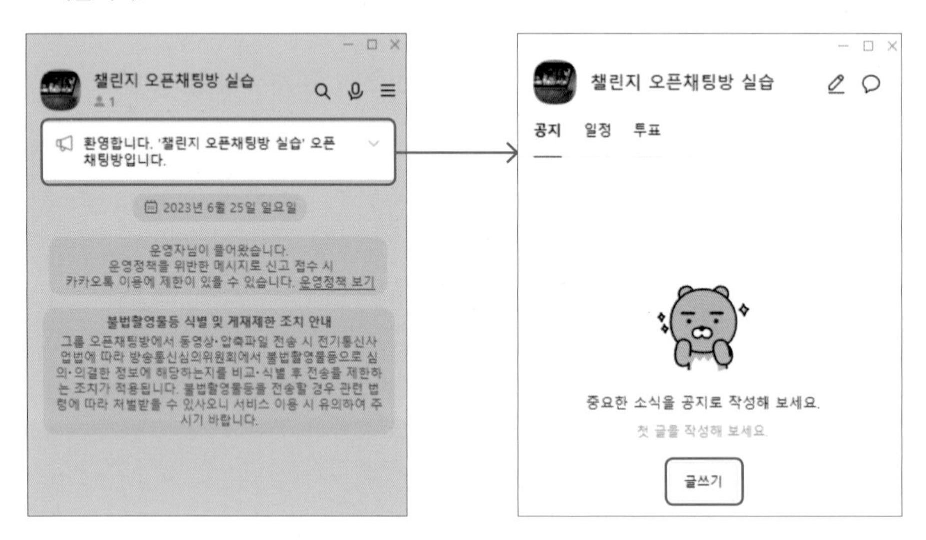

02 글 작성하기 화면에서 공지사항에 들어갈 '챌린지 인증 기간', '챌린지 운영 방식', '챌린지 인증 방법'을 입력합니다.

❶ 상단 부분에는 '챌린지 인증 기간'을 입력합니다. 언제부터 언제까지 인증해야 하고 총 며칠 동안(평일/매일) 인증해야 하는지 많은 사람이 이해하기 쉽게 간략하고 직관적으로 입력합니다.

❷ 중간 부분에는 '챌린지 운영 방식'에 대해 입력합니다. 각자의 챌린지 콘셉트에 따라 어떤 챌린지를 하는지 입력합니다.

❸ 하단 부분에는 '챌린지 인증 방법'에 대해 입력합니다. 챌린지에 준비물이 있다면 미리 준비할 수 있도록 작성하고 어떤 방법으로 인증할 수 있는지 입력합니다. 또한 어떻게 업로드하는지 방법도 입력합니다. 챌린지가 종료될 때 보증금을 환급하는 방식에 대해서도 꼭 입력합니다(예 보증금 총 100,000원이라고 가정할 경우 미인증(결석) 1회마다 보증금에서 10,000원씩 차감/보증금 금액은 운영자가 미리 정하고 안내한다).

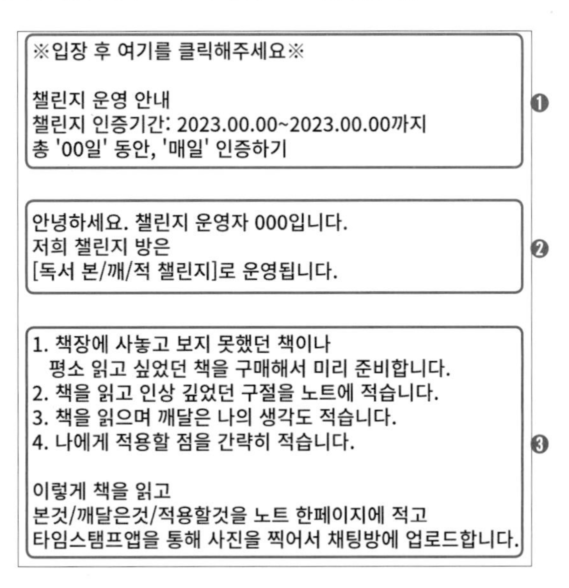

03 공지사항을 전부 작성한 후 상단에 공지가 체크돼 있는지 확인합니다. 하단에 있는 [등록]을 클릭합니다. 그러면 공지사항이 등록된 것을 확인할 수 있습니다.

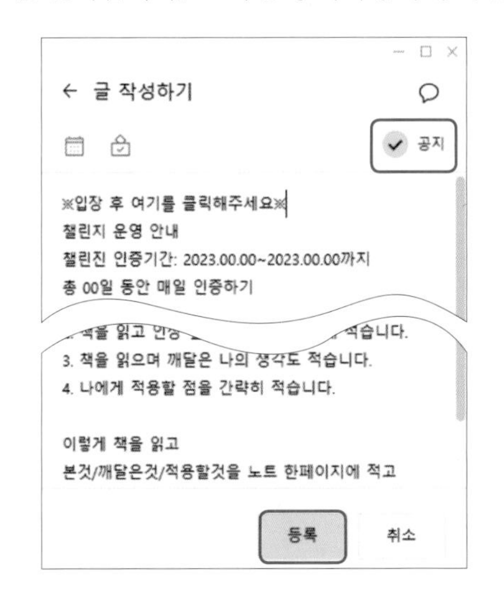

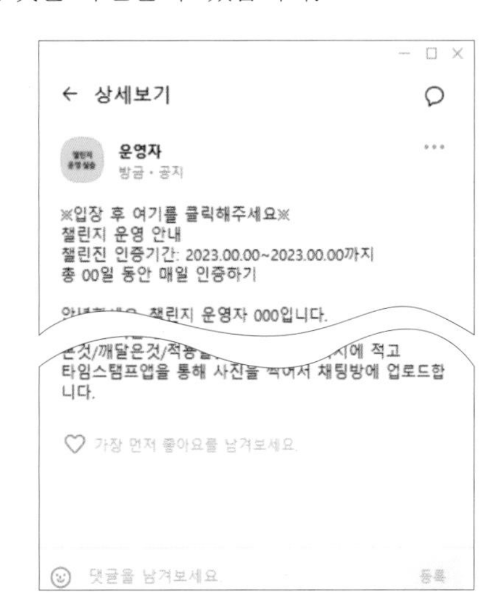

04 이제 오픈 채팅방의 오픈 채팅봇을 활성화해 환영 메시지를 작성해 보겠습니다. 오픈 채팅봇은 모바일 버전에서도 설정할 수 있으므로 휴대폰에서 카카오톡 앱을 실행해 다음 순서대로 설정합니다.

오픈 채팅봇의 기능은 일종의 매니저가 생기는 것이라고 생각하면 됩니다. 나의 직원이 돼서 참여자가 입장 시 환영 메시지를 보낼 수 있도록 설정하는 것입니다. 오픈 채팅봇의 주요 기능은 환영 메시지 보내기, 알림 메시지 보내기, 질문 답변 응답하기가 있습니다. 이제 오픈 채팅봇을 활성화해 보겠습니다.

05 오픈 채팅방에서 오른쪽 상단에 있는 [≡]을 클릭해 오픈 채팅봇을 활성화할 수 있는 화면으로 진입합니다.

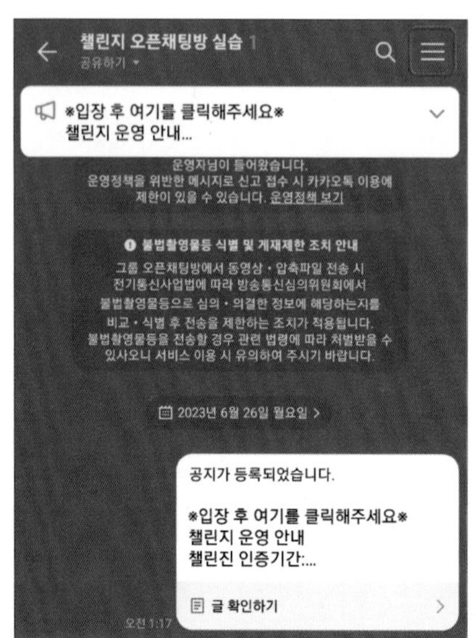

06 오픈 채팅봇은 운영자를 대신해 참여자에게 메시지를 자동으로 보낼 수 있는 기능입니다.

❶ [오픈채팅봇 활성화]를 클릭합니다.

❷ 팝업의 [확인]을 클릭하면 '오픈 채팅봇님이 들어왔습니다.'라는 메시지의 아래에 오픈 채팅봇이 활성화됩니다. 채팅방에 운영자만 있었지만, 오픈 채팅봇(매니저)이 활성화돼 상단의 인원이 총 2명으로 표시됩니다.

07 오픈 채팅봇이 활성화됐습니다. 이제 오픈 채팅봇을 활용해 참여자 입장 시 환영 메시지가 나타나도록 설정해 보겠습니다. 오픈 채팅방의 오른쪽 상단에 있는 [≡]을 클릭합니다.

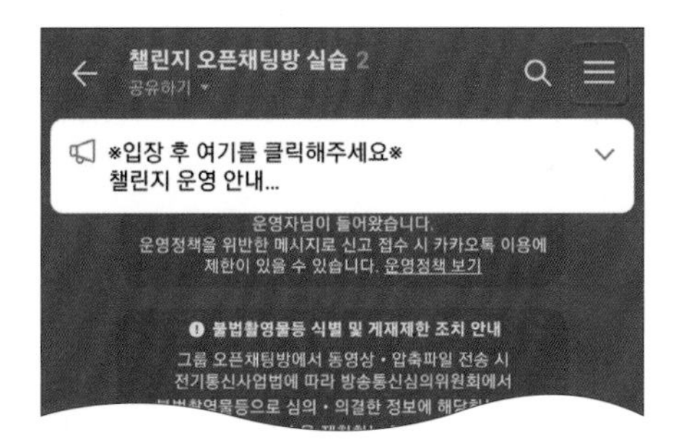

08 활성화된 [오픈채팅봇]을 클릭합니다. 오픈 채팅봇 화면에서 환영 메시지를 작성하기 위해 [설정]을 클릭합니다.

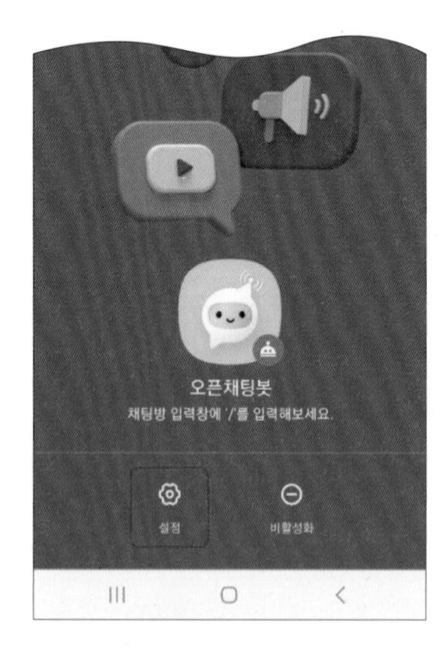

09 오픈 채팅봇의 주요 기능을 설정할 수 있는 화면이 나타납니다. 환영 메시지를 만들어 보겠습니다.

❶ 메시지를 작성하기 위해 [환영 메시지]를 클릭합니다. 오픈 채팅봇이 운영자를 대신해서 참여자가 입장할 때 환영 메시지를 보냅니다.

❷ 환영 메시지에 공지 글을 첨부하고 싶다면 [공지글 첨부]를 클릭합니다. 공지 글을 첨부하지 않겠다면 바로 메시지를 작성하면 됩니다.

❸ 공지 글을 첨부할 경우, 공지사항으로 작성했던 공지 글을 선택한 후 [확인]을 클릭합니다.

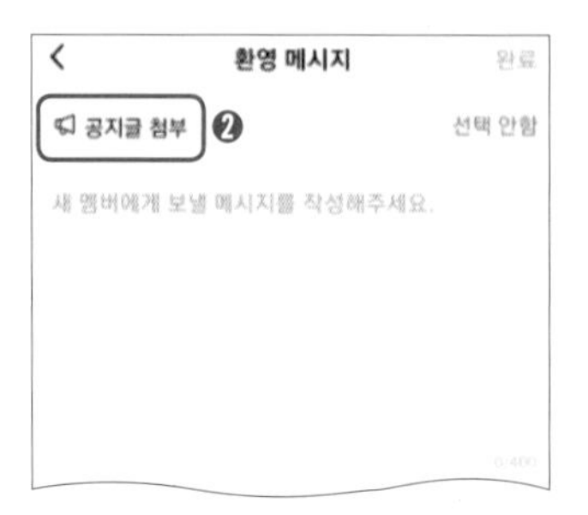

10 공지 글을 첨부했으면 환영 메시지를 입력합니다. 참여자가 입장할 때 바로 보게 되는 환영 메시지로, 닉네임을 이름으로 바꿔달라는 내용과 챌린지 인증 기간을 한 번 더 안내합니다.

❶ 환영 메시지에 내용을 400자 내로 입력합니다. 이때 문장은 짧고 간결하게 적는 것이 좋습니다.
❷ 오른쪽 상단에 있는 [완료]를 클릭하면 환영 메시지가 설정됩니다. 오픈 채팅봇 화면에서 '환영 메시지 1/1'로 방금 입력한 메시지가 설정 완료된 것을 확인할 수 있습니다.

새로운 참여자가 입장할 때 환영 메시지가 자동으로 전송됩니다. 지금까지 오픈 채팅방에 공지사항을 만들고 오픈 채팅봇 기능으로 환영 메시지를 작성하는 것을 배웠습니다. 이제 참여자를 모집해 오픈 채팅방에 입장시키고 챌린지를 운영할 수 있습니다.

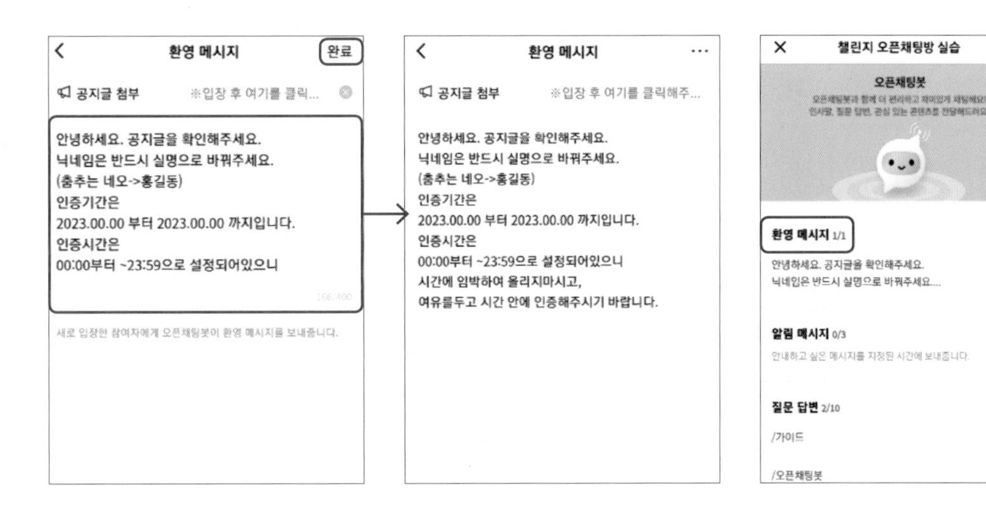

TIP 미리 보는 챌린지 운영 프로세스

1. 오픈 채팅방으로 챌린지 참여 의사가 있는 사람들을 모집한다.
2. 모집 완료 후 채팅방에 다시 한번 챌린지 인증 기간, 운영 방식, 인증 방법 및 보증금 환급 제도에 대해 안내한다.
3. 챌린지 시작 후 일주일 정도 지난 시점에 쌓인 인증 데이터를 구글 스프레드시트 '자동화 프로그램'을 통해 테스트해 본다.
4. 인증 종료 날짜가 되면 구글 스프레드시트 '자동화 프로그램'을 구동해 결괏값(미인증 횟수)을 구한다.
5. 결괏값을 확인한 후 참여 시에 지불했던 보증금을 돌려 준다.

PART

03

구글 스프레드시트 실행하고 주요 함수 배우기

구글 스프레드시트를 실행하는 방법과 미션 인증 자동화 프로그램을
만들기 위해 필요한 주요 함수를 배워보겠습니다. 구글 스프레드시트에서
사용할 수 있는 함수들은 많이 있지만 프로그램을 만드는데 모든 함수를
알 필요는 없습니다. 얕고 넓게 아는 것보다 주로 사용하는 함수를 배우고
그것을 잘 익히는 것이 중요합니다.

CHAPTER

01 구글 스프레드시트 실행하기

카카오톡 오픈 채팅방을 만들어 챌린지를 운영하면서 참여자로부터 많은 인증 데이터를 받았다고 가정합니다(정보문화사 홈페이지 자료실의 실습 파일에 인증 데이터를 저장해 놓았으니 다운로드해서 사용하세요). 이렇게 받은 인증 데이터를 구글 스프레드시트에 반영해 결괏값을 얻는 프로그램을 만듭니다.

구글 스프레드시트로 미션 인증 자동화 프로그램을 만들기 전에 스프레드시트의 화면 구성과 함수에 대해 알아보겠습니다. 먼저 구글 스프레드시트의 장점은 다음과 같습니다.

무료 사용: 구글 계정만 있다면 누구나 무료로 구글 스프레드시트를 사용할 수 있습니다.
공유/협업 가능: 구글 계정이 있는 사람에게 공유하거나 편집할 수 있는 권한을 부여해야 협업이 가능합니다.
자동 기록(저장): 자동 기록(저장) 기능이 있으므로 매번 [저장] 버튼을 누르거나 반드시 백업을 해 둬야 하는 번거로움이 없습니다.

구글 스프레드시트 실행하기

구글 스프레드시트를 실행하는 데는 2가지 방법이 있습니다. 구글 드라이브로 진입해 실행하는 방법과 구글 앱의 [Sheets] 아이콘을 클릭해 실행하는 방법이 있습니다. 구글 드라이브로 진입해 실행하는 방법은 다음과 같습니다.

01 구글 홈페이지에서 이메일과 비밀번호를 입력해 본인의 구글 계정으로 로그인합니다.

02 구글 계정으로 로그인하면 구글 홈페이지의 오른쪽 상단에 로그인한 계정과 구글 앱 아이콘이 보입니다.

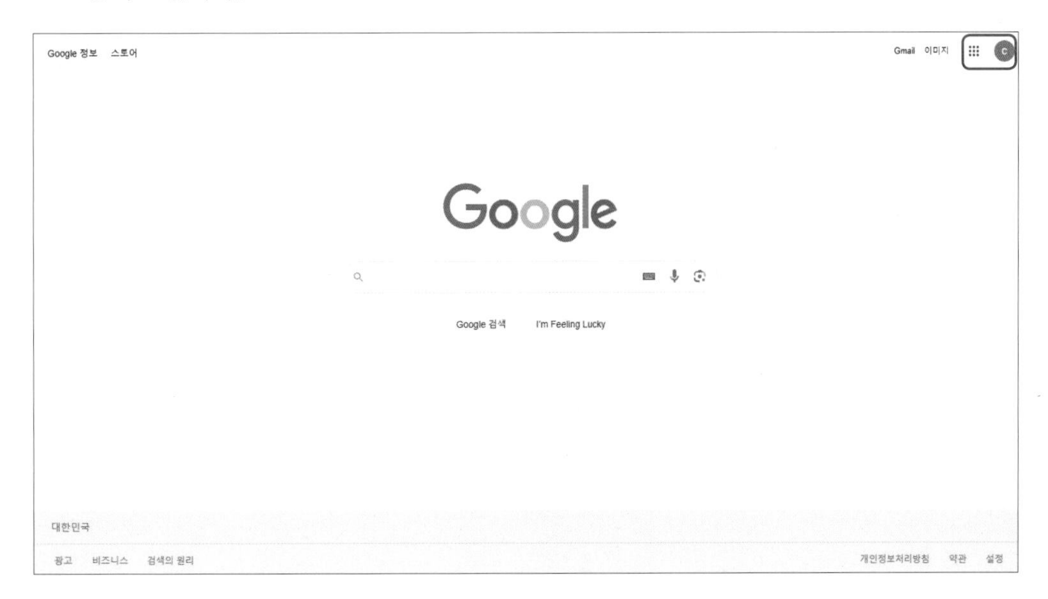

03 오른쪽 상단에 있는 [구글 앱] 아이콘을 클릭합니다.

04 구글 계정으로 사용할 수 있는 다양한 앱이 나타나면 [드라이브]를 클릭합니다.

05 구글 드라이브 화면의 좌측 상단에 있는 [새로 만들기]를 클릭합니다.

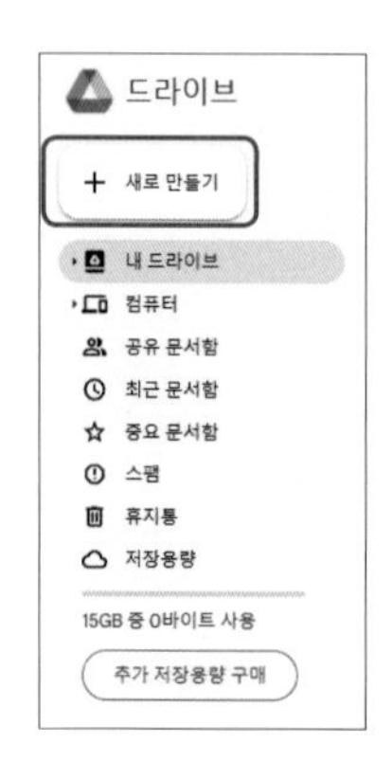

06 펼쳐진 새로 만들기 항목 중에서 [Google 스프레드시트] – [빈 스프레드시트]를 클릭해 새로운 스프레드시트를 생성합니다.

07 비어 있는 '제목 없는 스프레드시트'가 만들어졌습니다. 이제 다양한 함수와 데이터를 활용해 프로그램을 만들 수 있습니다.

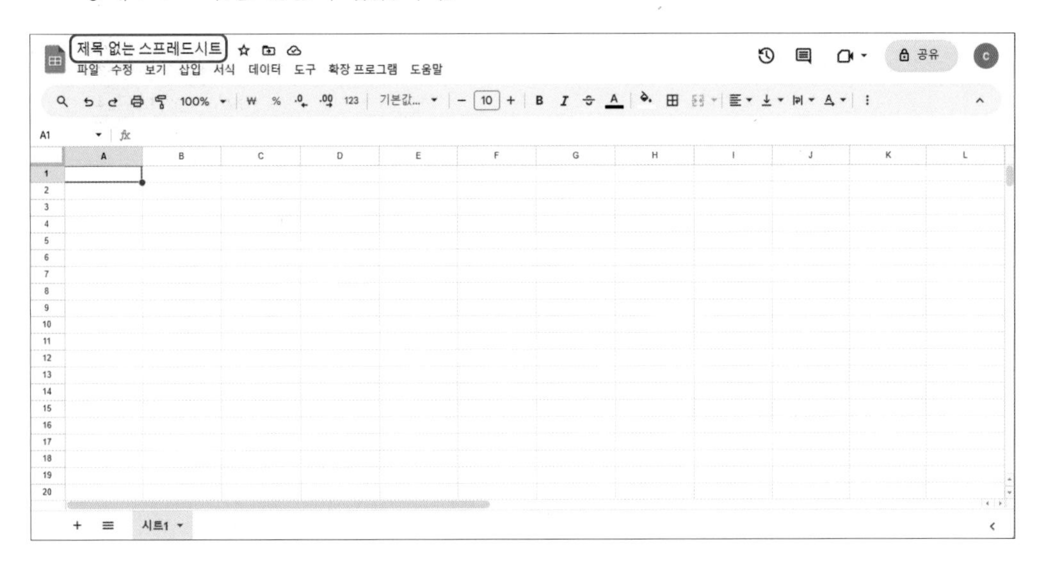

08 구글 스프레드시트를 실행하는 두 번째 방법으로 오른쪽 상단에 있는 [구글 앱] 아이콘을 클릭합니다. 오른쪽 스크롤을 아래로 내려 [Sheets] 아이콘을 클릭합니다.

09 구글 스프레드시트 화면으로 진입했습니다. [새 스프레드시트 시작하기]의 아래에 있는 '+' 모양의 내용 없는 빈 스프레드시트를 클릭합니다.

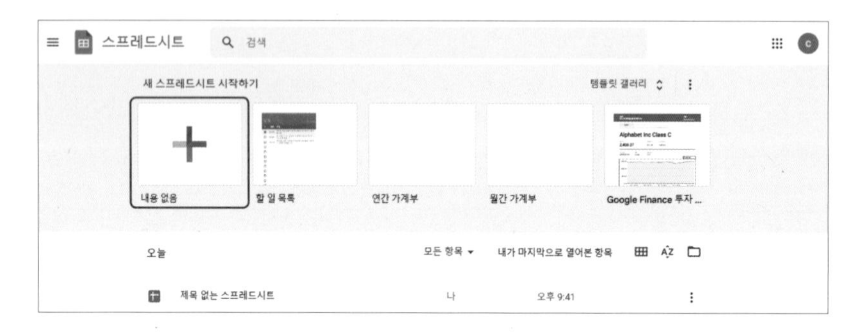

10 앞서 구글 드라이브로 진입해 만들었던 '제목 없는 스프레드시트'와 똑같은 시트가 만들어졌습니다. 실행하는 과정만 다를 뿐, 행과 열이 보입니다. 이제 다양한 함수와 데이터를 활용해 프로그램을 만들 수 있습니다.

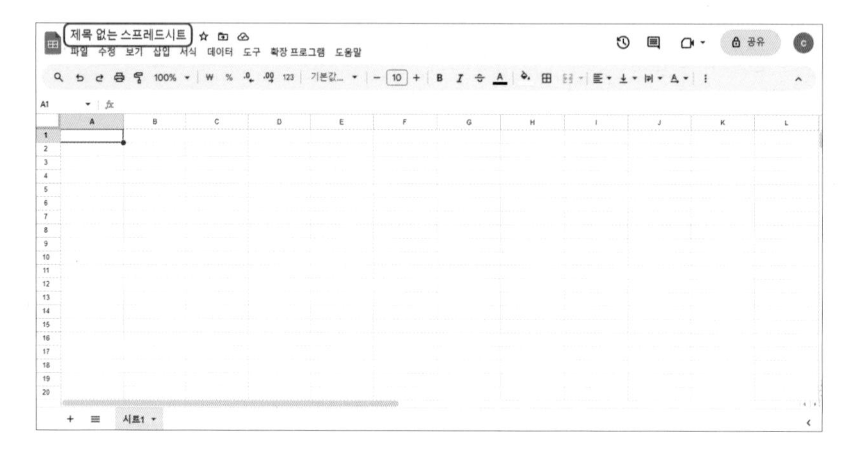

구글 스프레드시트 화면 살펴보기

구글 스프레드시트를 활용하기 위해 주로 사용하는 기본 메뉴 화면을 살펴보고 시트 및 행과 열에 대해 알아보겠습니다.

01 좌측 상단에 있는 [제목 없는 스프레드시트]는 현재 작성하는 문서의 대제목이라고 이해하면 됩니다. 마우스 커서를 올려 놓은 후 클릭하면 이름 바꾸기를 할 수 있고 언제든지 원하는 제목으로 수정할 수 있습니다.

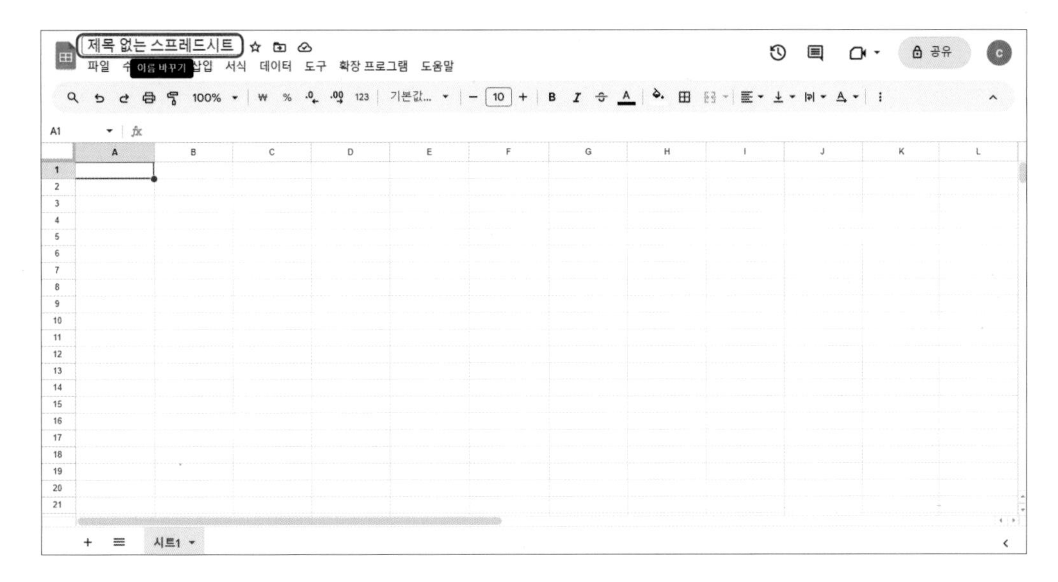

02 스프레드시트의 제목의 오른쪽에 아이콘 3개가 있습니다.

❶ [별표]: 중요도가 높은 문서가 다른 문서들 속에서 더 잘 보이도록 주요 문서로 표시할 때 사용합니다.

❷ [이동]: 새 폴더를 만들어 현재 작성하고 있는 문서를 새 폴더로 이동시키거나 다른 폴더로 이동시킬 때 사용합니다.

❸ [문서 상태 확인]: 문서의 상태를 확인할 때 사용합니다.

03 구글 스프레드시트에서 활용할 수 있는 메뉴들이 나와 있습니다. 메뉴 아래에 있는 서브 메뉴 바에 자주 사용하는 메뉴 기능을 아이콘 형태로 나열한 것입니다. 아래에 있는 아이콘 형태의 기능을 주로 많이 사용합니다.

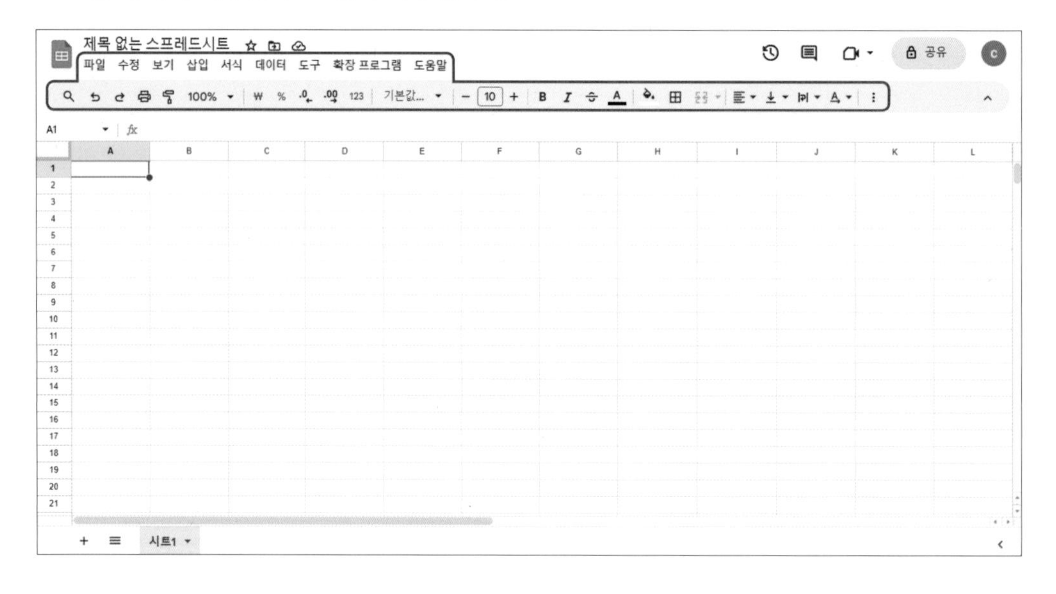

04 셀의 위치 및 수식을 확인할 수 있고 입력한 수식을 수정할 수도 있습니다.

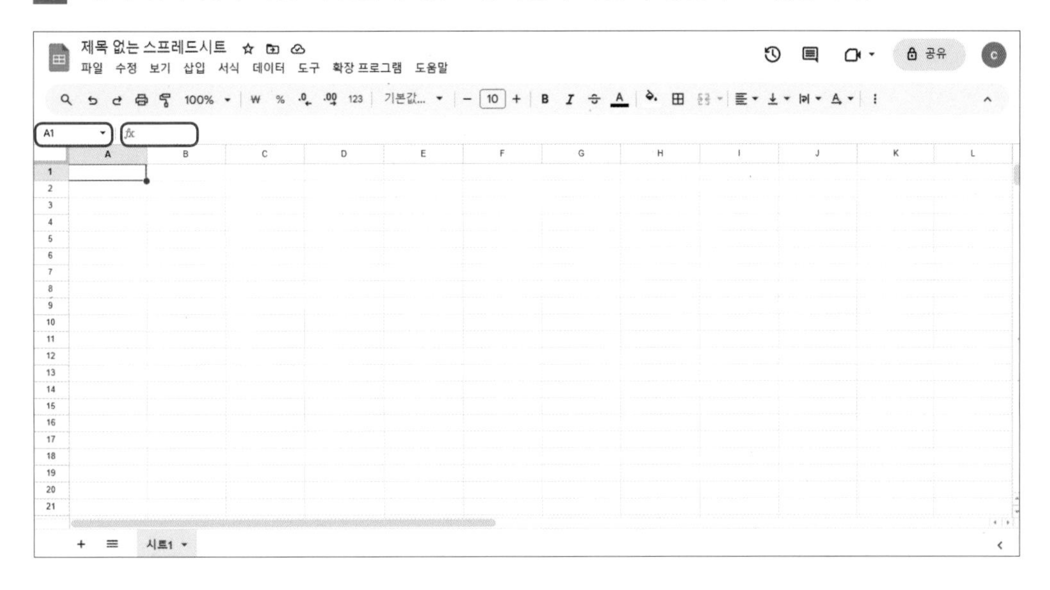

05 행은 가로 형태로, 수가 아래쪽으로 늘어나고 숫자로 표시됩니다(A1 =A열의 1번 행에 있는 셀의 위치).

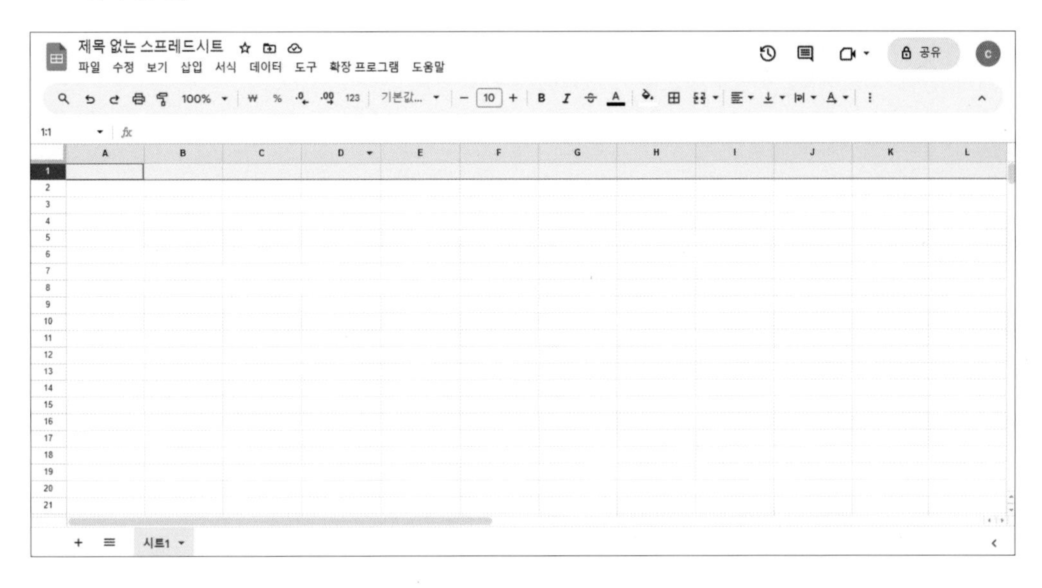

06 열은 세로 형태로, 수가 오른쪽으로 늘어나고 영문으로 표시됩니다(A1 =A열의 1번 행에 있는 셀의 위치).

07 구글 스프레드시트 화면의 좌측 하단에 시트를 관리할 수 있는 버튼이 있습니다.

❶ [+]: 시트를 새로 추가할 때 사용합니다.

❷ [≡]: '모든 시트' 목록을 확인할 때 사용합니다.

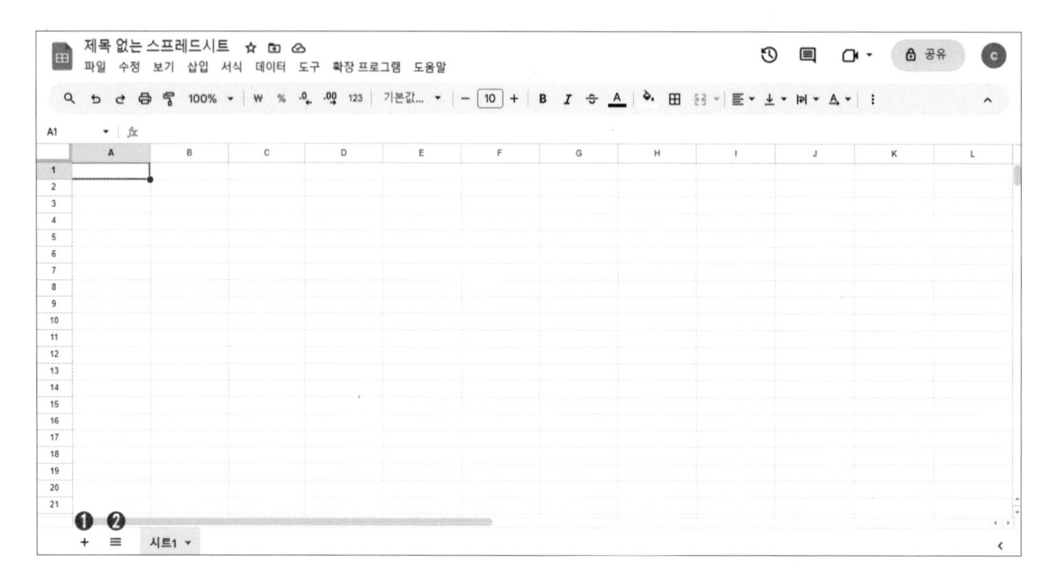

08 '시트 1' 오른쪽의 아래 방향 화살표 모양[▼]을 클릭합니다. 시트를 삭제/복사하거나 이동 및 그 밖의 시트를 설정할 때 사용합니다.

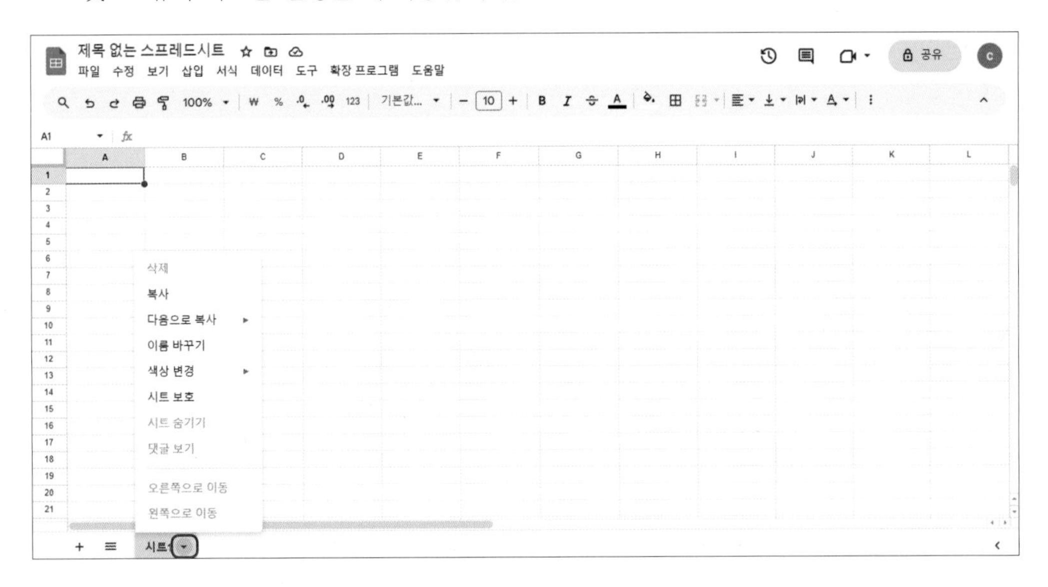

09 구글 스프레드시트의 행과 열은 언제든지 삽입(추가) 및 삭제할 수 있습니다. 행과 열을 삽입하는 데는 2가지 방법이 있습니다. 첫째, 상단에 있는 메뉴를 이용해 삽입하는 방법입니다. 상단에 있는 메뉴 중에서 [삽입] – [행]을 클릭합니다. 행은 가로 형태이기 때문에 [위에 행 1개 삽입]할 것인지, [아래에 행 1개 삽입]할 것인지를 선택합니다.

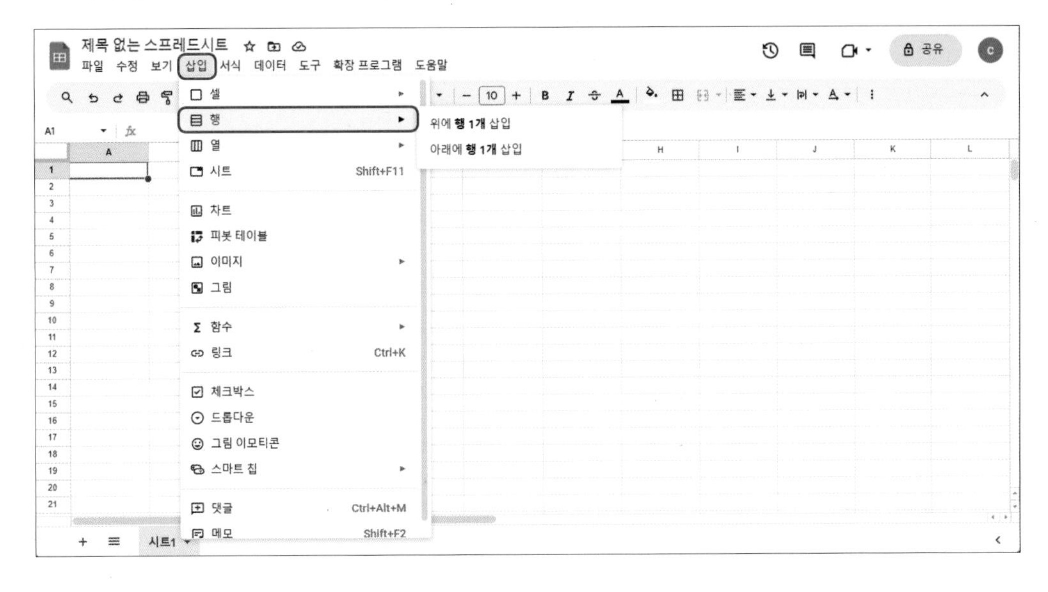

10 열을 삽입할 때도 상단 메뉴에서 [삽입] – [열]을 클릭합니다. 열은 세로 형태이기 때문에 [왼쪽에 열 1개 삽입]할 것인지, [오른쪽에 열 1개 삽입]할 것인지를 선택합니다.

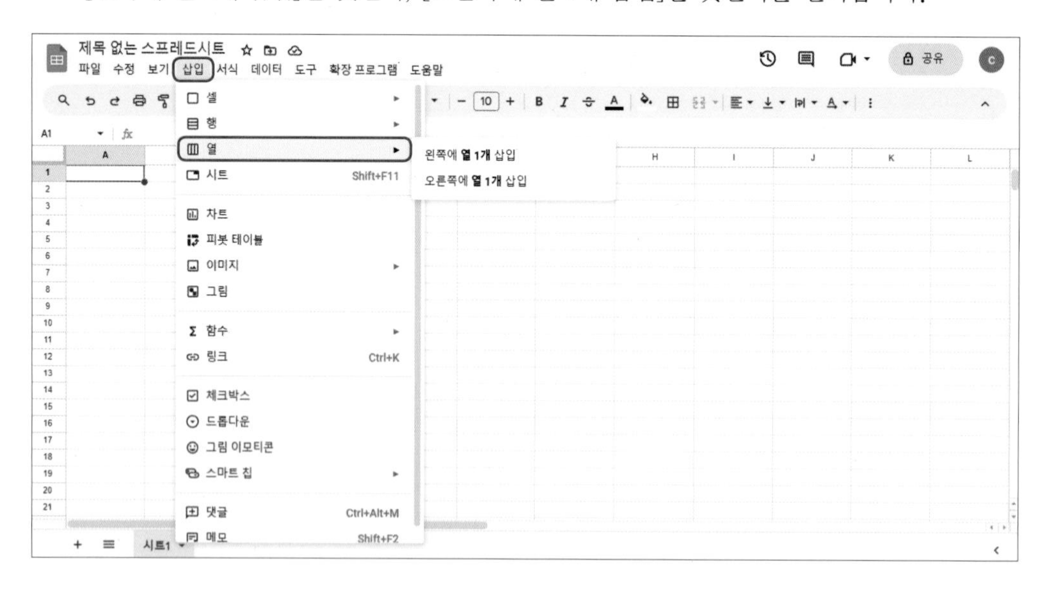

11 다음은 마우스 오른쪽 버튼을 이용해 삽입하는 방법입니다. 5번 행의 위나 아래에 행을 삽입하고 싶다면 5번 행의 머리글을 마우스 오른쪽 버튼으로 클릭합니다. [위에 행 1개 삽입]할 것인지, [아래에 행 1개 삽입]할 것인지를 선택합니다. 첫 번째 방법보다 바로 삽입할 수 있는 두 번째 방법을 주로 사용합니다.

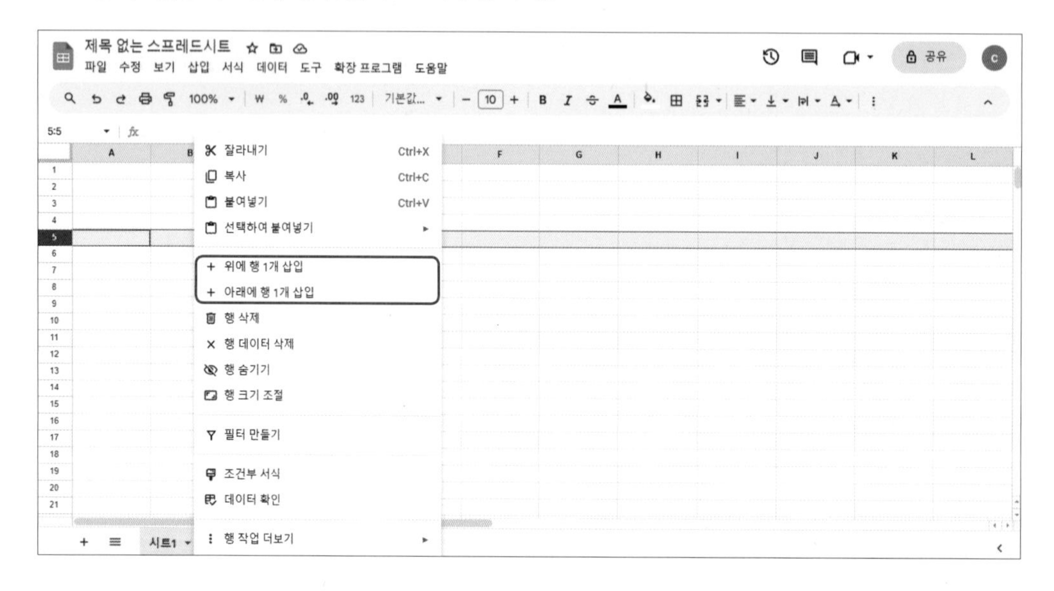

12 열을 삽입할 때도 C열의 왼쪽이나 오른쪽에 삽입하고 싶다면 C열의 머리글을 마우스 오른쪽 버튼으로 클릭합니다. [왼쪽에 열 1개 삽입]할 것인지, [오른쪽에 열 1개 삽입]할 것인지를 선택합니다.

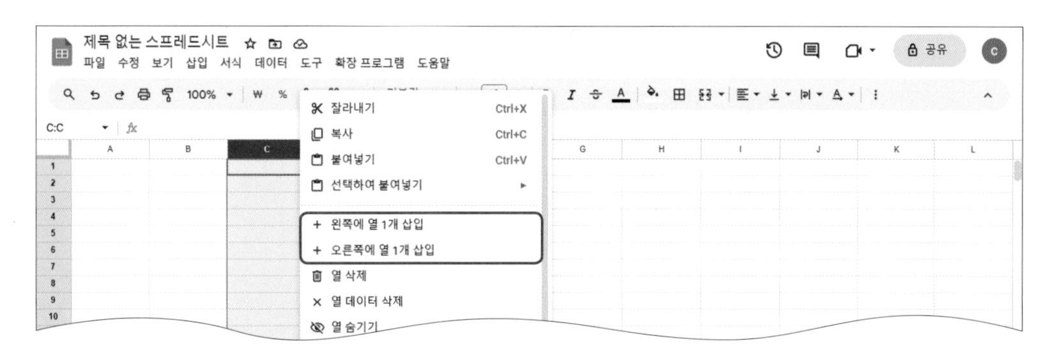

13 행과 열을 삽입/삭제하는 것 외에 행과 열을 '숨기기'할 수 있습니다. '숨기기'는 시트를 깔끔하게 정리할 때 필요한 행과 열만 보이게 하고 싶은 경우 또는 개인정보 및 행이나 열의 데이터를 가려야 할 경우에 사용합니다.

C, D, E열의 데이터를 숨겨 보겠습니다. C열의 머리글을 클릭한 채 마우스에서 손을 떼지 않고 E열까지 드래그하면 C열부터 E열까지 선택됩니다. 영역을 선택하는 데는 C열의 머리글을 클릭한 후 Shift를 누른 채 E열의 머리글을 클릭하는 방법도 있습니다. 그러면 C열부터 E열까지의 영역이 선택됩니다.

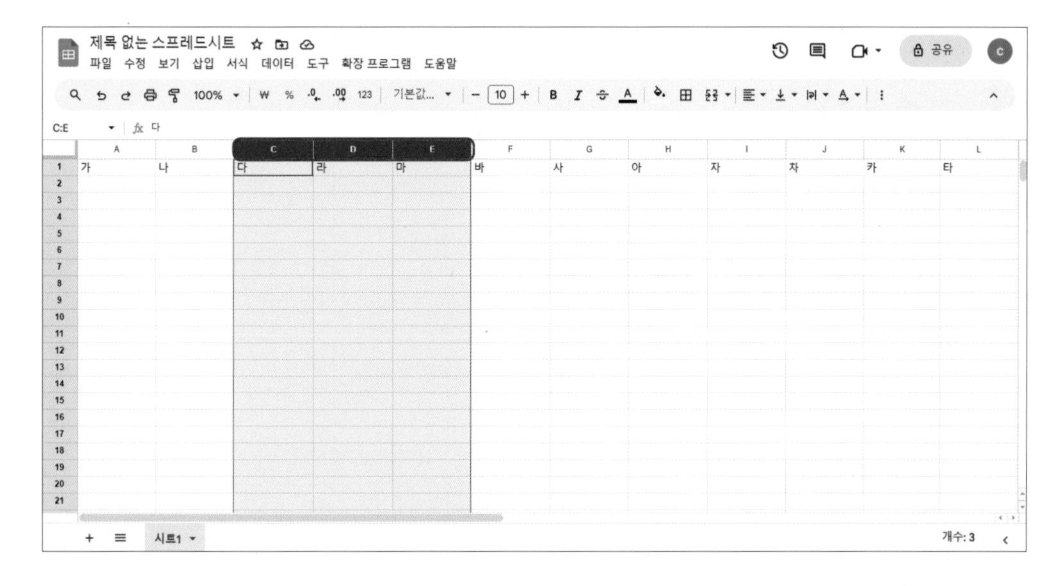

14 선택된 영역 안에 마우스 오른쪽 버튼을 클릭합니다. 선택된 영역에서 다양한 설정을 할 수 있습니다. [C- E열 숨기기]를 클릭해 3개의 열을 숨깁니다.

15 숨기기 기능을 이용해 C열부터 E열까지 숨겼습니다. B열과 F열의 머리글 사이에 [◀▶] 기호가 표시돼 숨어 있는 열이 있다는 것을 확인할 수 있습니다.

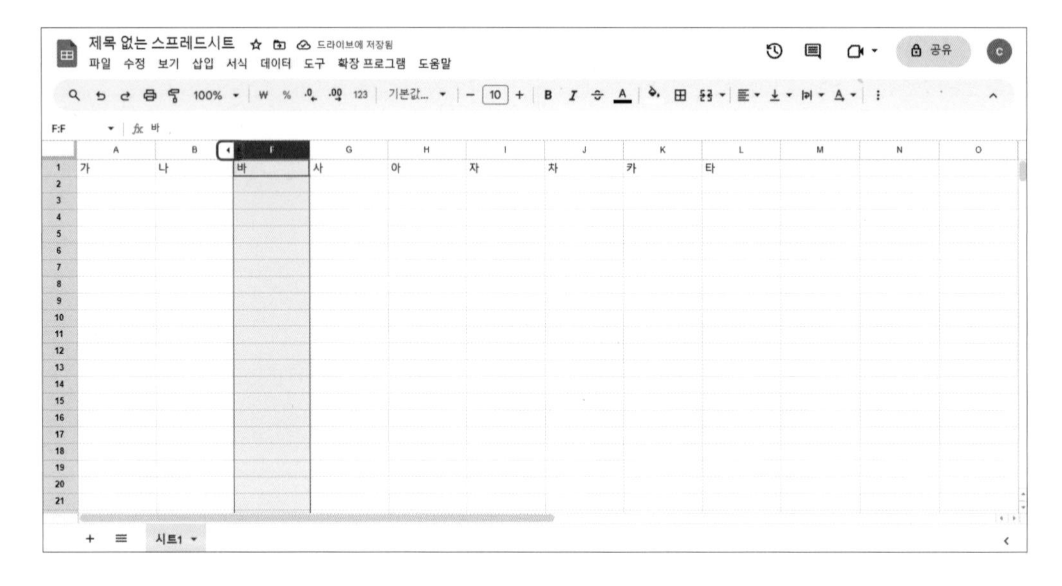

16 숨기기 기능을 이용해 C열부터 E열까지 숨겼다면 다시 데이터를 확인하기 위해 숨기기한 열을 펼칠 수 있습니다. 마우스 커서를 숨겨진 열이 있는 [◀▶] 기호 위에 올려놓으면 박스가 생기면서 클릭할 수 있는 상태가 됩니다.

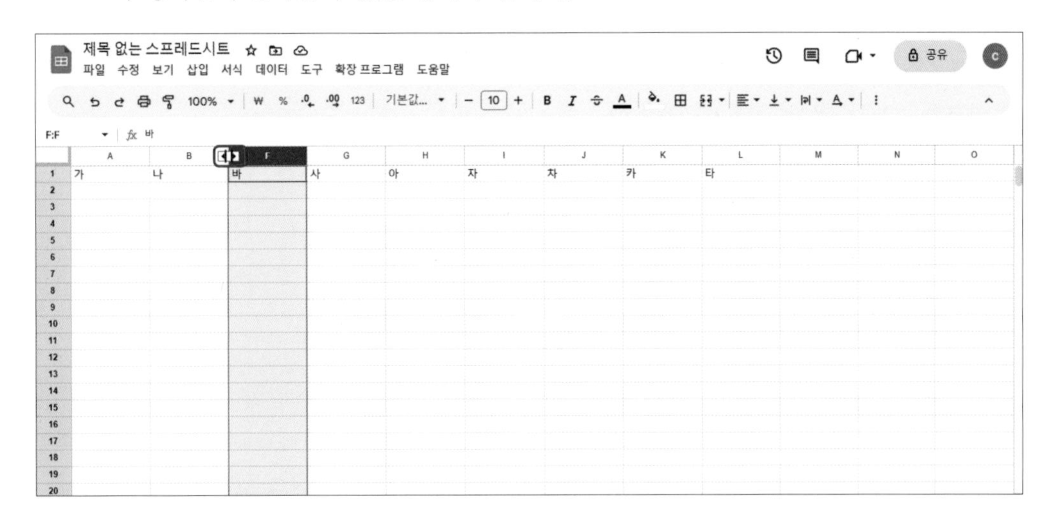

17 박스가 생긴 [◀▶] 기호를 클릭하면 숨어 있던 C, D, E열이 펼쳐지면서 원래 순서대로 나열됩니다. 지금까지 구글 스프레드시트의 기본 화면과 행과 열에 대해 알아봤습니다.

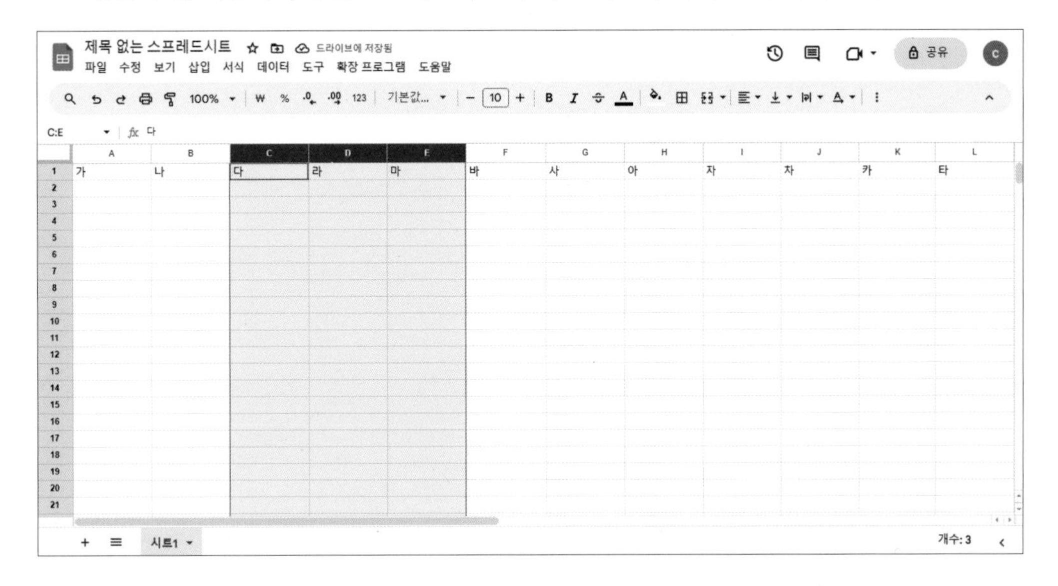

구글 스프레드시트 함수 이해하기

구글 스프레드시트를 처음 접하는 분들도 있을 것입니다. 엑셀을 사용해 봤다면 좀 더 친근할 수 있습니다. 함수로 명령어를 통해 데이터를 계산하고 변환하는 등의 복잡한 작업을 자동화할 수 있습니다. 즉, 구글 스프레드시트에 함수로 명령어를 입력하고 계산(추출)된 값을 확인하며 원하는 시트(프로그램)를 만드는 것이라고 이해하면 됩니다.

구글 스프레드시트의 모든 함수는 영어를 사용합니다. 원하는 결괏값을 얻기 위해 논리를 잘 세우는 것이 매우 중요합니다. 사람이 입력한 명령어를 수행하는 것은 컴퓨터이지만, 사람과 사람이 대화하듯이 명령어를 입력하며 소통해야 합니다. 그러면 좀 더 명확하고 이해하기 쉬운 논리를 세울 수 있습니다.

영어는 원어민과 자유롭게 소통하는 것을 목표로 배우는 데, 문장을 말할 때 가장 중요한 것은 구문의 '자리'(명사어, 형용사어, 부사어, 서술어)입니다. 구글 스프레드시트의 함수도 이와 같은 맥락입니다. 명령어를 구문의 '자리'에 맞춰 잘 쓰고 올바른 결괏값을 얻기 위해 소통하듯이 논리를 세워야 합니다.

TIP 구글 스프레드시트의 함수를 이해하기 위한 예시

함수는 곧 컴퓨터와의 소통입니다. 영어의 간단한 구조를 이해하면 구글 스프레드시트함수도 쉽게 이해할 수 있습니다.

예 1 He bought a new car**(그는 새로운 차를 샀다)**
= 그는 샀다(뭐를?) 새로운 차를
앞에서부터 단어와 단어를 자리로 나눠 뒤의 단어와 소통합니다.
He bought라는 문장을 해석한다면
= '그는 샀다'가 됩니다. '뭐를'이 나오지 않았기 때문에 문장이 끊긴 채 대화 자체가 되지 않습니다. 구글 스프레드시트도 이와 마찬가지입니다. 명령어를 쓰는 '나'와 '구글 시트'가 함께 대화를 통해 하나의 프로그램을 만드는 것입니다.

예 2 Find a pen in your room**(네 방에서 펜을 찾아라)**
= 찾아라(뭐를?) 펜을(어디에서?) 네 방에서

예 3 **실제 함수식 보기**
= FIND(C4, B5:B)
= 찾아라(뭐를?) C4 셀 문자열을(어디에서?) B5부터 B열 전체에서
이런 식으로 구글 스프레드시트에서도 명령어를 먼저 내세우고 그 뒤로 조건(값/인수)들이 따라옵니다. 영어의 구조를 알면 함수를 이해하는 데 많은 도움이 됩니다.

CHAPTER 02

구글 스프레드시트 주요 함수 배우기

구글 스프레드시트로 미션 인증 자동화 프로그램을 만드는 데 필요한 주요 함수를 알아보겠습니다.

TIP 함수는 약속돼 있는 식이다.

구글 스프레드시트에서 사용하는 모든 함수의 앞에는 '=' 등호를 먼저 입력합니다.
=FIND(C4, B5:B)
등호–함수(인수, 인수…)
각 함수마다 정해진 형식이 있으며 '(',')' 소괄호를 사용해 함수를 여닫습니다.
함수의 구문 안에서 인수 구분은 ',' 콤마를 사용합니다.
인수는 꼭 순서대로 입력해야 합니다. 그렇지 않으면 오류가 발생합니다.

FIND 함수

대소문자를 구분하며 텍스트 내에서 문자열이 처음으로 발견된 위치를 반환합니다. 문자열을 찾을 수 없으면 '#VALUE!'라고 반환합니다(대소문자를 구분하지 않으려면 SEARCH 함수를 사용합니다). FIND는 문자 자체를 추출하는 것이 아니라 찾는 문자열의 '자릿수'를 추출하는 함수입니다.

구문

=FIND(검색할_문자열, 검색할_텍스트, [시작_위치])

인수

검색할_문자열: 검색할 텍스트 내에서 검색하려는 문자열입니다.
검색할_텍스트: 검색하려는 문자열을 검색할 텍스트입니다.
[시작_위치]: 선택사항으로(기본값 1) 검색할 텍스트에서 검색을 시작할 문자의 위치를 정할 수 있습니다.

예시

D열의 문자열이 시작하는 자릿수를 C열에서 찾는 것입니다. 이렇게 찾은 자릿수는 E열에 숫자로 표시됩니다. E5 셀에 입력된 수식의 결괏값이 '4'로 반환됐습니다(여기서 '반환'됐다는 말은 '결괏값'이 나왔다는 의미입니다).

검색하려는 문자열은 'LOW'이고 'LOW'를 찾고자 하는 텍스트는 'HELLOW'입니다. 즉, 'HELLOW'에서 'LOW'의 문자열이 시작되는 자릿수를 구하는 것입니다. 'HELLOW'의 가장 왼쪽에 있는 'H'부터 1로 숫자를 세어 4번째 자리부터 'LOW'가 시작되는 것을 확인할 수 있습니다.

FIND 함수는 공백도 한 자릿수로 보고 공백을 포함해 자릿수를 셉니다. E7 셀에 'BIRTHDAY'가 시작하는 자릿수의 값이 '7'로 나왔습니다. 'HAPPY(공백)'와 같이 HAPPY 다음의 공백까지 수를 세어 계산한 값입니다.

=FIND(D5,C5)
=D5 문자열의 자릿수를 C5에서 찾아라.

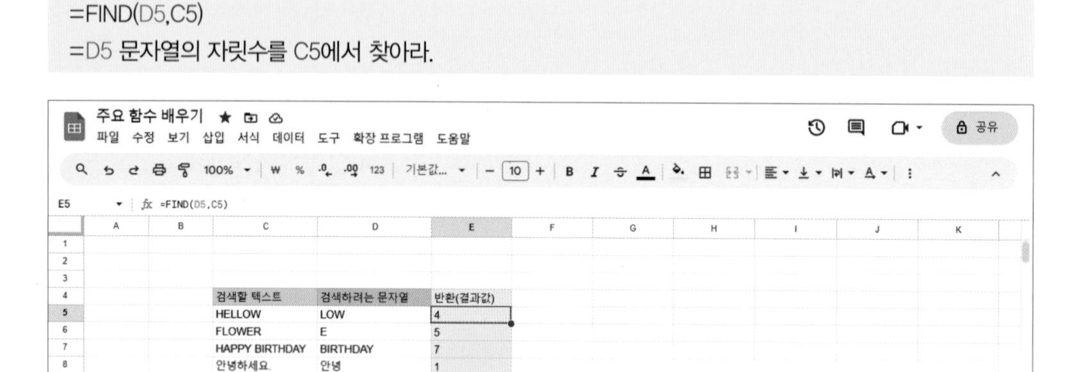

ARRAYFORMULA 함수

배열 수식에서 여러 행과 열에 반환된 값을 표시합니다. 또한 배열이 아닌 함수에 배열을 사용할 수 있습니다. 다른 수식을 작성한 후 ')'를 입력해 수식을 닫은 상태에서 Ctrl + Shift + Enter를 누르면 수식 앞에 ARRAYFORMULA를 자동으로 추가할 수 있습니다.

구문

=ARRAYFORMULA(배열_수식)

인수

배열_수식: 범위 및 하나의 셀 범위 또는 크기가 동일한 여러 범위를 사용한 수학 표현식 또는 하나의 셀보다 큰 결과를 반환합니다.

예시

FIND 함수가 끝나는 ')' 뒤에서 Ctrl + Shift + Enter를 누르면 FIND 앞에 ARRAYFORMULA 함수가 자동으로 적용됩니다. E열 전체에 배열 함수가 적용되고 E11 셀의 아래로는 C열과 D열에 데이터가 없기 때문에 '#VALUE!'가 반환됩니다.

=ARRAYFORMULA(FIND(D5:D,C5:C))
=D5부터 D열 전체 문자열의 자릿수를 C5부터 C열 전체에서 찾아라.
이 수식을 해당 열에 전체 적용하라.

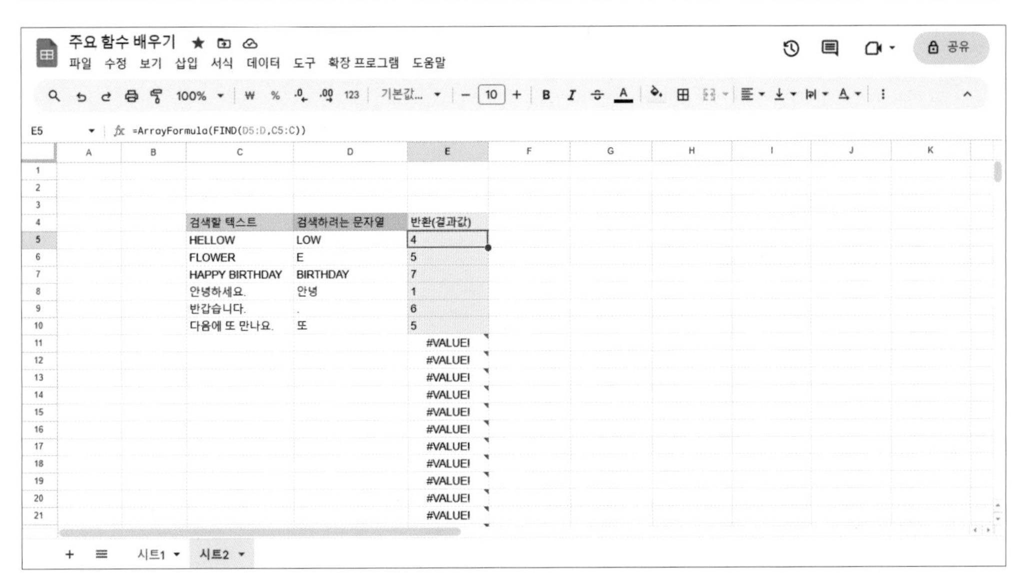

검색할 텍스트	검색하려는 문자열	반환(결과값)
HELLOW	LOW	4
FLOWER	E	5
HAPPY BIRTHDAY	BIRTHDAY	7
안녕하세요.	안녕	1
반갑습니다.	.	6
다음에 또 만나요.	또	5
		#VALUE!
		#VALUE!
		#VALUE!
		#VALUE!
		#VALUE!
		#VALUE!
		#VALUE!
		#VALUE!
		#VALUE!
		#VALUE!
		#VALUE!

IFERROR 함수

첫 번째 인수가 오류값이 아니면 첫 번째 인수를 반환하고 오류값이면 두 번째 인수가 있는 경우 두 번째 인수를 반환하고 두 번째 인수가 없는 경우 비워 둡니다. 쉽게 말해 오류를 없애는 함수라고 이해하면 됩니다. 오류이고 값이 비어 있을 경우, 빈 값을 반환합니다.

구문

=IFERROR(값, [오류인_경우_값])

인수

값: 값이 오류가 아닌 경우에 반환되는 값

[오류인_경우_값]: 선택사항으로(기본적으로 빈칸임), 값이 오류인 경우에 함수가 반환하는 값

예시

FIND 함수 앞에 'IFERROR'를 입력해 오류를 없앱니다. '#VALUE!'라고 표시됐던 오류 메시지가 사라지고 원하는 값만 보입니다.

> =ARRAYFORMULA(IFERROR(FIND(D5:D,C5:C)))
> =D5부터 D열 전체 문자열의 자릿수를 C5부터 C열 전체에서 찾아라.
> 오류값을 없애라.
> 이 수식을 해당 열에 전체 적용하라.

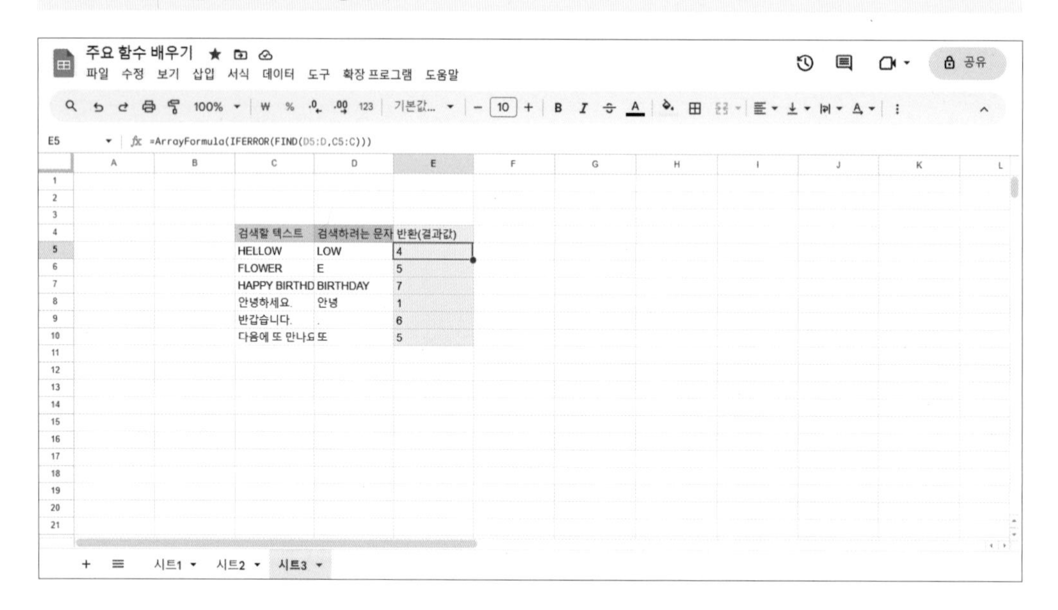

IF 함수

논리를 표현한 식이 'TRUE'인 경우 특정 값을 반환하고 'FALSE'인 경우 특정 값과 다른 값을 반환합니다. '논리 표현식이 TRUE이면 ~하고 FALSE이면 ~하라.'는 뜻으로 해석하면 됩니다.

구문

=IF(논리_표현식, TRUE인_경우_값, FALSE인_경우_값)

인수

논리_표현식: 일부 논리값을 나타내는 표현식을 포함하는 셀 참조 및 표현식입니다.
TRUE인_경우_값: '논리_표현식'이 'TRUE'인 경우에 반환되는 함숫값입니다.
FALSE인_경우_값: '논리_표현식'이 'FALSE'인 경우에 반환되는 함숫값입니다.

예시

D5 셀에 IF 함수를 활용해 C5 셀의 데이터가 "사과"가 맞으면 "APPLE"이라고 반환하고 "사과"가 아니면 공백으로 비워 두라는 명령어를 입력합니다.
'=IF(C5="사과","APPLE"," ")'
C5 셀에 "사과"라는 데이터가 있어서 D5 셀에 "APPLE"이라는 TRUE 값이 반환됐습니다.
'=IF(C6="사과","APPLE"," ")'
C6 셀에는 "바나나"라는 데이터가 있기 때문에 표현식이 일치하지 않으므로 FALSE 값인 공백으로 반환된 것을 확인할 수 있습니다.

=IF(C5="사과","APPLE"," ")
=C5 셀이 "사과"가 맞으면 "APPLE"을 반환하고 그렇지 않으면 " "공백으로 비워 둬라.

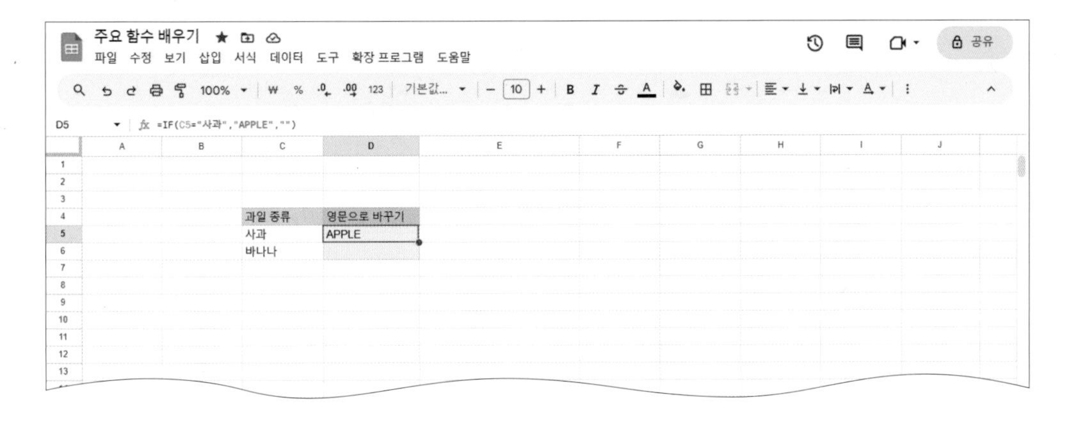

SUBSTITUTE 함수

문자열에서 기존 텍스트를 새 텍스트로 대체합니다. 즉, 데이터를 대체하고 싶을 때 사용합니다. 이 함수는 출력으로 텍스트를 반환하는데, 숫자를 출력하려면 이 함수와 함께 VALUE 함수를 사용하면 됩니다.

구문

=SUBSTITUTE(검색할_텍스트, 검색할_문자열, 대체_문자열, [발견되는_횟수])

인수

검색할_텍스트: 검색해 대체할 텍스트입니다.

검색할_문자열: 검색할 텍스트 내에서 검색할 문자열입니다.

대체_문자열: 검색할 문자열을 대체하는 문자열입니다.

[발견되는_횟수]: 선택사항으로, 기본적으로 검색할 문자열의 모든 인스턴스가 대체됩니다. 하지만 발견 횟수를 지정하는 경우 지정된 검색할 문자열 인스턴스만 대체됩니다.

예시

D5 셀에 SUBSTITUTE 함수를 활용해 C5 셀이 있는 "어플" 텍스트를 "앱"으로 대체하는 명령어를 입력합니다. "지도어플"이라는 텍스트가 "지도앱"으로 대체돼 바꾸고자 하는 텍스트만 대체합니다.

=ArrayFormula(SUBSTITUTE(C5:C11,"어플","앱"))
=C5부터 C11 셀의 텍스트에서 "어플"을, "앱"으로 대체하라.

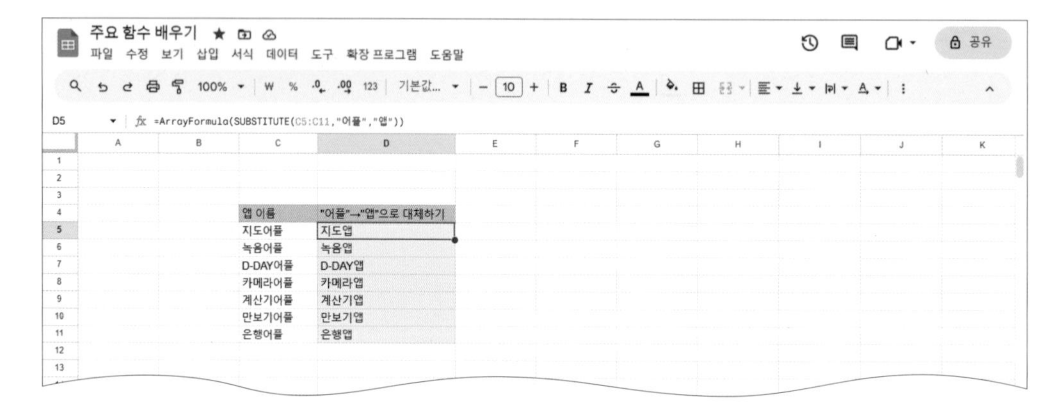

LEFT/MID/RIGHT 함수

LEFT/MID/RIGHT는 문자열을 추출하는 함수입니다. LEFT는 지정된 문자열의 첫 문자(왼쪽)부터 시작되는 하위 문자열을 반환하고 MID는 문자열의 일부(중간)를 반환합니다. 또한 RIGHT는 지정된 문자열의 마지막 문자(오른쪽)부터 시작되는 하위 문자열을 반환합니다.

구문

=LEFT(문자열, [문자_수])

=MID(문자열, 시작, 추출_길이)

=RIGHT(문자열, [문자_수])

인수

LEFT

문자열: 왼쪽 부분을 반환할 문자열입니다.

[문자_수]: 선택사항으로(기본값은 1), 문자열의 왼쪽에서부터 반환할 문자의 수입니다.

MID

문자열: 일부를 추출할 문자열입니다.

시작: 추출을 시작할 문자열의 문자 색인으로, 왼쪽에서 시작합니다. 문자열의 첫 번째 문자의 색인은 1입니다.

추출_길이: 추출할 부분의 길이입니다.

RIGHT

문자열: 오른쪽 부분을 반환할 문자열입니다.

[문자_수]: 선택사항으로(기본값은 1), 문자열의 오른쪽에서부터 반환할 문자의 수입니다.

예시

LEFT 함수를 사용해 C9 셀에 있는 "오늘 모두 좋은 하루 되세요." 텍스트에서 왼쪽부터 2개의 문자열인 "오늘"을 추출합니다.

MID 함수를 사용해 C9 셀에 있는 "오늘 모두 좋은 하루되세요." 텍스트에서 가운데에 있는 4번째 자리부터 시작하는 2개의 문자열인 "모두"를 추출합니다.

RIGHT 함수를 사용해 C9 셀에 있는 "오늘 모두 좋은 하루되세요." 텍스트에서 오른쪽부터 6개의 문자열인 "하루되세요."를 추출합니다.

문자열을 추출할 때 공백과 기호를 모두 포함해 추출합니다.

```
=LEFT(C9,2)
=C9 셀의 텍스트에서 왼쪽부터 2개의 문자열을 추출하라.
=MID(C9,4,2)
=C9 셀의 텍스트에서 가운데에 있는 4번째 자리부터 시작하는 2개의 문자열을 추출하라.
=RIGHT(C9,6)
=C9 셀의 텍스트에서 오른쪽부터 6개의 문자열을 추출하라.
```

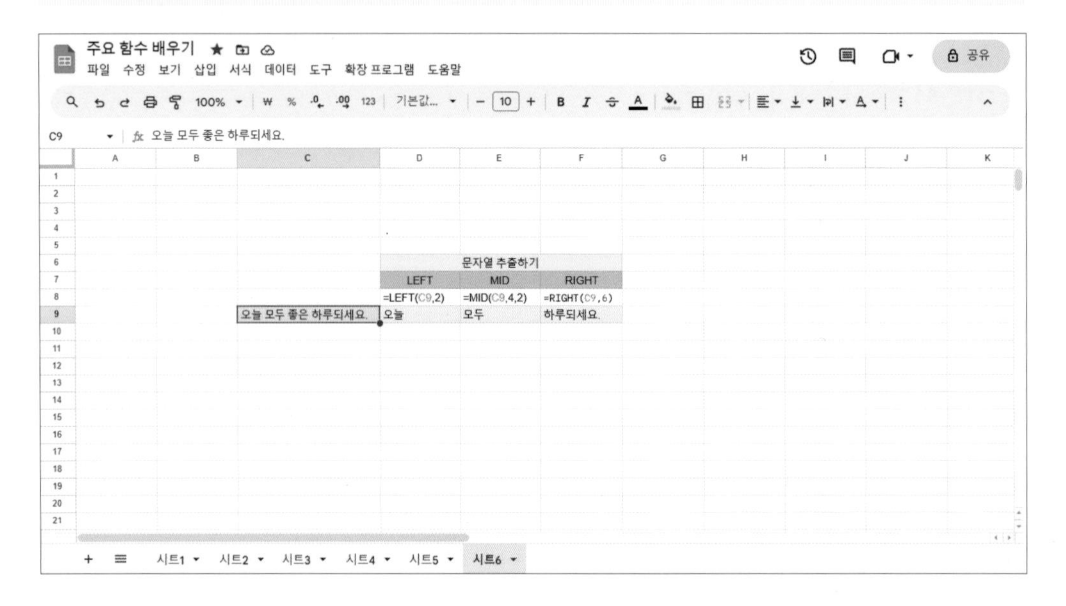

DATE/MONTH/TODAY/WEEKDAY 함수

DATE/MONTH/TODAY/WEEKDAY는 날짜 및 요일에 관련된 함수입니다.

DATE는 연, 월, 일을 날짜로 전환합니다. 0보다 작거나 10,000보다 큰 연도의 경우, '#NUM!' 오류를 반환합니다. MONTH는 특정 날짜에 해당하는 연도의 월을 숫자 형식으로 반환하고 TODAY는 현재 날짜를 날짜 값으로 반환합니다. TODAY는 시간 구성 요소를 제외한 현재 날짜만 반환하며 현재 시간을 포함해 날짜를 생성하려면 NOW 함수를 사용합니다. WEEKDAY는 주어진 날짜의 요일을 유형에 따른 숫자로 반환합니다.

구문

=DATE(연, 월, 일)

=MONTH(날짜)

=TODAY()

=WEEKDAY(날짜, [유형])

인수

DATE

연: 날짜의 연도 구성 요소입니다.

월: 날짜의 월 구성 요소입니다.

일: 날짜의 일 구성 요소입니다.

MONTH

날짜: 월(MONTH) 데이터를 추출하려는 날짜입니다. 날짜 및 날짜 유형을 반환하는 함수 또는 숫자를 포함하는 셀에 대한 참조여야 합니다.

WEEKDAY

날짜: 요일을 결정할 기준 날짜입니다. 날짜, 날짜 유형을 반환하는 함수 또는 숫자를 포함하는 셀에 대한 참조여야 합니다.

[유형]: 선택사항으로(기본값은 1), 요일을 표시하는 데 사용할 유형 번호입니다. 기본적으로 번호 매기기는 일요일=1에서 시작합니다.

- 유형 '1': 일요일부터 번호를 매기기 시작하며 일요일은 1, 토요일은 7이 됩니다.
- 유형 '2': 월요일부터 번호를 매기기 시작하며 월요일은 1, 일요일은 7이 됩니다.
- 유형 '3': 월요일부터 번호를 매기기 시작하며 월요일은 0, 일요일은 6이 됩니다.

예시

DATE 함수를 사용해 A9, B9, C9 셀에 있는 각각의 '연/월/일'을 추출해 날짜로 전환합니다.
MONTH 함수를 사용해 D9 셀에 있는 날짜에서 '월'을 추출해 숫자만 반환합니다.
TODAY 함수를 사용해 오늘 날짜를 반환합니다.
WEEKDAY 함수를 사용해 F9 셀의 '2023. 10. 17'의 데이터에서 요일을 2번 유형의 숫자로 반환합니다(2번 유형은 월요일을 '1'로 시작하는 유형입니다. 화요일은 숫자 '2'로 표시됩니다).

=DATE(A9,B9,C9)
=A9 셀의 '연도'와 B9 셀의 '월'과 C9 셀의 '일'을 날짜로 전환하라.
=MONTH(D9)
=D9 셀의 날짜에서 '월'의 숫자를 추출하라.
=TODAY( )
=현재 날짜를 '날짜 값'으로 반환하라(시간 제외).
=WEEKDAY(F9,2)
=F9 셀의 날짜의 요일을 2번 유형의 숫자로 반환하라.

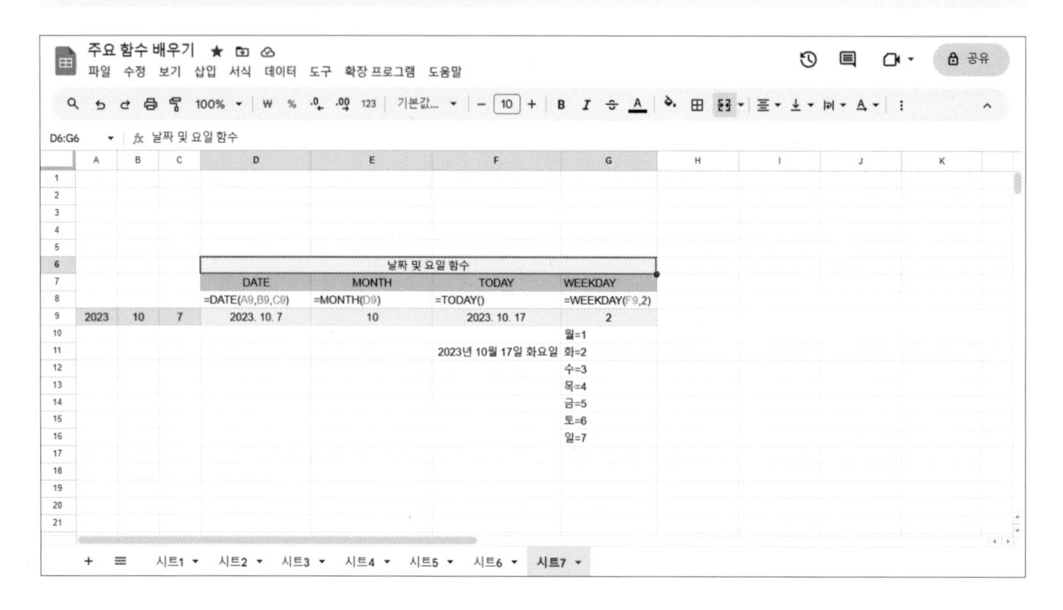

TIME 함수

주어진 시, 분, 초를 시간으로 변환합니다. TIME에 대한 입력 값은 숫자여야 합니다. 문자열 또는 문자열을 포함하는 셀에 대한 참조를 입력할 경우, '#VALUE!' 오류가 반환됩니다.

구문

=TIME(시, 분, 초)

인수

시: 시간의 '시' 구성 요소입니다.
분: 시간의 '분' 구성 요소입니다.
초: 시간의 '초' 구성 요소입니다.

예시

D9 셀에 TIME 함수를 활용해 A9 셀이 있는 '10' 숫자를 '시', B9 셀에 있는 '20' 숫자를 '분', C9 셀에 있는 '30' 숫자를 '초'로 변환해 시간으로 나타내도록 합니다.

=TIME(A9,B9,C9)
=A9 셀의 '10'을 시간의 '시', B9 셀의 '20'을 시간의 '분', C9 셀의 '30'을 시간의 '초'
위와 같이 숫자를 시간으로 변환합니다.

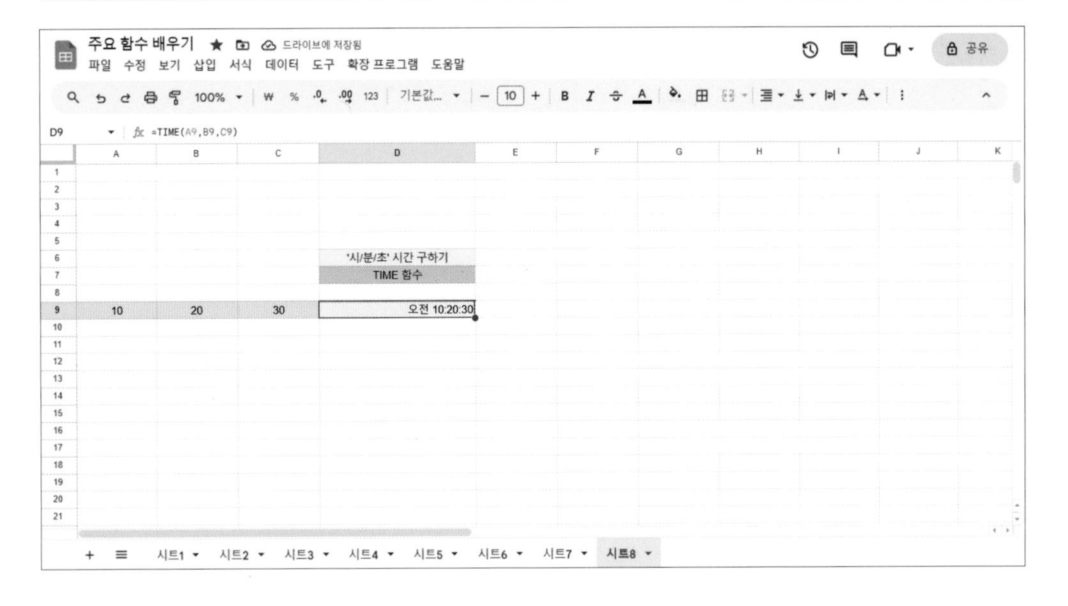

FILTER 함수

지정된 원본 범위에서 조건을 충족하는 열 또는 행만 필터링해 반환합니다. FILTER가 지정된 조건을 만족하는 값을 찾지 못한 경우, '#N/A'가 반환됩니다.

구문

=FILTER(범위, 조건1, [조건2, ...])

인수

범위: 필터링할 데이터입니다.

조건1: 범위의 첫 번째 행 또는 열에 해당하는 TRUE 또는 FALSE 값을 포함하는 열 또는 행이나 TRUE 또는 FALSE를 평가하는 배열 수식입니다.

[조건2, …]: 선택사항으로 반복할 수 있습니다. '범위'에서 해당 행 또는 열을 'FILTER'해야 하는지를 표시하는 값 'TRUE' 또는 'FALSE'을 포함하는 추가 행 또는 열입니다. 모든 조건은 동일한 유형(행 또는 열)이어야 합니다. 행 조건 및 열 조건의 조합은 허용되지 않습니다.

예시

F6 셀에 FILTER 함수를 활용해 C6부터 C11 셀에 있는 '이름' 중 D6부터 D11 셀에 있는 숫자 '7'을 좋아하는 사람만 필터링해 조건에 맞는 값만 반환합니다.

=FILTER(C6:C11,D6:D11=7)
=C6부터 C11 셀의 범위에서 D6부터 D11 셀이 7인 값만 필터링해 반환하라.

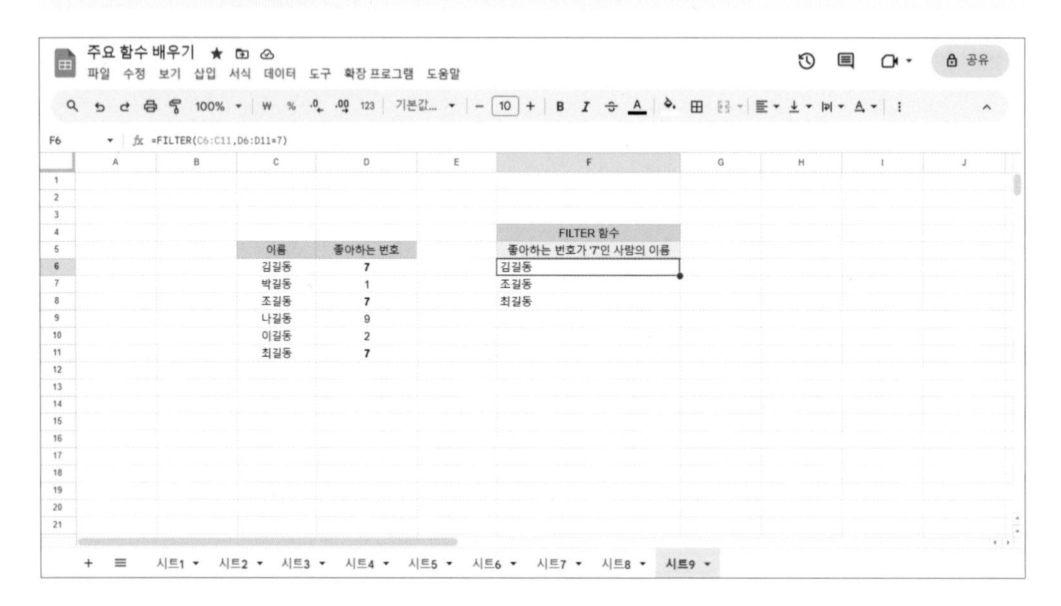

UNIQUE 함수

중복 제거 함수로, 원본 범위에서 중복된 것은 버리고 고유(중복을 제거한 단일 값)의 행을 반환합니다. 원본의 범위에 처음 표시되는 순서대로 행이 반환됩니다.

구문

=UNIQUE(범위, [열별], [정확히_한_번])

인수

범위: 고유 항목별로 필터링할 데이터입니다.

[열별]: 선택사항으로, 열 또는 행별로 데이터를 필터링할 것인지를 나타냅니다(기본적으로 False).

[정확히_한_번]: 선택사항으로, 중복이 없는 항목만 반환할 것인지를 나타냅니다(기본적으로 False).

예시

E6 셀에 UNIQUE 함수를 활용해 중복 제거된 참여자의 목록을 만듭니다. C6부터 C15 셀에 있는 '참여자'의 이름 중 '가나다'와 '홍길동'이라는 이름이 중복됐습니다. 중복된 값을 제거한 후 반환합니다.

=UNIQUE(C6:C15)
=C6부터 C15 셀의 범위에서 중복된 것을 제거한 후 반환하라.

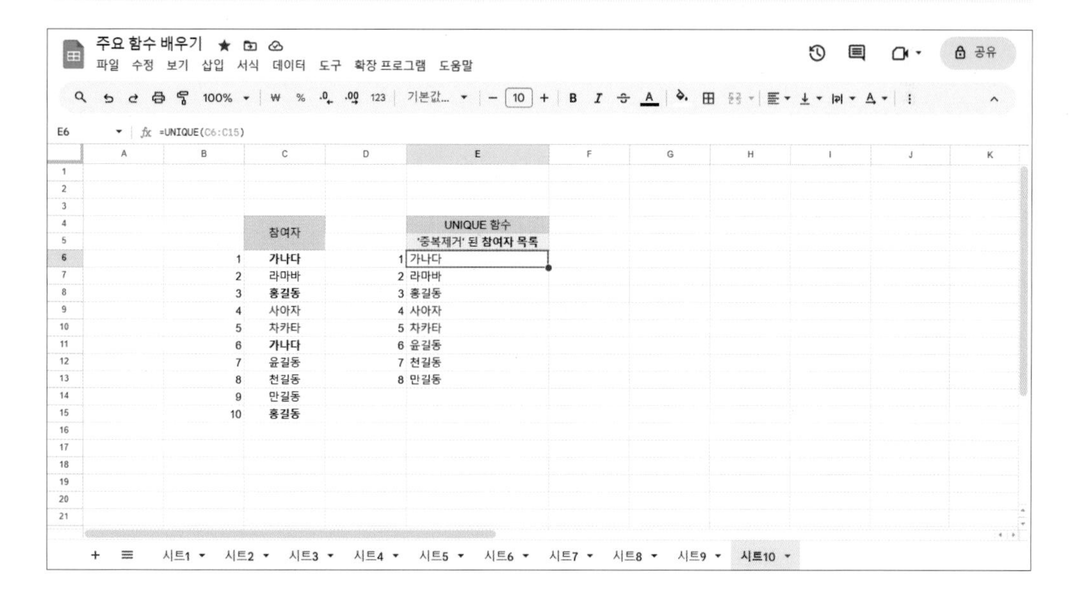

SORT 함수

지정된 배열 또는 범위의 행을 하나 이상의 열의 값을 기준으로 정렬합니다.

구문

=SORT(범위, 열_정렬, 오름차순, [열_정렬2, 오름차순2, …])

인수

범위: 정렬할 데이터입니다.

열_정렬: 정렬의 기준이 될 값을 포함하는 범위 내 또는 범위 밖의 범위에 있는 열의 색인입니다.

오름차순: 열 정렬을 오름차순으로 정렬할 것인지를 표시하는 TRUE 또는 FALSE입니다. FALSE는 내림차순 정렬입니다.

[열_정렬2, 오름차순2, …]: 선택사항으로 반복할 수 있습니다. 첫 번째 열 이후의 추가적인 열과 정렬 순서 표시를 나열한 순서대로 나타냅니다.

예시

E6 셀에 SORT 함수의 TRUE(오름차순)를 입력해 C열의 참여자 목록을 오름차순으로 정렬합니다. G6 셀에 SORT 함수의 FALSE(내림차순)를 입력해 C열의 참여자 목록을 내림차순으로 정렬합니다.

=SORT(C6:C15,C6:C15,TRUE)
=C6부터 C15 셀의 범위의 값을 오름차순 정렬하라.
=SORT(C6:C15,C6:C15,FALSE)
=C6부터 C15 셀의 범위의 값을 내림차순 정렬하라.

주요 함수 배우기
파일 수정 보기 삽입 서식 데이터 도구 확장 프로그램 도움말

E3:G3 fx SORT '정렬' 함수

	B	C	D	E	G
3		참여자		SORT '정렬' 함수	
4				=SORT(C6:C15,C6:C15,TRUE)	=SORT(C6:C15,C6:C15,FALSE)
5				오름차순 정렬 참여자 목록	내림차순 정렬 참여자 목록
6	1	홍길동	1	김길동	홍길동
7	2	김길동	2	남길동	최길동
8	3	박길동	3	만길동	천길동
9	4	남길동	4	박길동	조길동
10	5	최길동	5	백길동	이길동
11	6	조길동	6	이길동	백길동
12	7	이길동	7	조길동	박길동
13	8	천길동	8	천길동	만길동
14	9	만길동	9	최길동	남길동
15	10	백길동	10	홍길동	김길동

TEXT 함수

숫자(날짜)를 지정된 서식에 따라 텍스트로 변환합니다. TEXT에는 소수 서식 패턴을 사용할 수 없습니다.

구문

=TEXT(숫자, 서식)

인수

숫자: 서식을 지정할 숫자, 날짜 또는 시간입니다.

서식: 숫자의 서식을 지정할 패턴으로 따옴표 안에 표시됩니다.

YYYY: 연(네 자릿수)

MM: 월(두 자릿수)

DD: 일(DAY)(두 자릿수)

DDD: 요일(약어)

DDDD: 요일

예시

E6 셀에 TEXT 함수를 활용해 C6 셀의 숫자(날짜)를 텍스트로 변환합니다. '2023. 10. 10'의 숫자(날짜)를 '연/월/일(요일)'의 서식 형태로 '2023-10-10(화요일)' 텍스트로 변환합니다.

=TEXT(C6,"YYYY-MM-DD(DDDD)")
=C6 셀의 숫자(날짜)를 "연/월/일(요일)" 텍스트로 변환하라.

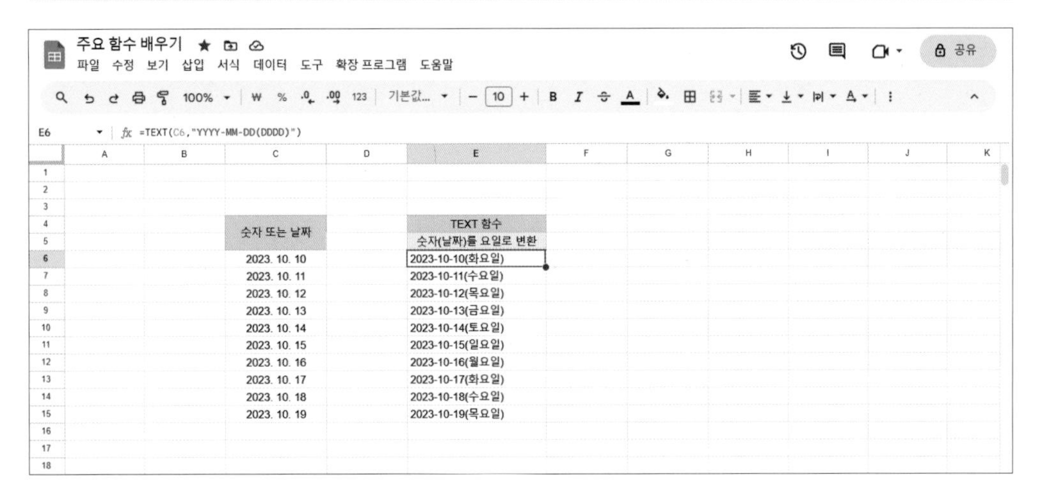

OFFSET 함수

시작 셀 참조에서 시정된 수의 행과 열로 변환된 범위 참조를 반환합니다.

구문

=OFFSET(셀_참조, 오프셋_행, 오프셋_열, [높이], [너비])

인수

셀_참조: 오프셋 행과 열을 세는 시작점입니다.

오프셋_행: 이동할 행의 개수입니다(현재 자리 다음부터 숫자를 셈).

오프셋_열: 이동할 열의 개수입니다(현재 자리 다음부터 숫자를 셈).

[높이]: 선택사항으로 반환될 범위의 높이로, 오프셋 대상에서 시작합니다(현재 자리를 포함해서 숫자를 셈).

[너비]: 선택사항이자 반환될 범위의 너비로, 오프셋 대상에서 시작합니다(현재 자리를 포함해서 숫자를 셈).

예시

F5 셀에 OFFSET 함수를 활용해 B5 셀을 시작점으로 B가 구매한 '바나나'와 '3000원'을 반환합니다. 높이와 너비는 현재 자리를 포함해 칸을 이동하므로 B5 셀(A)을 시작점으로 행(아래) 1칸 이동해 'B', 열(오른쪽) 1칸 이동해 '바나나'가 됩니다. 그 자리에서 높이 1칸 이동하면 현재 자리를 포함해 숫자를 세기 때문에 자리 그대로 '바나나'이고 너비 2칸 이동하면 현재 자리 포함해 숫자를 세기 때문에 '바나나'와 '3000원'이 너비 2칸에 해당합니다.

=OFFSET(B5,1,1,1,2)
=B5 셀을 시작점으로, 행(아래) 1칸, 열(오른쪽) 1칸, 높이 1칸, 너비 2칸에 해당되는 값을 반환하라.

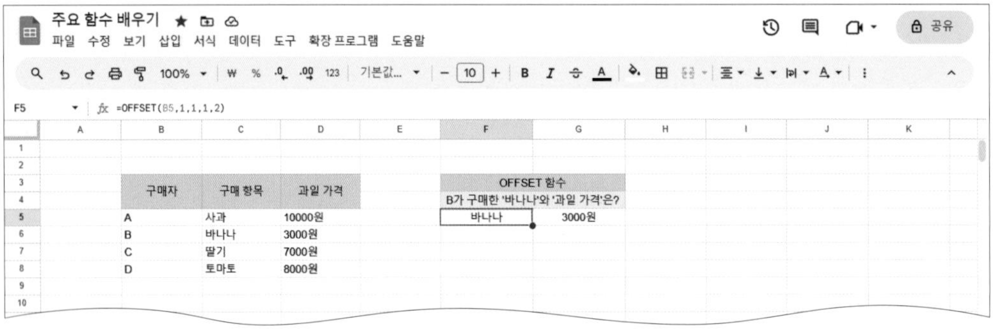

주요 함수 배우기
파일 수정 보기 삽입 서식 데이터 도구 확장 프로그램 도움말
F5 fx =OFFSET(B5,1,1,1,2)

	A	B	C	D	E	F	G
3		구매자	구매 항목	과일 가격		OFFSET 함수	
4						B가 구매한 '바나나'와 '과일 가격'은?	
5		A	사과	10000원		바나나	3000원
6		B	바나나	3000원			
7		C	딸기	7000원			
8		D	토마토	8000원			

COLUMN 함수

지정된 셀의 열 번호를 반환합니다(A열=1, B열=2, C열=3, D열=4, E열=5 …).

구문

=COLUMN([셀_참조])

인수

[셀_참조]: 선택사항으로, 열 번호를 반환할 셀입니다. A열은 '1'에 해당합니다.

예시

H7 셀에 COLUMN 함수를 활용해 숫자 '9'가 있는 E6 셀의 열 번호 '5'를 반환합니다.

```
=COLUMN(E6)
=E6 셀의 열 번호를 반환하라.
```

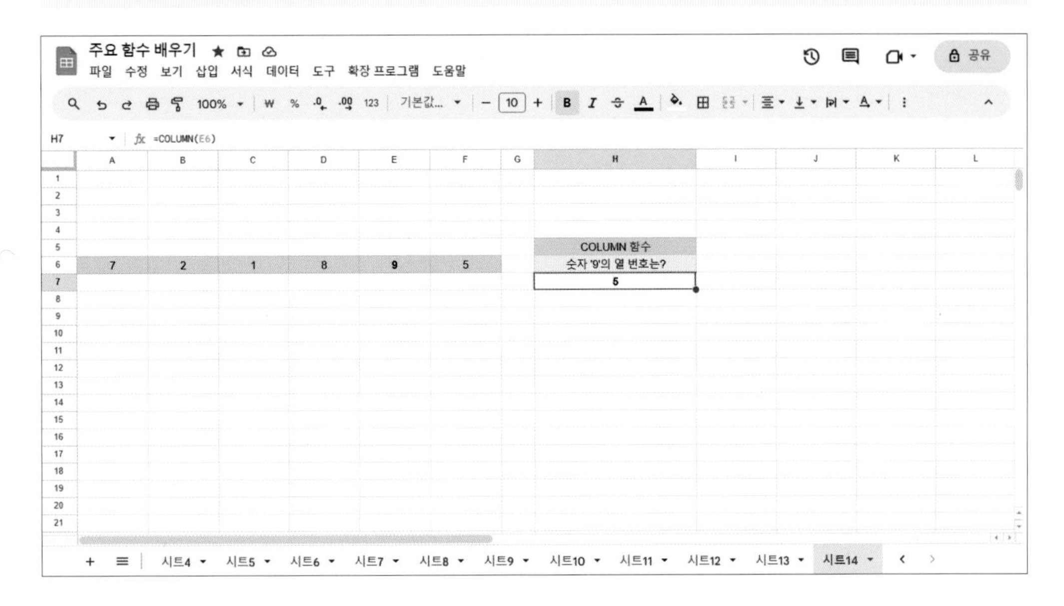

COUNTIF/COUNTIFS 함수

COUTIF/COUNTIFS는 범위에서 조건에 맞는 합계를 반환하는 함수입니다. COUNTIF는 단일 기준 범위에서 조건에 맞는 개수를 반환합니다. COUNTIFS는 여러 기준의 범위에서 여러 조건에 맞는 개수를 반환합니다.

구문

=COUNTIF(범위, 기준)

=COUNTIFS(기준_범위 1, 기준 1, [기준_범위 2, 기준 2, ...])

인수

COUNTIF

범위: 기준에 따라 테스트되는 범위입니다.

기준: 범위에 적용할 패턴 또는 테스트입니다.

COUNTIFS

기준_범위 1: 기준 1을 확인할 범위입니다.

기준 1: 기준_범위 1에 적용할 패턴 또는 테스트입니다.

[기준_범위 2, 기준 2, …]: 선택사항으로, 확인할 추가 범위 및 기준이며 반복할 수 있습니다.

예시

G10 셀에 COUNTIF 함수를 활용해 D열의 과일 가격이 10,000원 미만인 값의 과일 총 개수를 반환합니다. J10 셀에 COUNTIFS 함수를 활용해 B열의 구매자 'B'가 구매한 과일 중 D열의 과일 가격이 10,000원 미만인 값의 과일 총 개수를 반환합니다.

=COUNTIF(D5:D14,"<10000")
=D5부터 D14 셀까지 범위에서 10,000원 미만인 값의 총 개수를 반환하라.

=COUNTIFS(D5:D14,"<10,000",B5:B14,"B")
=(조건1) D5부터 D14 셀까지의 범위에서 10,000원 미만인 값
(조건2) B5부터 B14 셀까지의 범위에서 "B" 값이 있는 총 개수를 반환하라.

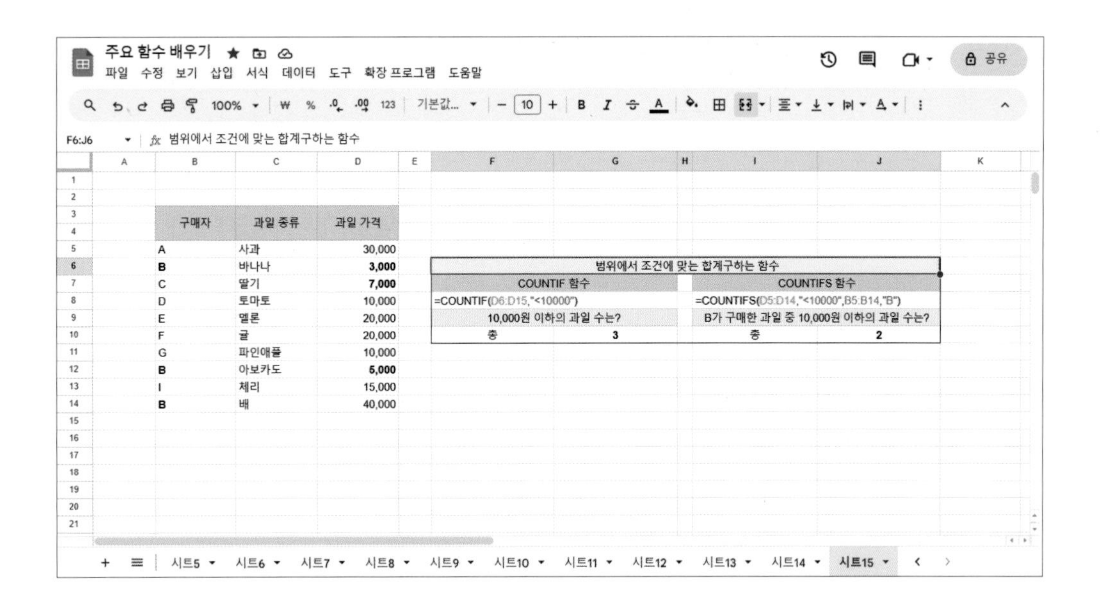
주요 함수 배우기
파일 수정 보기 삽입 서식 데이터 도구 확장 프로그램 도움말
공유
F6:J6
범위에서 조건에 맞는 합계구하는 함수
구매자
과일 종류
과일 가격
A 사과 30,000
B 바나나 3,000
C 딸기 7,000
D 토마토 10,000
E 멜론 20,000
F 귤 20,000
G 파인애플 10,000
B 아보카도 5,000
I 체리 15,000
B 배 40,000
범위에서 조건에 맞는 합계구하는 함수
COUNTIF 함수
COUNTIFS 함수
=COUNTIF(D6:D15,"<10000")
=COUNTIFS(D5:D14,"<10000",B5:B14,"B")
10,000원 이하의 과일 수는?
B가 구매한 과일 중 10,000원 이하의 과일 수는?
총 3
총 2
시트5 시트6 시트7 시트8 시트9 시트10 시트11 시트12 시트13 시트14 시트15

SUM 함수

일련의 숫자 및 셀의 합계를 반환합니다. 값1에 숫자 1개만 제공된 경우, 값1을 반환합니다. SUM은 최대 30개 인수를 갖는 것으로 지정돼 있지만, 구글 스프레드시트에서는 이 함수의 인수 개수를 임의로 설정할 수 있습니다.

구문

=SUM(값1, [값2, ...])

인수

값1: 더하려는 첫 번째 숫자 또는 범위입니다.

[값2, ...]: 선택사항이자 값1에 더할 추가 숫자 또는 범위로, 반복할 수 있습니다.

예시

F5 셀에 SUM 함수를 활용해 B열의 구매자 중 'B'가 구매한 D열의 '과일 가격' 합계를 반환합니다.

=SUM(D6,D12,D14)
=D6 셀, D12 셀, D14 셀의 총 합계를 반환하라.

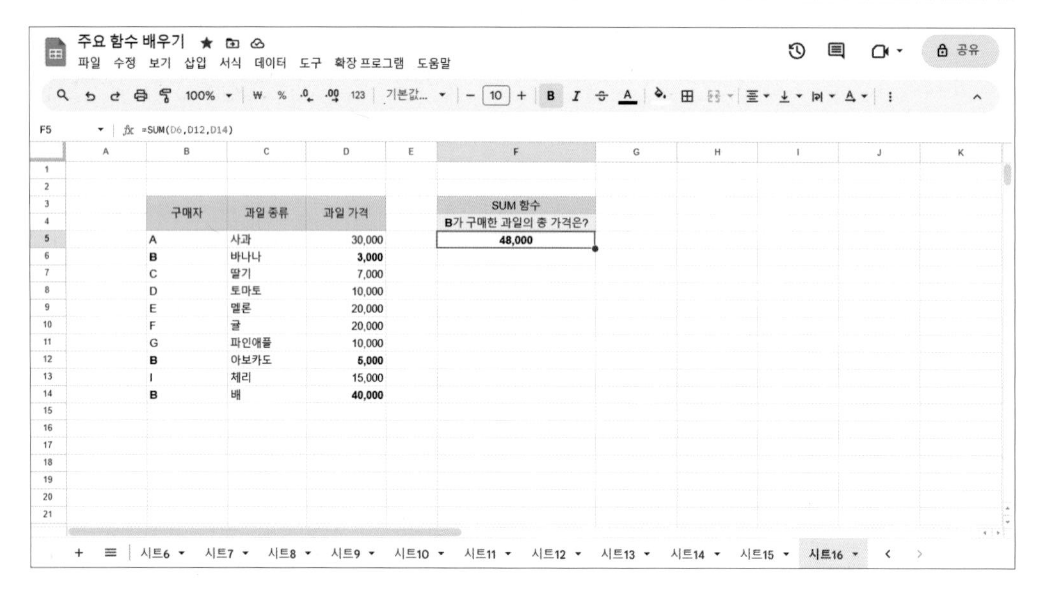

TRANSPOSE 함수

셀의 배열 또는 범위의 행 및 열을 바꿉니다.

구문

=TRANSPOSE(배열_또는_범위)

인수

배열_또는_범위: 행과 열이 바뀔 배열 또는 범위입니다.

예시

H8 셀에 TRANSPOSE 함수를 활용해 B6부터 F7 셀 범위에 있는 행 데이터가 열로 바뀌어 보이도록 합니다.

=TRANSPOSE(B6:F7)
=B6 셀부터 F7 셀 범위에 있는 행을 열로 바꿔라.

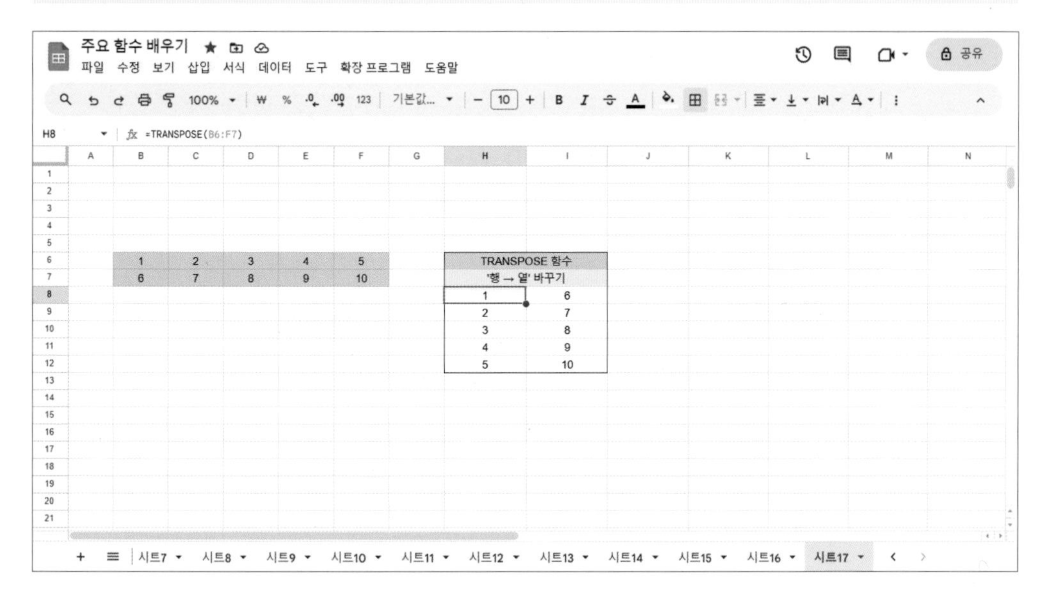

PART

04

함수 활용: 미션 인증 자동화 프로그램 만들기

함수들을 활용하여 본격적으로 미션 인증 자동화 프로그램을
만들어보겠습니다. 모든 것을 담았으니 하나씩 따라해 보면 어느새 나만의
프로그램이 완성되어 있을 것입니다. 챌린지 미션 인증 체크를 하기 위한
프로그램으로 날짜, 시간, 닉네임을 구하고 달력을 만들어서 출석(인증)
체크를 할 수 있는 챌린지의 시작과 끝의 전반적인 과정을 배워봅니다.

CHAPTER

01 날짜 구하기

구글 스프레드시트의 주요 함수를 활용해 프로그램을 만드는 방법을 알아보겠습니다. 나중에 개인의 스타일에 맞게 커스터마이징할 수 있습니다. 주요 함수만 잘 알고 있어도 나만의 자동화 프로그램을 만들 수 있습니다. 미션을 인증한 날짜 데이터를 구하는 방법을 알아보겠습니다. 예제 파일은 정보문화사 홈페이지(infopub.co.kr) 자료실에서 다운로드 가능합니다.

구글 스프레드시트로 미션 인증 데이터 가져오기

01 본인의 구글 계정에 로그인한 후 크롬 화면의 오른쪽 상단에 있는 [구글 앱] 아이콘(점 9개 모양)을 클릭합니다. 구글 스프레드시트를 실행하는 [Sheets]를 클릭합니다. 스프레드시트가 실행되면 [새 스프레드시트 시작하기]에서 내용 없는 '+' 모양의 [빈 스프레드시트]를 클릭해 새로운 스프레트시트를 생성합니다.

02 새롭게 생성된 스프레드시트의 제목을 만들어야 합니다. 왼쪽 상단에 있는 [제목 없는 스프레드시트] 위에 마우스 커서를 올려놓고 한 번 클릭합니다. 이 상태에서 바꾸고 싶은 제목으로 수정할 수 있습니다.

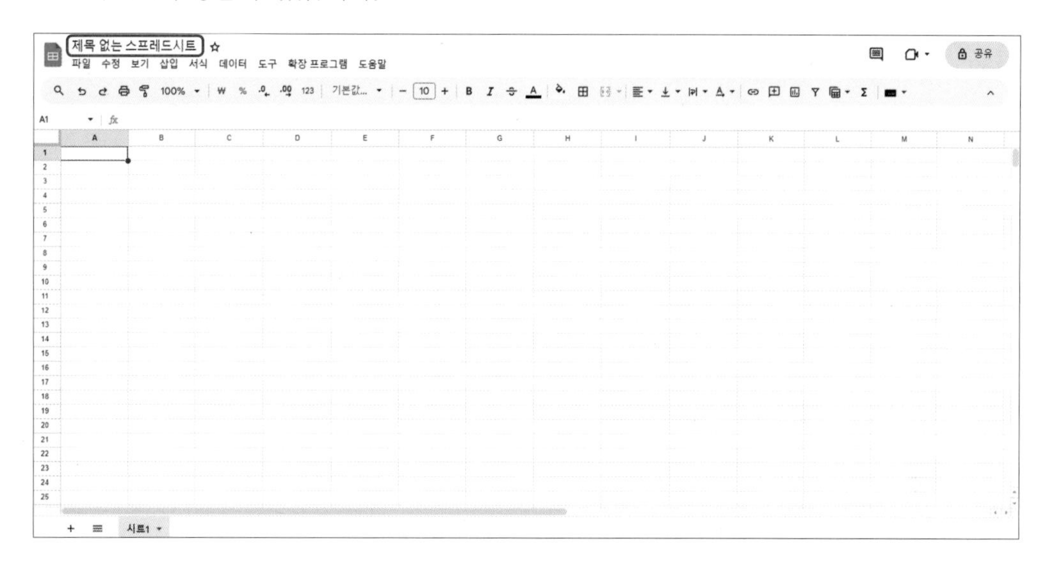

03 스프레드시트의 이름을 "챌린지 자동화 프로그램"으로 바꿔 보겠습니다. 제목을 수정하면 자동으로 저장 되므로 매번 저장 해야 하는 번거로움이 없습니다.

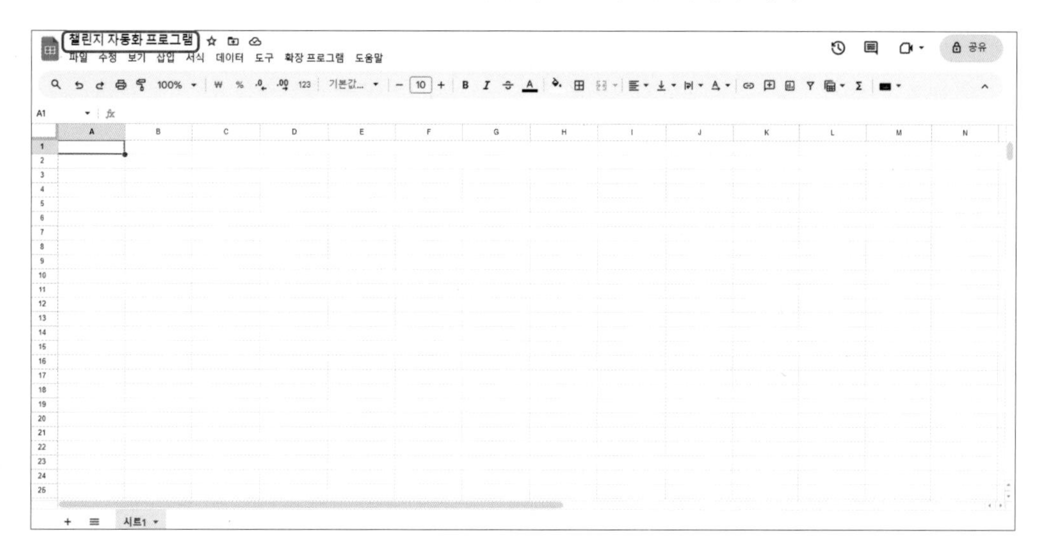

04 자동화 프로그램 시트를 만들었다면 이제 카카오톡 오픈 채팅방에서 미션 인증을 받은 데이터들을 다운로드한 후 스프레드시트에 데이터를 복사해 붙여넣어 보겠습니다.

❶ 미션 인증을 체크했던 오픈 채팅방의 오른쪽 상단에 있는 [≡]을 클릭해 목록을 엽니다.

❷ [대화 내용]은 그동안 채팅방에서 나눴던 대화들을 검색하거나 캡처할 수 있고 텍스트 형태로 내보낼 수 있습니다.

❸ [대화 내보내기]를 클릭해 바탕화면에 파일을 저장할 수 있도록 대화 내용 전체를 텍스트화합니다.

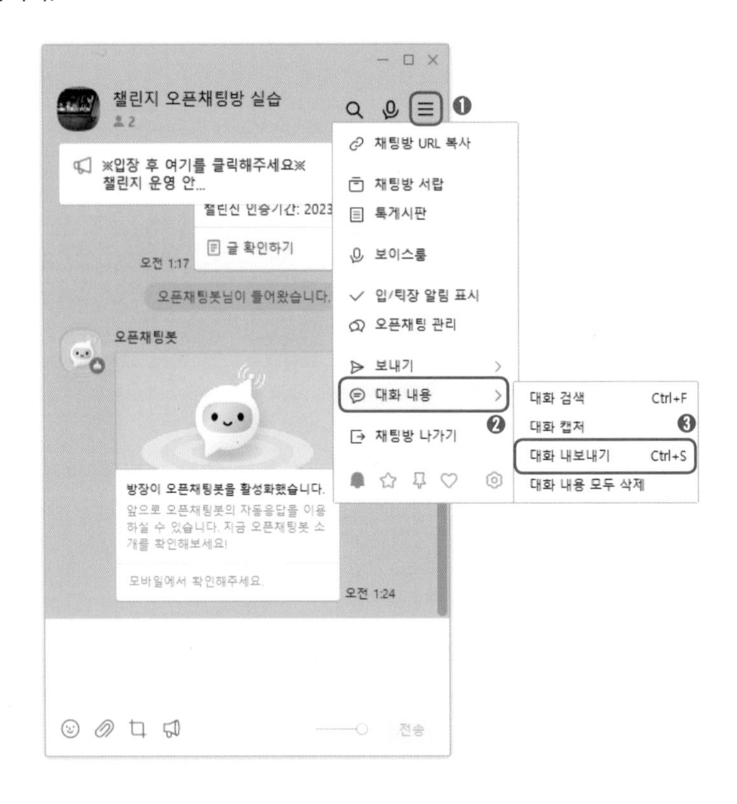

05 [대화 내보내기]를 클릭하면 다른 이름으로 저장할 수 있는 창이 활성화됩니다.

❶ 바탕화면에 그대로 저장하면 나중에 파일을 찾기 어려울 수 있으므로 새 폴더를 만들어 저장할 위치를 지정합니다.

❷ 파일 이름을 알아보기 쉽도록 새로 입력합니다(실습용 데이터 "챌린지 오픈 채팅방 실습 대화 내보내기"로 만들었지만, 운영하는 채팅방명과 다운로드한 날짜를 함께 적으면 나중에 파일을 찾을 때도 편리합니다).

❸ 상단에 있는 파일의 저장 위치를 다시 한번 확인한 후 하단에 있는 [저장]을 클릭합니다.

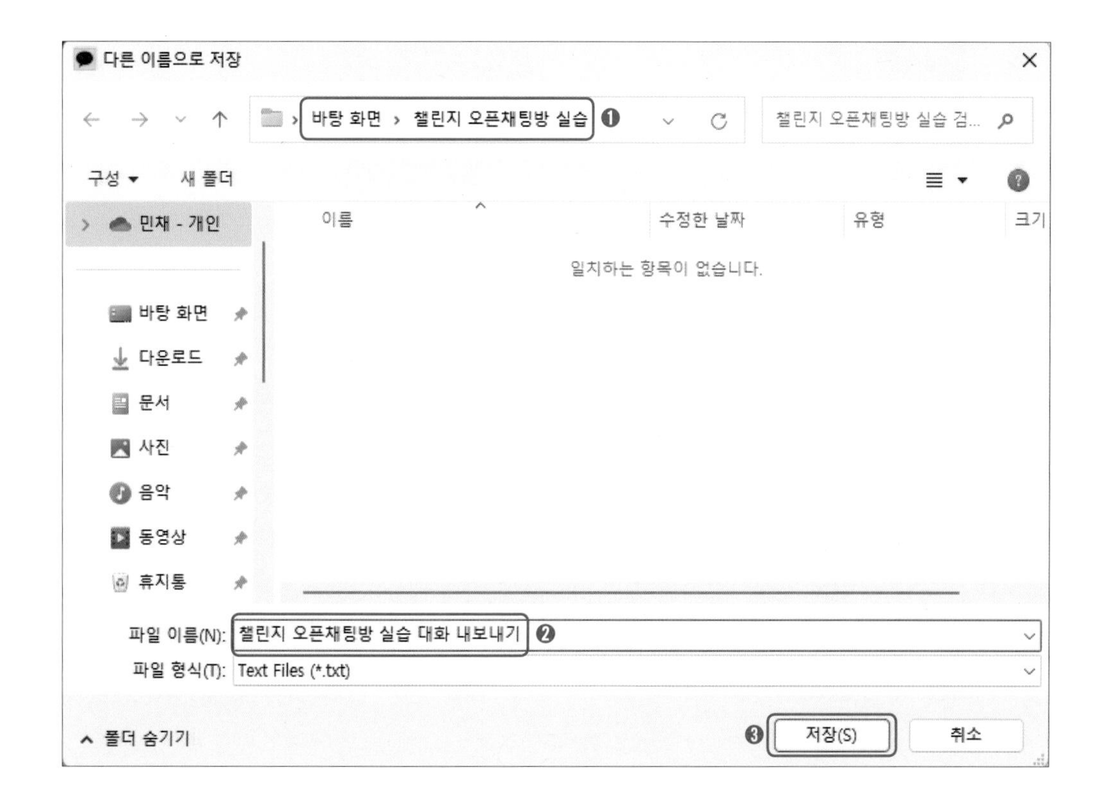

06 카카오톡 오픈 채팅방 [대화 내보내기]로 저장했던 파일을 더블클릭하면 메모장 파일이 열립니다. 메모장 파일의 데이터를 앞서 만들어 놓았던 구글 스프레드시트에 넣어 보겠습니다. 메모장 화면에서 Ctrl + A를 눌러 대화 내용 전체가 선택된 이 상태에서 Ctrl + C를 눌러 전체 복사합니다.

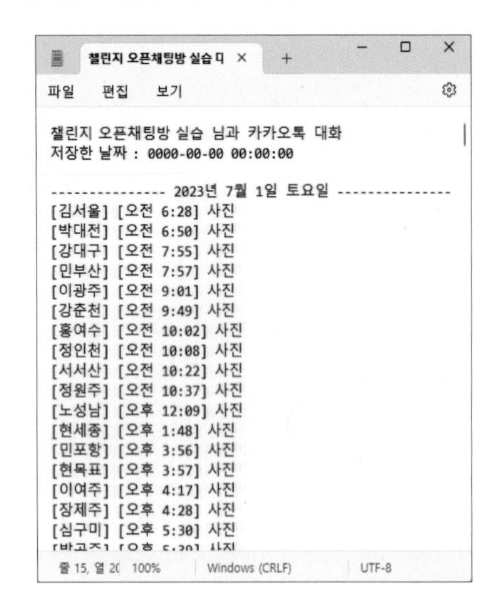

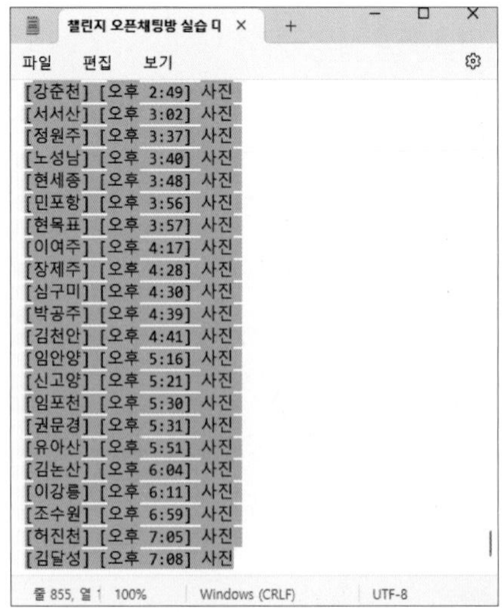

07 전체 복사된 데이터를 구글 시트에 삽입합니다. 데이터를 삽입할 때는 시트의 'A1' 셀이 아닌 'B3' 셀에 붙여넣기 합니다. 이때 붙여넣기를 하려고 'B3' 셀을 더블클릭하면 안 됩니다. 더블클릭을 하고 붙여넣기를 하면 'B3' 셀에 전체 내용이 모두 들어가기 때문에 자동화가 되지 않습니다. 'B3' 셀을 선택(클릭 한 번)만 하고 Ctrl + V를 눌러 붙여넣기합니다.

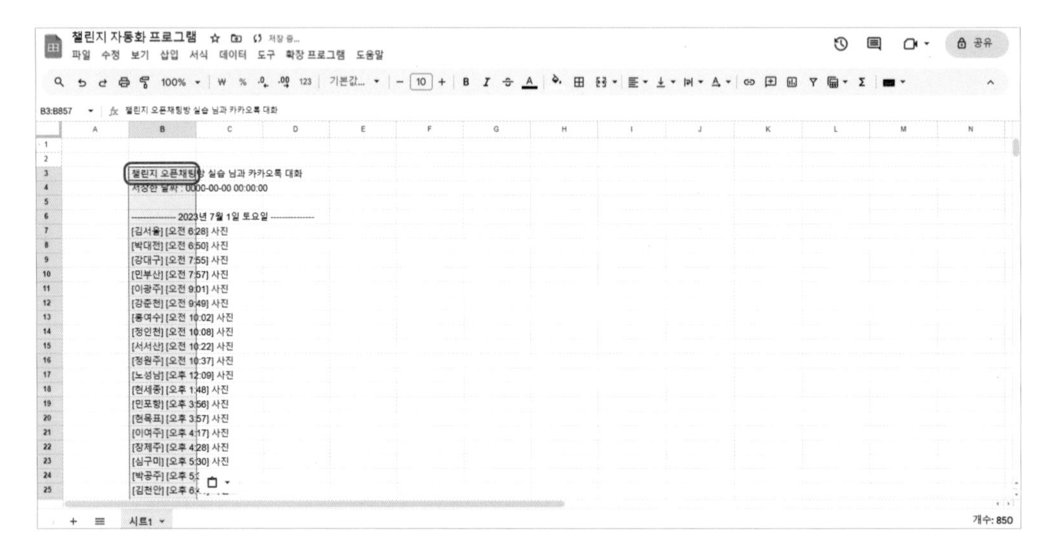

08 여유를 뒀던 A열의 간격을 줄입니다. A열과 B열 사이에 마우스 커서를 올려놓으면 열의 간격을 조정할 수 있습니다. 독자가 원하는 간격으로 조정해도 무방합니다.

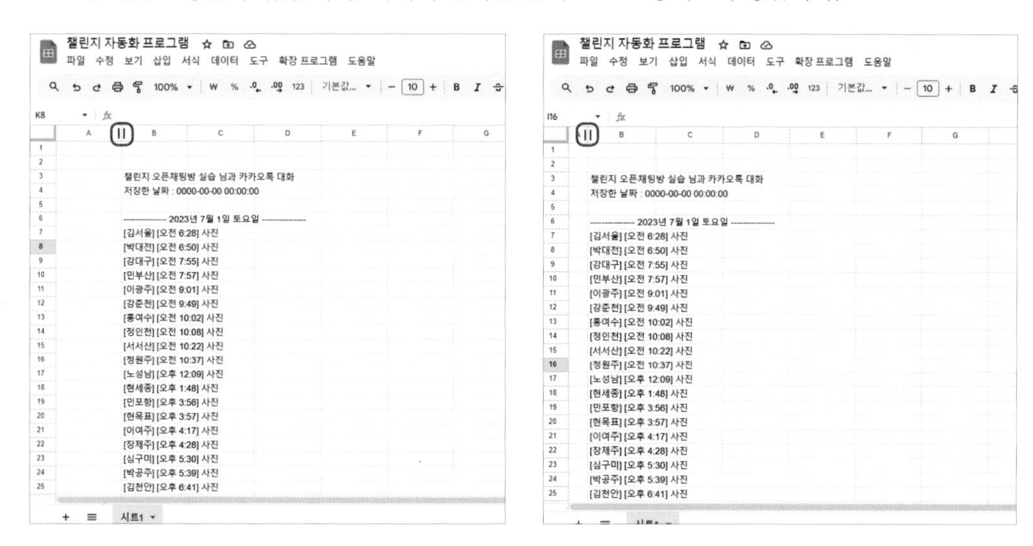

09 이제 B열에 가져온 데이터를 보기 좋게 정리해 보겠습니다. 제일 상단 B열의 머리글을 클릭하면 B열 전체 영역이 선택됩니다. 이 상태에서 상단 메뉴의 [서식]을 클릭합니다. [서식] - [줄바꿈]은 셀에 글자를 어떻게 보이게 할 것인지에 대한 방식을 설정할 수 있습니다.

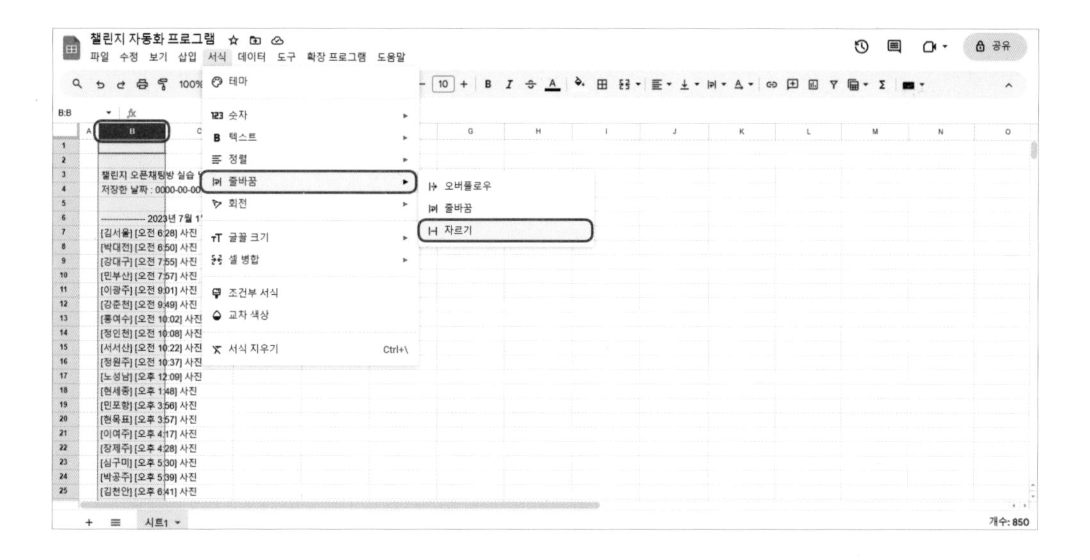

10 [자르기]를 클릭해 들쭉날쭉했던 데이터가 B열의 간격에 맞춰 글자가 자동으로 깔끔하게 잘린 것을 확인할 수 있습니다.

11 B열의 필요한 데이터를 보기 편하도록 간격을 조금 넓힙니다. [줄바꿈] – [자르기] 과정은 자동화를 하는 첫단추입니다. 이후 프로그램을 가동할 때 오류가 생기지 않도록 초기에 설정을 잘해야 합니다.

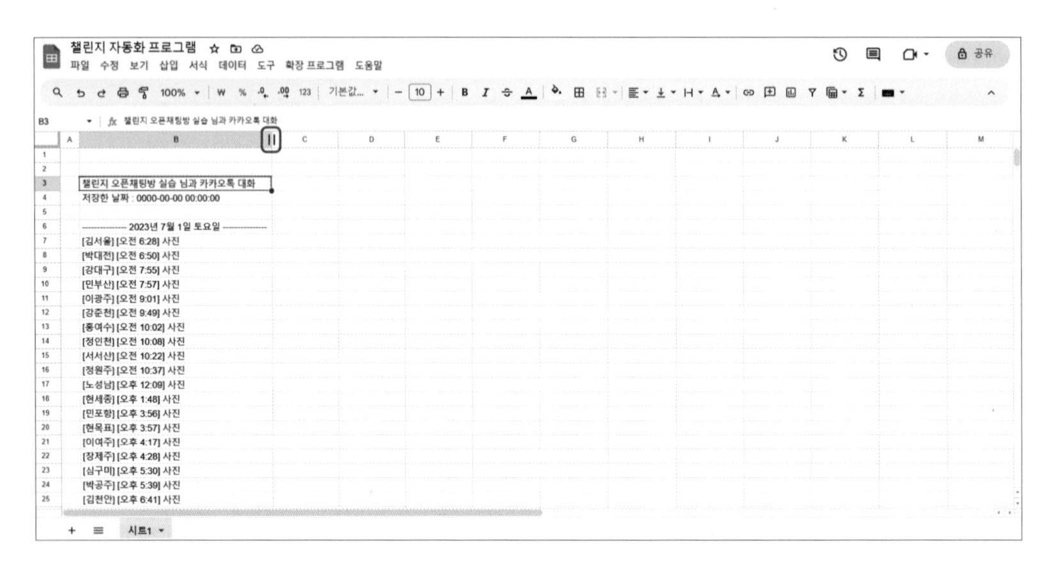

날짜(연/월/일) 자릿수 구하기

프로그램을 본격적으로 만들어 보겠습니다. 스프레드시트로 프로그램을 만든다는 것은 논리를 세운 후 명령어를 주입시켜 결괏값을 얻겠다는 것입니다. 따라서 논리를 세우는 것이 가장 중요합니다.

논리 1. 데이터 값에 '사진'이라고 나타나는 것은 챌린지 미션에 인증 한 사람이라는 의미이다.

논리 2. 날짜가 기준이 돼 인증한 연/월/일을 구한다. 인증한 날을 구하기 위해 날짜 앞에 무조건 붙어 있는 '---------------'를 B열에서 찾는다.

01 날짜를 구하기 위해 FIND 함수를 활용해 보겠습니다. 날짜를 찾기 위해 B열의 데이터 값 중 날짜 앞에 무조건 붙어 있는 '---------------'를 복사해 C4 셀에 붙여넣기합니다.

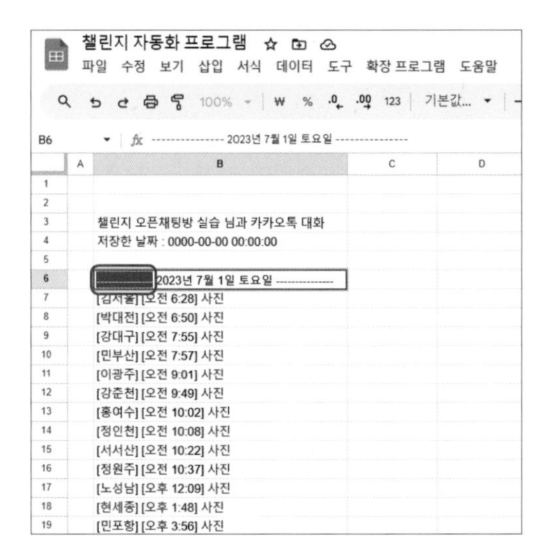
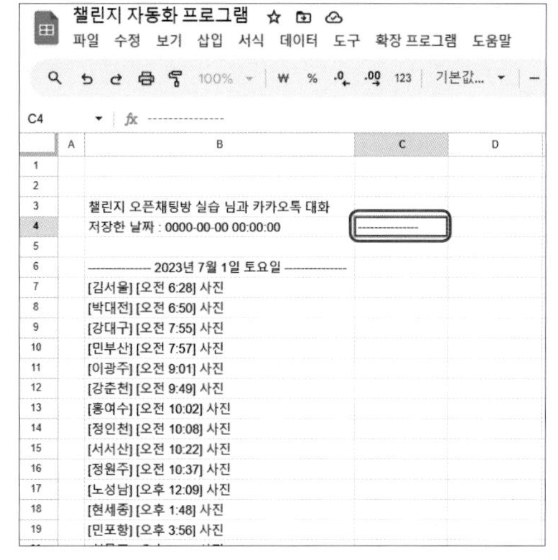

02 C4 셀 아래에 있는 C5 셀에 결괏값을 구하는 수식을 입력해 보겠습니다. FIND는 특정 값의 자릿수를 구하는 함수입니다. '=FIND' 다음에 소괄호를 입력하고 검색하려는 문자열이 있는 'C4'를 입력하고 콤마(,)를 입력합니다. 콤마(,)를 입력하지 않으면 오류가 발생하므로 반드시 입력한 후에 다음 수식을 입력합니다.

```
=FIND(C4,
=C4 셀 문자열을 찾아라.
```

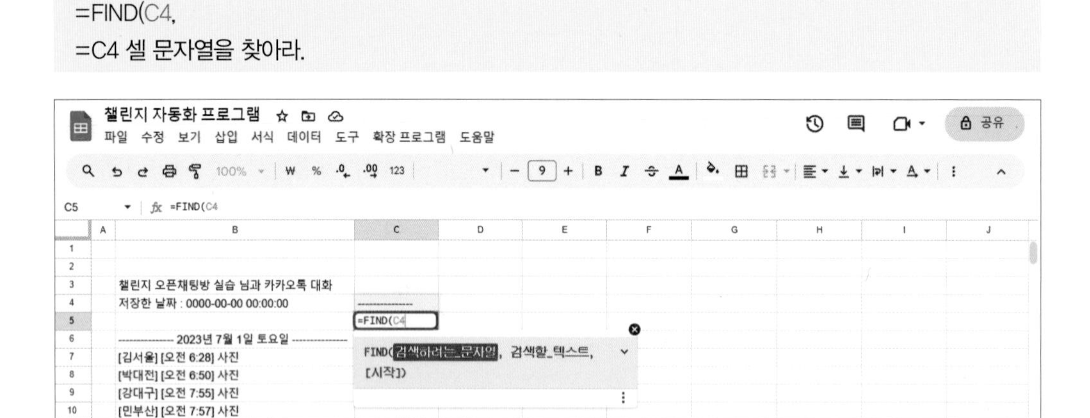

03 검색하려는 문자열을 찾을 범위를 지정합니다. B5 셀부터 아래로 B열 전체를 지정하고 싶다면 B5:B라고 입력합니다. 그다음 반드시 소괄호를 입력해 수식을 닫습니다.

```
=FIND(C4, B5:B)
=C4 셀 문자열을 B5부터 B열 전체에서 찾아라.
```

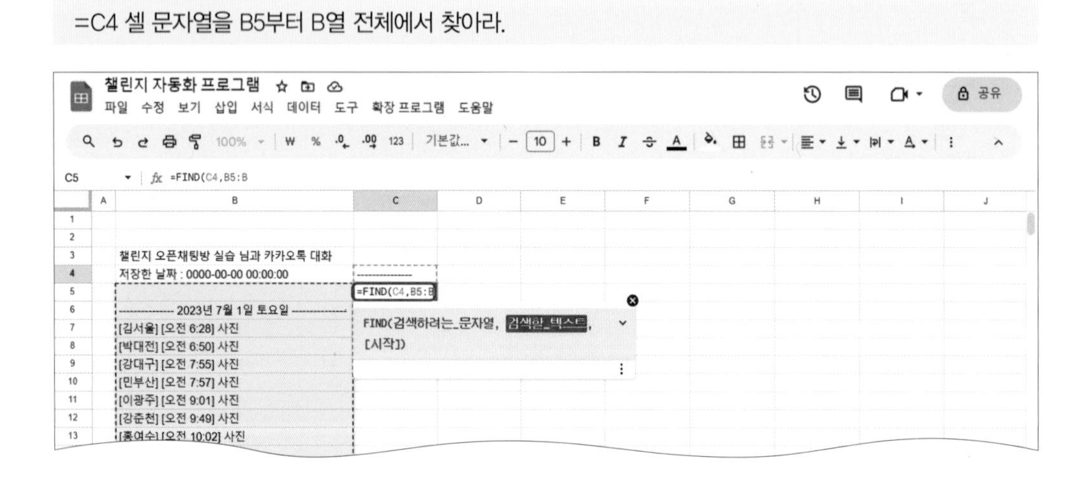

04 소괄호로 수식을 닫은 상태에서 바로 Enter를 누르지 않습니다. 소괄호의 끝에서 Ctrl + Shift + Enter를 눌러 ArrayFormula 배열 함수를 적용합니다. C5 셀에 입력한 수식을 C열에 전체 적용한다는 뜻입니다.

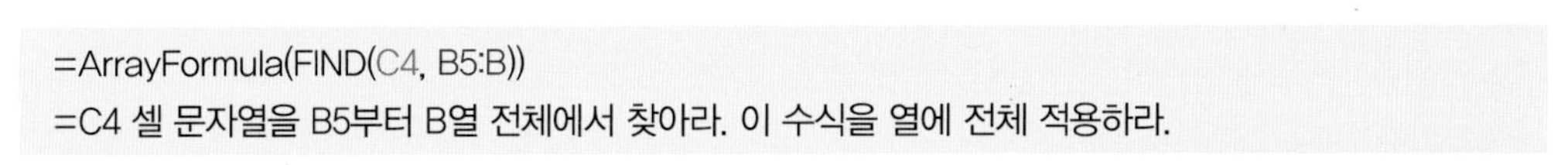
=ArrayFormula(FIND(C4, B5:B))
=C4 셀 문자열을 B5부터 B열 전체에서 찾아라. 이 수식을 열에 전체 적용하라.

05 ArrayFormula 배열 함수가 적용된 상태에서 Enter를 누릅니다. '-----------------'를 찾은 결괏값은 '1'로 표기됩니다. C6 셀에 '1'로 표기된 이유가 FIND가 자릿수를 구하는 함수이기 때문입니다. '1'은 찾는 값이 문자열의 첫 번째 자리에 있다는 뜻입니다. 날짜 데이터가 있는 모든 행의 C열에는 결괏값이 '1'로 표시됩니다.

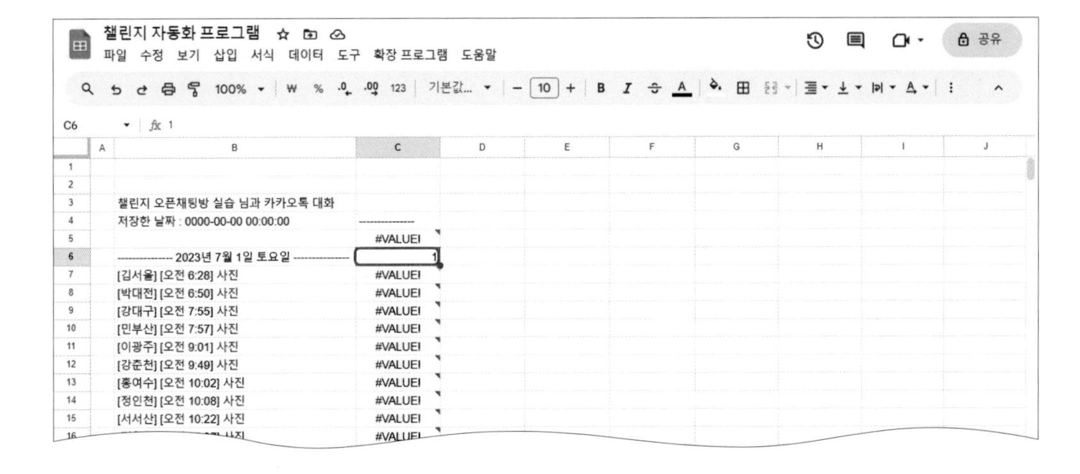

06 다른 셀로 이동하지 않고 C5 셀에 이어서 입력합니다. 자릿수를 가져왔으므로 '1'로 표시된 셀의 문자열(날짜)을 가져와 보겠습니다. C5 셀을 더블클릭합니다. ArrayFormula와 FIND 사이에 IF를 입력한 후 소괄호를 입력해 수식을 엽니다. FIND의 수식이 끝나는 소괄호 뒤에 =1,B5:B,"" 를 입력하고 다시 소괄호를 입력해 수식을 닫습니다(" "는 큰 따옴표 사이에 아무것도 적혀 있지 않기 때문에 아무것도 없이 공백으로 표시하라는 뜻입니다). Enter 를 누르면 적용된 값이 나타납니다. 앞과 달리, 결괏값이 '1'이라는 자릿수가 아닌 B6 셀의 문자열(날짜)을 가져옵니다.

=ArrayFormula(IF(FIND(C4,B5:B)=1,B5:B," "))
=C4 셀 문자열을 B5부터 B열 전체에서 찾은 값이 만약 '1'과 같다면 B열의 문자를 가져오고
그렇지 않으면 공백으로 둬라.
이 수식을 열에 전체 적용하라.

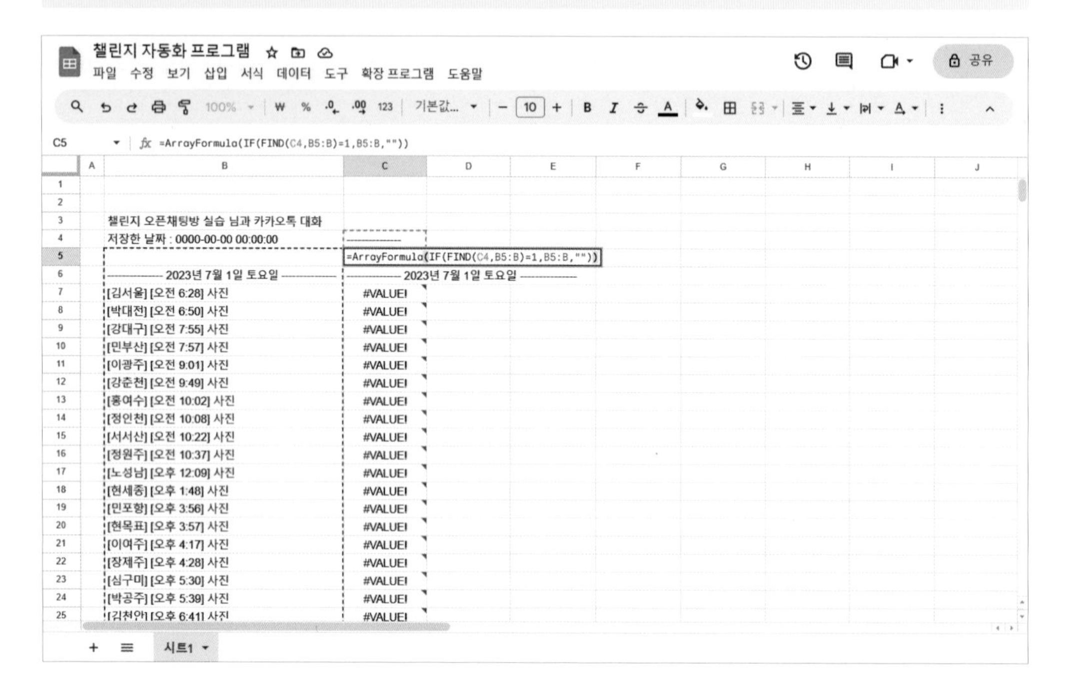

07 이렇게 B열에 있는 날짜를 C열로 가져왔습니다. 그런데 찾은 데이터 값이 보기에 불편합니다. 날짜 앞에 있는 하이픈(-) '----------------'이 없다면 날짜를 더 깔끔하게 정리할 수 있습니다. 지금부터 SUBSTITUTE 대체 함수를 활용해 하이픈(-)을 공백으로 바꿔서 보이지 않게 해 보겠습니다. C5 셀을 다시 더블클릭합니다. ArrayFormula와 IF 사이에 SUBSTITUTE를 입력한 후 소괄호를 입력해 수식을 엽니다. IF의 수식이 끝나는 소괄호 뒤에 ,C4,""를 입력한 후 소괄호를 입력해 수식을 닫습니다. Enter를 누르면 하이픈이 공백으로 대체돼 사라진 적용 값이 나타납니다.

=ArrayFormula(SUBSTITUTE(IF(FIND(C4,B5:B)=1,B5:B,""),C4,""))
=C4 셀 문자열 B5부터 B열 전체에서 찾은 값이 만약 '1'과 같다면 B열의 문자열을 가져오고
그렇지 않으면 공백으로 둬라. 하이픈(-)을 공백으로 대체하라.
이 수식을 열에 전체 적용하라.

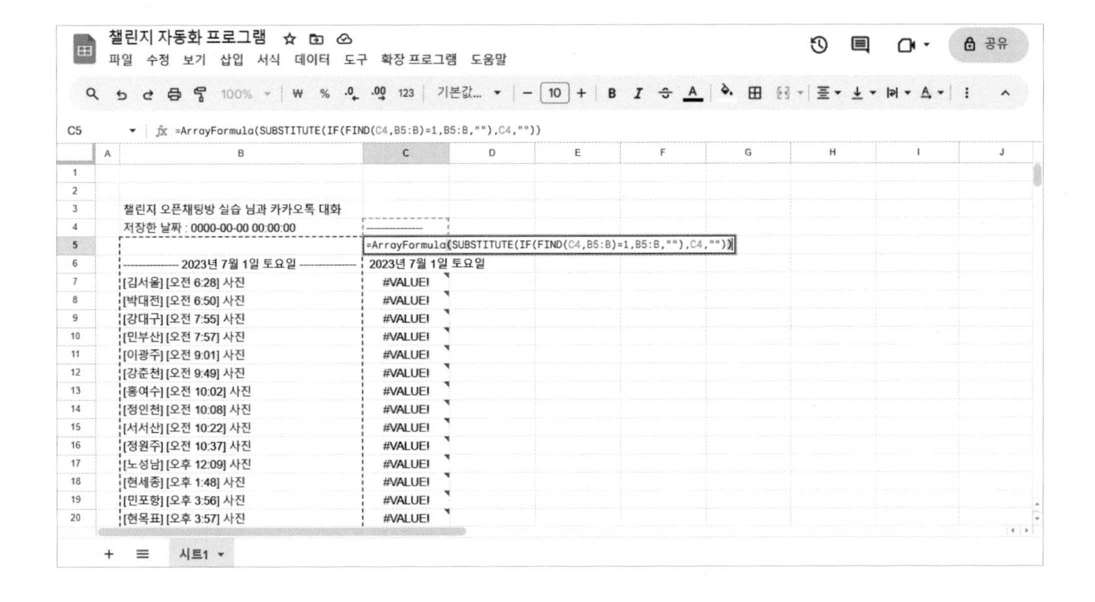

08 이제 #VALUE!라고 표시된 오류를 IFERROR 함수를 활용해 없애 보겠습니다. C5 셀을 다시 더블클릭합니다. ArrayFormula와 SUBSTITUTE 사이에 IFERROR를 입력한 후 소괄호를 입력해 수식을 엽니다. SUBSTITUTE의 수식이 끝나는 소괄호 뒤에 다시 소괄호를 입력해 IFERROR 수식을 닫습니다. Enter를 누르면 오류가 없어진 셀을 확인할 수 있습니다.

> =ArrayFormula(IFERROR(SUBSTITUTE(IF(FIND(C4,B5:B)=1,B5:B,“ ”),C4,“ ”)))
> =C4 셀 문자열 B5부터 B열 전체에서 찾은 값이 만약 '1'과 같다면 B열의 문자열을 가져오고 그렇지 않으면 공백으로 둬라. 하이픈(-)을 공백으로 대체하라. 오류값을 없애라. 이 수식을 열에 전체 적용하라.

09 앞서 하이픈(-)의 자릿수를 찾고 하이픈(-)이 포함돼 있는 날짜 문자열을 가져왔습니다. 이제는 날짜의 연/월/일의 자릿수를 찾아보겠습니다. D4 셀에 날짜 중에 가장 먼저 찾을 '년'을 입력합니다.

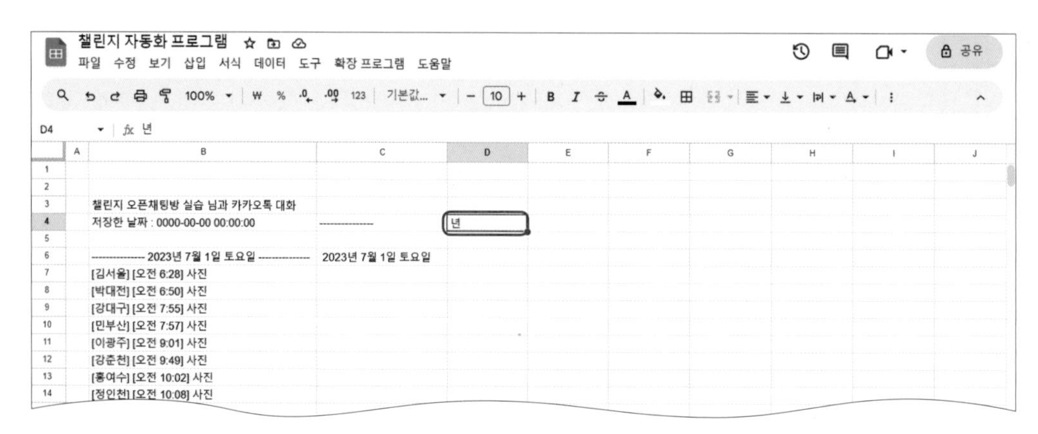

10 D4 셀 아래에 있는 D5 셀에 수식을 입력합니다. FIND 함수를 활용해 '년'이라는 문자가 몇 번째 자릿수에 있는지 찾아보겠습니다. FIND 다음에 소괄호를 입력한 후 검색하려는 문자열이 있는 D4를 입력하고 콤마(,)를 입력합니다. 이제 B열을 정제한 C열의 데이터 값으로 범위를 지정하면 됩니다. C5:C를 입력한 후 소괄호를 입력해 수식을 닫습니다. 결괏값이 6으로 나온 이유는 '년'이라는 문자가 공백 포함 6번째 자리에 위치하고 있기 때문입니다.

=ArrayFormula(FIND(D4,C5:C))
=D4 셀 문자열을 C5부터 C열 전체에서 찾아라.

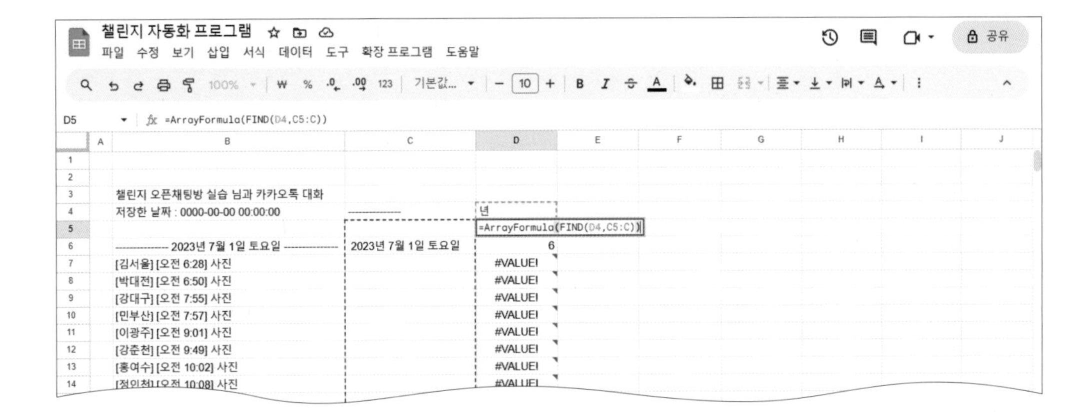

TIP

=FIND(D4,C5:C)를 입력한 후 Ctrl + Shift + Enter를 누르면 ArrayFormula 배열 함수가 적용됩니다.

11 VALUE!라고 표시된 오류를 IFERROR 함수를 활용해 없애 보겠습니다. C5 셀을 다시 더블클릭합니다. ArrayFormula와 FIND 사이에 IFERROR를 입력한 후 소괄호를 입력해 수식을 엽니다. FIND 수식이 끝나는 소괄호 뒤에 다시 소괄호를 입력해 IFERROR 수식을 닫습니다. Enter를 누르면 오류가 없어진 셀을 확인할 수 있습니다.

=ArrayFormula(IFERROR(FIND(D4,C5:C)))
=D4 셀 문자열을 C5부터 C열 전체에서 찾아라. 오류값을 없애라.
이 수식을 열에 전체 적용하라.

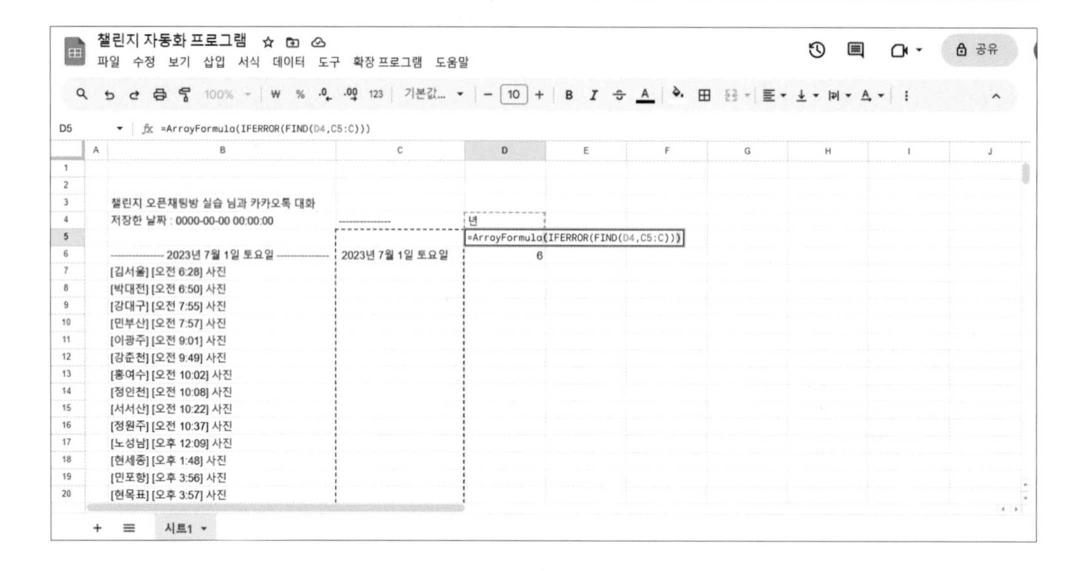

TIP 스크롤 바를 사용하지 않고 결괏값이 나온 셀을 빠르게 찾기

결괏값이 나온 셀을 빠르게 찾고 싶다면 결괏값이 있는 D6 셀을 한 번 클릭합니다. 이 상태에서 Ctrl + PgDn을 누릅니다.

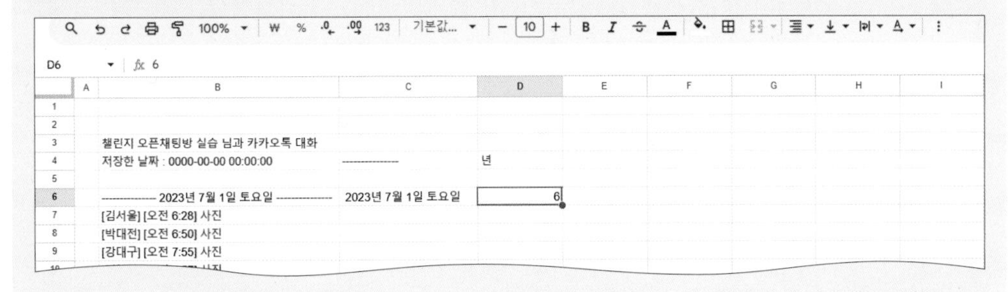

Ctrl을 누른 채 PgDn을 계속 누르면 값이 나온 셀로 이동하며 값이 어느 셀에 존재하는지 확인할 수 있습니다. 동시에 값이 있는 행의 날짜도 확인할 수 있습니다.

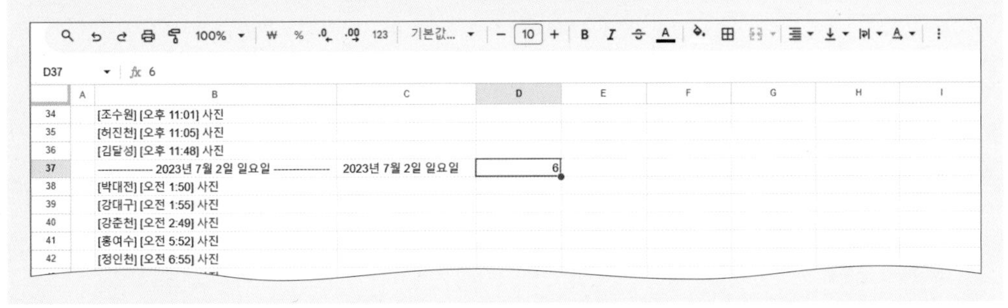

12 '년'의 자릿수를 찾았으므로 FIND 함수를 활용해 '월'이라는 문자가 몇 번째 자릿수에 있는지 찾아보겠습니다. E4 셀에 '월'을 입력합니다.

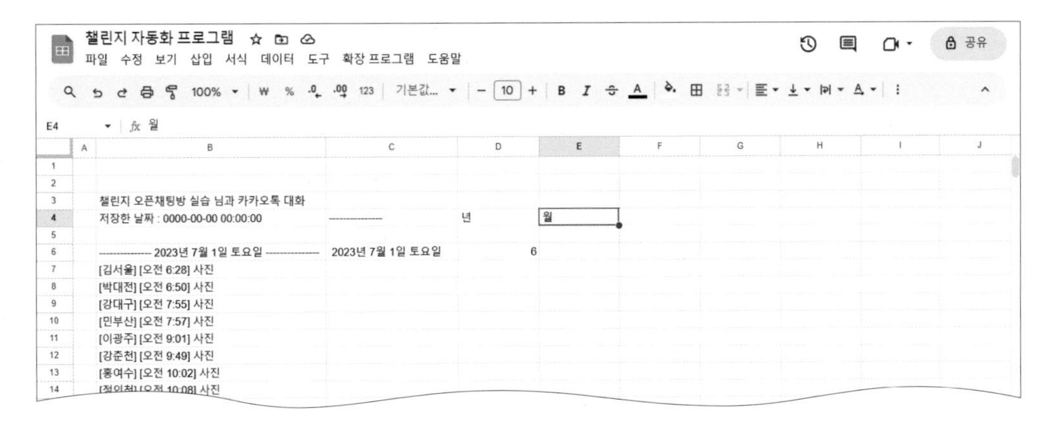

13 그 아래에 있는 E5 셀에 FIND를 입력한 후 소괄호를 입력해 수식을 엽니다. 검색하려는 문자열이 있는 E4를 입력하고 콤마(,)를 입력합니다. C5:C를 입력한 후 소괄호를 입력해 수식을 닫습니다. Ctrl + Shift + Enter를 눌러 배열 함수를 적용합니다. 오류를 없애기 위해 ArrayFormula와 FIND 사이에 IFERROR를 입력한 후 소괄호를 입력해 수식을 엽니다. FIND 수식이 끝나는 소괄호 뒤에 다시 소괄호를 입력해 IFERROR 수식을 닫습니다. Enter를 누르면 오류가 없어진 셀을 확인할 수 있습니다. 결괏값이 9로 나온 이유는 '월'이라는 문자가 공백 포함 9번째 자리에 위치하고 있기 때문입니다.

```
=ArrayFormula(IFERROR(FIND(E4,C5:C)))
=E4 셀 문자열을 C5부터 C열 전체에서 찾아라. 오류값을 없애라.
 이 수식을 열에 전체 적용하라.
```

챌린지 자동화 프로그램
파일 수정 보기 삽입 서식 데이터 도구 확장 프로그램 도움말
E5 fx =ArrayFormula(IFERROR(FIND(E4,C5:C)))
챌린지 오픈채팅방 실습 님과 카카오톡 대화
저장한 날짜 : 0000-00-00 00:00:00 ---------- 년 월
=ArrayFormula(IFERROR(FIND(E4,C5:C)))
---------- 2023년 7월 1일 토요일 ---------- 2023년 7월 1일 토요일 6 9
[김서울] [오전 6:28] 사진
[박대전] [오전 6:50] 사진
[강대구] [오전 7:55] 사진
[민부산] [오전 7:57] 사진
[이광주] [오전 9:01] 사진
[강춘천] [오전 9:49] 사진

14 '월'의 자릿수를 찾았으므로 FIND 함수를 활용해 '일'이라는 문자가 몇 번째 자릿수에 있는지 찾아보겠습니다. F4 셀에 '일'을 입력합니다.

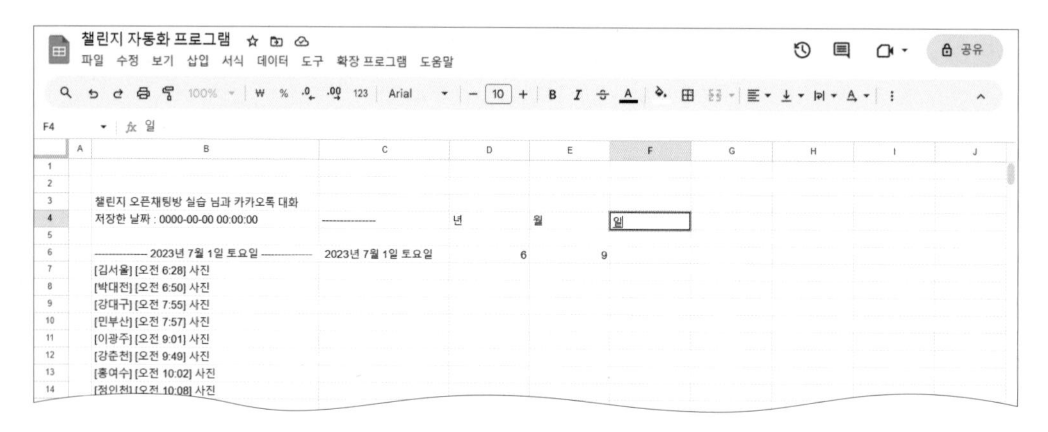

15 그 아래에 있는 F5 셀에 FIND를 입력한 후 소괄호를 입력해 수식을 엽니다. 검색하려는 문자열이 있는 F4를 입력하고 콤마(,)를 입력합니다. C5:C를 입력한 후 소괄호를 입력해 수식을 닫습니다. Ctrl + Shift + Enter를 눌러 배열 함수를 적용합니다. 오류를 없애기 위해 ArrayFormula와 FIND 사이에 IFERROR를 입력한 후 소괄호를 입력해 수식을 엽니다. FIND 수식이 끝나는 소괄호 뒤에 다시 소괄호를 입력해 IFERROR 수식을 닫습니다. Enter를 누르면 오류가 없어진 셀을 확인할 수 있습니다. 결괏값이 12로 나온 이유는 '일'이라는 문자가 공백 포함 12번째 자리에 위치하고 있기 때문입니다.

=ArrayFormula(IFERROR(FIND(F4,C5:C)))
=F4 셀 문자열을 C5부터 C열 전체에서 찾아라. 오류값을 없애라.
이 수식을 열에 전체 적용하라.

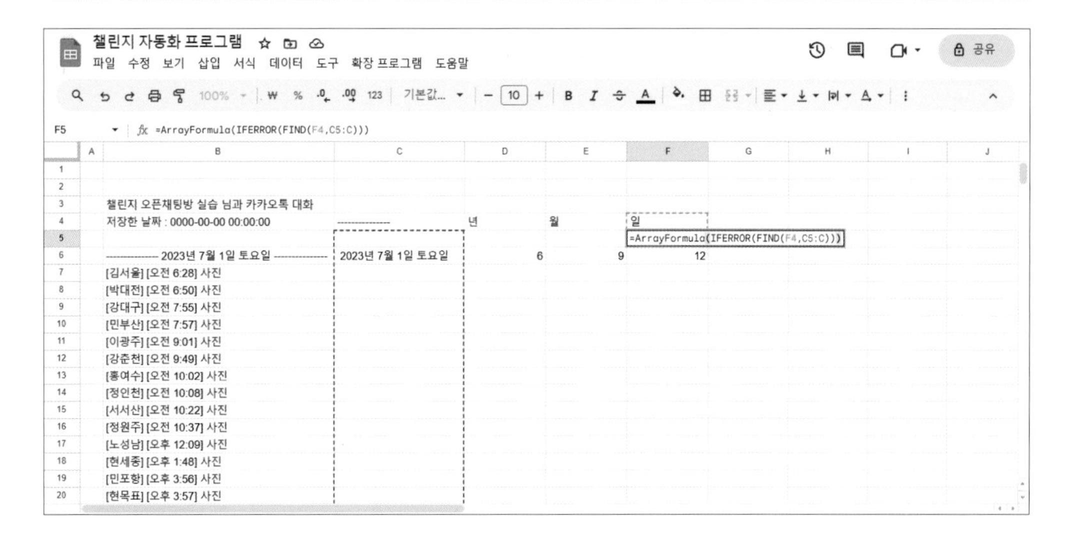

TIP 자릿수 확인하기

찾은 자릿수의 값이 C열의 데이터 값에서 정말 그 자리에 존재하는지 반드시 확인해야만 뒤에 따라오는 수식에 오류가 생기지 않습니다.

예 '2023년 7월 1일 토요일'의 연/월/일 자릿수는 각 각 6/9/12입니다.

2023년 앞에 공백이 존재하므로 공백부터 1로 세어 6번째 자리에 '년'이라는 문자가 있다.
2023년 앞에 공백이 존재하므로 공백부터 1로 세어 9번째 자리에 '월'이라는 문자가 있다.
2023년 앞에 공백이 존재하므로 공백부터 1로 세어 12번째 자리에 '일'이라는 문자가 있다.

날짜(연/월/일) 문자열 추출하기 ①

찾고자하는 문자열의 자릿수를 구해 봤습니다. 문자열 추출하는 법을 배우기 전에 가장 중요한 논리를 세운 후 함수를 활용해 보겠습니다.

C열의 ' 2023년 7월 1일 토요일 '에서(데이터의 양끝에 공백이 존재함)

논리 1. 필요한 것은 '2023,7,1'이다. 중간에 7을 가져오고 싶다면 '월'에서 '년'을 빼면 된다.
예 2023년 7월 1일 토요일 = '월'에서 '년'을 빼면 7이 남는다.

논리 2. '월'에서 '년'을 뺄 때 사이에 있는 공백을 포함해서 값이 구해진다. 공백 없이 숫자만 필요하므로(년 + 1)을 빼야 공백이 함께 빠져 가운데 숫자 7만 가져온다.
예 2023년 7월 1일 토요일 = '월'에서 '년'을 뺄 때 월–(년 + 1)을 해야 7만 남는다.
년 + 1을 하지 않으면 '(공백) 7' 값이 나오며 날짜를 합칠 때 오류가 생긴다.

01 앞에서는 FIND 함수를 활용해 날짜의 자릿수를 구했습니다. 지금부터는 문자열을 추출하기 위해 LEFT, RIGHT, MID 함수를 활용하겠습니다. 먼저 G4 셀에 '년'을 입력합니다.

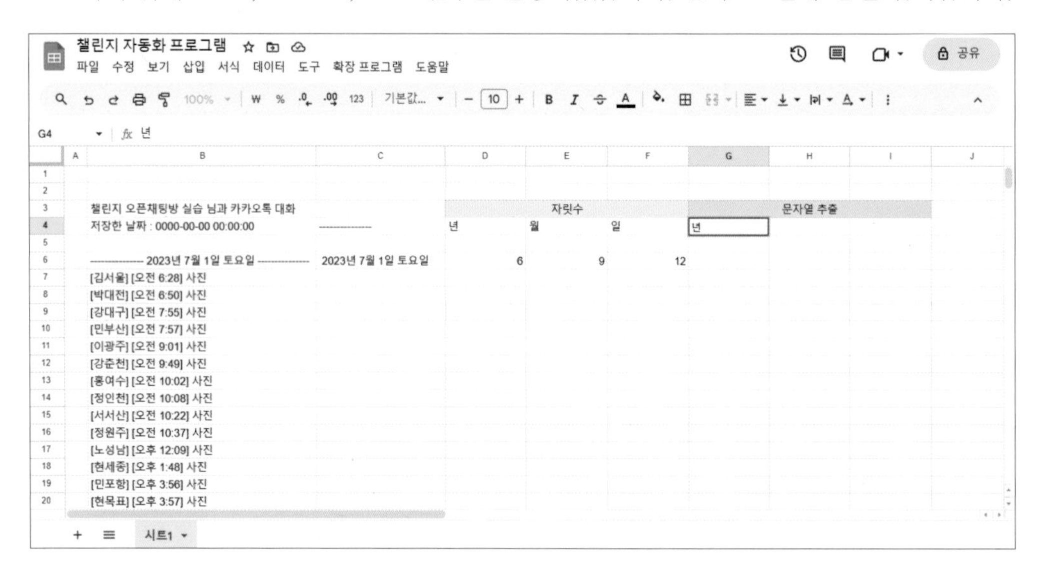

TIP 구분하기 쉬운 셀 설정하기

1. 자릿수와 문자열 추출의 '연/월/일'을 나눠 보기 편하게 셀을 범위별로 병합합니다. D3 셀부터 F3까지 범위를 지정한 후 상단 바에 있는 [셀 병합]을 클릭합니다.

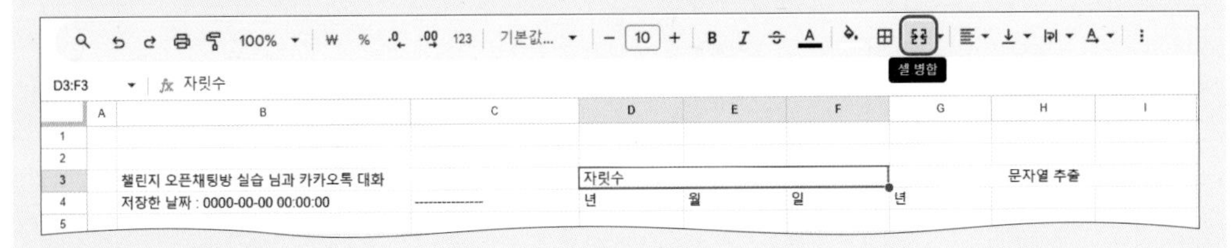

2. 정렬 형태는 [가운데 맞춤]을 클릭합니다.

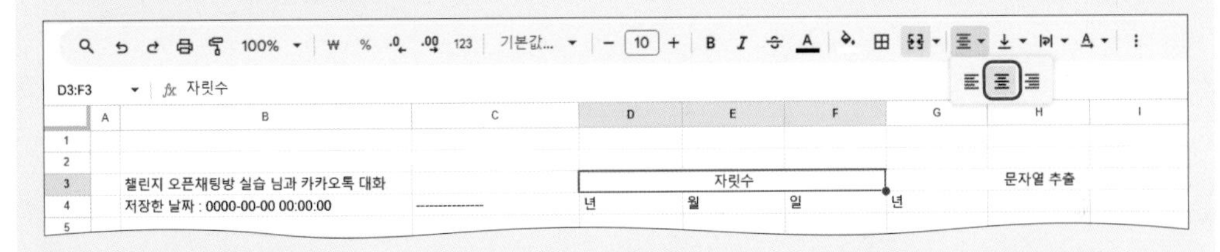

3. 색을 변경하고자 하는 셀을 선택한 후 [채우기 색상]을 클릭해 원하는 색상을 선택합니다.

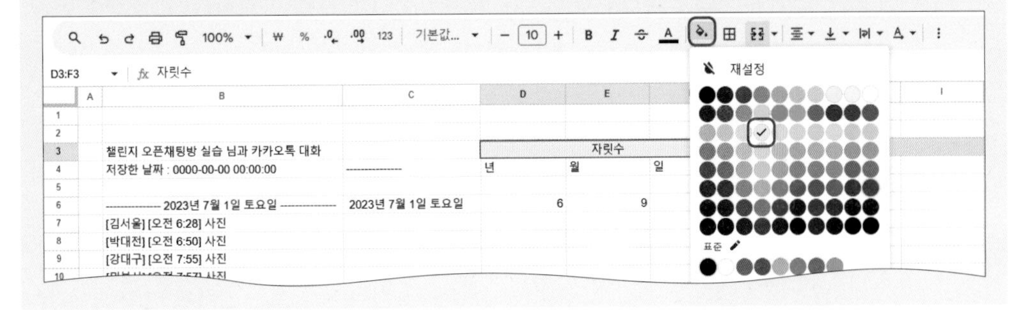

02 G4 셀 아래에 있는 G5 셀에 결괏값을 구하는 수식을 입력해 보겠습니다. LEFT는 문자열 왼쪽부터 지정한 범위만큼의 문자열을 추출하는 함수입니다. FIND는 특정 문자열이 있는 위치를 찾아 주는 함수이므로 두 함수를 함께 활용합니다. '년'에 해당하는 '2023' 값을 구하는 수식을 입력해 보겠습니다.

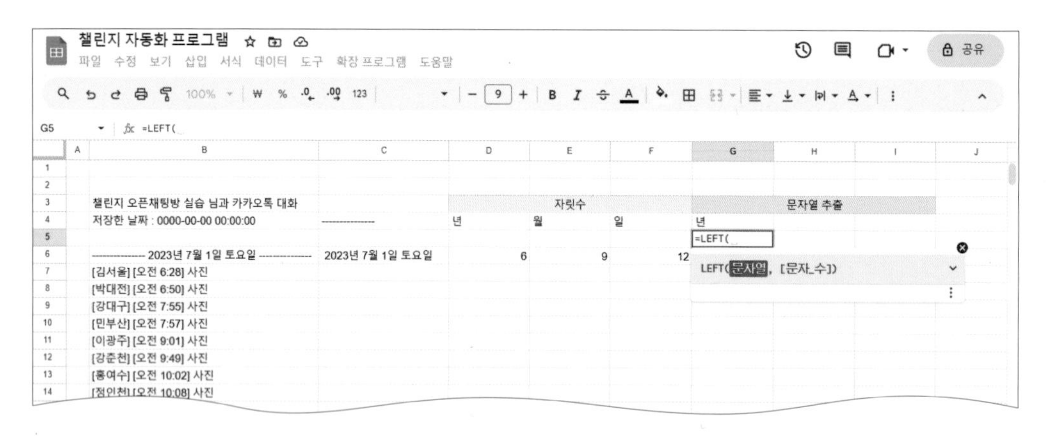

03 LEFT 다음에 소괄호를 입력해 수식을 엽니다. 문자열이 있는 C5:C를 입력하고 콤마(,)를 입력합니다. 앞서 찾아놓은 '년'의 자릿수가 있는 범위 D5:D를 입력합니다. 소괄호를 입력해 수식을 닫습니다. Ctrl + Shift + Enter를 눌러 수식을 해당 열에 전체 적용합니다.

=ArrayFormula(LEFT(C5:C,D5:D))
=C5부터 C열 전체의 데이터에서 D5부터 D열 전체의 '년' 자릿수에 위치한 문자열을 추출하라.
이 수식을 해당 열에 전체 적용하라.

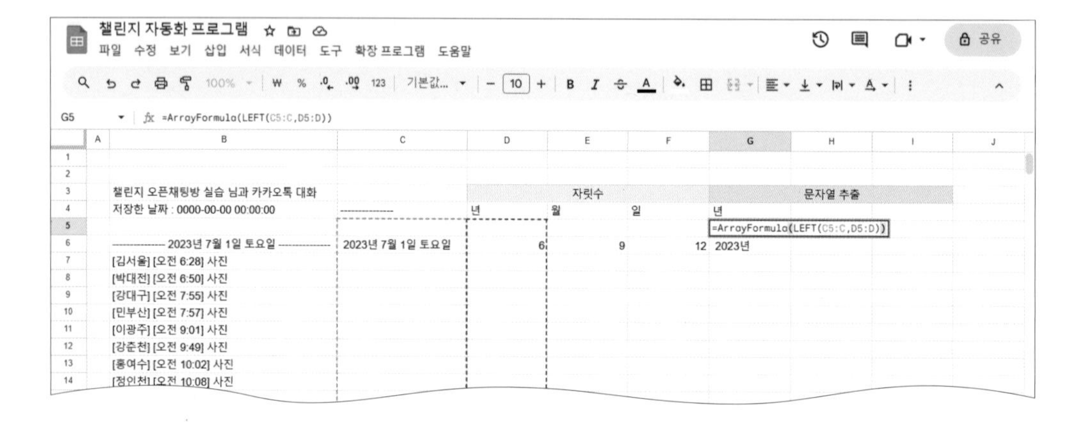

04 구하고자 하는 값은 '2023'인데 '2023년'까지 함께 추출됐습니다. 자릿수에서 '–1'을 입력해 '년'이라는 문자를 뺍니다. 그러면 다음과 같이 한글 문자는 없어지고 '2023'이라는 값만 나타납니다.

=ArrayFormula(LEFT(C5:C,D5:D–1))
=C5부터 C열 전체의 데이터에서 D5부터 D열 전체의 '년' 자릿수에 위치한 값에 1자리를 뺀(5자리) 문자열을 추출하라.
이 수식을 해당 열에 전체 적용하라.

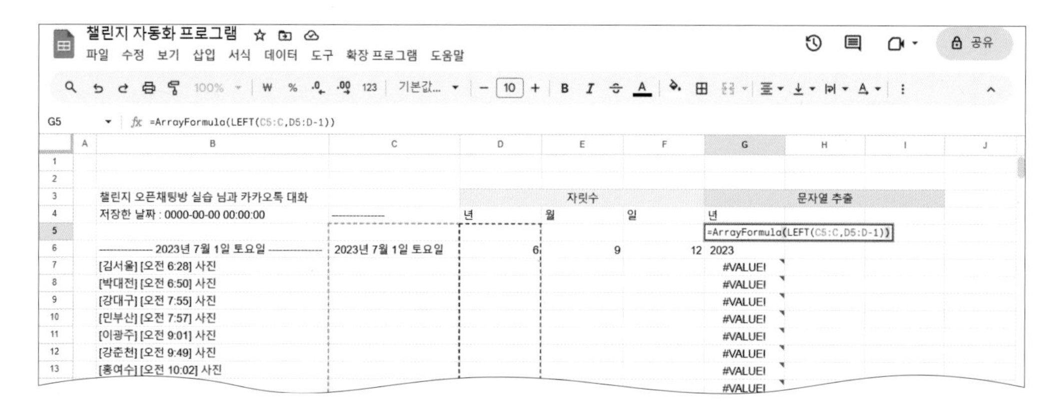

05 오류를 없애기 위해 ArrayFormula와 LEFT 사이에 IFERROR를 입력한 후 소괄호를 입력해 수식을 엽니다. LEFT 수식이 끝나는 소괄호 뒤에 다시 소괄호를 입력해 IFERROR 수식을 닫습니다. Enter를 누르면 오류가 없어진 셀을 확인할 수 있습니다.

=ArrayFormula(IFERROR(LEFT(C5:C,D5:D–1)))
=C5부터 C열 전체의 데이터에서 D5부터 D열 전체의 '년' 자릿수에 위치한 값에 1자리를 뺀(5자리) 문자열을 추출하라. 오류값을 없애라.
이 수식을 해당 열에 전체 적용하라.

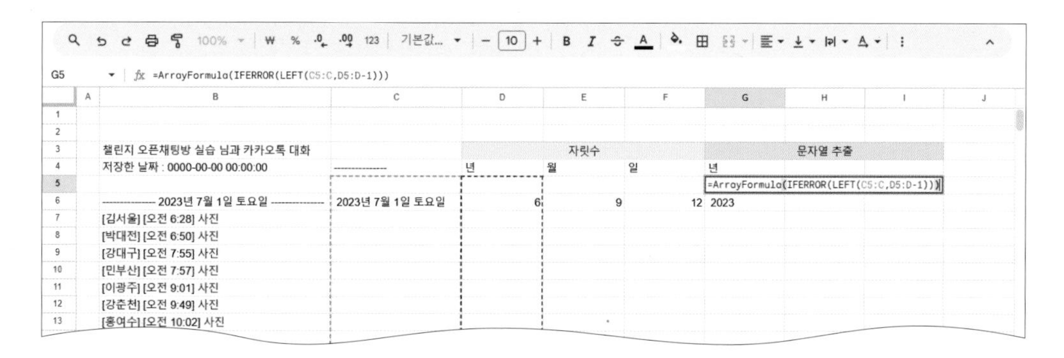

TIP 스크롤 바로 화면 이동하기

초반에 원본 데이터는 B열에 삽입했지만, 열이 점점 늘어나므로 원하는 값을 정제한 C열부터 보이도록 조정합니다. 하단에 가로로 이동할 수 있는 스크롤 바가 있습니다. 스크롤 바를 클릭해 좌우로 이동하면 원하는 열을 볼 수 있습니다.

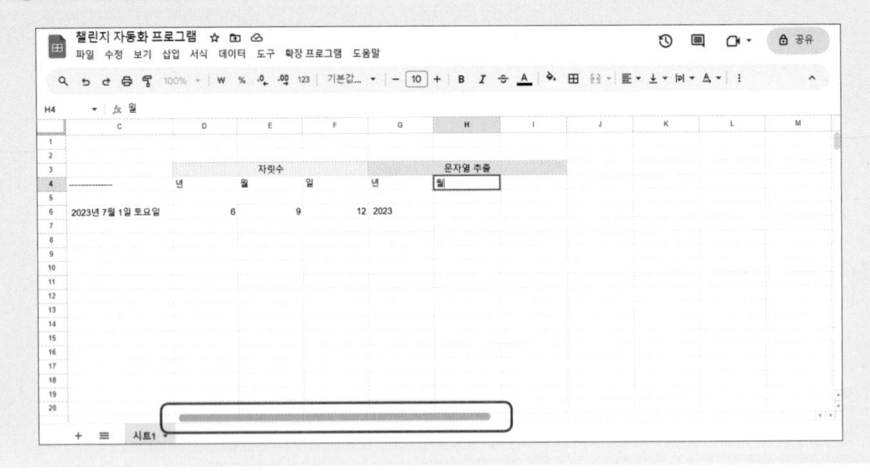

06 '월'도 마찬가지로 H4 셀에 '월'을 입력합니다. 아래에 있는 H5 셀에 결괏값을 구하는 수식을 입력해 보겠습니다. MID는 문자열 가운데부터 시작 위치를 정한 후 지정한 범위만큼의 문자열을 추출하는 함수입니다.

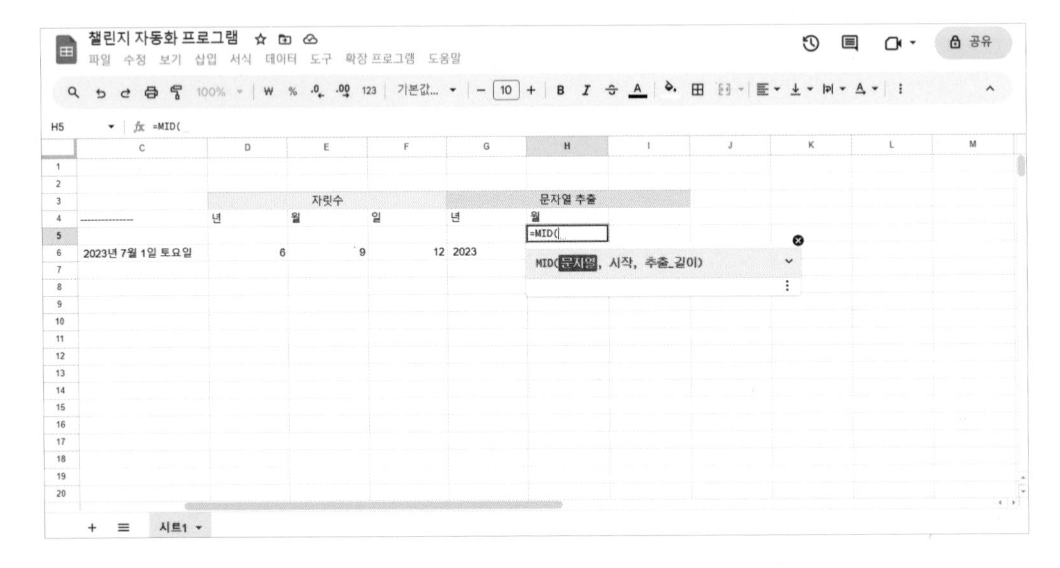

07 '월'에 해당하는 '7' 값을 구하려면 '월'에서 '년'을 빼야 합니다. 그런데 D열의 '년'을 시작 위치에 넣으면 '년'까지 포함된 문자열이 추출되기 때문에 D열 값에서 1을 더해야 합니다. 그러면 다음에 있는 공백부터 시작 위치를 정할 수 있습니다. 시작 위치를 정한 후 '월'에서 '년'을 뺍니다.

=ArrayFormula(MID(C5:C,D5:D + 1,E5:E−D5:D))
=C5부터 C열 전체의 데이터에서 D5부터 D열 전체의 값의 자릿수가 위치한 값에 1자리를 더한 문자열부터 범위를 시작한다.
E5부터 E열 전체의 값(월)에서 D5부터 D열 전체의 값(년)을 뺀 값을 추출하라.
이 수식을 해당 열에 전체 적용하라.

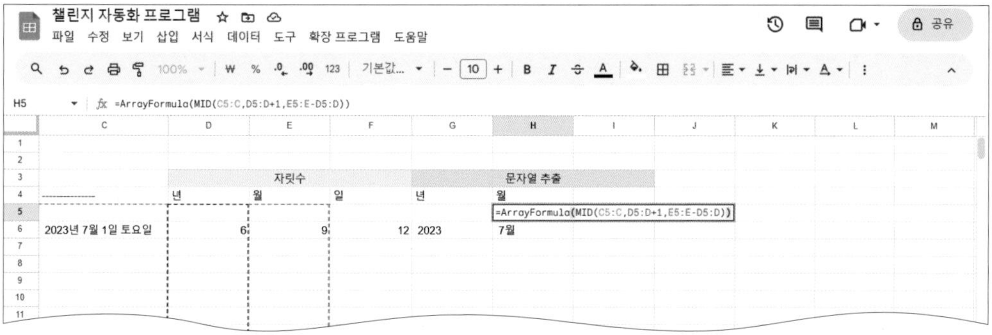

챌린지 자동화 프로그램
파일 수정 보기 삽입 서식 데이터 도구 확장 프로그램 도움말

H5 =ArrayFormula(MID(C5:C,D5:D+1,E5:E-D5:D))

	C	D	E	F	G	H
3		자릿수			문자열 추출	
4		년	월	일	년	월
5						=ArrayFormula(MID(C5:C,D5:D+1,E5:E-D5:D))
6	2023년 7월 1일 토요일	6	9	12	2023	7월

TIP D5:D열에 왜 + 1을 해 주나요?

'2023년 7월 1일 토요일' 문자열에서 월에 해당하는 '7월'이라는 문자를 가져오려고 합니다.
위의 '2023년 7월 1일 토요일'은 눈에 보이지 않는 공백이 존재합니다.

2023년 7월 1일 토요일
=(공백)2023년(공백)7월(공백)1일(공백)토요일(공백)

이렇게 문자 사이에 공백이 존재합니다. 이 공백까지 자릿수에 포함해야 합니다. '7월' 값을 구하기 위해서는 '월'에서 '년'을 빼야 합니다.

2023년 7월 1일 토요일

구하고자 하는 값: 월−년=7

그런데 D열의 '년'의 자릿수를 시작 위치에 넣으면 '년'까지 포함된 문자열이 추출되기 때문에 값이 '년 7월'이 됩니다.
'공백' 앞의 '년' 문자를 제거하기 위해 D열(년) 자릿수 +1을 합니다.
그러면 '년' 다음에 있는 '공백'부터 시작 위치로 지정해 '(공백)7월'이라는 결괏값을 얻을 수 있습니다.

08 구하고자 하는 값은 '7'인데 '7월'까지 함께 추출됐습니다. E5:E－D5:D 수식 뒤에 '－1'을 입력해 '월'이라는 문자를 뺍니다. 그러면 다음과 같이 한글 문자는 없어지고 '7'이라는 값만 나타납니다.

```
=ArrayFormula(MID(C5:C,D5:D+1,E5:E–D5:D–1))
```

=C5부터 C열 전체의 데이터에서 D5부터 D열 전체의 값의 자릿수가 위치한 값에 1자리를 더한 문자열부터 범위를 시작한다.
E5부터 E열 전체의 값(월)에서 D5부터 D열 전체의 값(년)을 뺀 값에서 1자리를 더 뺀 값을 추출하라.
이 수식을 해당 열에 전체 적용하라.

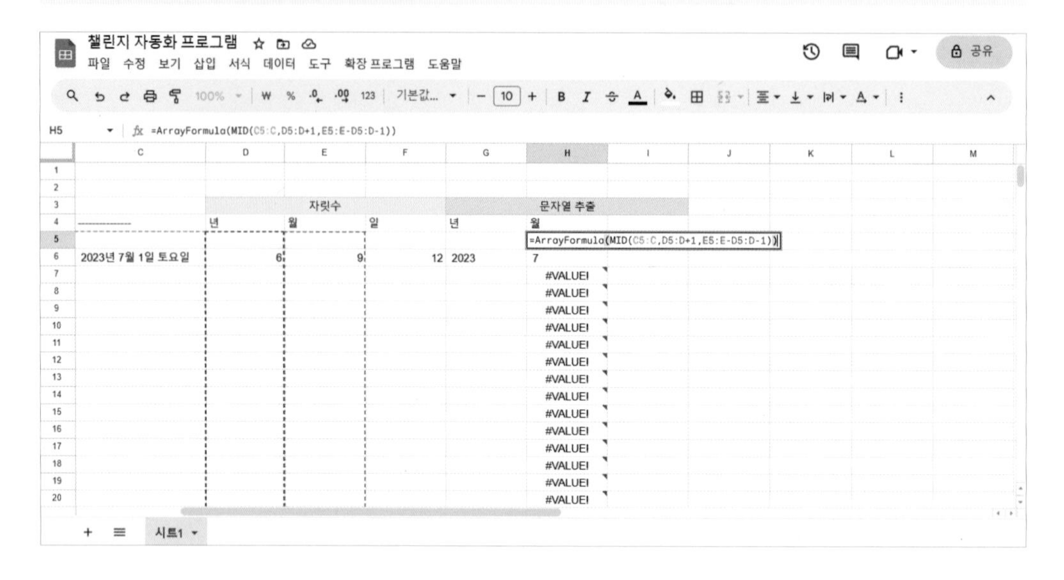

09 오류를 없애기 위해 ArrayFormula와 MID 사이에 IFERROR를 입력한 후 소괄호를 입력해 수식을 엽니다. MID 수식이 끝나는 소괄호 뒤에 다시 소괄호를 입력해 IFERROR 수식을 닫습니다. Enter를 누르면 오류가 없어진 셀을 확인할 수 있습니다.

=ArrayFormula(IFERROR(MID(C5:C,D5:D+1,E5:E−D5:D−1)))
=C5부터 C열 전체의 데이터에서 D5부터 D열 전체의 값의 자릿수가 위치한 값에 1자리를 더한 문자열부터 범위를 시작한다.
E5부터 E열 전체의 값(월)에서 D5부터 D열 전체의 값(년)을 뺀 값에서 1자리를 더 뺀 값을 추출하라. 오류값을 없애라.
이 수식을 해당 열에 전체 적용하라.

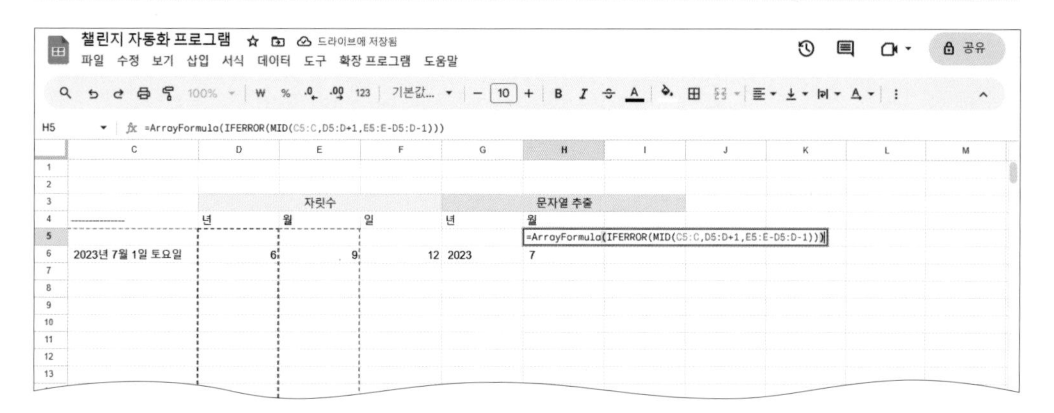

10 '일'도 마찬가지로 I4 셀에 '일'을 입력합니다. 아래에 있는 I5 셀에 결괏값을 구하는 수식을 입력해 보겠습니다. MID는 문자열 가운데부터 시작 위치를 정한 후 지정한 범위만큼의 문자열을 추출하는 함수입니다.

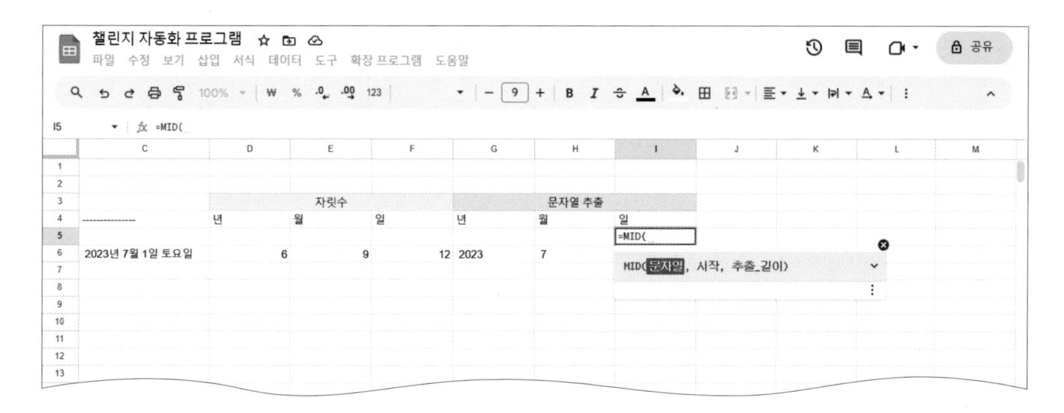

11 '일'에 해당하는 '1' 값을 구하려면 '일'에서 '월'을 빼야 합니다. 그런데 E열의 '월'을 시작 위치에 넣으면 '월'까지 포함된 문자열이 추출되기 때문에 E열 값에서 1을 더해야 합니다. 그러면 다음에 있는 공백부터 시작 위치를 정할 수 있습니다. 시작 위치를 정한 후 '일'에서 '월'을 뺍니다.

```
=ArrayFormula(MID(C5:C,E5:E+1,F5:F–E5:E))
=C5부터 C열 전체의 데이터에서 E5부터 E열 전체의 값의 자릿수가 위치한 값에 1자리를 더한
 문자열부터 범위를 시작한다.
 F5부터 F열 전체의 값(일)에서 E5부터 E열 전체의 값(월)을 뺀 값을 추출하라.
 이 수식을 해당 열에 전체 적용하라.
```

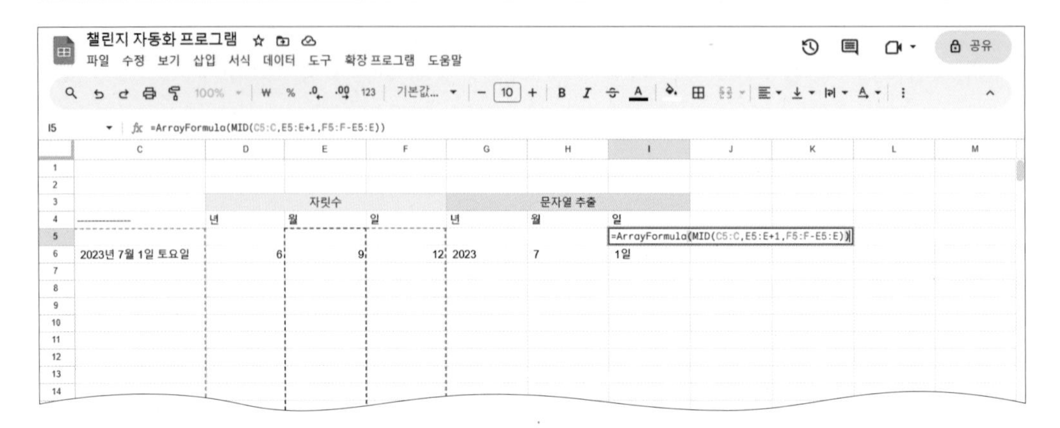

12 구하고자 하는 값은 '1'인데 '1일'까지 함께 추출됐습니다. F5:F – E5:E 수식 뒤에 ' – 1'을 입력해 '일'이라는 문자를 뺍니다. 그러면 다음과 같이 한글 문자는 없어지고 '1'이라는 값만 나타납니다.

```
=ArrayFormula(MID(C5:C,E5:E+1,F5:F–E5:E–1))
=C5부터 C열 전체의 데이터에서 E5부터 E열 전체의 값의 자릿수가 위치한 값에 1자리를 더한
 문자열부터 범위를 시작한다.
 F5부터 F열 전체의 값(일)에서 E5부터 E열 전체의 값(월)을
 뺀 값에서 1자리를 더 뺀 값을 추출하라.
 이 수식을 해당 열에 전체 적용하라.
```

13 오류를 없애기 위해 ArrayFormula와 MID 사이에 IFERROR를 입력한 후 소괄호를 입력해 수식을 엽니다. MID 수식이 끝나는 소괄호 뒤에 다시 소괄호를 입력해 IFERROR 수식을 닫습니다. Enter를 누르면 오류가 없어진 셀을 확인할 수 있습니다.

=ArrayFormula(IFERROR(MID(C5:C,E5:E + 1,F5:F–E5:E–1)))
=C5부터 C열 전체의 데이터에서 E5부터 E열 전체의 값의 자릿수가 위치한 값에 1자리를 더한 문자열부터 범위를 시작한다.
F5부터 F열 전체의 값(일)에서 E5부터 E열 전체의 값(월)을 뺀 값에서 1자리를 더 뺀 값을 추출하라.
오류값을 없애라. 이 수식을 해당 열에 전체 적용하라.

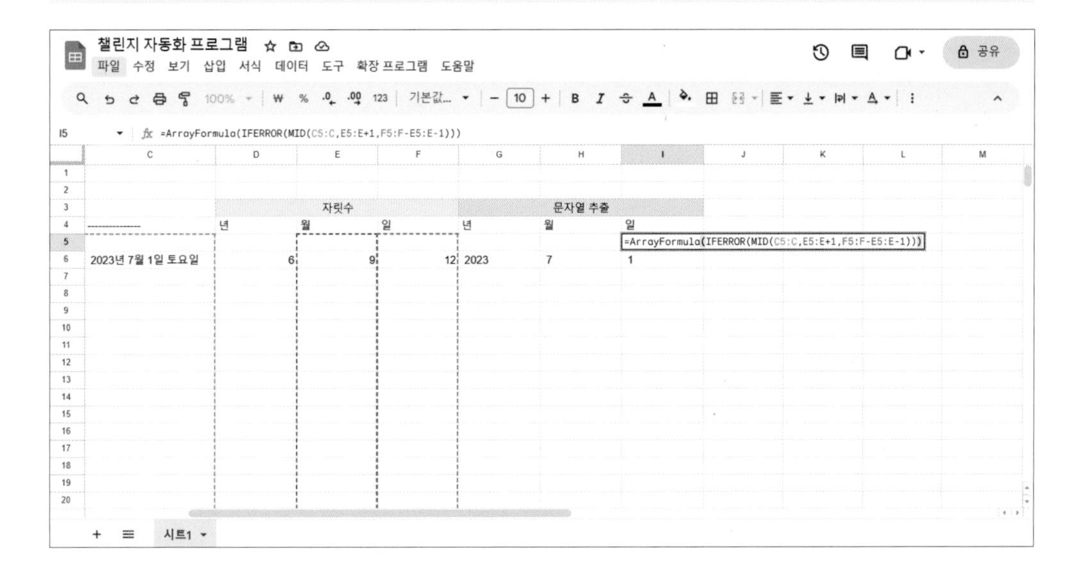

날짜(연/월/일) 문자열 추출하기 ②

앞서 배웠던 문자열 추출하기 방법 ①은 자릿수를 구하고 그다음 문자열을 추출하는 기초적인 방법입니다. 문자열 추출하기 방법 ②는 더 업그레이드된 방법으로, 자릿수 열을 따로 사용하지 않습니다. 자릿수를 구하는 FIND 함수와 문자열을 추출하는 LEFT/MID/RIGHT 함수를 함께 사용하면 시트의 폭을 단조롭게 줄일 수 있습니다.

01 이전에 사용했던 자릿수 D열, E열, F열은 이제 사용하지 않으므로 보이지 않도록 숨깁니다. 먼저 D열의 머리글을 클릭하고 마우스에서 손을 떼지 않은 상태로 드래그해서 F열까지 선택합니다(또는 D열의 머리글을 클릭한 후 Shift를 누른 채 F열의 머리글을 클릭합니다). D열부터 F열까지 숨길 영역을 지정합니다.

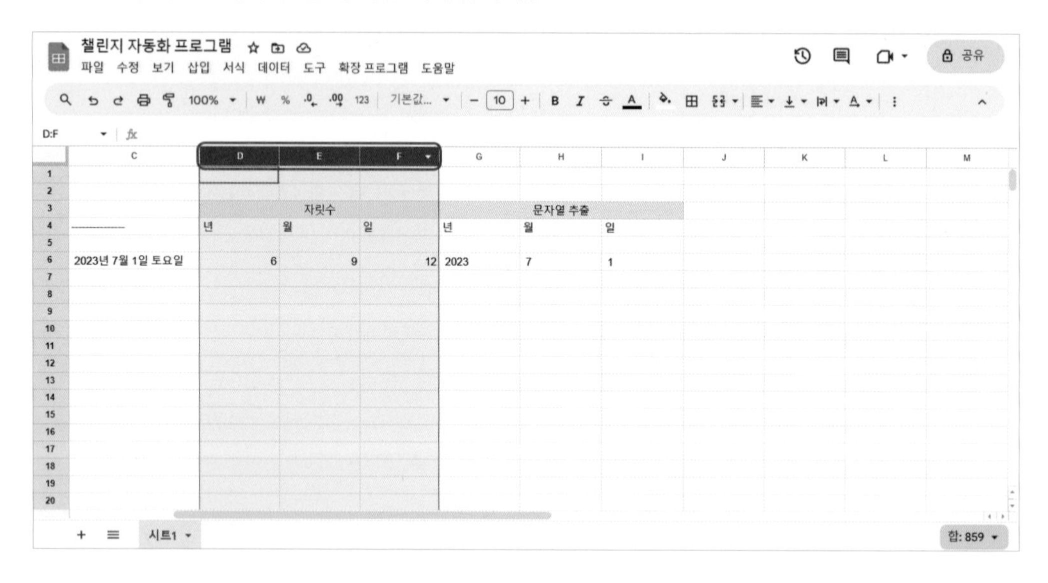

02 D열부터 F열까지 숨길 영역을 선택한 후 마우스 오른쪽 버튼을 클릭합니다. 선택할 열을 삭제하거나, 데이터만 삭제하거나, 열을 숨길 수 있습니다. [D-F열 숨기기]를 클릭합니다.

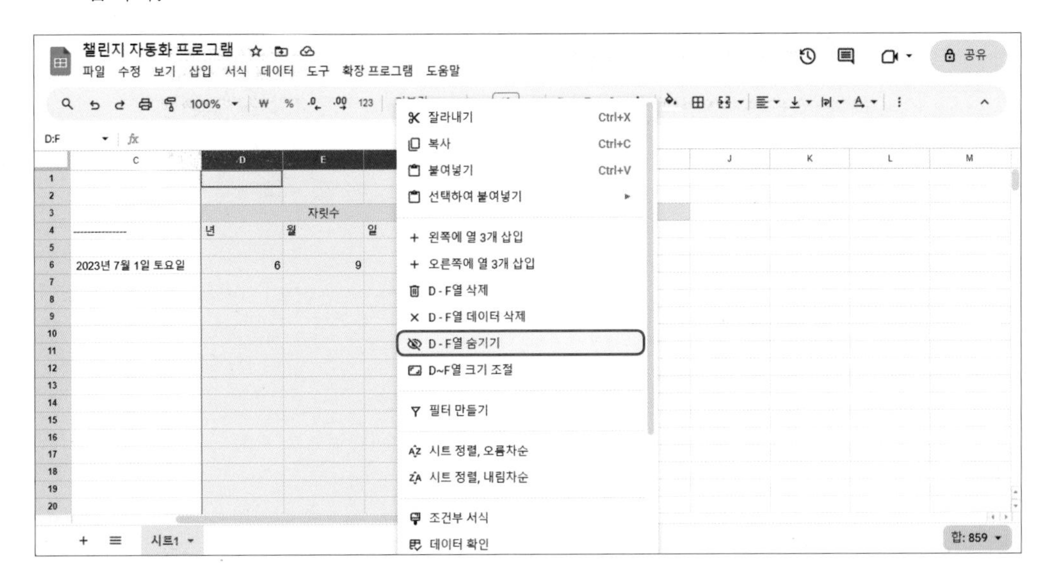

03 [D-F열 숨기기]가 적용돼 C열 다음에 G열이 보이게 됩니다. 열이 삭제된 것이 아니므로 언제든지 숨긴 열을 열어 확인할 수 있습니다.

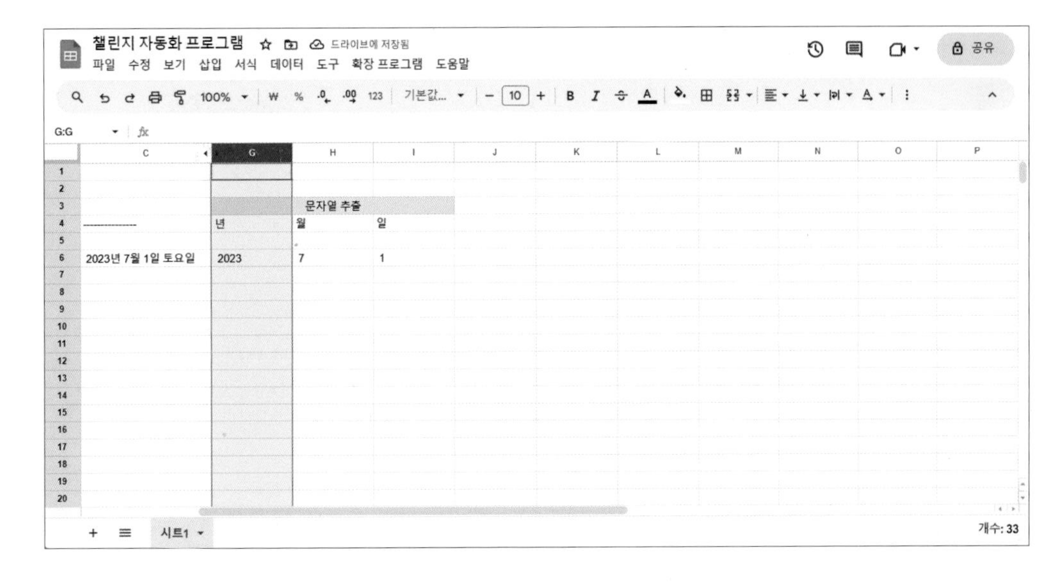

TIP 숨기기 된 열은 어떻게 다시 볼 수 있나요?

숨기기한 D~F열을 다시 열어 보고 싶다면 C열과 G열 사이에 있는 펼치기 버튼(◀ ▶)을 클릭합니다.

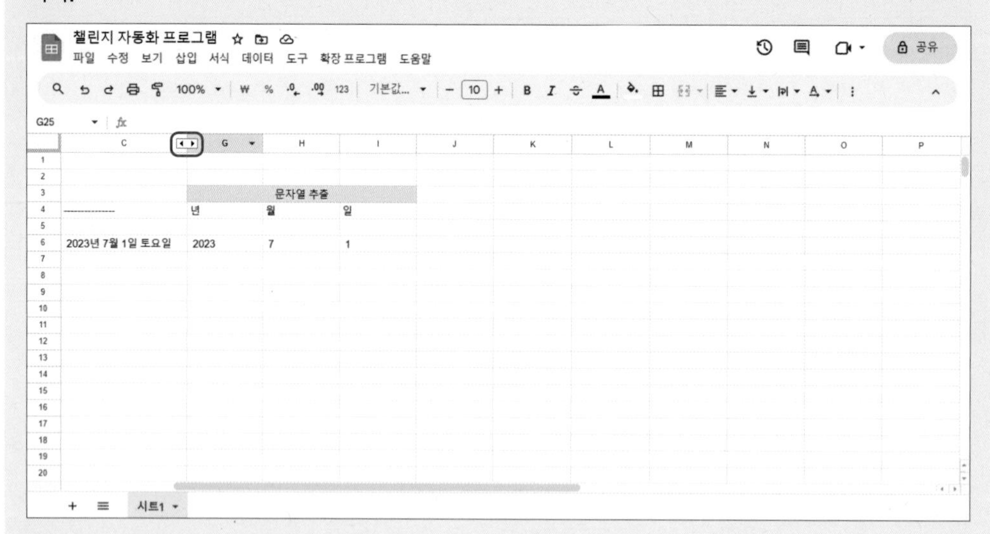

펼치기 버튼(◀ ▶)을 클릭하면 기존에 자릿수를 구했던 D~F열을 다시 열어 볼 수 있습니다.

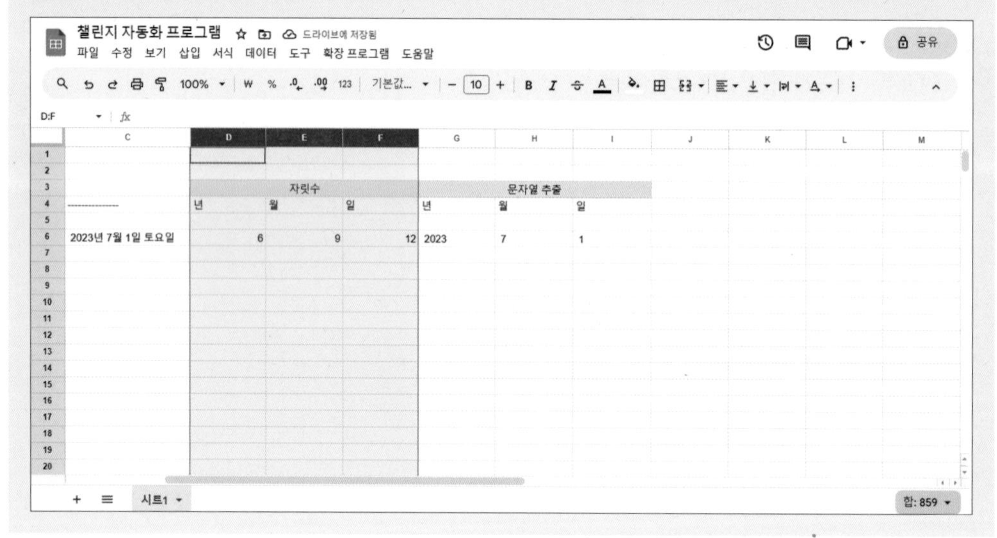

04 이제 문자열을 추출하는 두 번째 방법을 시작해 보겠습니다. 기존 '연/월/일' 문자열을 추출했던 'G/H/I'열의 각각 오른쪽에 열을 하나씩 추가하며 진행하겠습니다. 수식 비교가 한눈에 보이도록 G열의 오른쪽에 열을 추가하겠습니다. 상단에 있는 G열의 머리글을 마우스 오른쪽 버튼으로 클릭한 후 [오른쪽에 열 1개 삽입]을 클릭합니다.

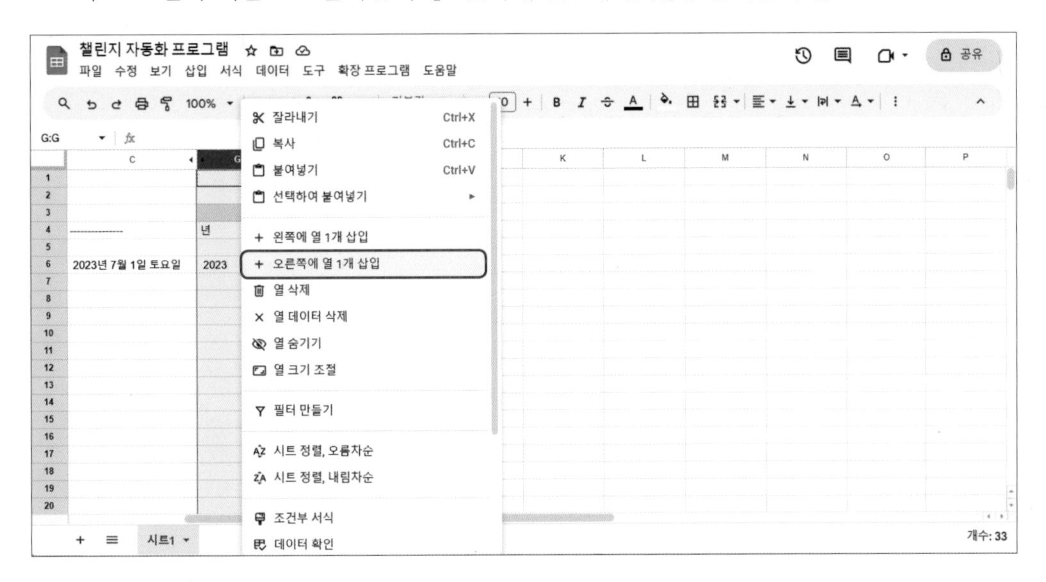

05 G열의 오른쪽에 방금 삽입한 H열이 보입니다. H열에 새로운 수식을 입력합니다.

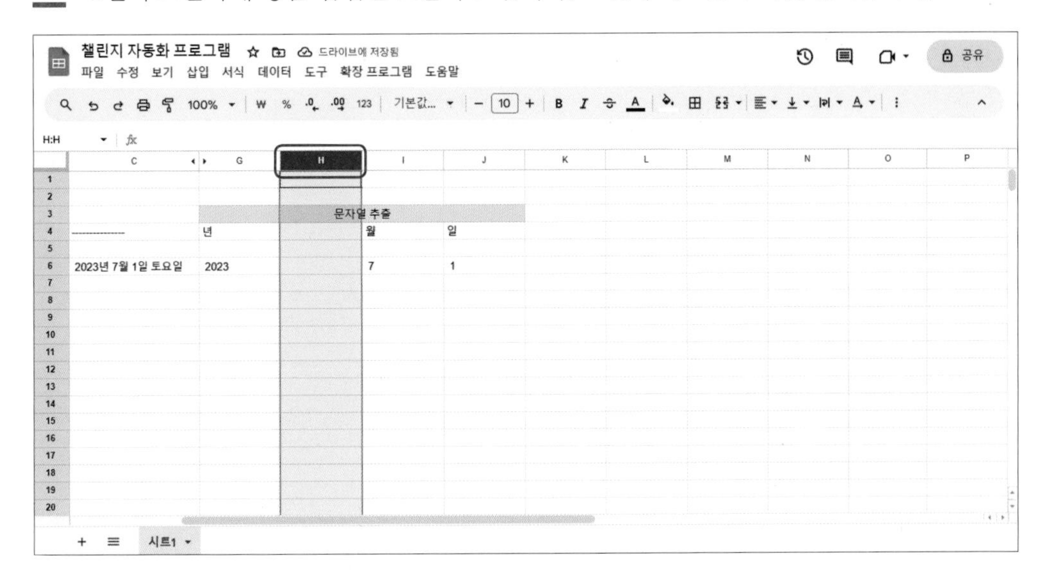

06 H4 셀에 '년'을 입력합니다. H4 셀 아래에 있는 H5 셀에 결괏값을 구하는 수식을 입력해 보겠습니다. 자릿수를 구하는 FIND 함수와 문자열을 추출하는 LEFT/MID/RIGHT 함수를 함께 사용합니다. 먼저 FIND 함수를 사용해 '년'의 자릿수를 찾습니다.

=ArrayFormula(FIND(H4,C5:C))
=H4 셀 문자열의 자릿수를 C5부터 C열 전체에서 찾아라.
이 수식을 해당 열에 전체 적용하라.

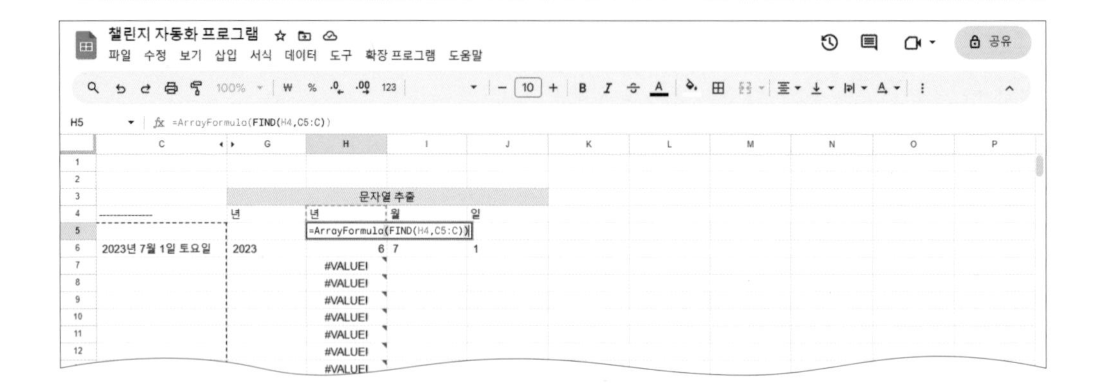

07 H5 셀의 ArrayFormula와 FIND 사이에 LEFT를 입력한 후 소괄호를 입력해 수식을 엽니다. LEFT는 문자열 왼쪽부터 지정한 범위만큼의 문자열을 추출하는 함수입니다. FIND 수식이 끝나는 소괄호 뒤에 다시 소괄호를 입력해 LEFT 수식을 닫습니다.

=ArrayFormula(LEFT(C5:C,FIND(H4,C5:C)))
=C5부터 C열 전체의 데이터에서
'년' 자릿수(H4 셀 문자열의 자릿수를 C5부터 C열 전체에서 찾은 값)에 위치한 문자열을 추출하라.
이 수식을 해당 열에 전체 적용하라.

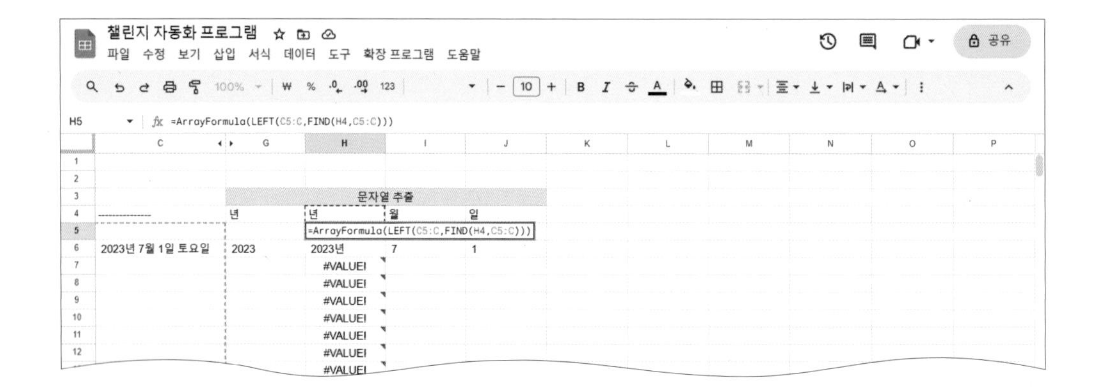

08 '2023년'이라는 문자를 추출했습니다. 이제 '년'과 오류를 없앱니다. H5 셀의 FIND 수식이 끝나는 소괄호 뒤에 –1을 입력해 '년' 문자를 없앱니다. 다시 ArrayFormula와 LEFT 사이에 IFERROR를 입력한 후 소괄호를 입력해 수식을 엽니다. LEFT 수식이 끝나는 소괄호 뒤에 다시 소괄호를 입력해 IFERROR 수식을 닫습니다. Enter를 누르면 오류가 없어진 셀을 확인할 수 있습니다.

=ArrayFormula(IFERROR(LEFT(C5:C,FIND(H4,C5:C)–1)))
=C5부터 C열 전체의 데이터에서 '년' 자릿수에 위치한 문자열의 1자리를 뺀 값을 추출하라.
오류값을 없애라.
이 수식을 해당 열에 전체 적용하라.

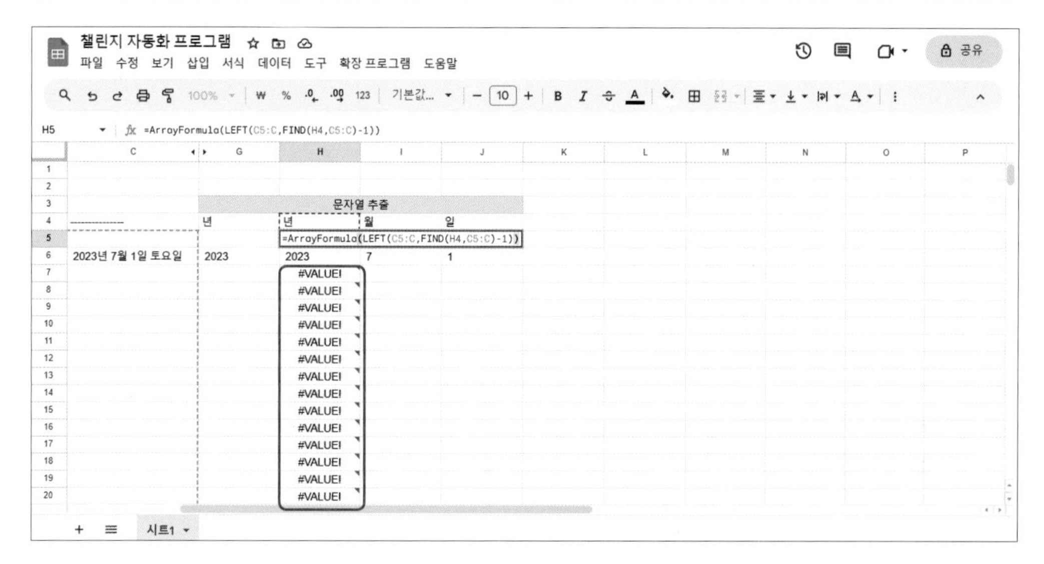

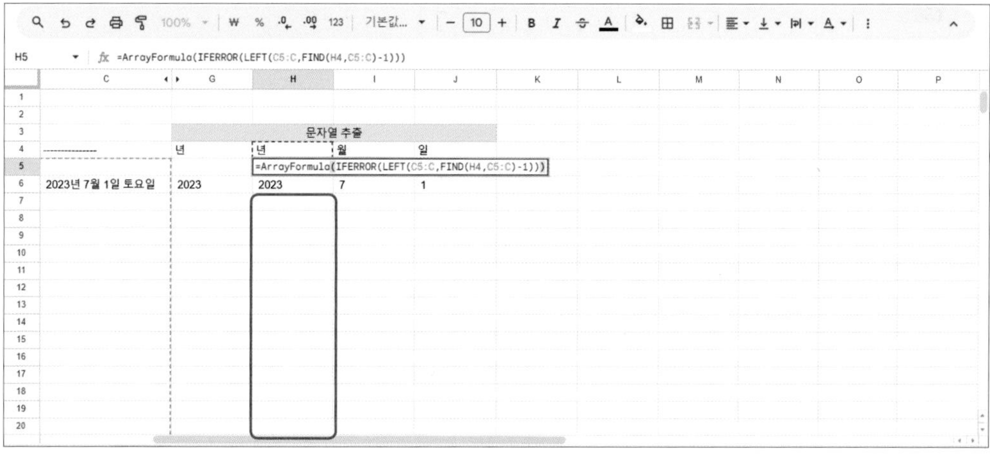

09 '월'도 수식 비교가 한눈에 보이도록 I열의 오른쪽에 열을 추가하겠습니다. 상단에 있는 I열의 머리글을 마우스 오른쪽 버튼으로 클릭한 후 [오른쪽에 열 1개 삽입]을 클릭합니다.

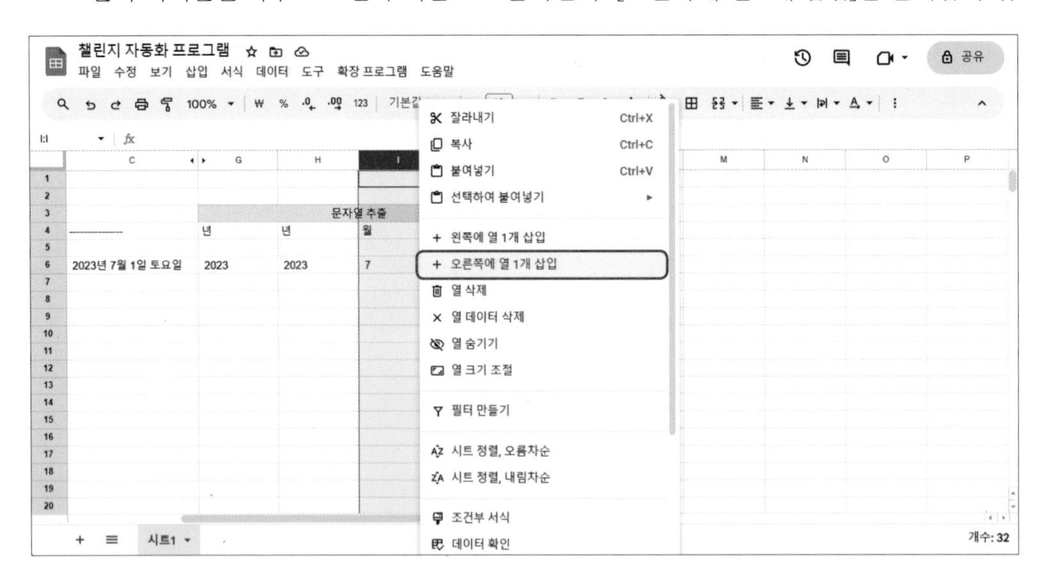

10 I열의 오른쪽에 방금 삽입된 J열이 보입니다. J열에 새로운 수식을 입력합니다.

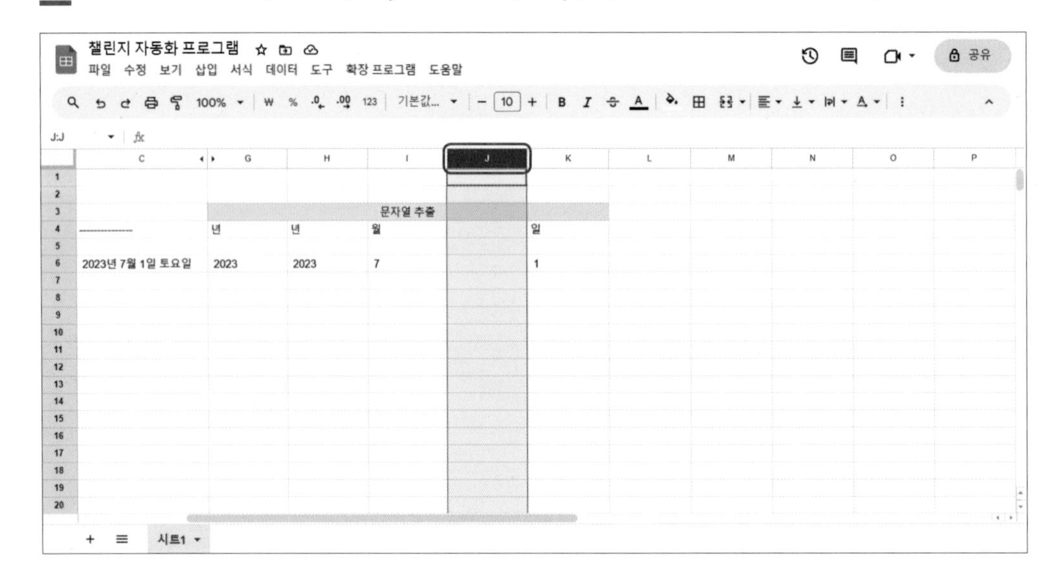

11 J4 셀에 '월'을 입력합니다. J4 셀 아래에 있는 J5 셀에 결괏값을 구하는 수식을 입력해 보겠습니다. 자릿수를 구하는 FIND 함수와 문자열을 추출하는 LEFT/MID/RIGHT 함수를 함께 사용합니다.

=ArrayFormula(MID(C5:C,FIND(H4,C5:C)+1,FIND(J4,C5:C)–FIND(H4,C5:C)))
=C5부터 C열 전체의 데이터에서
(시작 위치) '년' 자릿수에 위치한 문자열의 1자리를 더한 값을 시작 위치로 한다.
(추출 길이) '월' FIND(J4,C5:C)에서 '년' FIND(H4,C5:C)의 자릿수를
뺀 값(문자열)을 추출하라.
이 수식을 해당 열에 전체 적용하라.

TIP MID 함수의 구조 이해하기

MID는 문자열 가운데부터 시작 위치를 정한 후 지정한 범위만큼의 문자열을 추출하는 함수입니다. MID 함수로 문자열을 추출할 데이터가 있는 범위(열)를 선택합니다.

```
=ArrayFormula(MID(C5:C,FIND(H4,C5:C)+1,FIND(J4,C5:C)-FIND(H4,C5:C)))
MID(문자열, 시작, 추출_길이)
```

문자열을 추출할 시작 위치를 지정합니다. 구분은 콤마(,)를 사용합니다.

```
=ArrayFormula(MID(C5:C,FIND(H4,C5:C)+1,FIND(J4,C5:C)-FIND(H4,C5:C)))
MID(문자열, 시작, 추출_길이)
```

문자열을 추출할 길이를 지정합니다. 월–년을 해야 그 사이 값을 추출할 수 있습니다.

```
=ArrayFormula(MID(C5:C,FIND(H4,C5:C)+1,FIND(J4,C5:C)-FIND(H4,C5:C)))
MID(문자열, 시작, 추출_길이)
```

12 '7월'이라는 문자를 추출했습니다. 이제 '월'과 오류를 없앱니다. H5 셀의 마지막 FIND 수식이 끝나는 소괄호 뒤에 –1을 입력해 '월' 문자를 없앱니다. 다시 ArrayFormula와 MID 사이에 IFERROR를 입력한 후 소괄호를 입력해 수식을 엽니다. MID 수식이 끝나는 소괄호 뒤에 다시 소괄호를 입력해 IFERROR 수식을 닫습니다. Enter를 누르면 오류가 없어진 셀을 확인할 수 있습니다.

=ArrayFormula(IFERROR(MID(C5:C,FIND(H4,C5:C)+1,FIND(J4,C5:C)–FIND(H4,C5:C)–1)))
=C5부터 C열 전체의 데이터에서
(시작 위치) '년' 자릿수에 위치한 문자열의 1자리를 더한 값을 시작 위치로 한다.
(추출 길이) '월' FIND(J4,C5:C)에서 '년' FIND(H4,C5:C)의 자릿수를
뺀 값(문자열)에서 1자리를 뺀 값을 추출하라.
오류값을 없애라.
이 수식을 해당 열에 전체 적용하라.

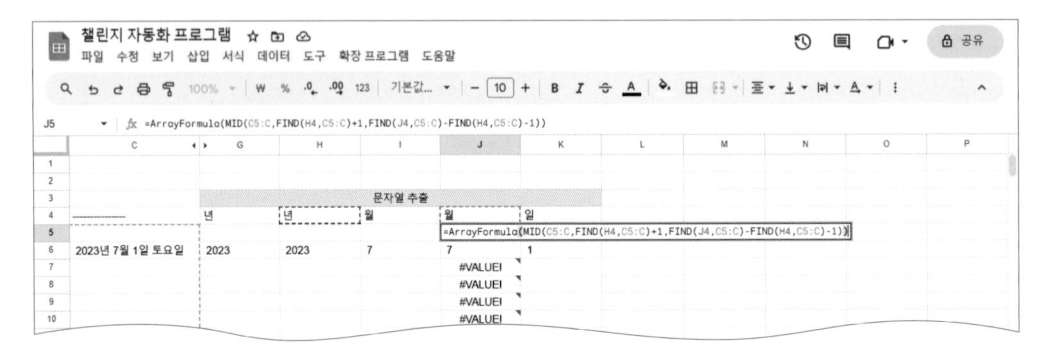

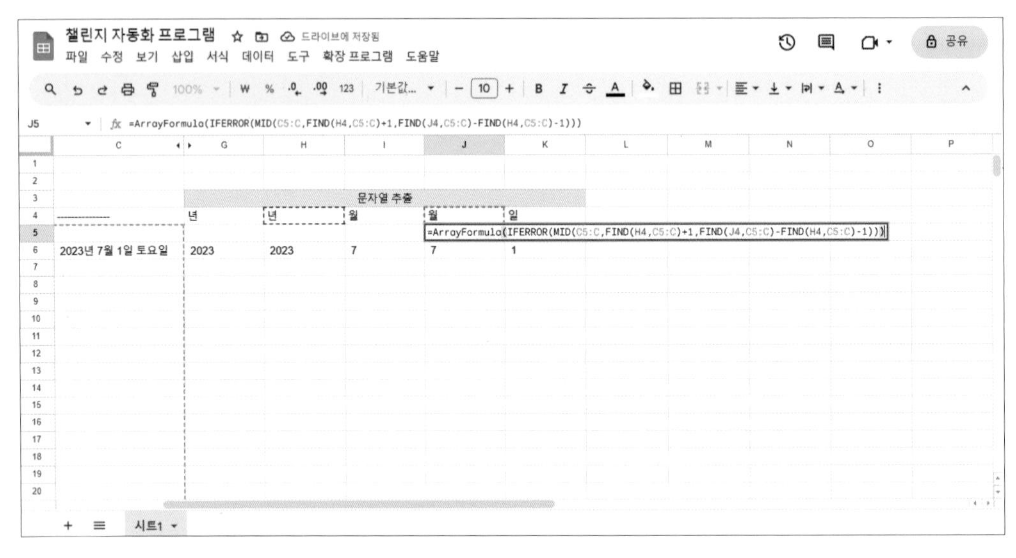

13 '일'도 문자열 추출하기 수식 비교가 한눈에 보이도록 K열의 오른쪽에 열을 추가하겠습니다. 상단에 있는 K열의 머리글을 마우스 오른쪽 버튼으로 클릭한 후 [오른쪽에 열 1개 삽입]을 클릭합니다.

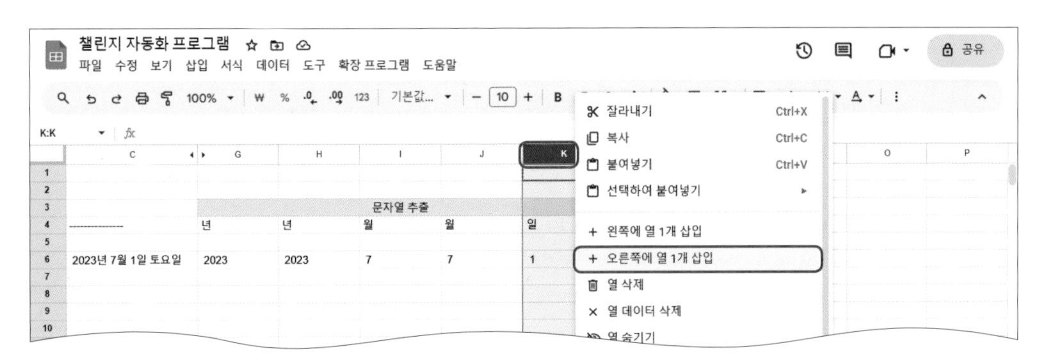

14 I열의 오른쪽에 방금 삽입된 L열이 보입니다. L열에 새로운 수식을 입력합니다.

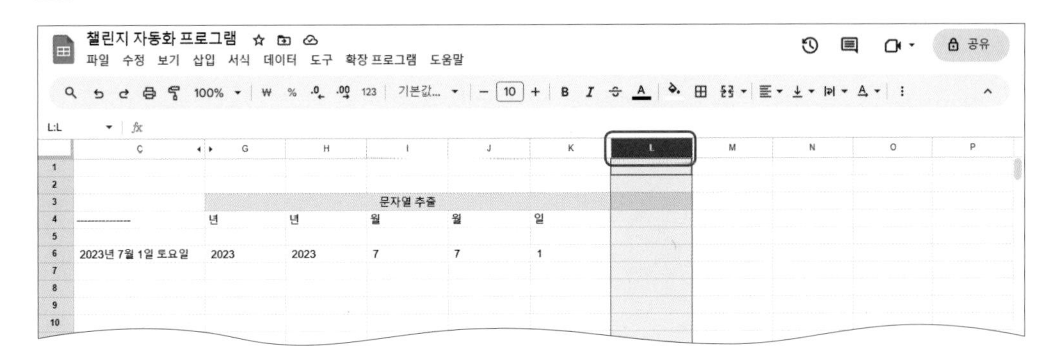

15 L4 셀에 '일'을 입력합니다. L4 셀 아래에 있는 L5 셀에 결괏값을 구하는 수식을 입력해 보겠습니다. 자릿수를 구하는 FIND 함수와 문자열을 추출하는 LEFT/MID/RIGHT 함수를 함께 사용합니다.

=ArrayFormula(MID(C5:C,FIND(J4,C5:C)+1,FIND(L4,C5:C)–FIND(J4,C5:C)))
=J4 셀 문자열의 자릿수를 C5부터 C열 전체에서 찾아라.
(MID) C5부터 C열 데이터 전체에서 '월' 자릿수에 위치한 문자열의 1자리를 더한 값을 시작 위치로 한다.
(추출 길이) '일' FIND(L4,C5:C)에서 '월' FIND(J4,C5:C)의 자릿수를
뺀 값(문자열)을 추출하라.
이 수식을 해당 열에 전체 적용하라.

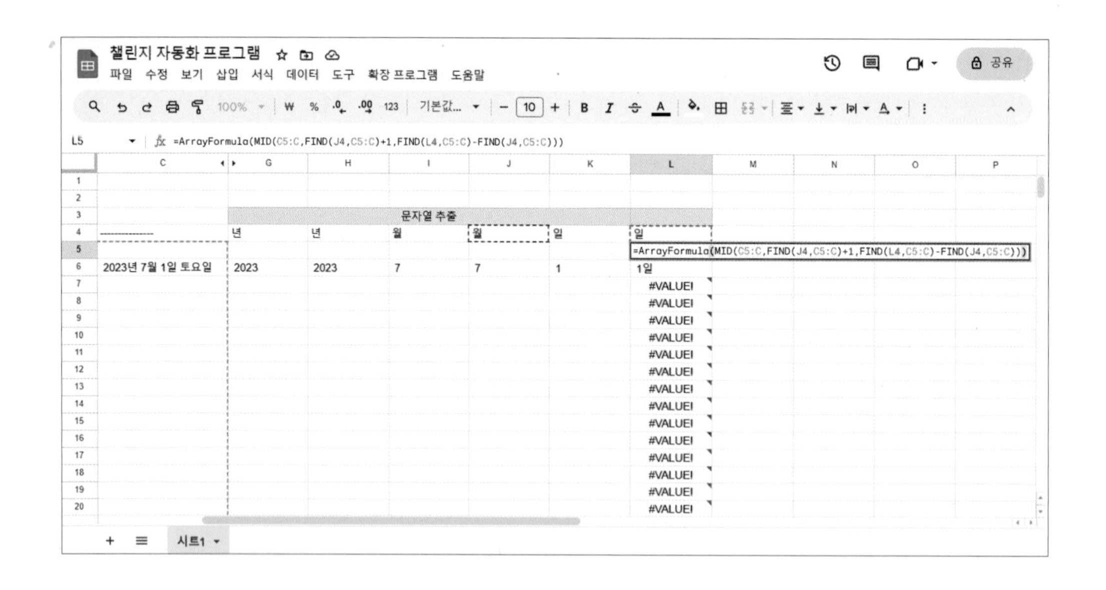

16 '1일'이라는 문자를 추출했습니다. 이제 '일'과 오류를 없앱니다. L5 셀의 마지막 FIND 수식이 끝나는 소괄호 뒤에 −1을 입력해 '일' 문자를 없앱니다. 다시 ArrayFormula와 MID 사이에 IFERROR를 입력한 후 소괄호를 입력해 수식을 엽니다. MID 수식이 끝나는 소괄호 뒤에 다시 소괄호를 입력해 IFERROR 수식을 닫습니다. Enter를 누르면 오류가 없어진 셀을 확인할 수 있습니다.

=ArrayFormula(IFERROR(MID(C5:C,FIND(J4,C5:C)+1,FIND(L4,C5:C)−FIND(J4,C5:C)−1)))
=J4 셀 문자열의 자릿수를 C5부터 C열 전체에서 찾아라.
(MID) C5부터 C열 데이터 전체에서 '월' 자릿수에 위치한 문자열의 1자리를 더한 값을 시작 위치로 한다.
(추출 길이) '일' FIND(L4,C5:C)에서 '월' FIND(J4,C5:C)의 자릿수를
뺀 값(문자열)에서 1자리를 뺀 값을 추출하라.
오류값을 없애라.
이 수식을 해당 열에 전체 적용하라.

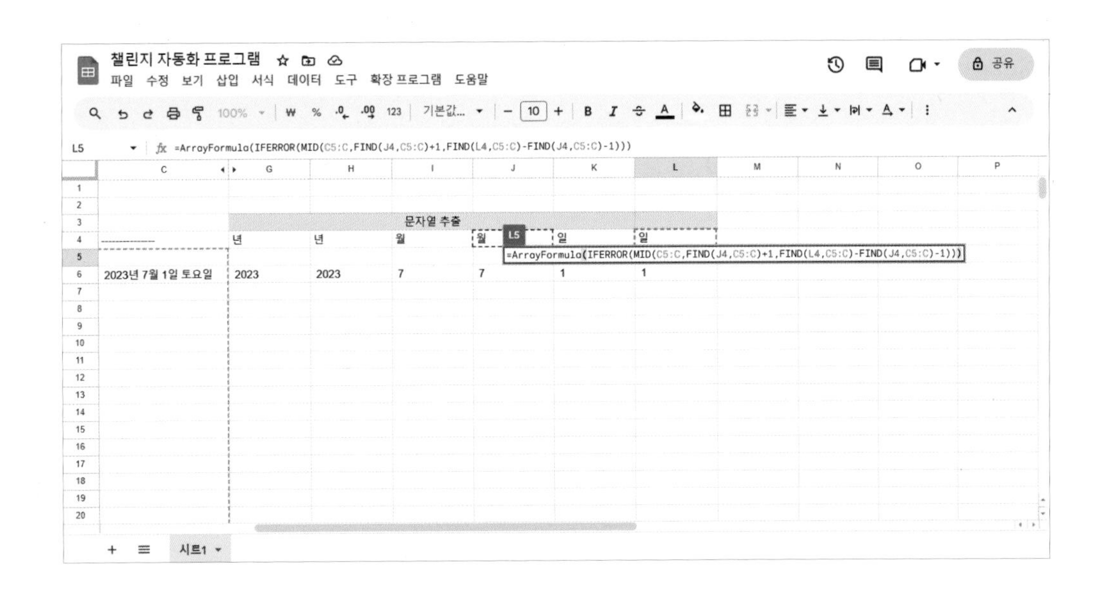

TIP 방법 ①과 ② 수식 값 구분하는 색 넣기

'연/월/일'의 문자열을 추출한 값이 수식은 다르지만, 값이 같기 때문에 구분하기 어렵습니다. 채우기 색상을 통해 셀에 색상을 지정하면 훨씬 보기 편리합니다. Ctrl을 누른 채 H4, J4, L4 셀을 순차적으로 클릭합니다. 그런 다음 상단 메뉴의 [채우기 색상]을 클릭해 원하는 색상을 선택합니다.

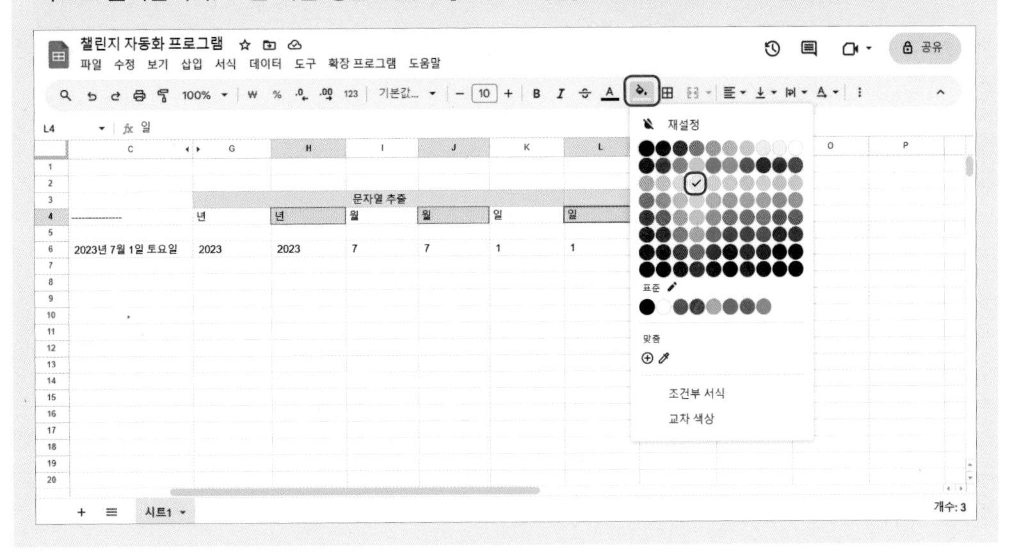

날짜(연/월/일) 합치고 최종 날짜 구하기

앞에서 날짜(연/월/일) 문자열을 각각 추출했습니다. 이제는 각각 추출한 문자열을 합쳐 최종 날짜를 구해 보겠습니다. DATE 함수를 활용해 연/월/일을 합쳐 한 번에 하나의 셀에 가져올 수 있습니다.

C5의 값(원래 데이터)을 그대로 가져오면 자릿수나 문자열을 추출하는 과정 없이 간편할 수 있겠지만, 자동화할 수 없게 됩니다. 그래서 각각의 문자열을 추출한 후 합치는 과정으로 수식을 입력하고 자동화할 수 있게 하는 것입니다.

01 날짜를 합치기 전에 문자열 추출하기 ①의 데이터를 숨기겠습니다. ②와 결괏값이 같기 때문에 '열 숨기기'를 해서 깔끔한 시트를 만들어 보겠습니다. 상단 G열의 머리글을 클릭한 후 Ctrl을 누른 채 상단에 있는 I열과 K열의 머리글을 클릭합니다.

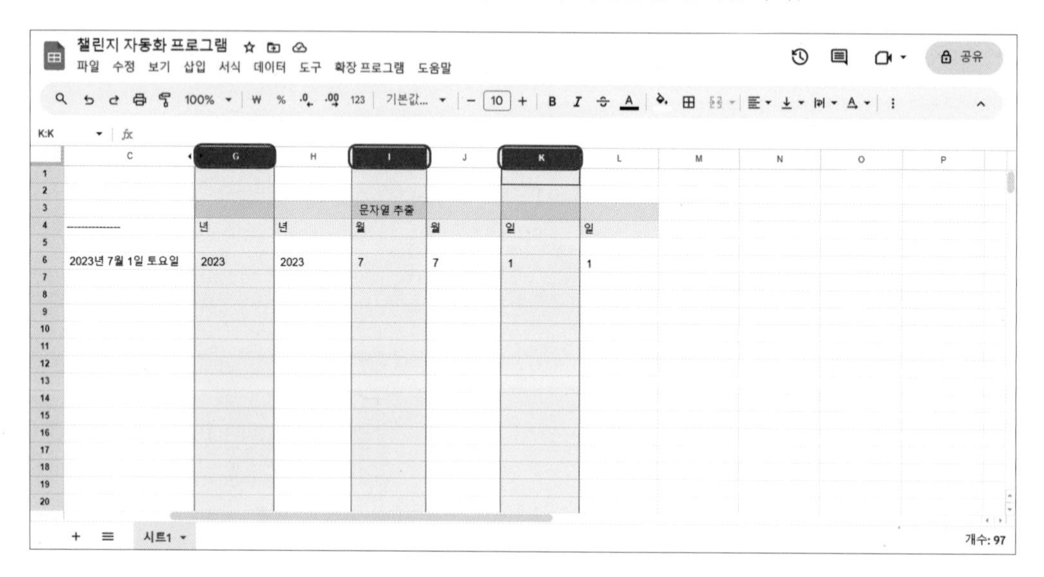

02 해당 열에서 마우스 오른쪽 버튼을 클릭한 후 [열 숨기기]를 클릭해 숨기기 처리를 합니다.

03 G, I, K열이 숨겨지고 ②의 수식으로 결괏값을 얻은 H, J, L열이 보입니다. 방법 ①과 ②의 값이 함께 있을 때보다 보기 좋게 정리됐습니다.

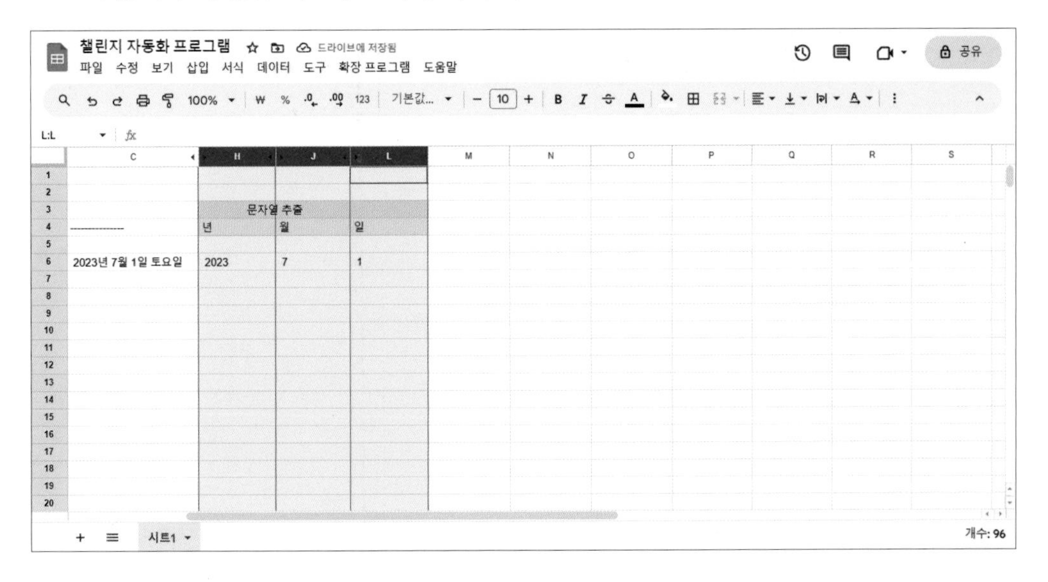

04 문자열 추출하기를 통해 구한 값을 합쳐 정제된 연/월/일을 만들어 봅니다. DATE 함수를 활용해 연/월/일을 합쳐 날짜 데이터를 생성합니다. M4 셀에 '날짜 합치기'를 입력한 후 M5 셀에 '=DATE'를 입력한 후 소괄호를 입력해 수식을 엽니다.

05 '년'에 해당하는 H열, '월'에 해당하는 J열, '일'에 해당하는 L열의 범위를 입력합니다. 소괄호를 입력해 수식을 닫습니다. 이 상태에서 Ctrl + Shift + Enter를 눌러 배열 함수를 적용합니다. 연/월/일이 각각의 데이터가 합쳐진 '2023. 7. 1'의 값을 얻은 것이 보입니다.

```
=ArrayFormula(DATE(H5:H,J5:J,L5:L))
=H5에서 H열 전체의 '년', J5에서 J열 전체의 '월', L5에서 L열 전체의 '일'의 날짜를 '년, 월, 일'로 가져오라.
  이 수식을 해당 열에 전체 적용하라.
```

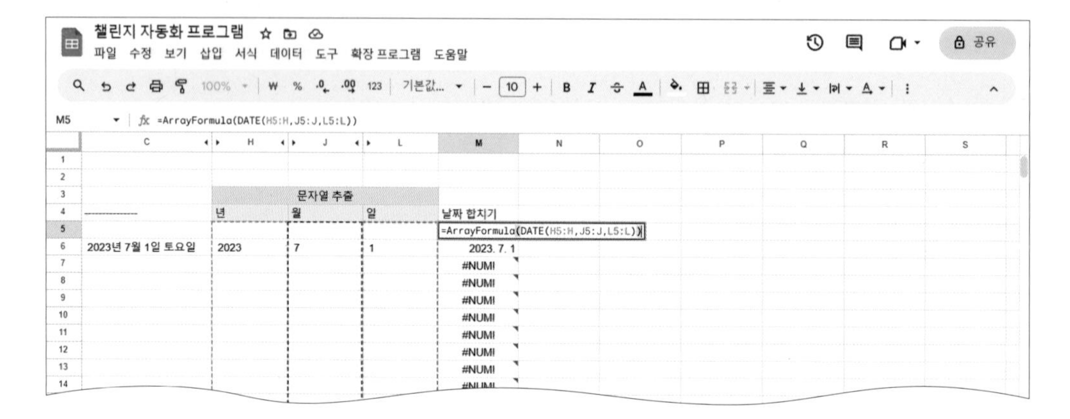

06 오류가 생긴 부분을 없애 보겠습니다. ArrayFormula와 DATE 사이에 IFERROR를 입력한 후 소괄호를 입력해 수식을 엽니다. 마지막 DATE 수식이 끝나는 소괄호 뒤에 다시 소괄호를 입력해 IFERROR 수식을 닫습니다. Enter를 누르면 오류가 없어진 셀을 확인할 수 있습니다.

=ArrayFormula(IFERROR(DATE(H5:H,J5:J,L5:L)))
=H5에서 H열 전체의 '년', J5에서 J열 전체의 '월', L5에서 L열 전체의 '일'의 날짜를 '년, 월, 일'로 가져오라.
오류값을 없애라. 이 수식을 해당 열에 전체 적용하라.

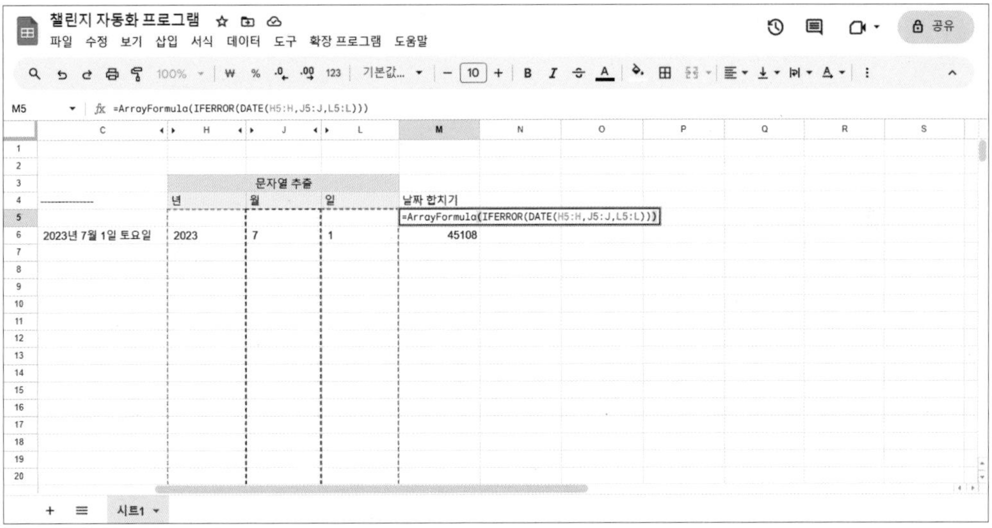

TIP 오류를 없앴는데 날짜가 왜 '45108'로 표시되나요?

날짜가'45108'로 변환된 것은 정상입니다. '45108'이 날짜로 '2023. 7. 1'이라는 뜻입니다.
많은 문자 중에 날짜가 '45108'로 표시된 이유는 과거 '1'부터 시간이 지나 현재 '45108'번째의 날이라는 뜻이기 때문입니다. '1'을 날짜로 바꾸면 '1899. 12. 31'입니다. 즉, '1899년 12월 31일'로부터 '45108'번째의 날이 '2023년 7월 1일'이라는 뜻입니다.

07 이렇게 '45108'로 변환된 값을 날짜로 확인하는 방법은 2가지입니다. 첫 번째는 날짜를 확인하고 싶은 M6 셀을 클릭한 후 상단 메뉴의 [서식]–[숫자]–[날짜]를 클릭합니다. '45108'이 날짜로 변환된 것을 확인할 수 있습니다.

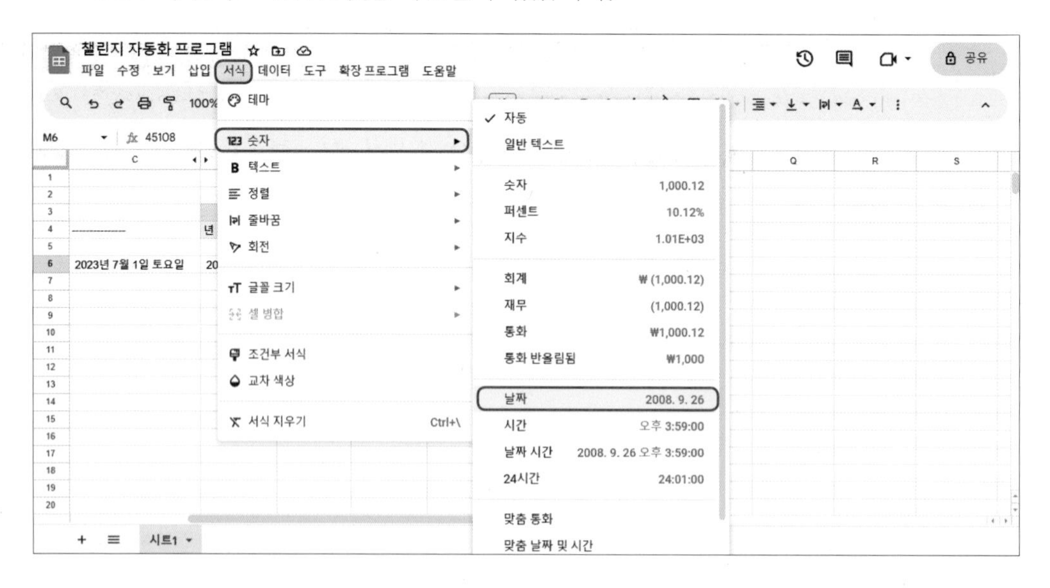

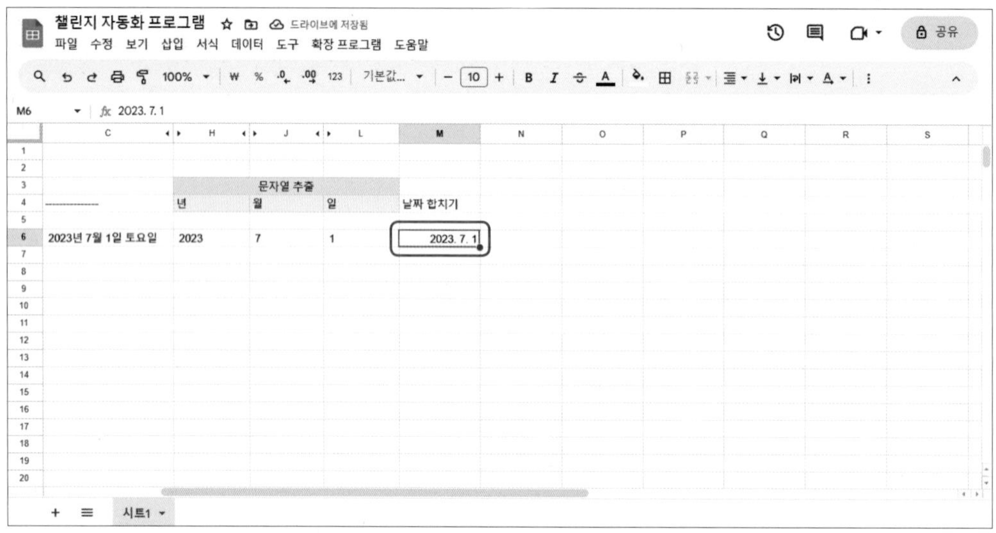

08 두 번째 방법으로 날짜를 확인하고 싶은 M6 셀을 클릭한 후 상단 메뉴 카테고리 아래에 있는 [서식 더보기]를 클릭합니다.

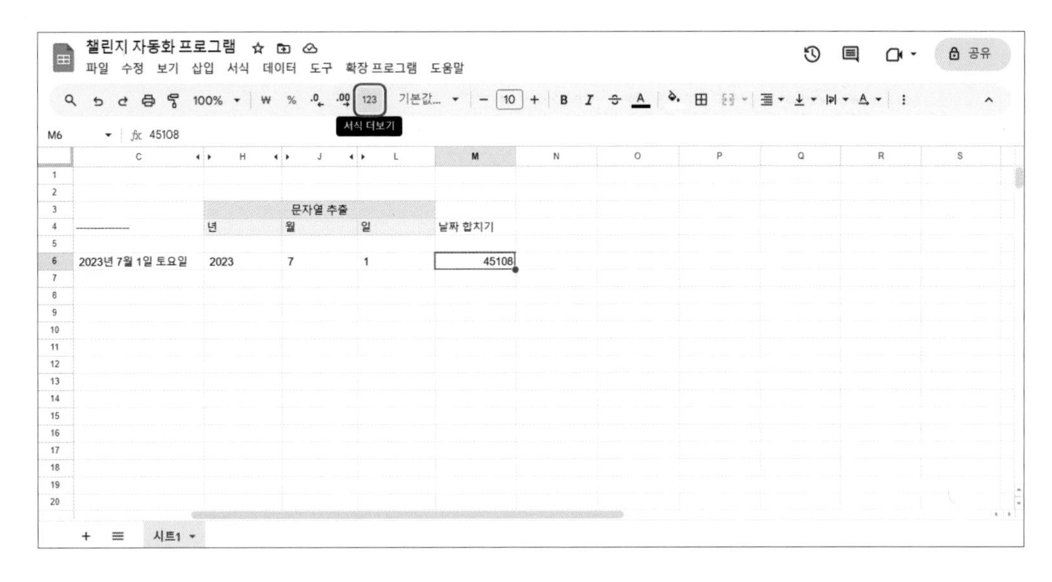

09 상단 메뉴 카테고리 아래의 [서식 더보기] – [날짜]를 클릭합니다. '45108'이 날짜로 변환된 것을 확인할 수 있습니다. 과정이 간소화돼 더 빠르게 값을 확인할 수 있습니다.

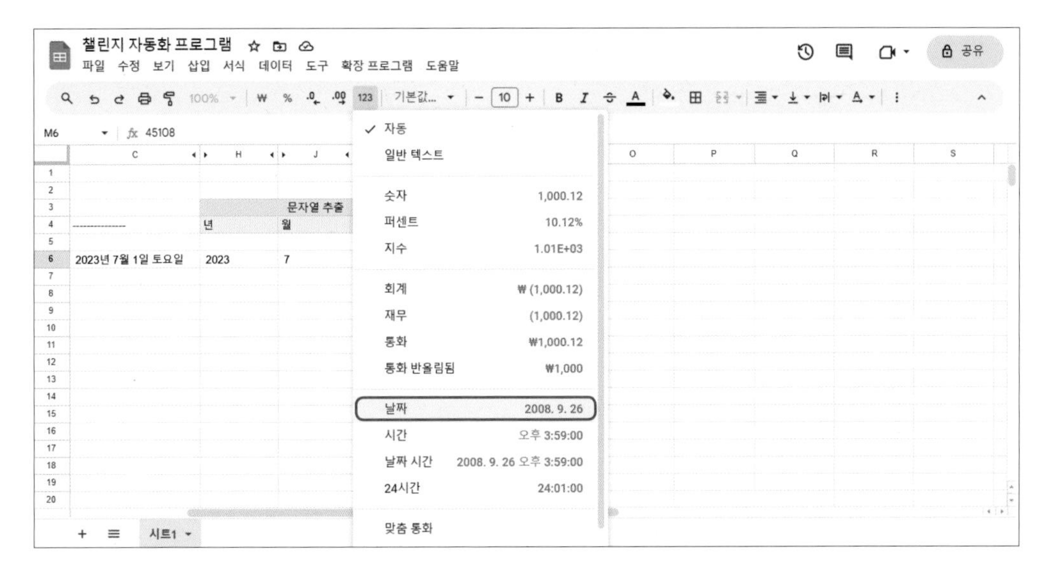

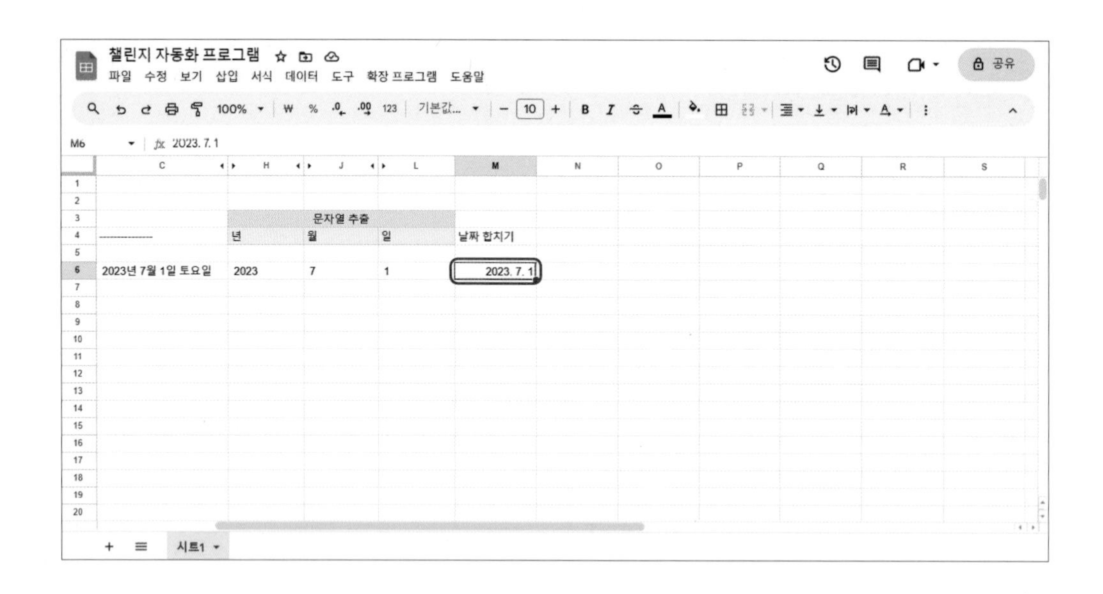

10 날짜 합치기를 통해 구한 값으로 최종 날짜를 N열에 채워 보겠습니다. N4 셀에 '최종 날짜'를 입력한 후 N5 셀에 '날짜 채우기'를 입력합니다.

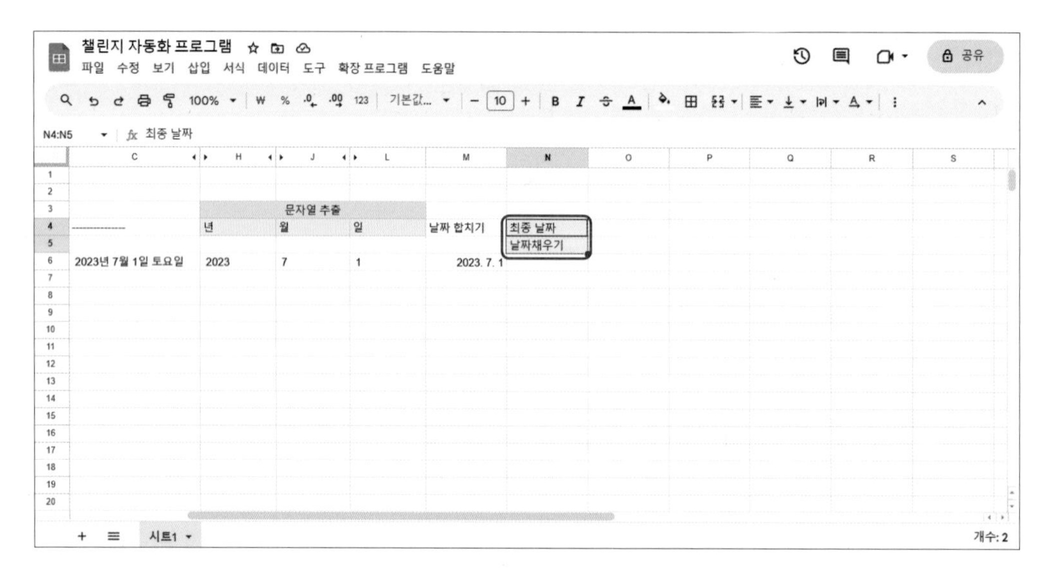

11 날짜 채우기를 하는 이유는 나중에 스프레드시트로 달력을 만들어 반영할 때 '날짜 채우기' 열이 사용되기 때문입니다. N6 셀에 날짜를 채우는 IF 함수를 활용해 수식을 입력합니다.

=IF(M6<>" ",M6,N5)
=만약 M6 값이 비어 있지 않으면 M6 값을 가져오고 그렇지 않으면 N5 값을 가져오라.
  * <> 는 '~와 같지 않다, 아니다'라는 뜻입니다.
  * " "은 '비어 있다, 공백'이라는 뜻입니다.

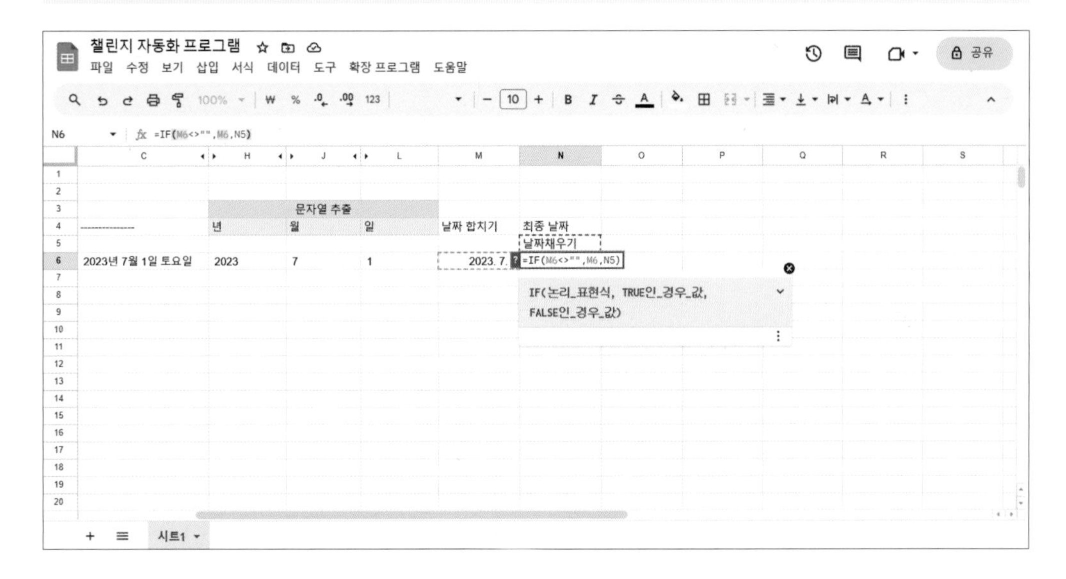

TIP 날짜 채우기 수식에는 왜 배열 함수를 쓰지 않나요?

날짜 채우기를 할 때는 ArrayFormula 배열 함수를 적용하지 않습니다. 그 이유는 M열에 날짜 값이 있는 행에만 날짜 값을 가져오고 그 밖의 행은 채워지지 않기 때문입니다. 또한 N6 셀에 입력한 수식 자체에 N열 전체를 잡지 않고 N6 셀 1개만 지정했기 때문에 배열 함수를 적용하더라도 아래 셀에는 수식이 적용되지 않습니다. 배열 함수를 쓰지 않는 대신 드래그를 이용해 열 전체에 날짜를 채워 줍니다. N6 셀을 드래그해서 아래에 날짜를 채우면 N6 셀에 입력했던 수식의 범위가 자동으로 바뀌면서 M열에 구했던 날짜가 N열에 채우기됩니다.

12 N6 셀에 구한 날짜를 열 전체에 채워 보겠습니다. N6 셀을 클릭한 후 +Ⓒ를 눌러 수식을 복사한 다음, N7 셀을 클릭합니다.

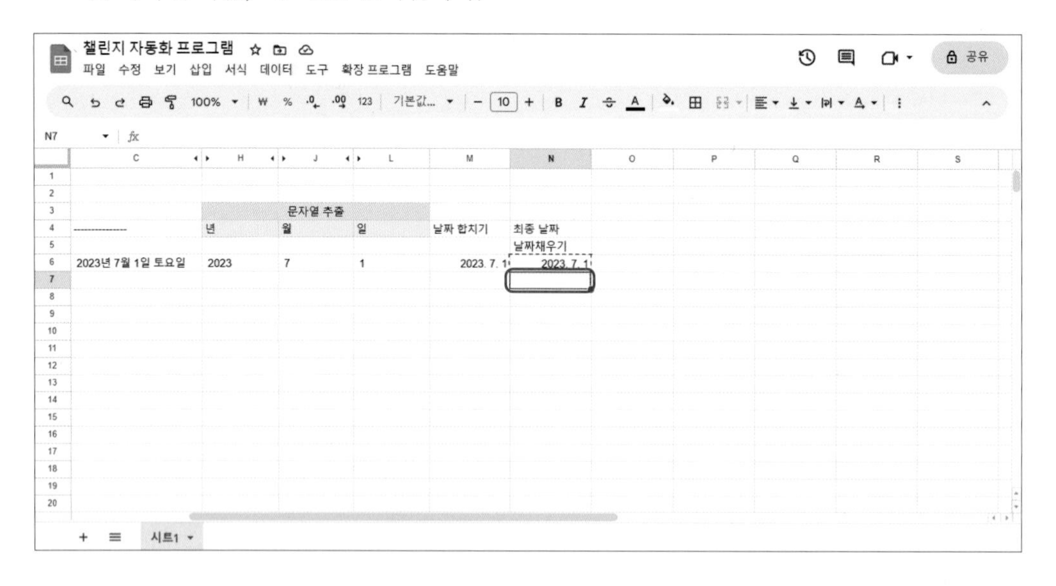

13 N7 셀을 클릭한 후 Ctrl + Shift + PgDn을 누릅니다. N열의 제일 아래의 셀까지 범위가 선택된 것을 확인할 수 있습니다. 이 상태에서 Ctrl + Ⓥ를 눌러 N6 셀의 수식을 모든 셀에 붙여넣기합니다.

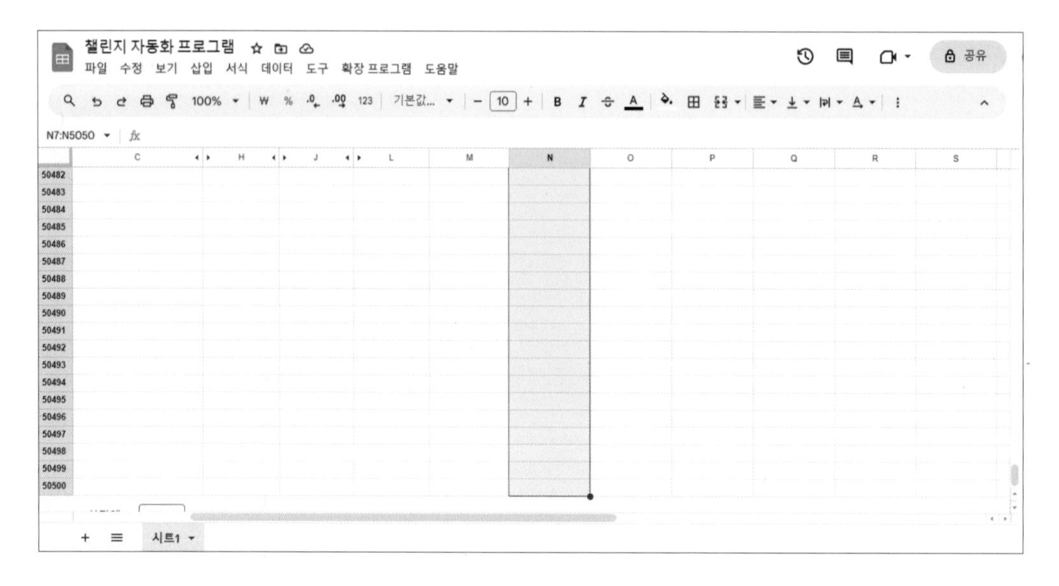

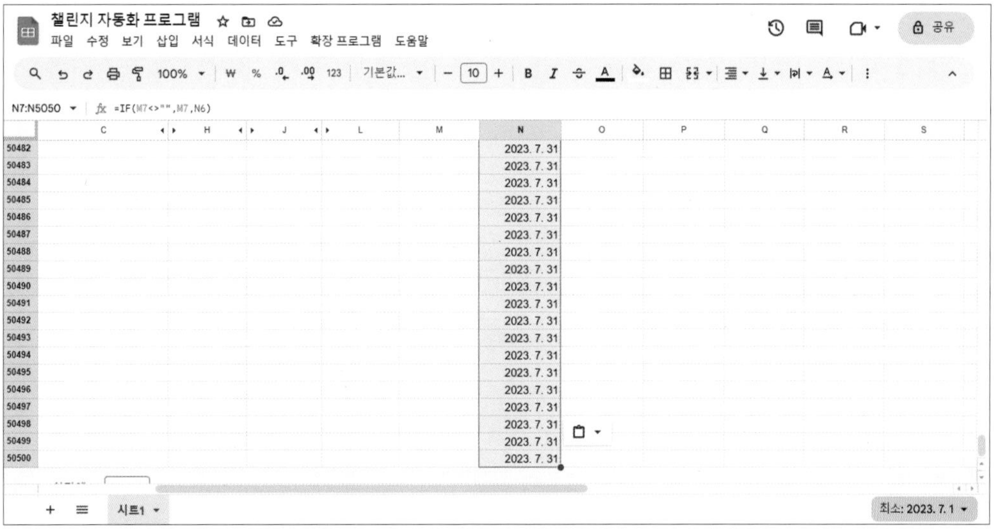

TIP 왜 굳이 N열의 제일 아래 셀까지 날짜를 채우나요?

원래 데이터의 값이 상당히 많거나 3~6개월의 데이터를 확인하고 싶을 때 드래그로 계속 늘리는 것에 한계가 있습니다. 그래서 간편한 단축키를 활용해 제일 아래 셀까지 한 번에 붙여넣기합니다. 또한 제일 아래 셀의 날짜를 보고 '2023년 7월 31일'까지 데이터가 있다는 것을 확인할 수 있습니다.

14 N열에 모든 날짜를 채웠습니다. 앞서 구했던 모든 값은 N열의 날짜를 채우기 위한 과정이었습니다. 그만큼 N열이 중요하므로 한눈에 바로 찾을 수 있도록 색상을 넣습니다. 상단에 있는 N열의 머리글을 클릭한 후 N열의 전체 범위가 선택되면 [채우기 색상]을 클릭합니다. 원하는 색상을 클릭해 색상을 지정합니다. 이로써 날짜 구하기가 완성됐습니다.

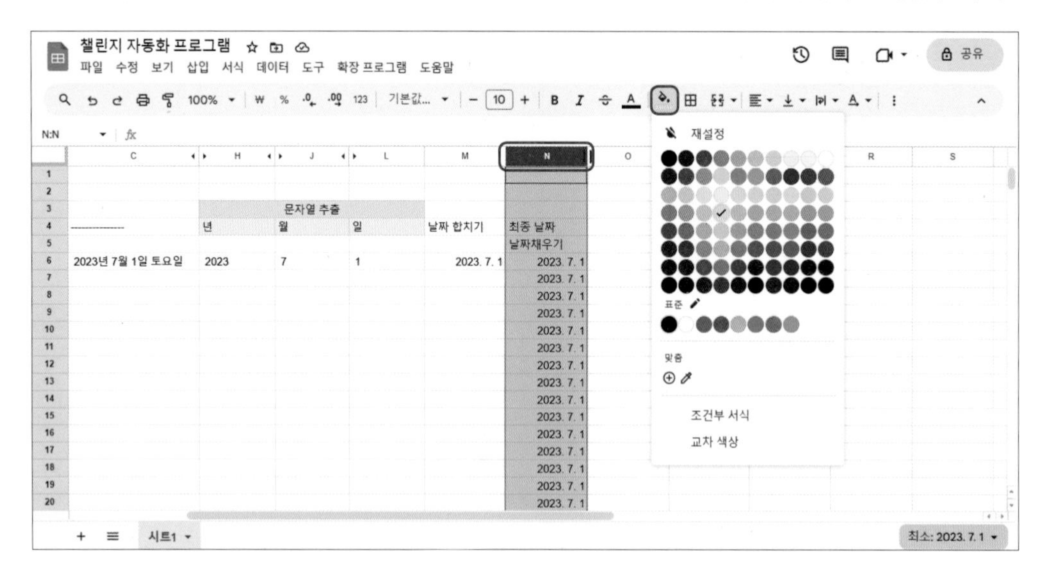

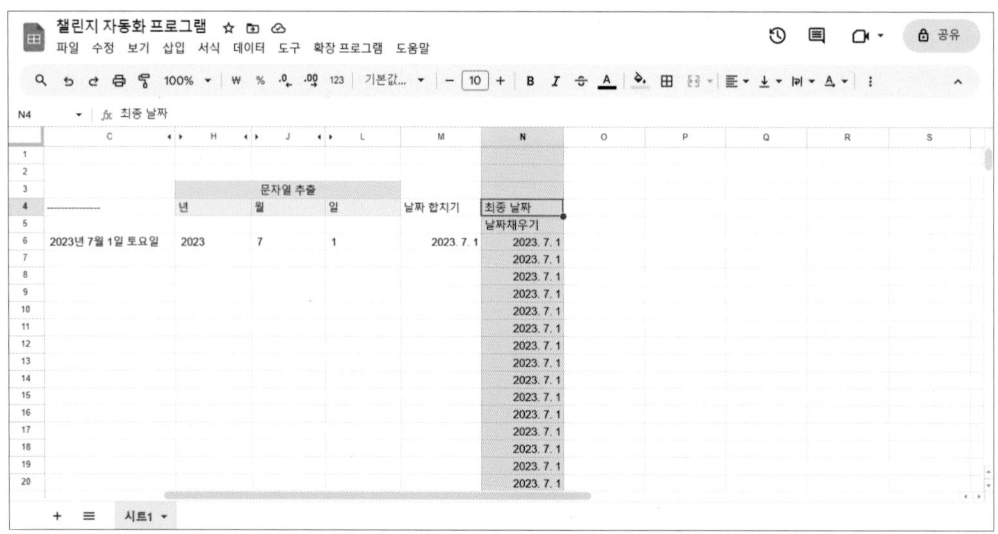

CHAPTER

02 시간 구하기

앞에서 날짜를 추출해 각 데이터에 날짜가 표시되도록 수식을 완성했습니다. 이번에는 스프레드시트 함수를 활용해 미션을 인증한 시간을 구해 보겠습니다. 앞서 날짜 데이터를 구한 것처럼 오전과 오후의 값을 각각 따로 구한 후 합쳐 최종 인증 시간까지 구하는 방법을 알아보겠습니다.

시간(오전/오후) 자릿수 구하기

오후 시간의 자릿수를 먼저 구해 보겠습니다. '날짜 구하기'에서도 프로그램을 만들기 전에 논리를 먼저 세우고 데이터 값을 구했듯이 시간을 구하기 전에 논리를 세우는 것이 가장 중요합니다.

논리 1. 데이터 값에 '[오후', '[오전'이라고 나와 있은 것은 챌린지 미션에 인증한 시간이다.

논리 2. 시간을 기준으로 인증한 오전/오후 시간을 구한다. 인증한 시간을 구하기 위해 시간(시:분) 앞에 무조건 붙어 있는 '[오후', '[오전'을 B열에서 찾는다.
예 '[오전 9:01]' 데이터에서 '] ' 빼기 '[오전'을 하면 '9:01'이라는 시간 데이터가 나온다.

01 오후 시간을 구하기 위해 '[오후'의 자릿수와 '] '의 자릿수를 구해야 합니다. 최종 날짜를 구한 N열만 두고 C~M열까지 모두 숨깁니다. 상단에 있는 C열의 머리글을 클릭한 후 Shift를 누른 채 M열의 머리글을 클릭합니다. 범위가 선택됐으면 마우스 오른쪽 버튼을 클릭해 [C-M열 숨기기]를 클릭합니다.

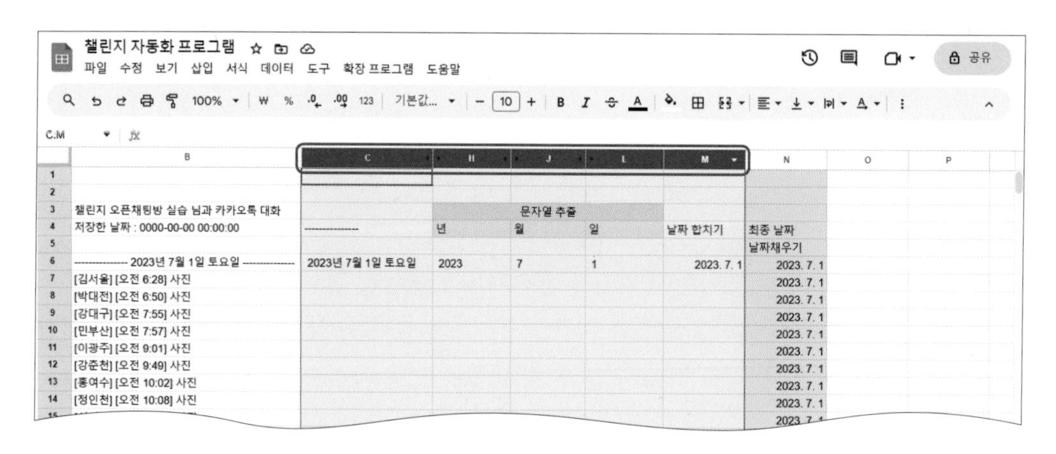
챌린지 자동화 프로그램
파일 수정 보기 삽입 서식 데이터 도구 확장 프로그램 도움말
공유
C:M
챌린지 오픈채팅방 실습 님과 카카오톡 대화
저장한 날짜 : 0000-00-00 00:00:00
문자열 추출
년
월
일
날짜 합치기
최종 날짜
날짜채우기
------------- 2023년 7월 1일 토요일 -------------
2023년 7월 1일 토요일
2023
7
1
2023. 7. 1
[김서울] [오전 6:28] 사진
[박대전] [오전 6:50] 사진
[강대구] [오전 7:55] 사진
[민부산] [오전 7:57] 사진
[이광주] [오전 9:01] 사진
[강춘천] [오전 9:49] 사진
[홍여수] [오전 10:02] 사진
[정인천] [오전 10:08] 사진

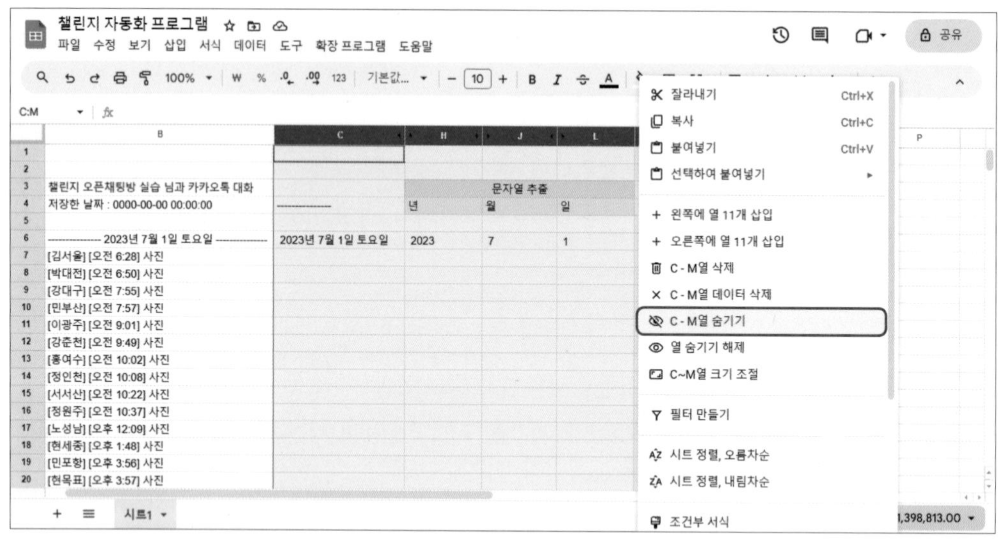
챌린지 자동화 프로그램
파일 수정 보기 삽입 서식 데이터 도구 확장 프로그램 도움말
공유
잘라내기 Ctrl+X
복사 Ctrl+C
붙여넣기 Ctrl+V
선택하여 붙여넣기
왼쪽에 열 11개 삽입
오른쪽에 열 11개 삽입
C - M열 삭제
C - M열 데이터 삭제
C - M열 숨기기
열 숨기기 해제
C~M열 크기 조절
필터 만들기
시트 정렬, 오름차순
시트 정렬, 내림차순
조건부 서식
시트1

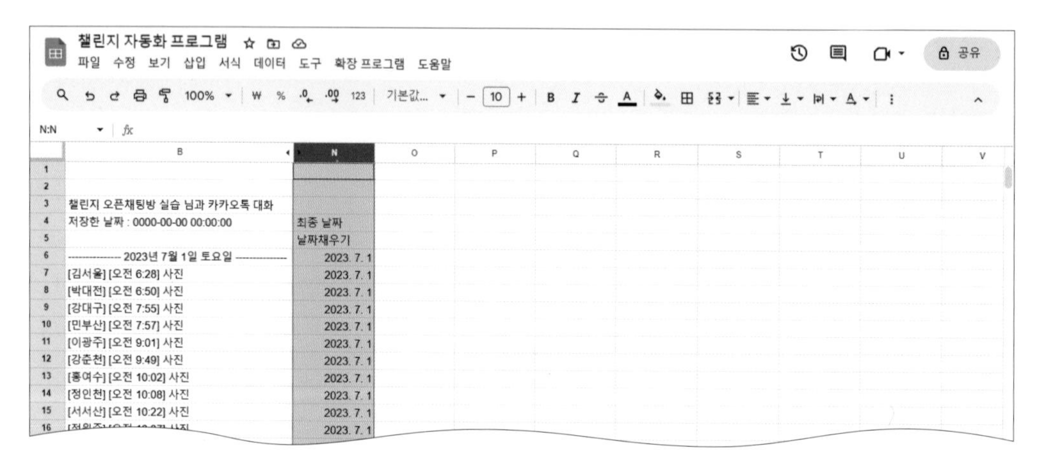
챌린지 자동화 프로그램
파일 수정 보기 삽입 서식 데이터 도구 확장 프로그램 도움말
공유
N:N
챌린지 오픈채팅방 실습 님과 카카오톡 대화
저장한 날짜 : 0000-00-00 00:00:00
최종 날짜
날짜채우기
------------- 2023년 7월 1일 토요일 -------------
2023. 7. 1
[김서울] [오전 6:28] 사진
[박대전] [오전 6:50] 사진
[강대구] [오전 7:55] 사진
[민부산] [오전 7:57] 사진
[이광주] [오전 9:01] 사진
[강춘천] [오전 9:49] 사진
[홍여수] [오전 10:02] 사진
[정인천] [오전 10:08] 사진
[서서산] [오전 10:22] 사진

02 오후 시간을 구하기 위해 '[오후'의 자릿수를 먼저 구합니다. O4 셀에 찾고자 하는 '[오후' 값을 입력합니다. 아래에 있는 O5 셀에 결괏값을 구하는 수식을 입력해 보겠습니다. FIND는 특정 값의 자릿수를 구하는 함수입니다. =FIND 다음에 소괄호를 입력한 후 검색하려는 문자열이 있는 'O4'를 입력하고 콤마(,)를 입력합니다.

=FIND(O4,
=O4 셀 문자열을 ~에서 찾아라.

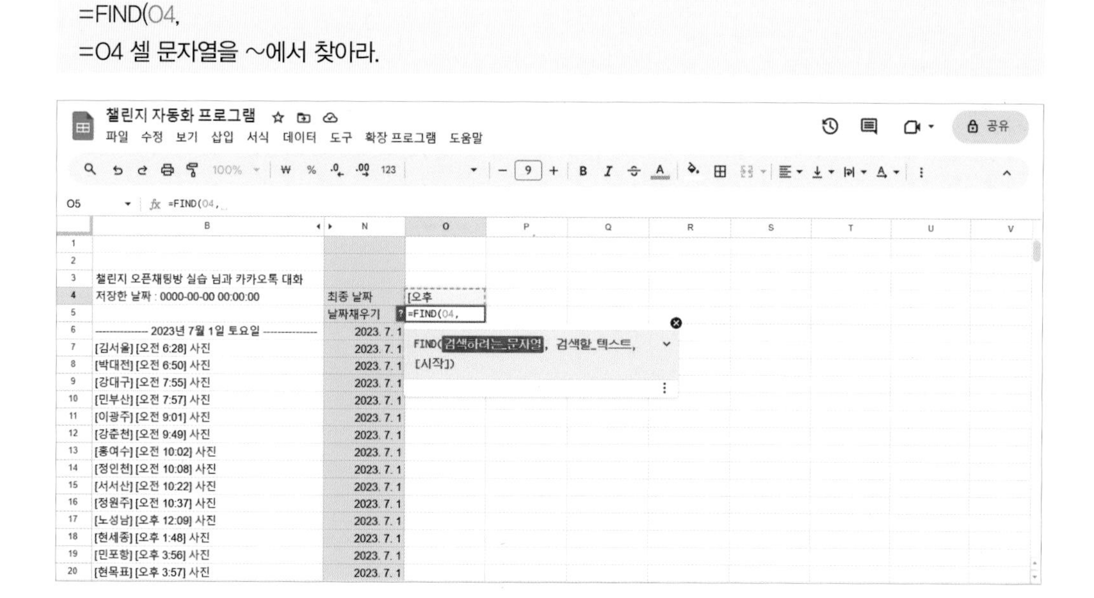

03 검색하려는 문자열을 찾을 범위를 지정합니다. B5 셀부터 아래로 B열 전체를 지정하고 싶다면 B5:B라고 입력합니다. 반드시 소괄호를 입력해 수식을 닫습니다.

=FIND(O4,B5:B)
=O4 셀 문자열을 B5부터 B열 전체에서 찾아라.

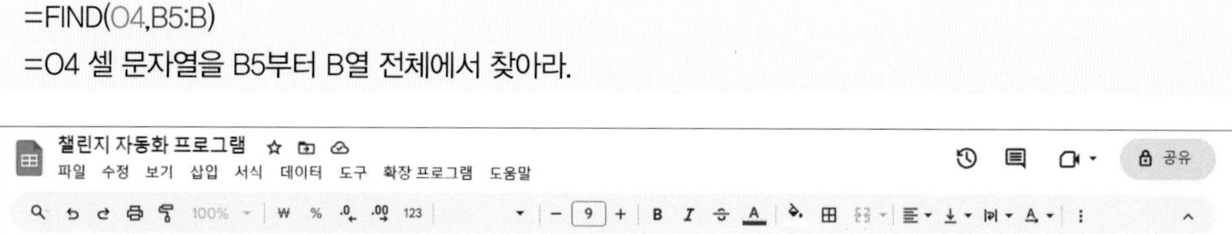

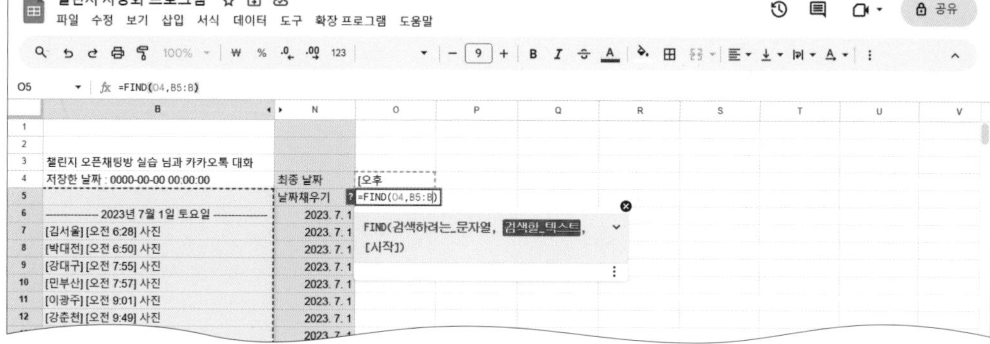

04 FIND 수식이 끝나는 소괄호 끝에서 바로 Enter를 누르지 말고 Ctrl + Shift + Enter를 눌러 ArrayFormula 배열 함수를 적용합니다. 그런 다음 Enter를 눌러 O5 셀에 입력한 수식을 O열에 전체 적용합니다.

```
=ArrayFormula(FIND(O4,B5:B))
=O4 셀 문자열을 B5부터 B열 전체에서 찾아라.
 이 수식을 해당 열에 전체 적용하라.
```

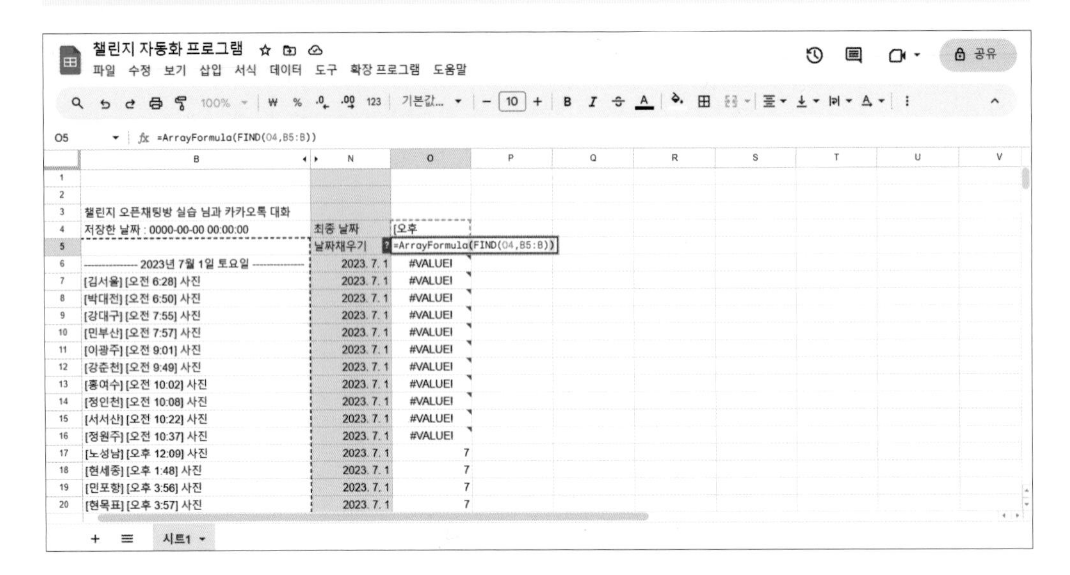

05 '#VALUE!'라고 표시된 오류를 IFERROR 함수를 활용해 없애 보겠습니다. O5 셀을 다시 더블클릭합니다. ArrayFormula와 FIND 사이에 IFERROR를 입력한 후 소괄호를 입력해 수식을 엽니다. FIND의 수식이 끝나는 소괄호 뒤에 다시 소괄호를 입력해 IFERROR 수식을 닫습니다. Enter를 누르면 오류가 없어진 셀을 확인할 수 있습니다.

```
=ArrayFormula(IFERROR(FIND(O4,B5:B)))
=O4 셀 문자열을 B5부터 B열 전체에서 찾아라. 오류값을 없애라.
 이 수식을 해당 열에 전체 적용하라.
```

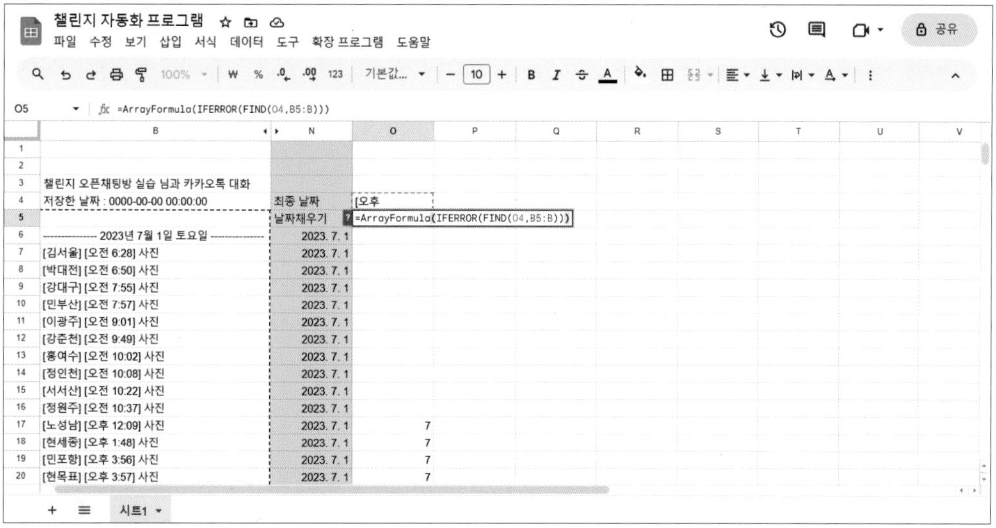

챌린지 자동화 프로그램

파일 수정 보기 삽입 서식 데이터 도구 확장 프로그램 도움말

O5 =ArrayFormula(IFERROR(FIND(O4,B5:B)))

	B	N	O
1			
2			
3	챌린지 오픈채팅방 실습 님과 카카오톡 대화		
4	저장한 날짜 : 0000-00-00 00:00:00	최종 날짜	[오후
5		날짜채우기	=ArrayFormula(IFERROR(FIND(O4,B5:B)))
6	--------------- 2023년 7월 1일 토요일 ---------------	2023. 7. 1	
7	[김서울] [오전 6:28] 사진	2023. 7. 1	
8	[박대전] [오전 6:50] 사진	2023. 7. 1	
9	[강대구] [오전 7:55] 사진	2023. 7. 1	
10	[민부산] [오전 7:57] 사진	2023. 7. 1	
11	[이광주] [오전 9:01] 사진	2023. 7. 1	
12	[강춘천] [오전 9:49] 사진	2023. 7. 1	
13	[홍여수] [오전 10:02] 사진	2023. 7. 1	
14	[정인천] [오전 10:08] 사진	2023. 7. 1	
15	[서서산] [오전 10:22] 사진	2023. 7. 1	
16	[정원주] [오전 10:37] 사진	2023. 7. 1	
17	[노성남] [오후 12:09] 사진	2023. 7. 1	7
18	[현세종] [오후 1:48] 사진	2023. 7. 1	7
19	[민포항] [오후 3:56] 사진	2023. 7. 1	7
20	[현목표] [오후 3:57] 사진	2023. 7. 1	7

시트1

TIP 결괏값 '7'은 무엇을 의미하나요?

O5 셀의 수식으로 구해진 값 '7'은 [오후의 자릿수입니다.
FIND는 자릿수를 찾아 주는 함수이므로 '[오후' 문자열이 7번째에 위치해 있다는 뜻입니다.
[노성남] [오후 12:09] 사진
= [노성남](공백)[오후(공백)12:09](공백)사진
↑
7번째 자리
띄어쓰기되어 있는 공백을 1자리로 인식하며 문자열 사이에 있는 공백까지 자릿수에 포함합니다.

06 '[오후 12:09]' 중 끝에 있는 '] ' 자릿수를 찾아야 시간을 구할 수 있으므로 '] '의 자릿수를 구합니다. P4 셀에 찾고자 하는 '] ' 값을 입력합니다. 아래에 있는 P5 셀에 결괏값을 구하는 수식을 입력해 보겠습니다. FIND는 특정 값의 자릿수를 구하는 함수입니다. =FIND 다음에 소괄호를 입력한 후 검색하려는 문자열이 있는 P4를 입력하고 콤마(,)를 입력합니다. 그런 다음 검색하려는 문자열을 찾을 범위를 지정합니다. B5 셀부터 아래로 B열 전체를 지정하고 싶다면 B5:B라고 입력합니다. 그리고 반드시 소괄호를 입력해 수식을 닫습니다.

=FIND(P4,B5:B)
=P4 셀 문자열을 B5부터 B열 전체에서 찾아라.

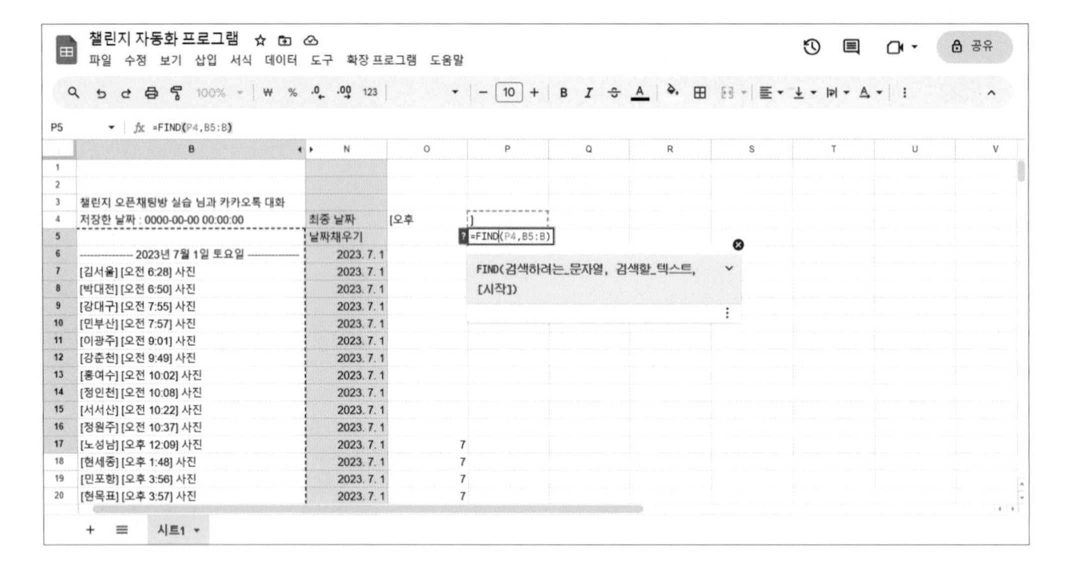

07 FIND 수식의 소괄호 끝에서 바로 Enter를 누르지 말고 Ctrl + Shift + Enter를 눌러 ArrayFormula 배열 함수를 적용합니다. 그런 다음 Enter를 눌러 P5 셀에 입력한 수식을 P열에 전체 적용합니다.

=ArrayFormula(FIND(P4,B5:B))
=O4 셀 문자열을 B5부터 B열 전체에서 찾아라.
이 수식을 해당 열에 전체 적용하라.

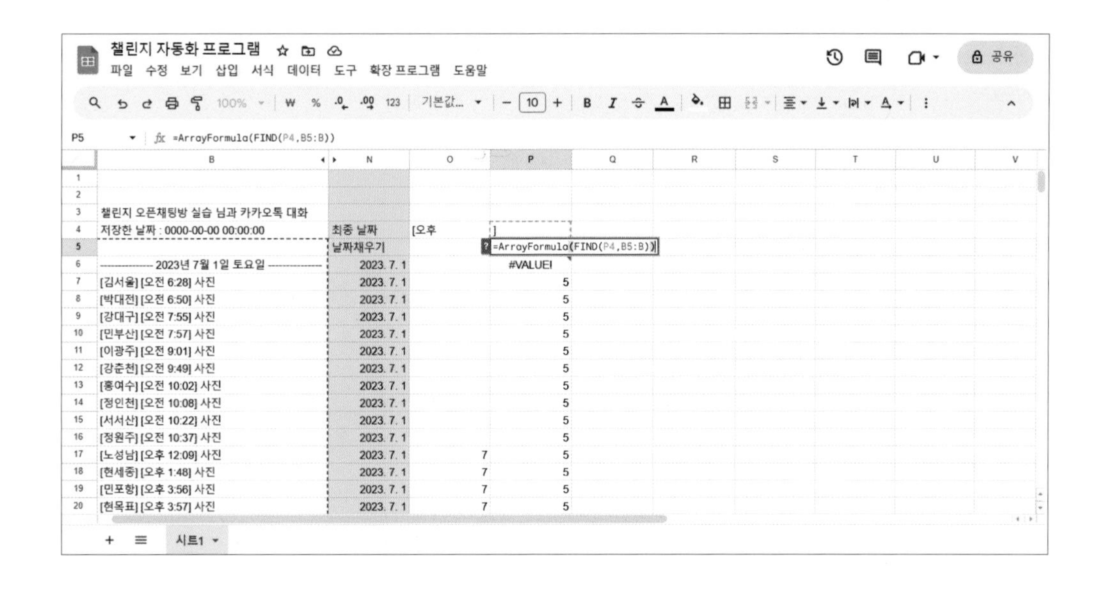

08 여기서 큰 오류가 발생합니다. P열의 결괏값 5라는 자릿수는 B열의 이름 뒤에 있는 데이터 값이기 때문에 불필요합니다. P4 셀에 입력된 ‘] ’라는 데이터는 B열의 이름 뒤와 시간 뒤에 모두 2번 존재합니다. 우리가 필요한 데이터는 시간 뒤에 있는 ‘] ’이므로 자릿수를 구하는 시작 위치를 O열의 자릿수(7)부터 셀 수 있도록 지정해야 합니다.

=ArrayFormula(FIND(P4,B5:B,O5:O))
=P4 셀 문자열을 B5부터 B열 전체에서 시작 위치인 7번째 자리 이후에 있는 ‘] ’의 자릿수를 찾아라. 이 수식을 해당 열에 전체 적용하라.

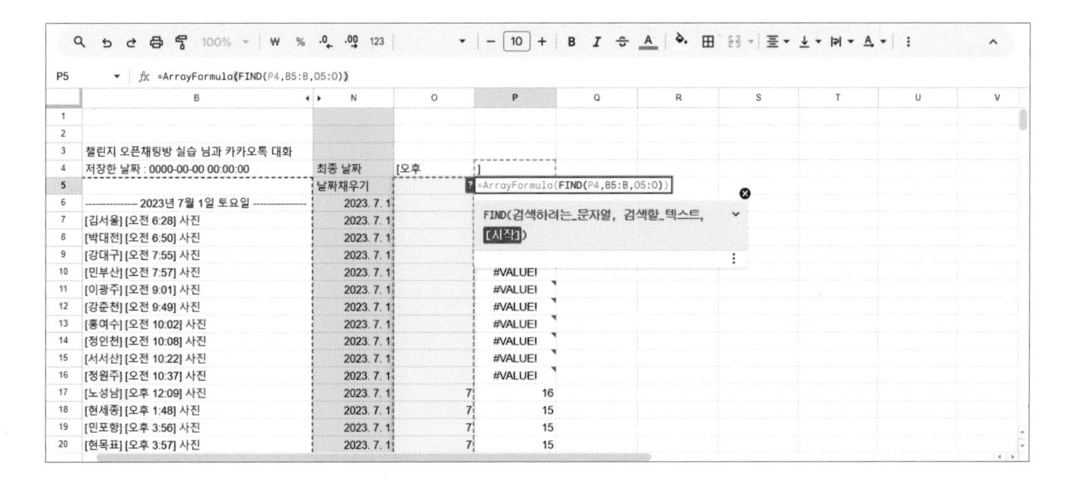

TIP P5 셀의 수식으로 구한 자릿수가 왜 '5'에서 '16'으로 늘어났나요?

FIND 함수의 시작 위치를 지정했기 때문에 자릿수 값이 달라신 것입니다.
[노성남] [오후 12:09] 사진 = '] '가 5번째 자리에 있다.
[노성남] [오후 12:09] 사진 = '] '가 16번째 자리에 있다.
찾고자 하는 '] ' 데이터가 이름 뒤가 아닌 시간 뒤에 있는 '] ' 데이터의 자릿수로 표시된 것입니다.
7번째 자리 이후에 있는 '] ' 데이터 자릿수를 가져오는 것이므로 '16'이 표시됩니다.

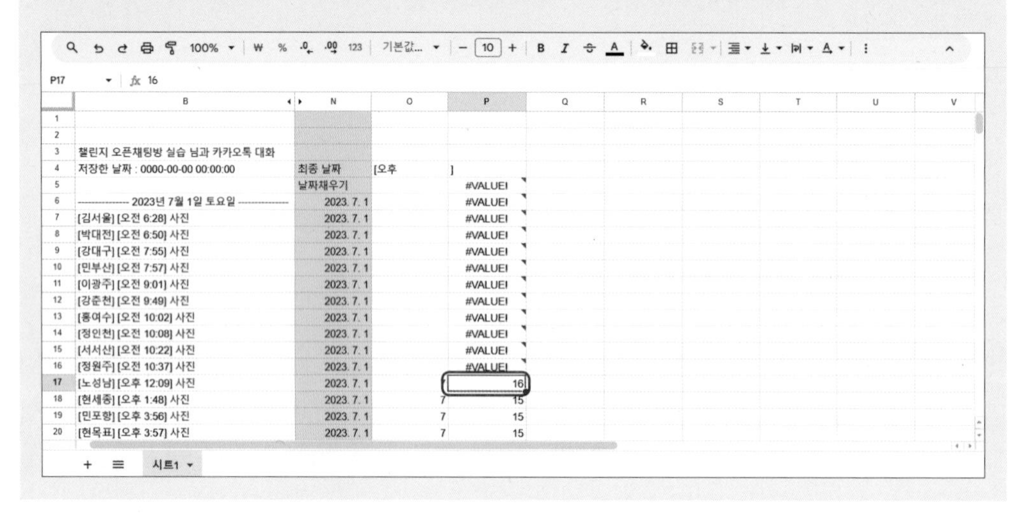

09 오류를 IFERROR 함수를 활용해 없애 보겠습니다. ArrayFormula와 FIND 사이에 IFERROR를 입력한 후 소괄호를 입력해 수식을 엽니다. FIND 수식이 끝나는 소괄호 뒤에 다시 소괄호를 입력해 IFERROR 수식을 닫습니다. Enter를 누르면 오류가 없어진 셀을 확인할 수 있습니다.

=ArrayFormula(IFERROR(FIND(P4,B5:B,O5:O)))
=P4 셀 문자열을 B5부터 B열 전체에서 시작 위치인 7번째 자리 이후에 있는 '] '의 자릿수를 찾아라.
오류값을 없애라.
이 수식을 해당 열에 전체 적용하라.

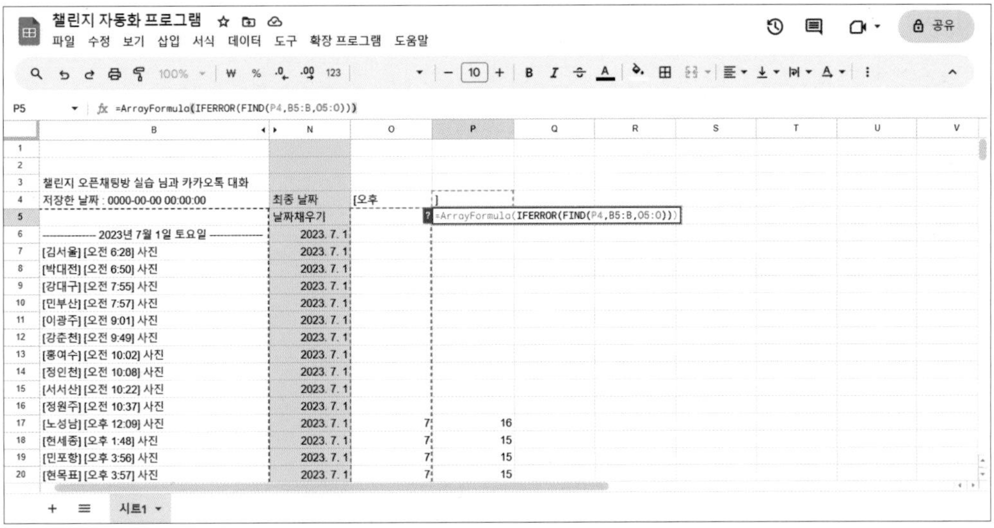

10 이제는 '[오전'의 자릿수를 구해 보겠습니다. Q4 셀에 찾고자 하는 '[오전' 값을 입력합니다. 아래에 있는 Q5 셀에 결괏값을 구하는 수식을 입력해 보겠습니다. FIND는 특정 값의 자릿수를 구하는 함수입니다. FIND 다음에 소괄호를 입력한 후 검색하려는 문자열이 있는 'Q4'를 입력하거나 클릭하고 콤마(,)를 입력합니다. 다음으로 검색하려는 문자열을 찾을 범위를 지정합니다. B5 셀부터 아래로 B열 전체를 지정하고 싶다면 B5:B라고 입력합니다. 반드시 소괄호를 입력해 수식을 닫습니다. 이 상태에서 Ctrl + Shift + Enter를 눌러 ArrayFormula 배열 함수를 적용합니다. 그리고 Enter를 눌러 Q5 셀에 입력한 수식을 Q열에 전체 적용합니다.

=ArrayFormula(FIND(Q4,B5:B))
=Q4 셀 문자열을 B5부터 B열 전체에서 찾아라.
이 수식을 해당 열에 전체 적용하라.

11 오류를 IFERROR 함수를 활용해 없애 보겠습니다. ArrayFormula와 FIND 사이에 IFERROR를 입력한 후 소괄호를 입력해 수식을 엽니다. FIND 수식이 끝나는 소괄호 뒤에 다시 소괄호를 입력해 IFERROR 수식을 닫습니다. Enter를 누르면 오류가 없어진 셀을 확인할 수 있습니다.

=ArrayFormula(IFERROR(FIND(Q4,B5:B)))
=Q4 셀 문자열을 B5부터 B열 전체에서 찾아라. 오류값을 없애라.
이 수식을 해당 열에 전체 적용하라.

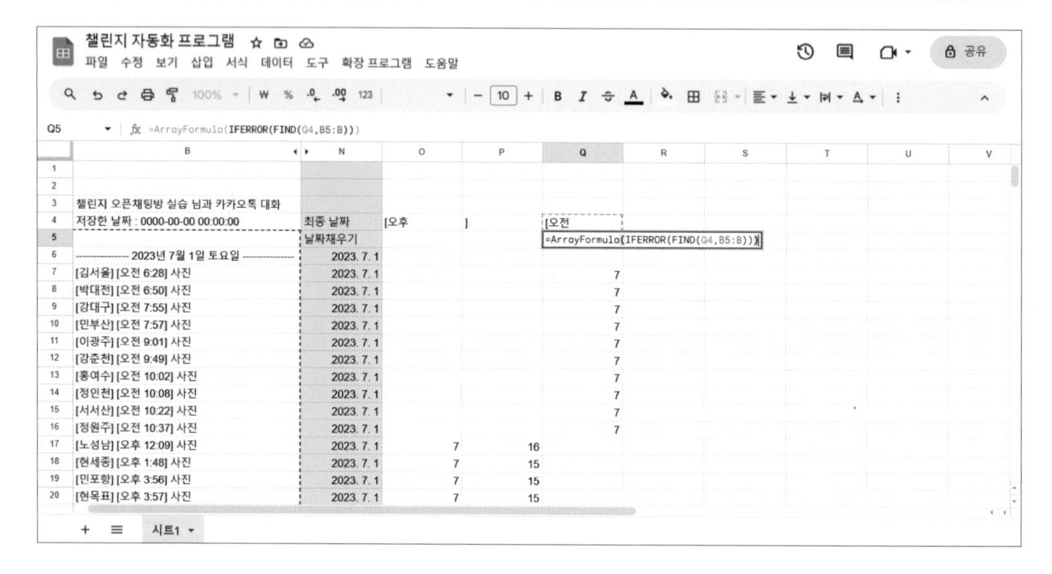

12 다음으로 '[오전 6:28]' 중 끝에 있는 '] ' 자릿수를 찾아야 시간을 구할 수 있으므로 R4 셀에 찾고자 하는 '] ' 값을 입력합니다. 아래에 있는 R5 셀에 결괏값을 구하는 수식을 입력해 보겠습니다. =FIND 다음에 소괄호를 입력한 후 검색하려는 문자열이 있는 'R4'를 입력하거나 클릭하고 콤마(,)를 입력합니다. 다음으로 검색하려는 문자열을 찾을 범위를 지정합니다. B5 셀부터 아래로 B열 전체를 지정하고 싶다면 B5:B라고 입력합니다. 반드시 소괄호를 입력해 수식을 닫습니다. 이 상태에서 Ctrl + Shift + Enter를 눌러 ArrayFormula 배열 함수를 적용합니다. 그리고 Enter를 눌러 R5 셀에 입력한 수식을 R열에 전체 적용합니다.

=ArrayFormula(FIND(R4,B5:B))
=R4 셀 문자열을 B5부터 B열 전체에서 찾아라.

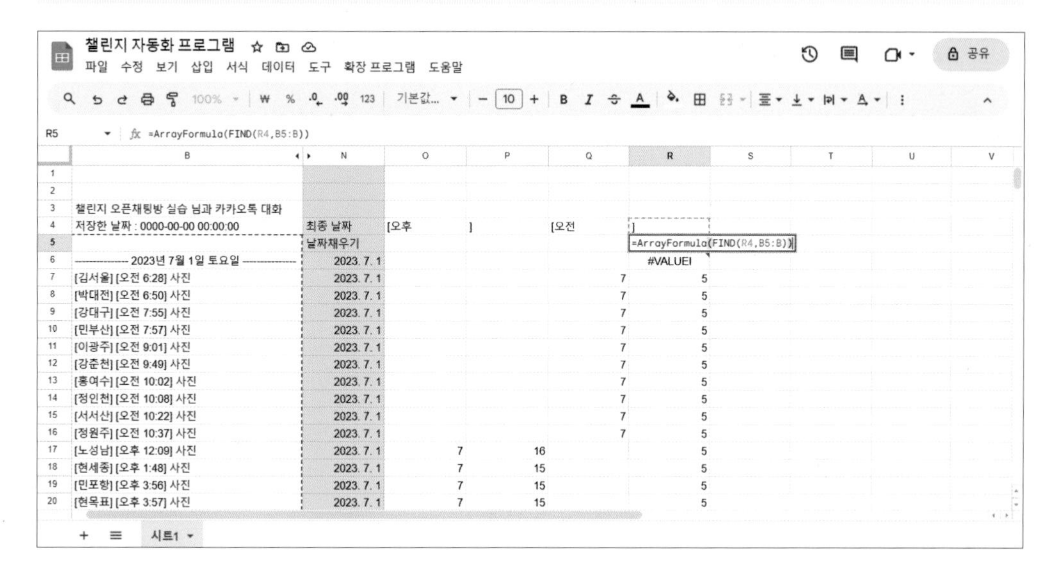

13 P열의 자릿수 오류와 마찬가지로 R열에서도 오류가 발생합니다. R열의 결괏값 5라는 자릿수는 B열의 이름 뒤에 있는 데이터 값이기 때문에 불필요합니다. R4 셀에 입력된 '] '라는 데이터는 B열에서 이름 뒤와 시간 뒤에 모두 2번 존재합니다. 우리가 필요한 데이터는 시간 뒤에 있는 '] '이므로 자릿수를 구하는 시작 위치를 Q열의 자릿수(7)부터 찾을 수 있도록 지정해야 합니다. FIND 수식의 시작 위치를 Q5:Q열로 지정합니다.

=ArrayFormula(FIND(R4,B5:B,Q5:Q))
=R4 셀 문자열을 B5부터 B열 전체에서 시작 위치인 7번째 자리 이후에 있는 '] '의 자릿수를 찾아라.
이 수식을 해당 열에 전체 적용하라.

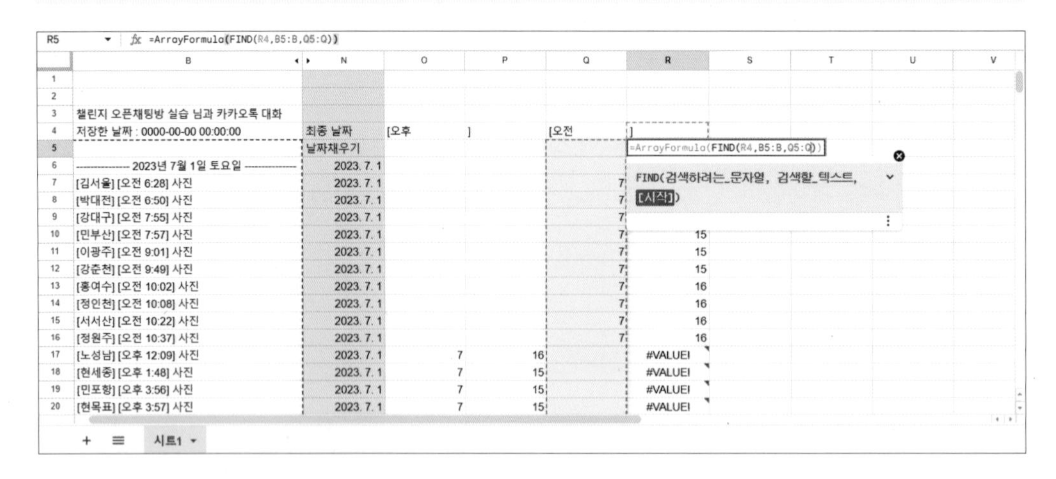

14 오류를 IFERROR 함수를 활용해 없애 보겠습니다. ArrayFormula와 FIND 사이에 IFERROR를 입력한 후 소괄호를 입력해 수식을 엽니다. FIND 수식이 끝나는 소괄호 뒤에 다시 소괄호를 입력해 IFERROR 수식을 닫습니다. Enter를 누르면 오류가 없어진 셀을 확인할 수 있습니다.

=ArrayFormula(IFERROR(FIND(R4,B5:B,Q5:Q)))
=R4 셀 문자열을 B5부터 B열 전체에서 시작 위치인 7번째 자리 이후에 있는 '] '의 자릿수를 찾아라.
오류값을 없애라.
이 수식을 해당 열에 전체 적용하라.

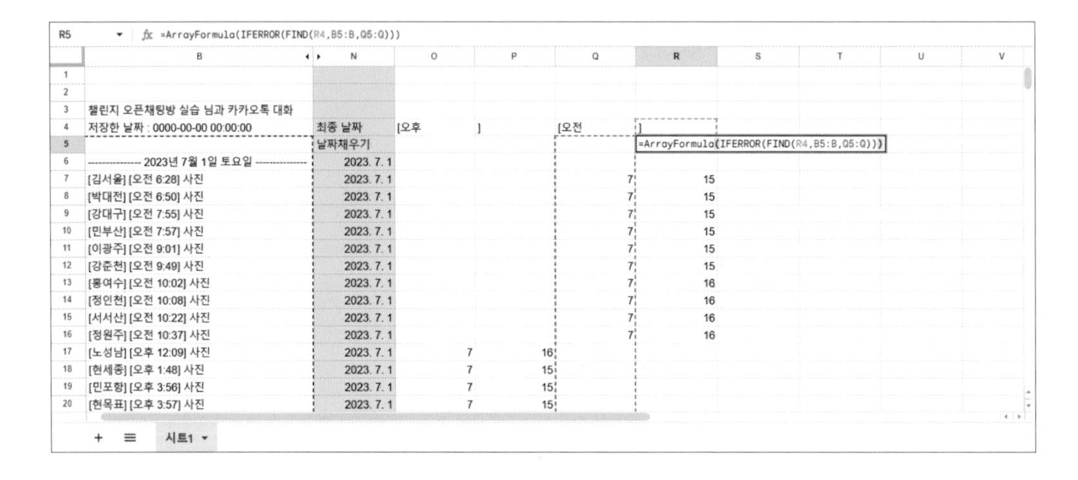

시간(오후) 문자열 추출해 최종 오후 시간 구하기

앞서 시간(오전/오후)의 자릿수를 구해 봤습니다. 이 자릿수를 활용해 B열의 원래 데이터에서 MID 함수를 사용해 시간의 문자열을 추출합니다. 그리고 TIME 함수를 활용해 최종 오후 시간을 만들어 보겠습니다.

01 수식을 입력하기 전에 S4 셀에 '오후 시간 구하기'를 입력합니다.

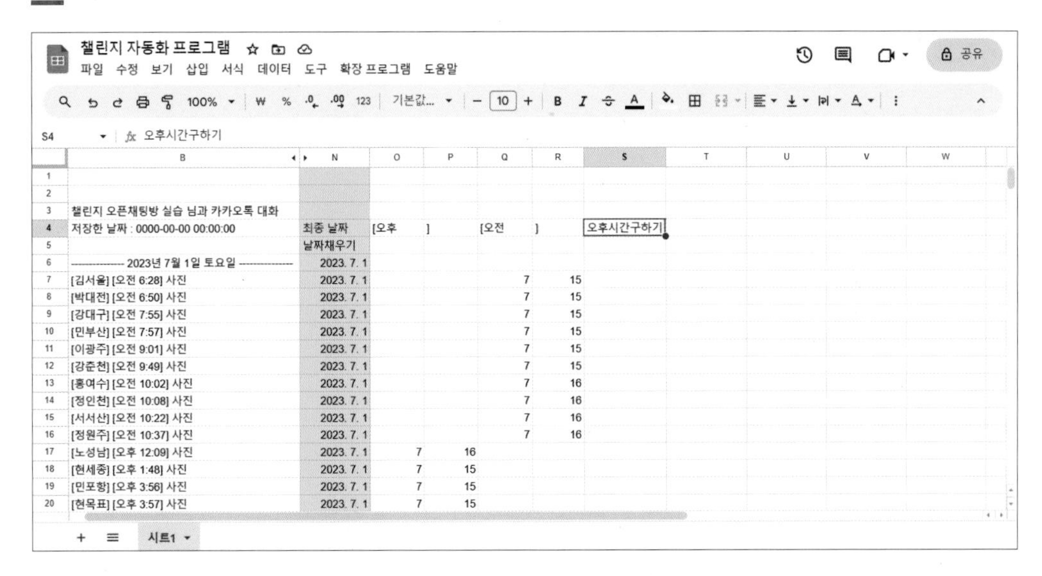

02 MID는 문자열 가운데부터 시작 위치를 정한 후 지정한 범위만큼의 문자열을 추출하는 함수입니다. S5 셀에 =MID를 입력한 후 소괄호를 입력해 수식을 엽니다. 추출하고자 하는 문자열이 있는 B5:B를 범위로 지정하고 콤마(,)를 입력합니다.

```
=MID(B5:B,
=B5부터 B열 전체의 데이터에서 ~문자열을 추출하라.
```

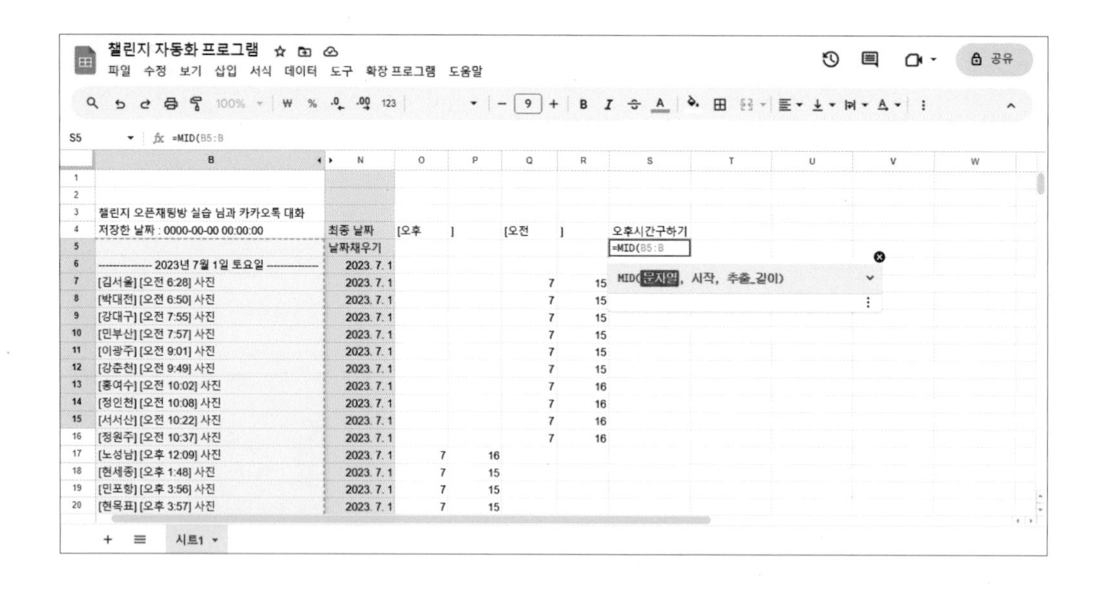

03 문자열을 추출할 시작 위치를 지정합니다. '[오후' 값부터 시간까지의 문자열을 추출해야 하기 때문에 O5:O를 입력해 시작 위치로 지정합니다.

=MID(B5:B,O5:O,
=B5부터 B열 전체의 데이터에서 O5부터 O열의 자릿수 위치부터 시작하는 ~문자열을 추출하라.

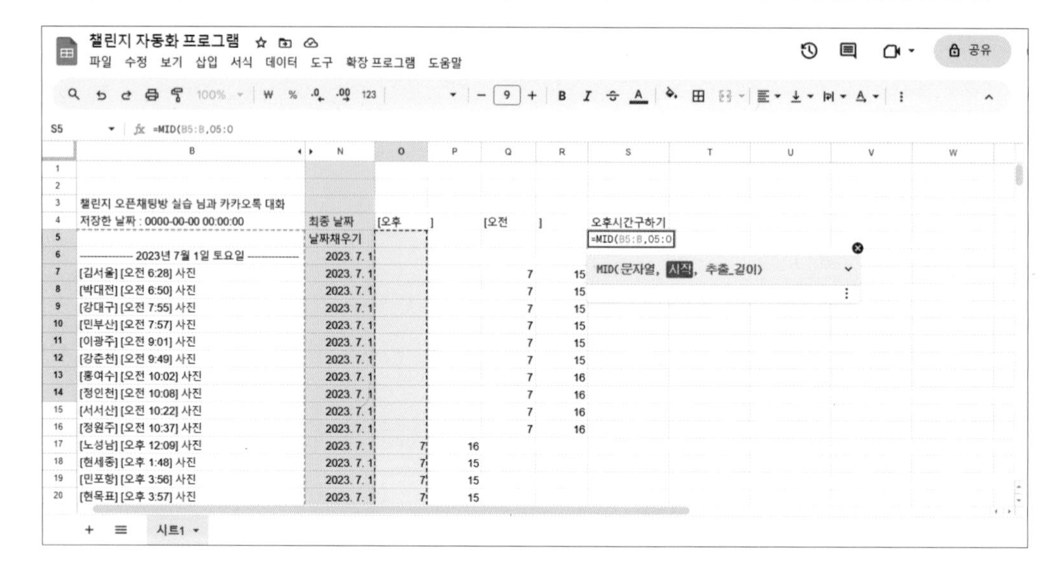

04 문자열을 추출하는 시작 위치를 정했으므로 추출 길이를 지정합니다. 추출 길이는 P열의 ']' 자릿수 값에서 O열의 '[오후' 자릿수 값을 뺀 사이에 있는 문자열을 추출합니다. 추출 길이를 작성하고 소괄호를 입력해 수식을 닫습니다.

=MID(B5:B,O5:O,P5:P-O5:O)
=B5부터 B열 전체의 데이터에서
(시작 위치) O5부터 O열의 자릿수 위치부터 시작하는
(추출 길이) ']'의 자릿수에서 '[오후'의 자릿수를 뺀 문자열을 추출하라.

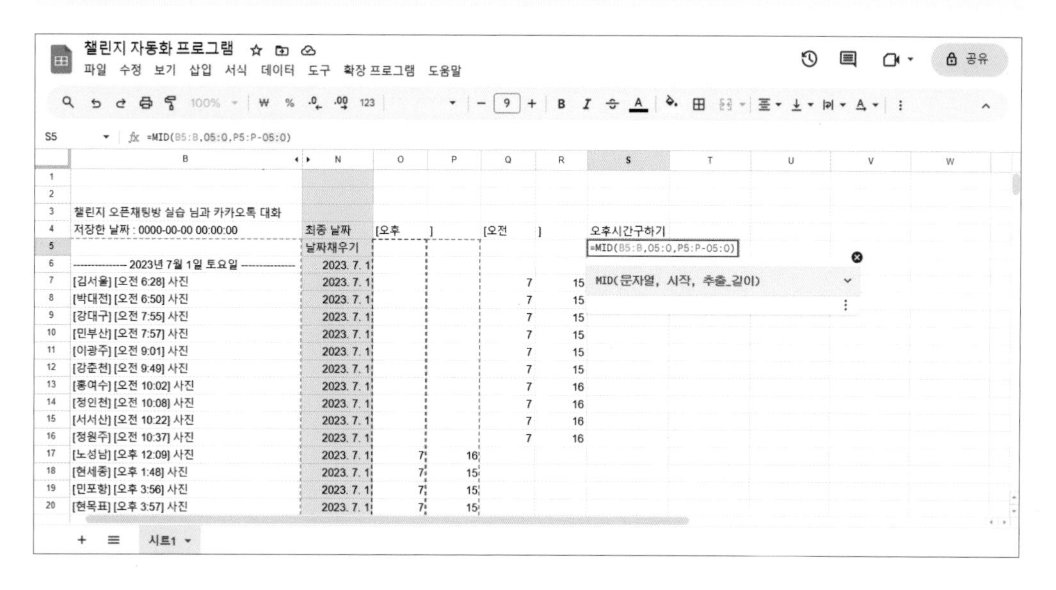

05 MID 수식의 소괄호 끝에서 바로 Enter를 누르지 말고 Ctrl + Shift + Enter를 눌러 ArrayFormula 배열 함수를 적용합니다. 그리고 Enter를 눌러 S5 셀에 입력한 수식을 S열에 전체 적용합니다.

=ArrayFormula(MID(B5:B,O5:O,P5:P-O5:O))
=B5부터 B열 전체의 데이터에서
(시작 위치) O5부터 O열의 자릿수 위치부터 시작하는
(추출 길이) ']'의 자릿수에서 '[오후'의 자릿수를 뺀 문자열을 추출하라.
이 수식을 해당 열에 전체 적용하라.

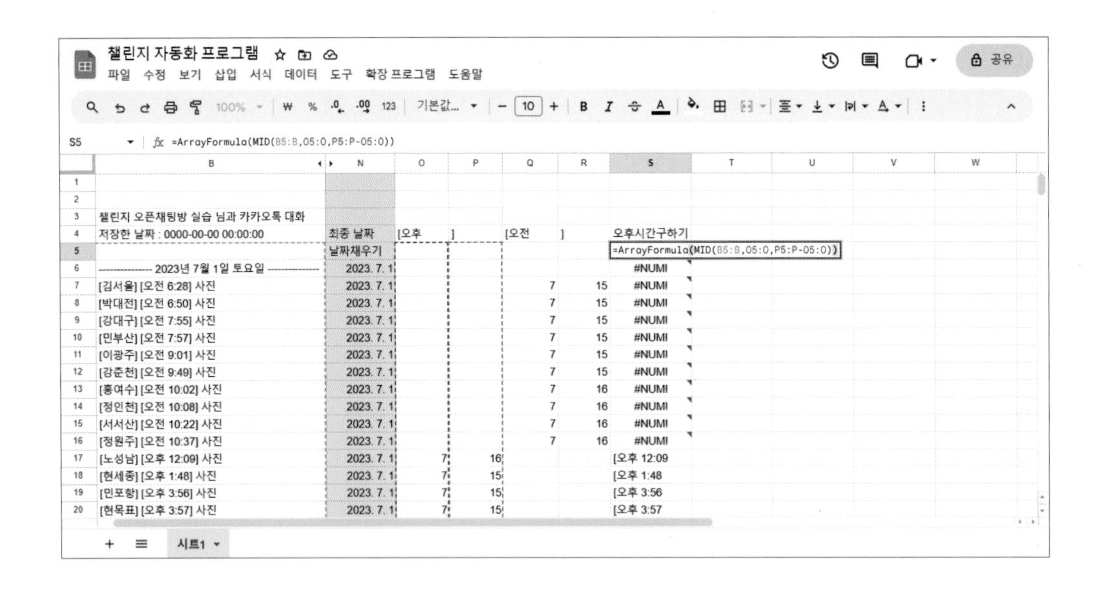

06 오류를 IFERROR 함수를 활용해 없애 보겠습니다. ArrayFormula와 MID 사이에 IFERROR를 입력한 후 소괄호를 입력해 수식을 엽니다. MID 수식이 끝나는 소괄호 뒤에 다시 소괄호를 입력해 IFERROR 수식을 닫습니다. Enter를 누르면 오류가 없어진 셀을 확인할 수 있습니다.

```
=ArrayFormula(IFERROR(MID(B5:B,O5:O,P5:P-O5:O)))
=B5부터 B열 전체의 데이터에서
 (시작 위치) O5부터 O열의 자릿수 위치부터 시작하는
 (추출 길이) ' ] '의 자릿수에서 '[오후'의 자릿수를 뺀 문자열을 추출하라.
 오류값을 없애라.
 이 수식을 해당 열에 전체 적용하라.
```

챌린지 자동화 프로그램

파일 수정 보기 삽입 서식 데이터 도구 확장 프로그램 도움말

공유

S5 =ArrayFormula(IFERROR(MID(B5:B,O5:O,P5:P-O5:O)))

	B	N	O	P	Q	R	S
1							
2							
3	챌린지 오픈채팅방 실습 님과 카카오톡 대화						
4	저장한 날짜 : 0000-00-00 00:00:00	최종 날짜	[오후]		[오전]		오후시간구하기
5		날짜채우기					=ArrayFormula(IFERROR(MID(B5:B,O5:O,P5:P-O5:O)))
6	------------ 2023년 7월 1일 토요일 ------------	2023. 7. 1					
7	[김서울] [오전 6:28] 사진	2023. 7. 1			7	15	
8	[박대전] [오전 6:50] 사진	2023. 7. 1			7	15	
9	[강대구] [오전 7:55] 사진	2023. 7. 1			7	15	
10	[민부산] [오전 7:57] 사진	2023. 7. 1			7	15	
11	[이광주] [오전 9:01] 사진	2023. 7. 1			7	15	
12	[강춘천] [오전 9:49] 사진	2023. 7. 1			7	15	
13	[홍여수] [오전 10:02] 사진	2023. 7. 1			7	16	
14	[정인천] [오전 10:08] 사진	2023. 7. 1			7	16	
15	[서서산] [오전 10:22] 사진	2023. 7. 1			7	16	
16	[정원주] [오전 10:37] 사진	2023. 7. 1			7	16	
17	[노성남] [오후 12:09] 사진	2023. 7. 1	7	16			[오후 12:09
18	[현세종] [오후 1:48] 사진	2023. 7. 1	7	15			[오후 1:48
19	[민포항] [오후 3:56] 사진	2023. 7. 1	7	15			[오후 3:56
20	[현목표] [오후 3:57] 사진	2023. 7. 1	7	15			[오후 3:57

시트1

07 S열의 문자열을 추출한 값에서 시간의 '시'와 '분'을 나눠야 합니다. '[오후 12:09'의 데이터에서 '시'에는 '12'의 문자열을 가져와야 하고 '분'에는 '09'의 문자열을 각각 나눠 가져와야 합니다(하단에 있는 스크롤을 오른쪽으로 이동해 O열부터 보이도록 조정했습니다). T4 셀에 '시'를 입력한 후 U4 셀에 '분'을 입력합니다.

논리 1. '[오후 12:09' 데이터에는 오후 다음에 공백이 존재한다.
'[오후 12:09' 시간의 '12'를 추출하기 위해 콜론(:)에서 공백( )을 뺀다.

T4:U4 시

	O	P	Q	R	S	T	U
1							
2							
3							
4	[오후]		[오전]		오후시간구하기	시	분
5							
6							
7			7	15			
8			7	15			
9			7	15			
10			7	15			
11			7	15			
12			7	15			
13			7	16			
14			7	16			
15			7	16			
16			7	16			
17	7	16			[오후 12:09		
18	7	15			[오후 1:48		
19	7	15			[오후 3:56		
20	7	15			[오후 3:57		

시트1 개수: 2

TIP 오후 시간을 구한 데이터에서 따로 '시'와 '분'을 왜 다시 구하나요?

S열의 '[오후 12:09' 데이터는 컴퓨터가 시간으로 인식하지 못하기 때문에 '시'와 '분'으로 정제해 사용해야 합니다. 스프레드시트에서 데이터를 인식할 때 날짜와 시간을 소수점을 기준으로 나눠 인식하기 때문에 '[오후 12:09'라는 데이터에서는 날짜와 시간 그 어느 것으로도 인식하지 못합니다.

예 날짜/시간 변환 설명 ①

'1'을 날짜로 변환하면 1899. 12. 31입니다.
'2'를 날짜로 변환하면 1900. 1. 1입니다.
'0.0'을 시간으로 변환하면 오전 12:00:00입니다.
'0.2'를 시간으로 변환하면 오전 4:48:00입니다.
이처럼 소수점 이상의 수는 '날짜', 소수점 이하의 수는 '시간'으로 표시되는 것을 알 수 있습니다.

예 날짜/시간 변환 설명 ②

'1.5'를 날짜/시간으로 변환하면 1899. 12. 31 오후 12:00:00입니다.
'3.7'을 날짜/시간으로 변환하면 1900. 1. 2 오후 4:48:00입니다.
이처럼 소수점 이상의 수와 소수점 이하의 수를 함께 사용하면 날짜와 시간을 합친 데이터 값도 알 수 있습니다.

08 S열 오후 시간의 가운데 '시'와 '분' 중 시의 '12'를 가져오기 위해 문자열을 추출해야 합니다. MID는 문자열 가운데부터 시작 위치를 정한 후 지정한 범위만큼의 문자열을 추출하는 함수입니다. '[오후 12:09' 시간의 '12'를 추출하기 위해 콜론(:)에서 공백( )을 빼야 하기 때문에 T3 셀에 Space Bar를 눌러 공백( )을 넣고 U3 셀에 ':'을 넣습니다.

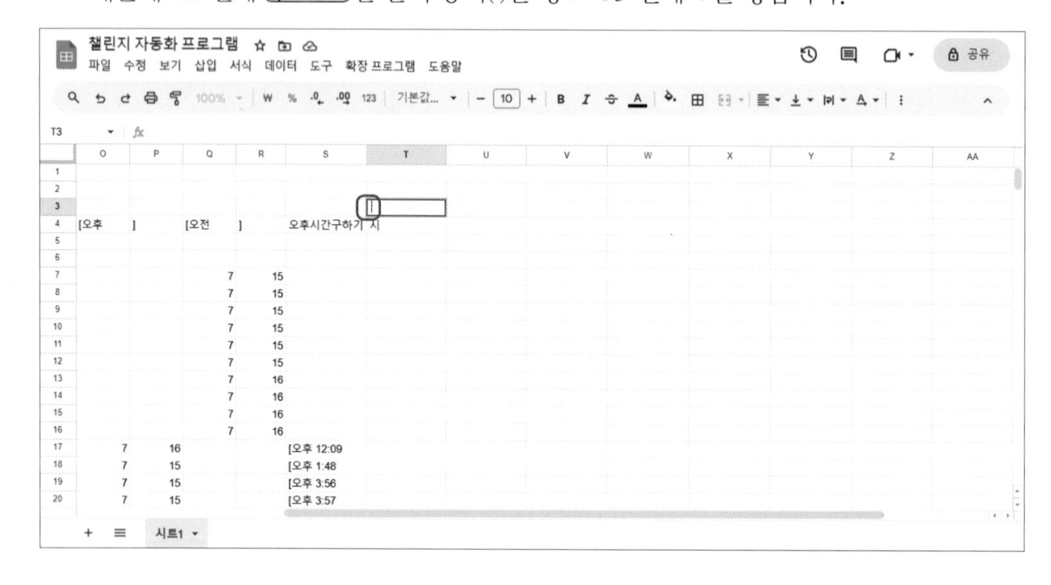

09 T5 셀에 =MID를 입력한 후 소괄호를 입력해 수식을 엽니다. 추출하고자 하는 문자열이 있는 S5:S를 범위로 지정하고 콤마(,)를 입력합니다.

=MID(S5:S,
=S5부터 S열 전체의 데이터에서 ~문자열을 추출하라.

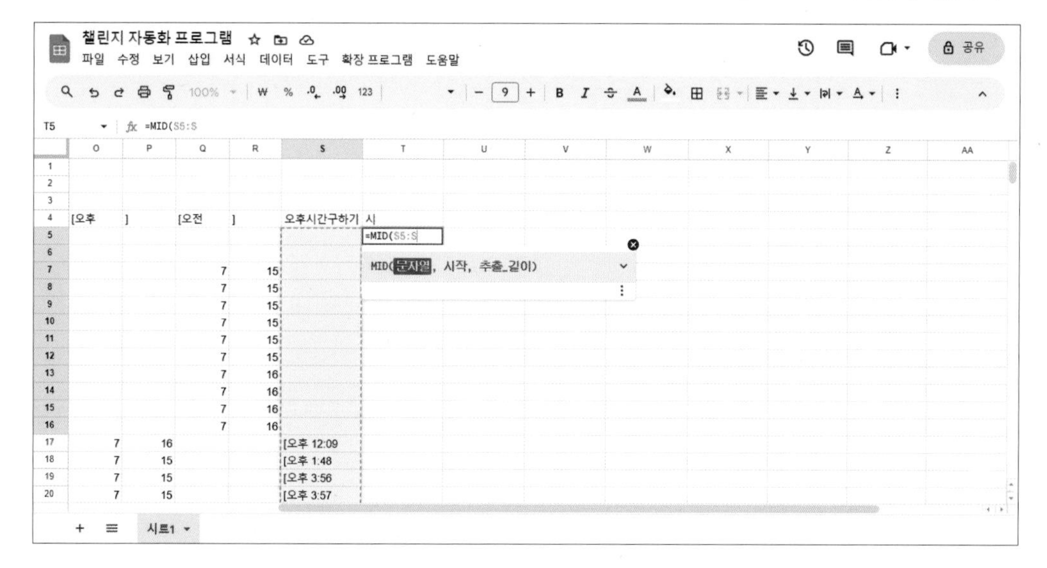

10 문자열을 추출할 시작 위치를 지정합니다. 콜론에서 공백을 빼야 '12' 문자열을 추출할 수 있기 때문에 FIND 함수로 T3 셀의 '공백' 자릿수를 구해 시작 위치를 지정합니다. 이때 주의해야 할 점은 공백부터 시작하면 '(공백)12'라는 문자열을 추출하므로 공백에 + 1을 해 공백 다음에 있는 문자열부터 가져올 수 있도록 해야 한다는 것입니다(공백 제거하기).

=MID(S5:S,FIND(T3,S5:S) + 1,
=S5부터 S열 전체의 데이터에서 '공백'의 자릿수 위치 + 1부터 시작하는 ~문자열을 추출하라.

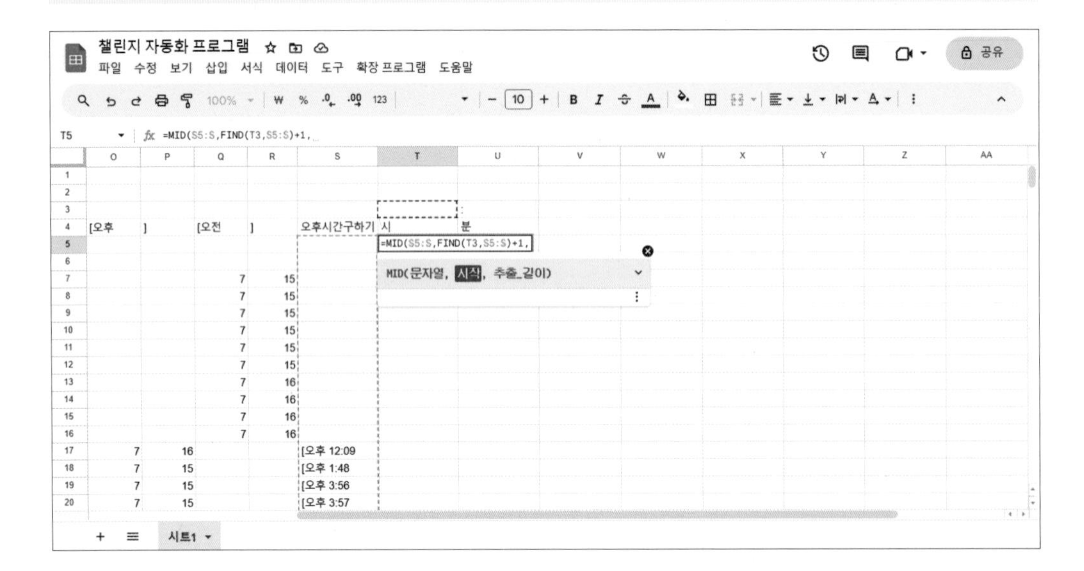

11 문자열을 추출하는 시작 위치를 정했으므로 추출 길이를 지정합니다. S열의 콜론(:) 자릿수 값에서 공백( )의 자릿수 값을 뺀 문자열을 추출합니다. 추출 길이를 작성하고 소괄호를 입력해 수식을 닫습니다.

=MID(S5:S,FIND(T3,S5:S) + 1,FIND(U3,S5:S)–FIND(T3,S5:S))
=S5부터 S열 전체의 데이터에서
(시작 위치) '공백'의 자릿수 위치 + 1부터 시작하는
(추출 길이) '콜론(:)' FIND(U3,S5:S)에서 '공백( )' FIND(T3,S5:S)의 자릿수를 뺀 문자열을 추출하라.

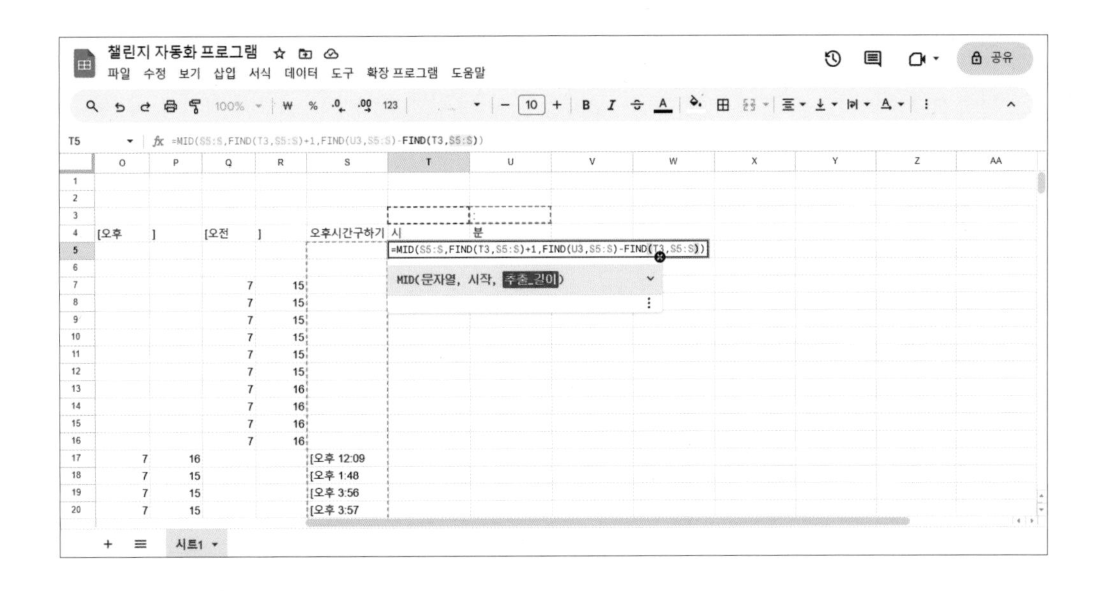

12 MID 수식의 소괄호 끝에서 바로 Enter를 누르지 말고 Ctrl + Shift + Enter를 눌러 ArrayFormula 배열 함수를 적용합니다. 그리고 Enter를 눌러 T5 셀에 입력한 수식을 T열에 전체 적용합니다. 오후 시간의 '시:분' 중 '시'의 값이 추출된 것을 확인할 수 있습니다. 그런데 콜론까지 포함돼 '12:'라는 문자열이 추출됐습니다. 그 이유는 이전에 '시' 앞에 있는 공백 제거를 하느라 시작 위치 자릿수에 +1을 했기 때문입니다.

> =ArrayFormula(MID(S5:S,FIND(T3,S5:S)+1,FIND(U3,S5:S)–FIND(T3,S5:S)))
> =S5부터 S열 전체의 데이터에서
> (시작 위치) '공백'의 자릿수 위치+1부터 시작하는
> (추출 길이) '콜론(:)' FIND(U3,S5:S)에서 '공백( )' FIND(T3,S5:S)의 자릿수를 뺀 문자열을 추출하라.
> 이 수식을 해당 열에 전체 적용하라.

13 '12:'이라고 추출된 문자열에서 콜론(:)을 없애기 위해 추출 길이의 마지막 FIND 함수에 −1을 합니다. 결괏값에 콜론이 사라지고 공백이 없는 '12'라는 문자열이 추출됐습니다.

=ArrayFormula(MID(S5:S,FIND(T3,S5:S) + 1,FIND(U3,S5:S)−FIND(T3,S5:S)−1))
=S5부터 S열 전체의 데이터에서
(시작 위치) '공백'의 자릿수 위치 + 1부터 시작하는
(추출 길이) '콜론(:)' FIND(U3,S5:S)에서 '공백( )' FIND(T3,S5:S)의 자릿수를 뺀 값에 −1 한 문자열을 추출하라.
이 수식을 해당 열에 전체 적용하라.

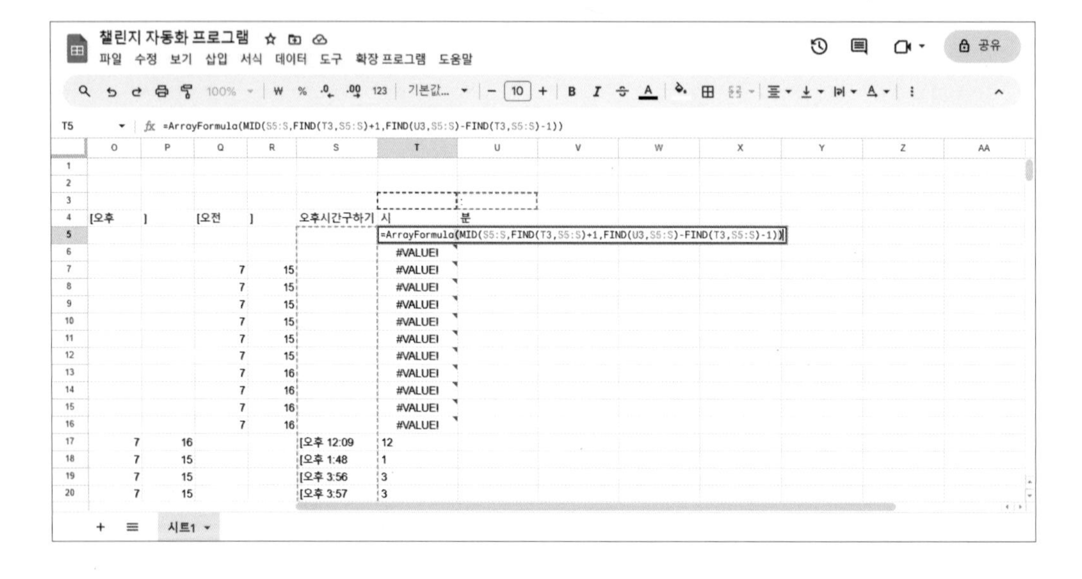

14 오류를 IFERROR 함수를 활용해 없애 보겠습니다. ArrayFormula와 MID 사이에 IFERROR를 입력한 후 소괄호를 입력해 수식을 엽니다. MID 수식이 끝나는 소괄호 뒤에 다시 소괄호를 입력해 IFERROR 수식을 닫습니다. Enter를 누르면 오류가 없어진 셀을 확인할 수 있습니다.

=ArrayFormula(IFERROR(MID(S5:S,FIND(T3,S5:S) + 1,FIND(U3,S5:S)−FIND(T3,S5:S)−1)))
=S5부터 S열 전체의 데이터에서
(시작 위치) '공백' 자릿수 위치부터 시작하는
(추출 길이) '콜론(:)' FIND(U3,S5:S)에서 '공백( )' FIND(T3,S5:S)의 자릿수를 뺀 값에 −1 한 문자열을 추출하라.
오류값을 없애라.
이 수식을 해당 열에 전체 적용하라.

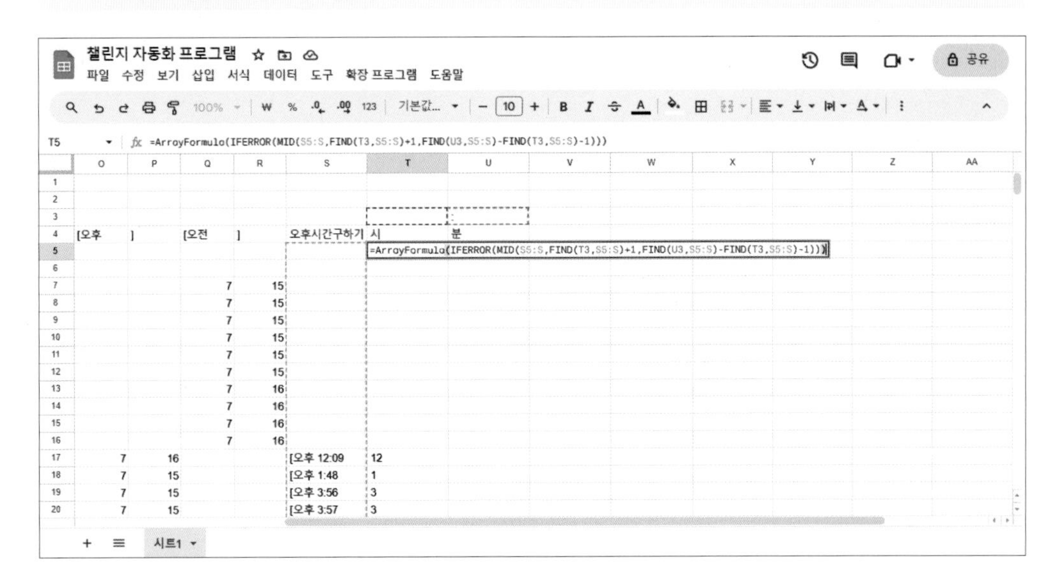

15 '분'을 구하기 위해 문자열을 추출하는 RIGHT 함수를 사용합니다. '분'은 S열의 오후 시간을 구한 값 중 오른쪽 가장 끝에 위치하기 때문에 문자열을 중간에서 추출하지 않아도 됩니다. RIGHT는 지정한 길이의 수만큼 오른쪽에서 문자열을 추출하는 함수입니다. U5 셀에 RIGHT를 입력한 후 소괄호를 입력해 수식을 엽니다. 추출하고자 하는 문자열이 있는 S5:S를 범위로 지정한 후 콤마(,)를 누르고 '2'를 입력합니다. 소괄호를 입력해 수식을 닫습니다. Ctrl + Shift + Enter를 눌러 ArrayFormula 배열 함수를 적용합니다. 그리고 Enter를 눌러 U5 셀에 입력한 수식을 U열에 전체 적용합니다.

=ArrayFormula(RIGHT(S5:S,2))
=S5부터 S열 전체의 데이터에서 오른쪽부터 2개의 문자열을 추출하라.
이 수식을 해당 열에 전체 적용하라.

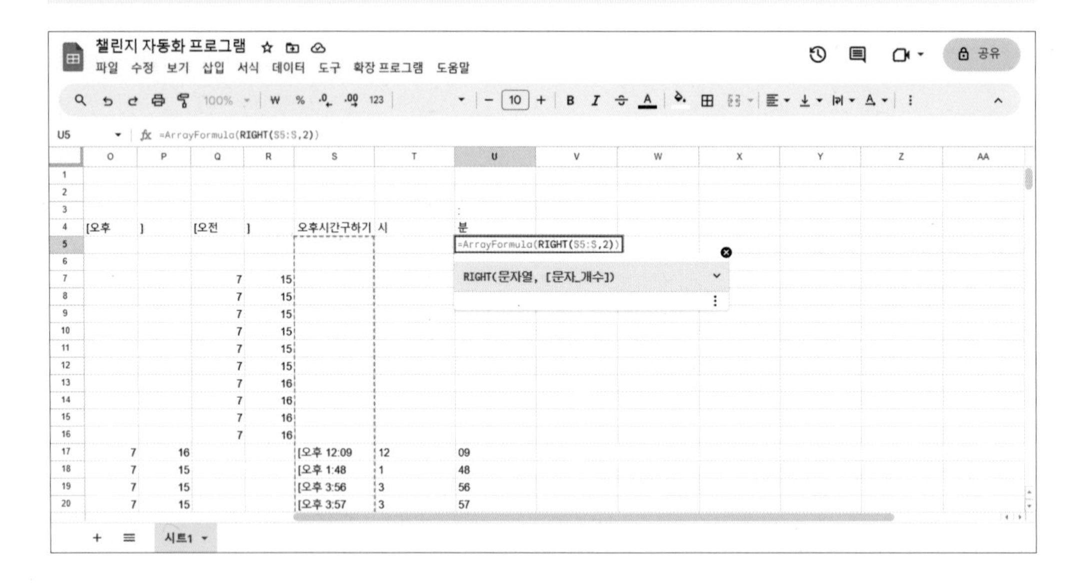

16 이제 앞서 구한 '시'와 '분'을 갖고 최종 오후 시간을 구해 보겠습니다. 시간을 구할 때 TIME 함수를 사용합니다. TIME(시:분:초) 형태로 입력하며 초는 사용하지 않기 때문에 초의 자리에는 0을 입력하면 됩니다. V4 셀에 '최종 오후 시간'을 입력하고 V3 셀에 12시를 더해야 할 때 필요한 값인 '12:00:00'를 입력합니다.

논리 1. T열(시) 값이 12시가 아니면 '12'를 더해야 한다.
[오후 12:00]가 넘어간 [오후 1:00]는 12를 더해 [오후 13:00]로 만들어 줘야 한다.

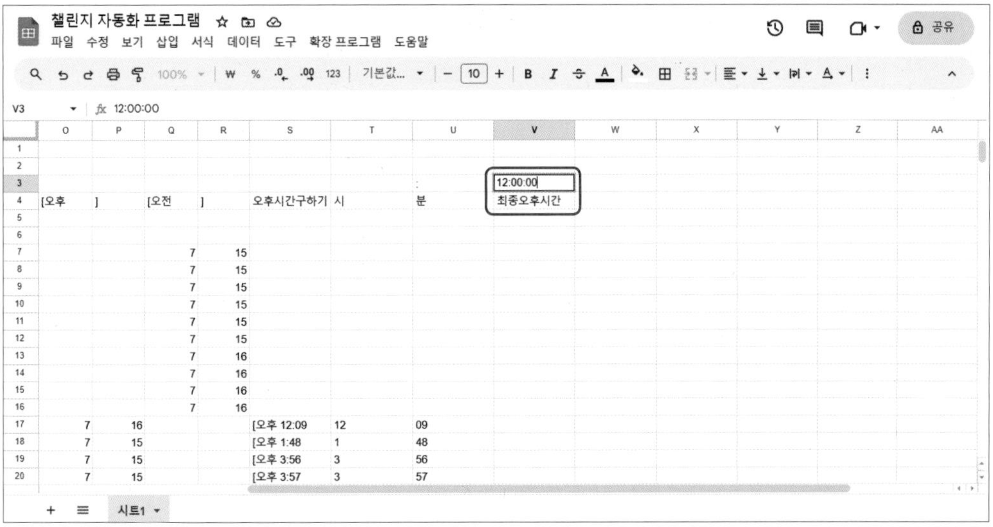

TIP 오후 1시는 12시간을 꼭 더해야 하나요?

[오후 1:00]이라는 시간에 12시간을 더하지 않고 TIME 함수로 '시:분'을 가져왔을 경우
[오전 1:00]로 최종 시간이 구해집니다.
그 이유는 컴퓨터는 T열과 U열에 구한 시간(시 = 1, 분 = 48)을 '오후 1시 48분'으로 인식하지 못하고 숫자만으로 판단하므로 01시 48분, 즉 '오전 1시 48분'으로 받아들이기 때문입니다.
그래서 T열의 시간이 12시를 넘어 오후 1시로 넘어갔다면 반드시 12시간을 더해 13시로 만들어야 컴퓨터가 오후 1시로 인식할 수 있습니다.

17 V5 셀에 최종 오후 시간을 구하는 수식을 입력하겠습니다. 조건에 따라 결괏값을 가져오는 IF 함수와 시간 결괏값을 구하는 TIME 함수를 함께 사용합니다. V5 셀에 '=IF'를 입력한 후 소괄호를 입력해 수식을 엽니다.

18 앞서 세웠던 논리를 IF 함수에 적용합니다. T열에 추출했던 시간이 "12"가 아니면(<>), 12시간을 더해야 하기 때문에 IF 함수를 활용해 논리를 적용합니다.

=IF(T5:T<>"12",
=만약 T5부터 T열 전체의 데이터가 "12"가 아니면

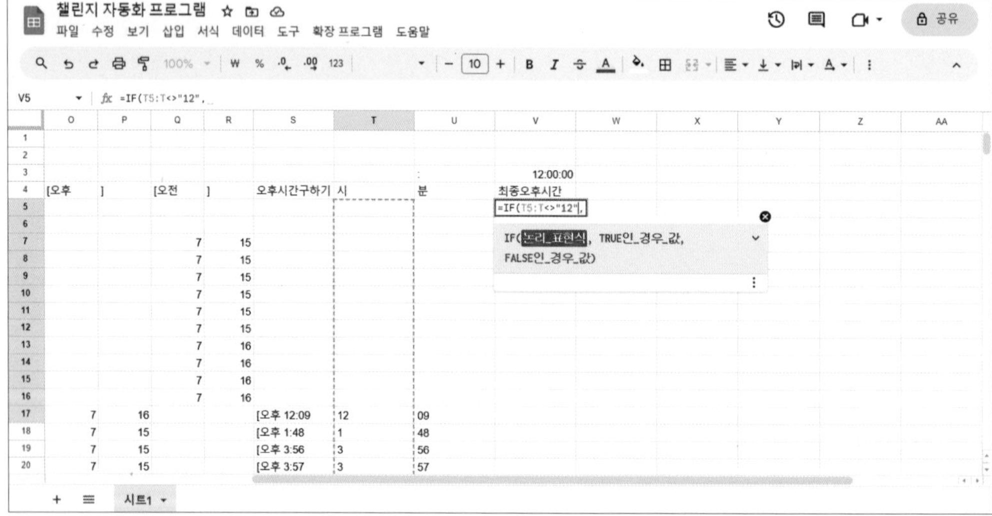

19 IF 함수의 논리를 표현한 다음은 논리가 TRUE인 경우를 입력합니다. T열에서 추출했던 시간이 "12"가 아니면(<>), 12시간을 더하라는 수식을 입력합니다. V3 셀에 적어 놓았던 '12:00:00'를 T열의 시간, U열의 분, 그리고 초(0)에 각각 더합니다.

=IF(T5:T<>"12",V3+TIME(T5:T,U5:U,0),
=만약 T5부터 T열 전체의 데이터가 "12"가 아니면
(TRUE) V3 셀의 값(12:00:00) 즉, 12시간을 T5:T열의 시간, U5:U열의 분, 초에 더해 주고

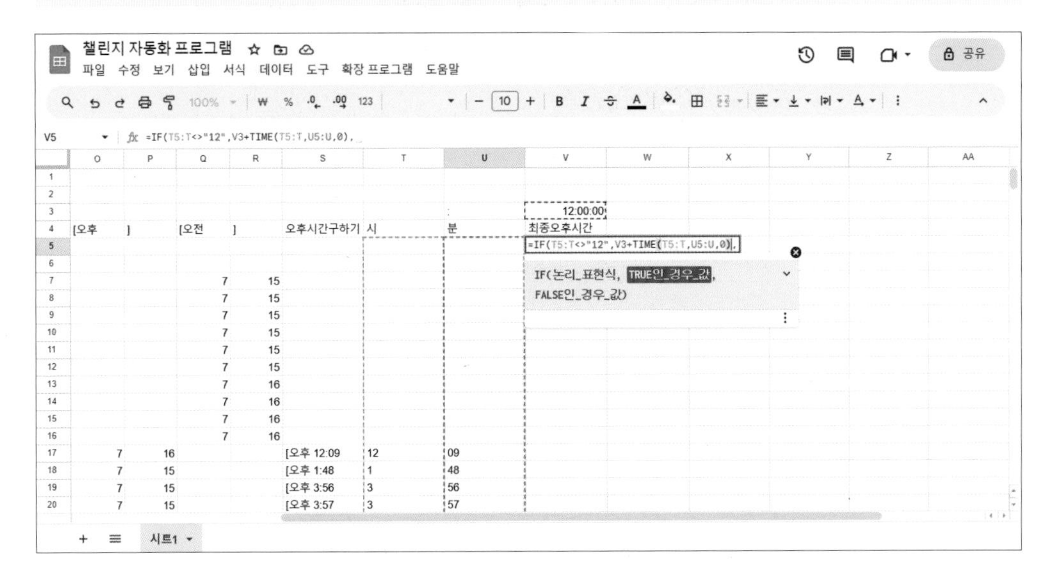

20 그다음은 논리가 FALSE인 경우를 입력합니다. T열에서 추출했던 시간이 "12"가 아니면 (<>), 12시간을 더하고 그렇지 않으면 T열과 U열에 추출했던 시간을 그대로 가져오라는 수식을 입력합니다.

=IF(T5:T<>"12",V3+TIME(T5:T,U5:U,0),TIME(T5:T,U5:U,0))
=만약 T5부터 T열 전체의 데이터가 "12"가 아니면
(TRUE) V3 셀의 값(12:00:00) 즉, 12시간을 T5:T열의 시간, U5:U열의 분, 초에 더해 주고
(FALSE) 그렇지 않으면 T5:T열의 시간, U5:U열의 분, 초(0)를 그대로 가져오라.

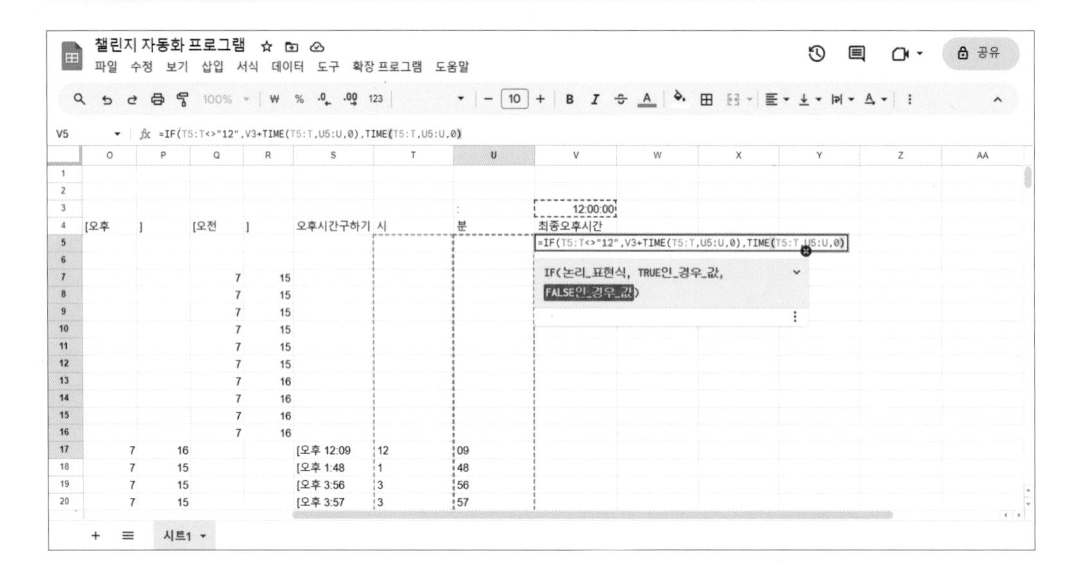

21 IF 수식의 소괄호 끝에서 바로 Enter를 누르지 말고 Ctrl + Shift + Enter를 눌러 ArrayFormula 배열 함수를 적용합니다. 그리고 Enter를 눌러 V5 셀에 입력한 수식을 V열에 전체 적용합니다. 최종 오후 시간으로 구한 값이 소수점 아래의 숫자로 표시됐습니다. 이것은 오류가 아니라 정상적인 데이터입니다.

=ArrayFormula(IF(T5:T<>"12",V3+TIME(T5:T,U5:U,0),TIME(T5:T,U5:U,0)))
=만약 T5부터 T열 전체의 데이터가 "12"가 아니면
(TRUE) V3 셀의 값(12:00:00) 즉, 12시간을 T5:T열의 시간, U5:U열의 분, 초에 더해 주고
(FALSE) 그렇지 않으면 T5:T열의 시간, U5:U열의 분, 초(0)를 그대로 가져오라.
이 수식을 해당 열에 전체 적용하라.

22 소수점 이하의 값이 시간을 의미합니다. 상단에 있는 V열의 머리글을 클릭해 V열 전체를 선택합니다. 메뉴의 [서식] – [숫자] – [시간]을 클릭해 숫자를 시간으로 변환합니다.

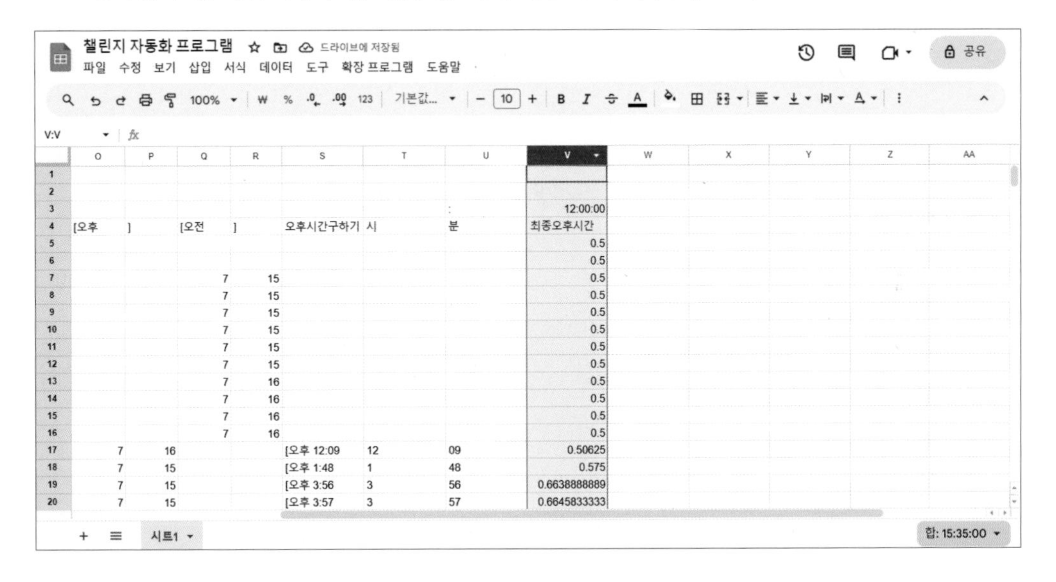

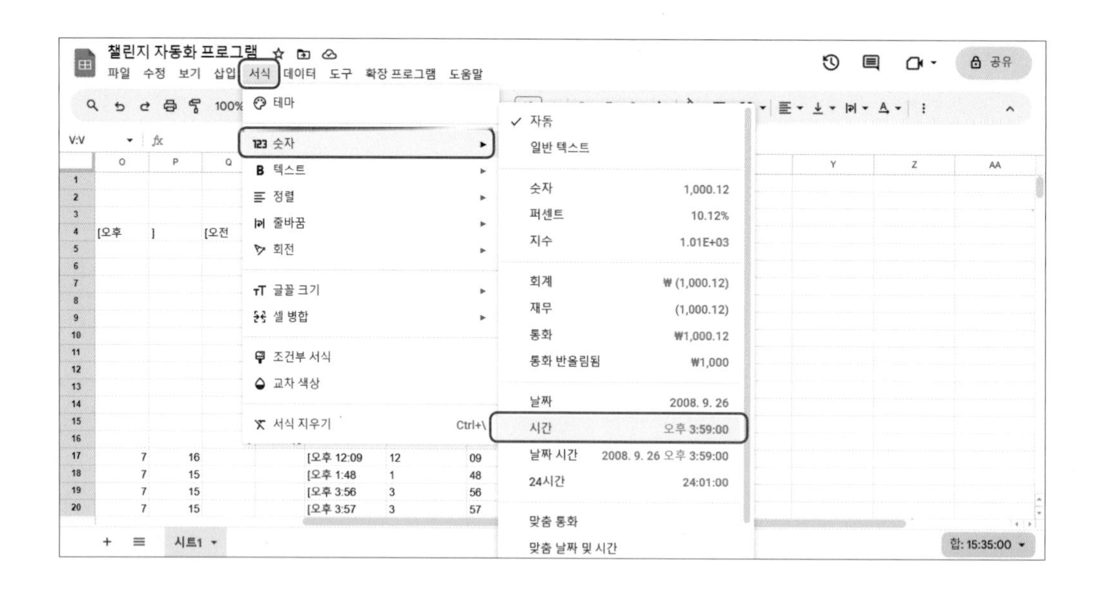

23 시간으로 변환된 값이 정상적인 오후 시간으로 나온 것을 확인할 수 있습니다. 그런데 T열과 U열에 데이터 값이 비어 있는데도 V열에 오후 값이 12:00:00로 적용된 것을 볼 수 있습니다. 이는 필요 없는 값이므로 T열과 U열의 시와 분의 데이터가 비어 있다면 V열에 아무것도 표시하지 말라는 수식을 입력해야 합니다.

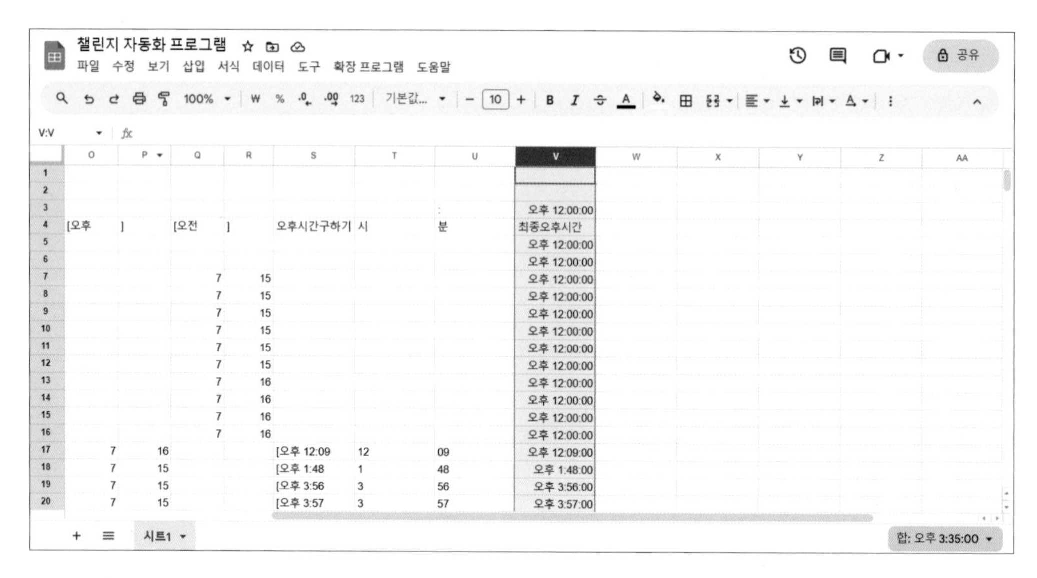

24 IF 함수를 다시 활용해 T열과 U열이 비어 있다면 V열에 아무것도 표시하지 말고 그렇지 않으면 이전에 입력했던 IF 수식을 적용하라는 수식을 입력해 보겠습니다. ArrayFormula와 IF 사이에 IF를 입력한 후 소괄호를 입력해 수식을 엽니다. IF(T5:T=“ ”,“ ”,을 입력한 후 수식을 닫으면 안 됩니다. 다음의 IF 함수가 FALSE인 경우로 들어가는 것이기 때문에 하나의 수식으로 묶이게 됩니다.

=ArrayFormula(IF(T5:T=“ ”,“ ”, IF(T5:T<>“12”,V3+TIME(T5:T,U5:U,0),TIME(T5:T,U5:U,0))))
=만약 T5부터 T열 전체의 데이터가 비어 있다면 V열도 아무것도 없이 비워 두고
그렇지 않으면 아래의 내용을 적용하라.
만약 T5부터 T열 전체의 데이터가 “12”가 아니면
(TRUE) V3 셀의 값(12:00:00) 즉, 12시간을 T5:T열의 시간, U5:U열의 분, 초에 더해 주고
(FALSE) 그렇지 않으면 T5:T열의 시간, U5:U열의 분, 초(0)를 그대로 가져오라.
이 수식을 해당 열에 전체 적용하라.

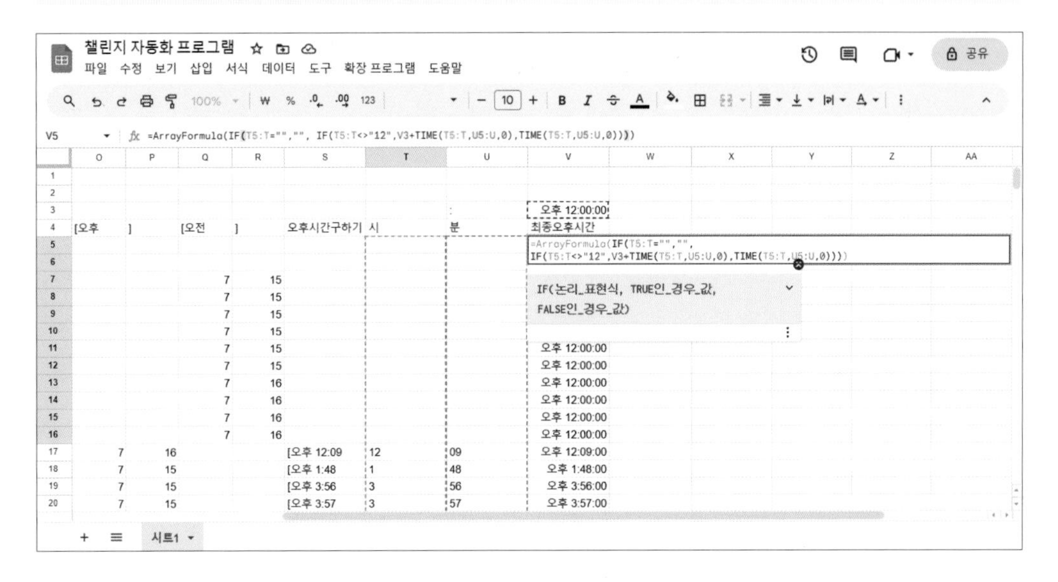

25 최종 오후 시간 데이터가 깔끔하게 정리돼 정확한 오후 시간이 구해졌습니다. 오른쪽의 스크롤을 내려 아래 행들의 최종 오후 시간 데이터도 잘 구해졌는지 검토합니다. 컴퓨터가 인식하는 데이터로 정제하는 법을 배웠으므로 다음에는 최종 오전 시간을 구해 보겠습니다.

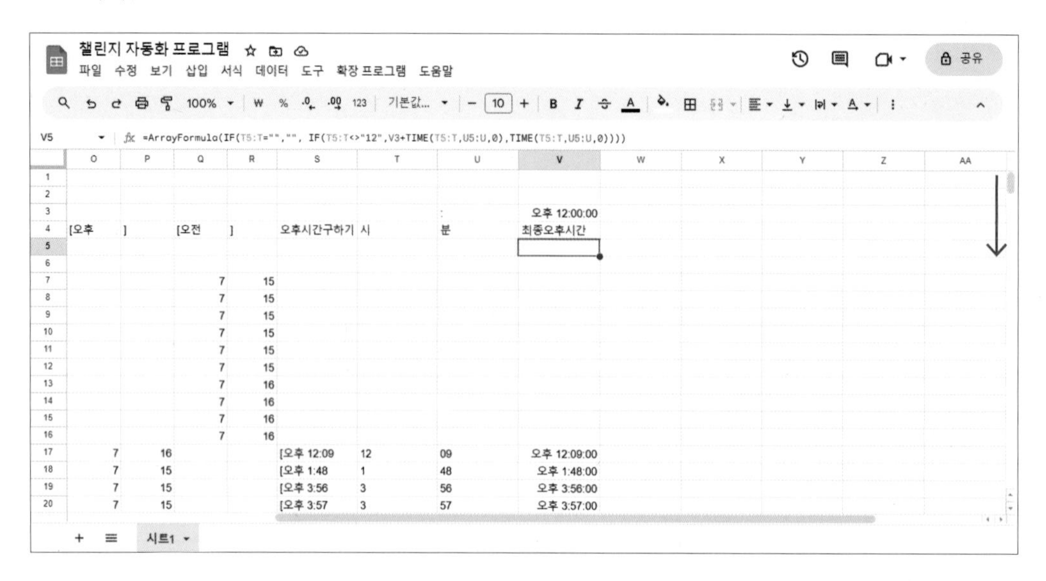

	O	P	Q	R	S	T	U	V
1								
2								
3							:	오후 12:00:00
4	[오후	]	[오전	]	오후시간구하기	시	분	최종오후시간
5								
6								
7			7	15				
8			7	15				
9			7	15				
10			7	15				
11			7	15				
12			7	15				
13			7	16				
14			7	16				
15			7	16				
16			7	16				
17	7	16			[오후 12:09	12	09	오후 12:09:00
18	7	15			[오후 1:48	1	48	오후 1:48:00
19	7	15			[오후 3:56	3	56	오후 3:56:00
20	7	15			[오후 3:57	3	57	오후 3:57:00

챌린지 자동화 프로그램

파일 수정 보기 삽입 서식 데이터 도구 확장 프로그램 도움말

V5 =ArrayFormula(IF(T5:T="","", IF(T5:T<>"12",V3+TIME(T5:T,U5:U,0),TIME(T5:T,U5:U,0))))

	O	P	Q	R	S	T	U	V
21	7	15			[오후 4:17	4	17	오후 4:17:00
22	7	15			[오후 4:28	4	28	오후 4:28:00
23	7	15			[오후 5:30	5	30	오후 5:30:00
24	7	15			[오후 5:39	5	39	오후 5:39:00
25	7	15			[오후 6:41	6	41	오후 6:41:00
26	7	15			[오후 7:16	7	16	오후 7:16:00
27	7	15			[오후 7:21	7	21	오후 7:21:00
28	7	15			[오후 7:30	7	30	오후 7:30:00
29	7	15			[오후 8:31	8	31	오후 8:31:00
30	7	15			[오후 8:51	8	51	오후 8:51:00
31	7	15			[오후 9:57	9	57	오후 9:57:00
32	7	16			[오후 10:04	10	04	오후 10:04:00
33	7	16			[오후 10:11	10	11	오후 10:11:00
34	7	16			[오후 11:01	11	01	오후 11:01:00
35	7	16			[오후 11:05	11	05	오후 11:05:00
36	7	16			[오후 11:48	11	48	오후 11:48:00
37								
38			7	15				
39			7	15				
40			7	15				

시트1

시간(오전) 문자열 추출해 최종 오전 시간 구하기

오후 시간을 구했으므로 이제는 오전 시간을 구해 보겠습니다. 앞서 구했던 자릿수를 활용해 B열의 원래 데이터에서 MID 함수를 사용해 시간의 문자열을 추출합니다. 그리고 TIME 함수를 활용해 최종 오전 시간을 만들어 봅니다.

01 시트가 넓어져서 보기 어려우므로 S~U열까지 숨기기해 보기 편하게 만듭니다. 상단에 있는 S열의 머리글을 클릭하고 드래그해 U열까지 범위를 선택하거나 S열의 머리글을 클릭한 후 Shift를 누른 채 U열의 머리글을 클릭해 범위를 선택합니다.

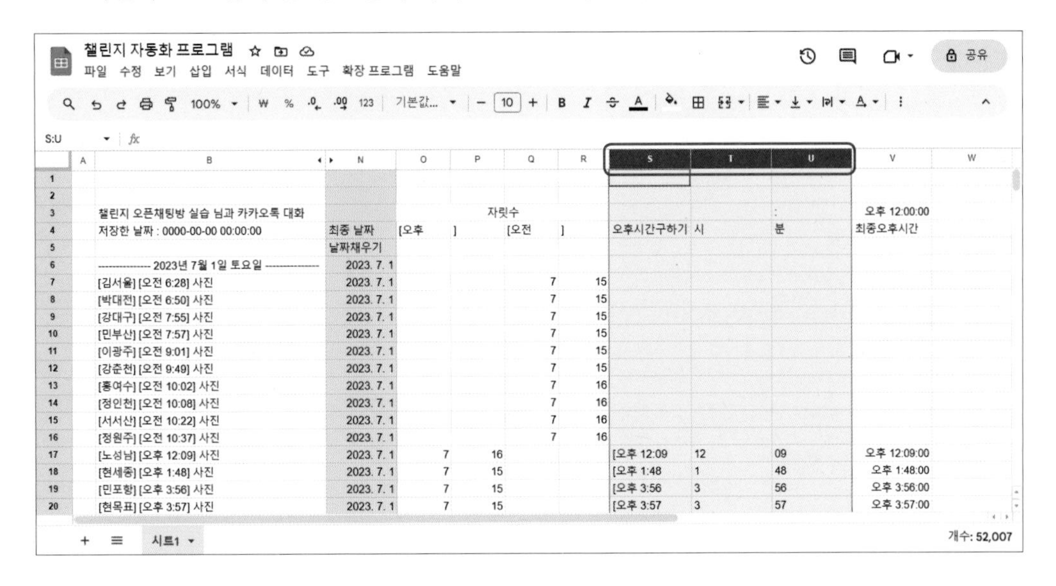

02 선택한 열 위에 마우스 오른쪽 버튼을 클릭합니다. [S－U열 숨기기]를 클릭하면 S~U열이 숨겨지고 바로 V열이 보이는 것을 확인할 수 있습니다.

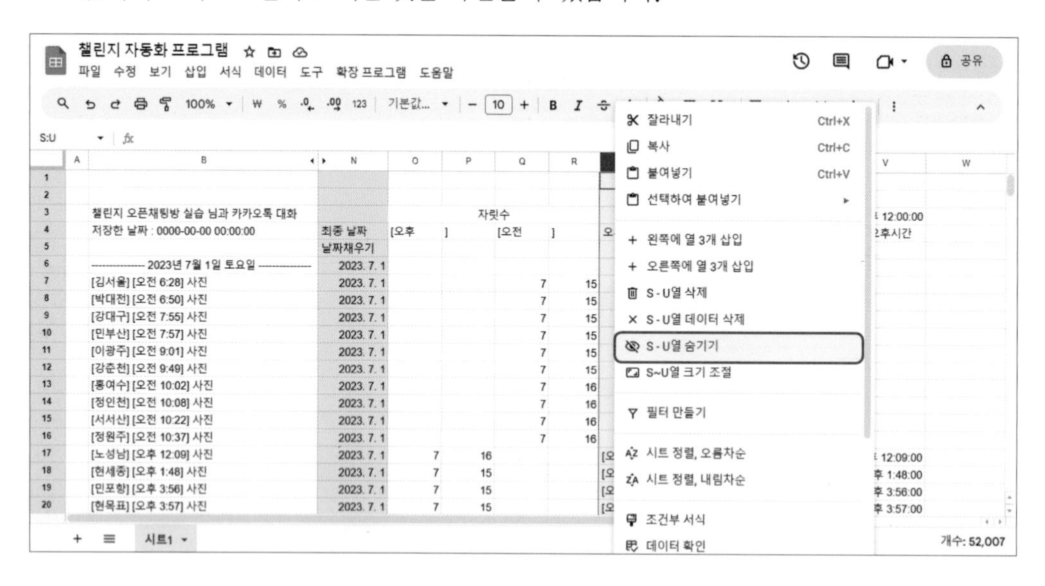

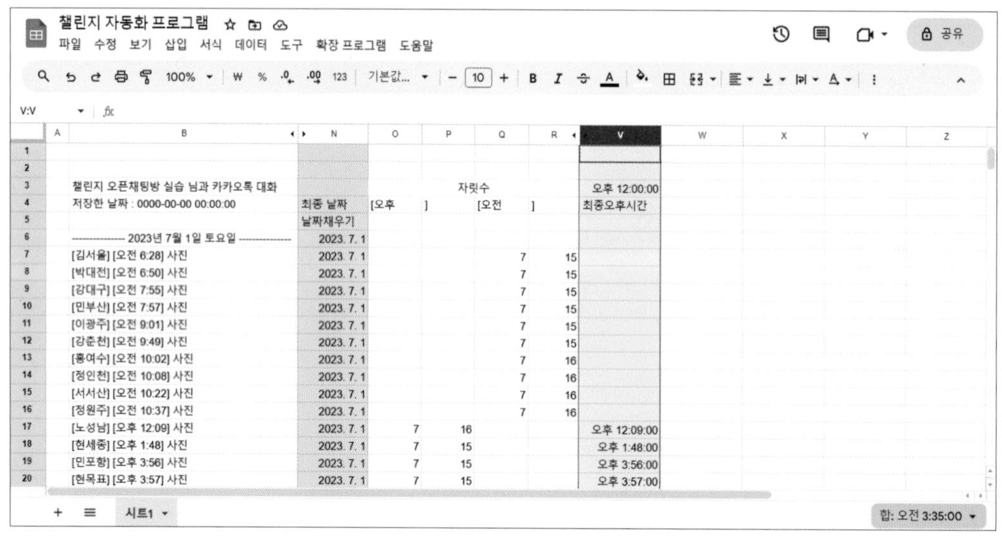

03 V열이 선택된 상태에서 N열처럼 한눈에 알아볼 수 있도록 채우기 색상으로 색을 지정합니다. 상단 메뉴에 [채우기 색상]을 클릭합니다. 원하는 색상을 클릭해 V열 전체에 색상을 넣습니다.

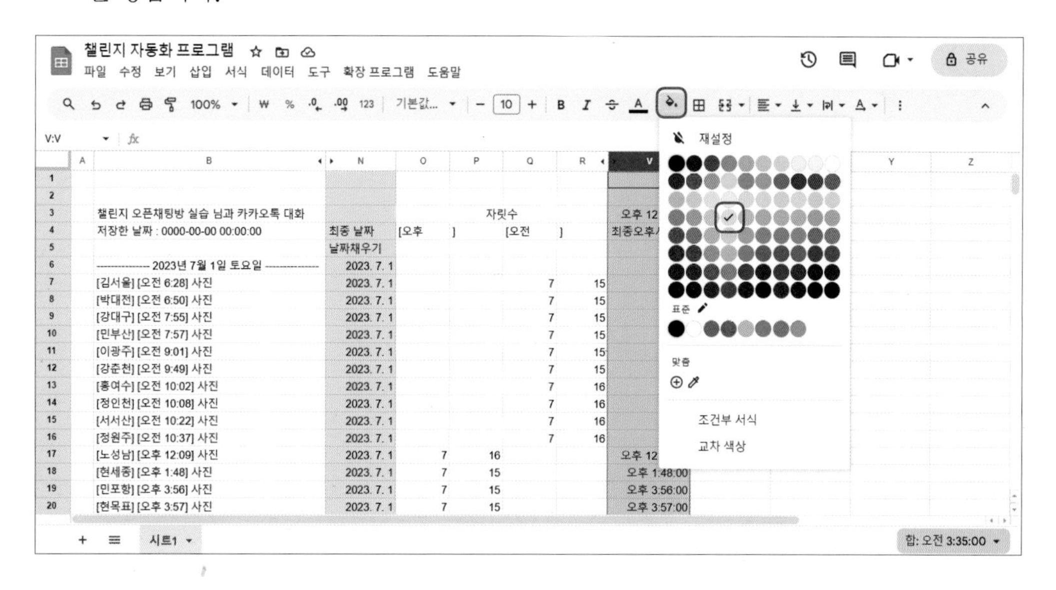

04 수식을 입력하기 전에 W4 셀에 '오전 시간 구하기'를 입력합니다.

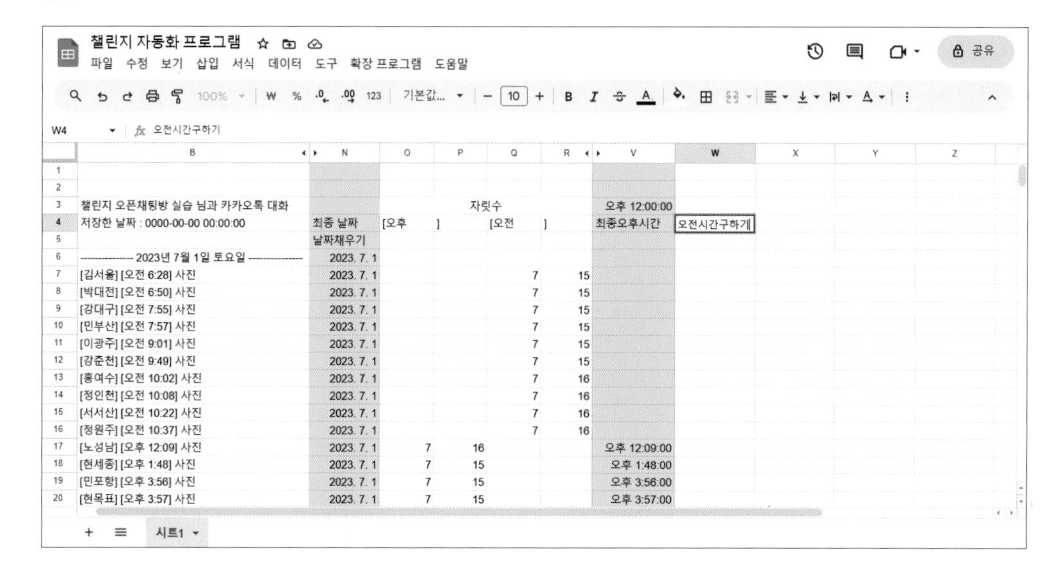

05 MID는 문자열 가운데부터 시작 위치를 정한 후 지정한 범위만큼의 문자열을 추출하는 함수입니다. W5 셀에 =MID를 입력한 후 소괄호를 입력해 수식을 엽니다. 추출하고자 하는 문자열이 있는 B5:B를 범위로 지정한 후 콤마(,)를 입력합니다.

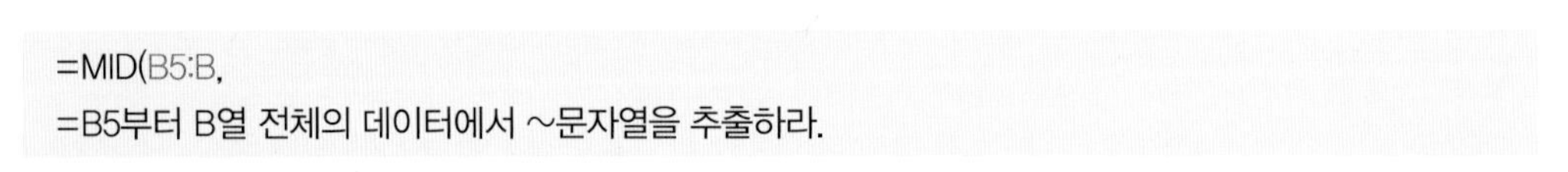

=MID(B5:B,
=B5부터 B열 전체의 데이터에서 ~문자열을 추출하라.

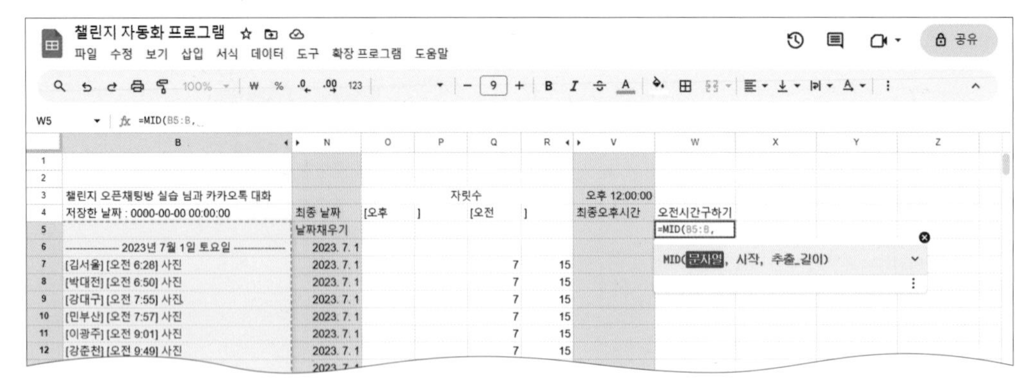

06 이제 문자열을 추출할 시작 위치를 지정합니다. '[오전' 값부터 시간까지의 문자열을 추출해야 하기 때문에 Q5:Q열을 입력해 시작 위치로 지정합니다.

=MID(B5:B,Q5:Q,
=B5부터 B열 전체의 데이터에서 Q5부터 Q열의 자릿수 위치부터 시작하는 ~문자열을 추출하라.

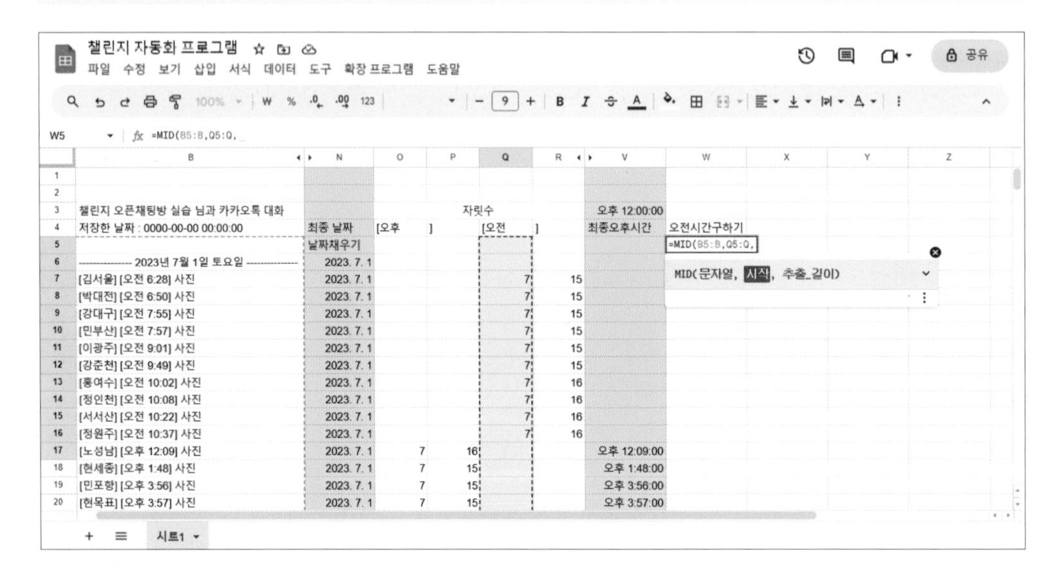

07 문자열을 추출하는 시작 위치를 정했으므로 추출 길이를 지정합니다. 추출 길이는 R열의 ']' 자릿수 값에서 Q열의 '[오전' 자릿수 값을 뺀 문자열을 추출합니다. 추출 길이를 작성하고 소괄호를 입력해 수식을 닫습니다.

```
=MID(B5:B,Q5:Q,R5:R-Q5:Q)
=B5부터 B열 전체의 데이터에서
 (시작 위치) Q5부터 Q열의 자릿수 위치부터 시작하는
 (추출 길이) ']'의 자릿수에서 '[오전'의 자릿수를 뺀 문자열을 추출하라.
```

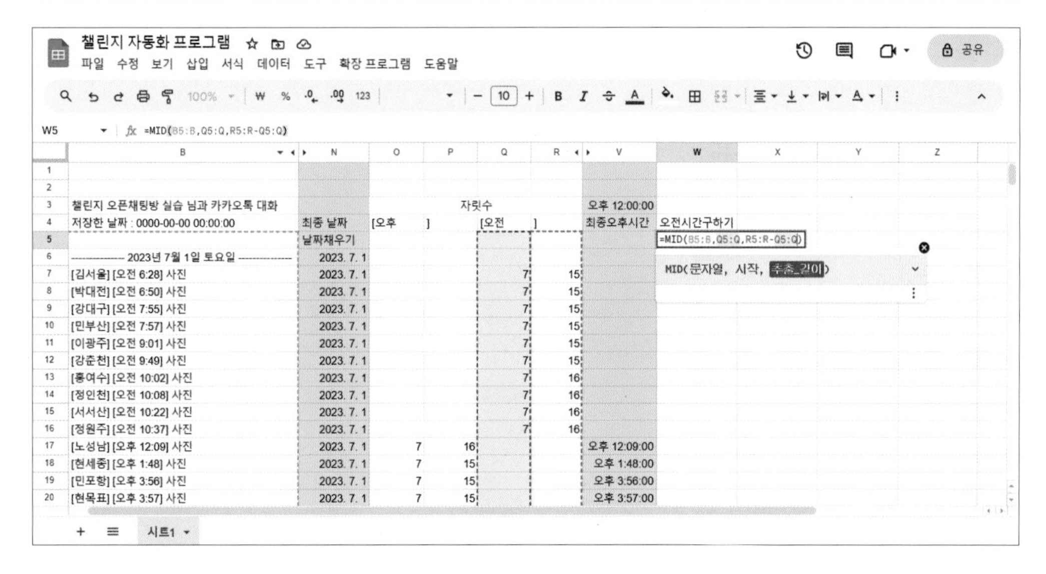

08 MID 수식의 소괄호 끝에서 Ctrl + Shift + Enter를 눌러 ArrayFormula 배열 함수를 적용합니다. 그리고 Enter를 눌러 W5 셀에 입력한 수식을 W열에 전체 적용합니다.

```
=ArrayFormula(MID(B5:B,Q5:Q,R5:R-Q5:Q))
=B5부터 B열 전체의 데이터에서
 (시작 위치) Q5부터 Q열의 자릿수 위치부터 시작하는
 (추출 길이) ']'의 자릿수에서 '[오전'의 자릿수를 뺀 문자열을 추출하라.
 이 수식을 해당 열에 전체 적용하라.
```

챌린지 자동화 프로그램

파일 수정 보기 삽입 서식 데이터 도구 확장 프로그램 도움말

W5 fx =ArrayFormula(MID(B5:B,Q5:Q,R5:R-Q5:Q))

	B	N	O	P	Q	R	V	W
1								
2								
3	챌린지 오픈채팅방 실습 님과 카카오톡 대화			자릿수			오후 12:00:00	
4	저장한 날짜 : 0000-00-00 00:00:00	최종 날짜	[오후	]	[오전	]	최종오후시간	오전시간구하기
5		날짜채우기						=ArrayFormula(MID(B5:B,Q5:Q,R5:R-Q5:Q))
6	------------ 2023년 7월 1일 토요일 ------------	2023. 7. 1						#NUM!
7	[김서울] [오전 6:28] 사진	2023. 7. 1			7	15		[오전 6:28
8	[박대전] [오전 6:50] 사진	2023. 7. 1			7	15		[오전 6:50
9	[강대구] [오전 7:55] 사진	2023. 7. 1			7	15		[오전 7:55
10	[민부산] [오전 7:57] 사진	2023. 7. 1			7	15		[오전 7:57
11	[이광주] [오전 9:01] 사진	2023. 7. 1			7	15		[오전 9:01
12	[강춘천] [오전 9:49] 사진	2023. 7. 1			7	15		[오전 9:49
13	[홍여수] [오전 10:02] 사진	2023. 7. 1			7	16		[오전 10:02
14	[정인천] [오전 10:08] 사진	2023. 7. 1			7	16		[오전 10:08
15	[서서산] [오전 10:22] 사진	2023. 7. 1			7	16		[오전 10:22
16	[정원주] [오전 10:37] 사진	2023. 7. 1			7	16		[오전 10:37
17	[노성남] [오후 12:09] 사진	2023. 7. 1	7	16			오후 12:09:00	#NUM!
18	[현세종] [오후 1:48] 사진	2023. 7. 1	7	15			오후 1:48:00	#NUM!
19	[민포항] [오후 3:56] 사진	2023. 7. 1	7	15			오후 3:56:00	#NUM!
20	[현목표] [오후 3:57] 사진	2023. 7. 1	7	15			오후 3:57:00	#NUM!

시트1

09 오류를 IFERROR 함수를 활용해 없애 보겠습니다. ArrayFormula와 MID 사이에 IFERROR를 입력한 후 소괄호를 입력해 수식을 엽니다. MID 수식이 끝나는 소괄호 뒤에 다시 소괄호를 입력해 IFERROR 수식을 닫습니다. Enter를 누르면 오류가 없어진 셀을 확인할 수 있습니다.

=ArrayFormula(IFERROR(MID(B5:B,Q5:Q,R5:R−Q5:Q)))

=B5부터 B열 전체의 데이터에서

(시작 위치) Q5부터 Q열의 자릿수 위치부터 시작하는

(추출 길이) '] '의 자릿수에서 '[오전'의 자릿수를 뺀 문자열을 추출하라.

오류값을 없애라. 이 수식을 해당 열에 전체 적용하라.

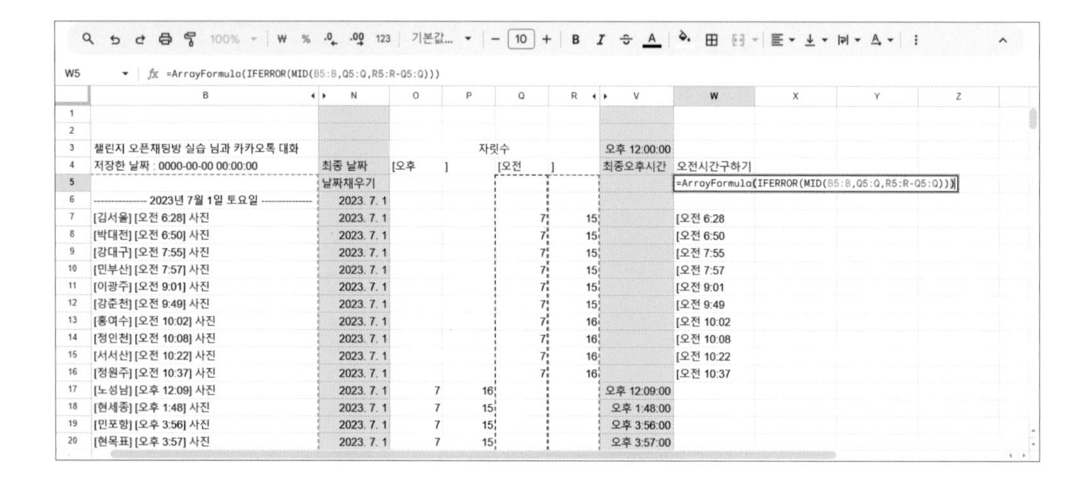

W5 fx =ArrayFormula(IFERROR(MID(B5:B,Q5:Q,R5:R-Q5:Q)))

	B	N	O	P	Q	R	V	W
1								
2								
3	챌린지 오픈채팅방 실습 님과 카카오톡 대화			자릿수			오후 12:00:00	
4	저장한 날짜 : 0000-00-00 00:00:00	최종 날짜	[오후	]	[오전	]	최종오후시간	오전시간구하기
5		날짜채우기						=ArrayFormula(IFERROR(MID(B5:B,Q5:Q,R5:R-Q5:Q)))
6	------------ 2023년 7월 1일 토요일 ------------	2023. 7. 1						
7	[김서울] [오전 6:28] 사진	2023. 7. 1			7	15		[오전 6:28
8	[박대전] [오전 6:50] 사진	2023. 7. 1			7	15		[오전 6:50
9	[강대구] [오전 7:55] 사진	2023. 7. 1			7	15		[오전 7:55
10	[민부산] [오전 7:57] 사진	2023. 7. 1			7	15		[오전 7:57
11	[이광주] [오전 9:01] 사진	2023. 7. 1			7	15		[오전 9:01
12	[강춘천] [오전 9:49] 사진	2023. 7. 1			7	15		[오전 9:49
13	[홍여수] [오전 10:02] 사진	2023. 7. 1			7	16		[오전 10:02
14	[정인천] [오전 10:08] 사진	2023. 7. 1			7	16		[오전 10:08
15	[서서산] [오전 10:22] 사진	2023. 7. 1			7	16		[오전 10:22
16	[정원주] [오전 10:37] 사진	2023. 7. 1			7	16		[오전 10:37
17	[노성남] [오후 12:09] 사진	2023. 7. 1	7	16			오후 12:09:00	
18	[현세종] [오후 1:48] 사진	2023. 7. 1	7	15			오후 1:48:00	
19	[민포항] [오후 3:56] 사진	2023. 7. 1	7	15			오후 3:56:00	
20	[현목표] [오후 3:57] 사진	2023. 7. 1	7	15			오후 3:57:00	

10 시트를 편하게 보기 위해 Z열 옆으로 열을 5개만 추가해 보겠습니다. 상단에 있는 V열의 머리글을 클릭하고 Z열까지 드래그하거나 V열의 머리글을 클릭하고 Shift를 누른 채 Z열의 머리글을 클릭해 5개 열의 범위를 선택합니다. 선택한 열의 범위에서 마우스 오른쪽 버튼을 누르고 [오른쪽에 열 5개 삽입]을 클릭해 Z열 오른쪽으로 열이 추가되도록 합니다.

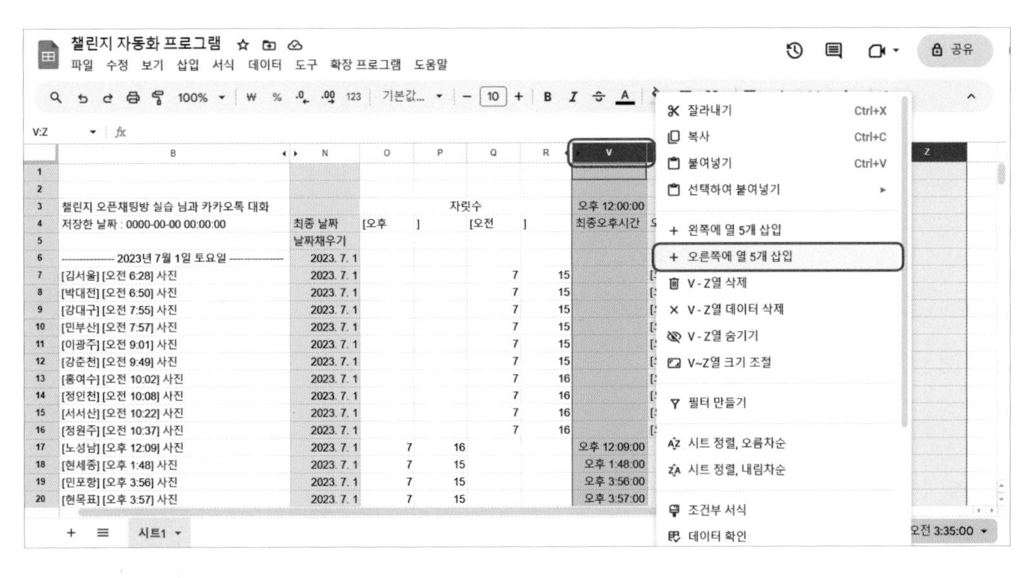

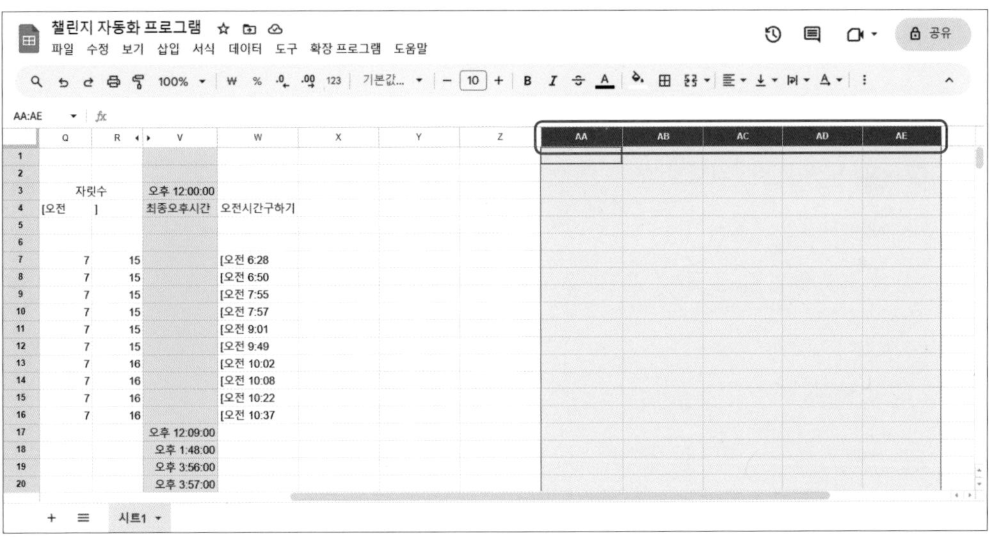

11 이제 W열의 문자열을 추출한 값에서 시간의 '시'와 '분'을 나눠야 합니다. '[오전 6:28'의 데이터에서 '시'에는 '6'의 문자열을 가져와야 하고 '분'에는 '28'의 문자열을 각각 나눠서 가져와야 합니다. X4 셀에 '시'를 입력한 후 Y4 셀에 '분'을 입력합니다.

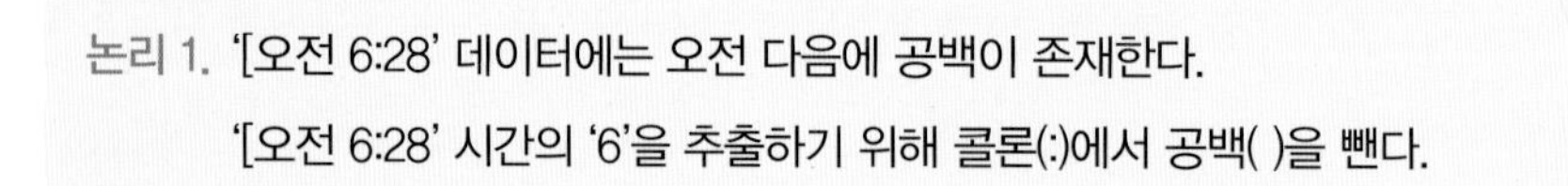

논리 1. '[오전 6:28' 데이터에는 오전 다음에 공백이 존재한다.
'[오전 6:28' 시간의 '6'을 추출하기 위해 콜론(:)에서 공백( )을 뺀다.

12 W열 오전 시간의 가운데 '시'와 '분' 중 시의 '6'을 가져오기 위해 문자열을 추출해야 합니다. MID는 문자열 가운데부터 시작 위치를 정한 후 지정한 범위만큼의 문자열을 추출하는 함수입니다. '[오전 6:28' 시간의 '6'을 추출하기 위해 콜론(:)에서 공백( )을 빼야 하기 때문에 X3 셀에 Space Bar를 눌러 공백 1칸을 넣고 Y3 셀에 ':'을 넣습니다.

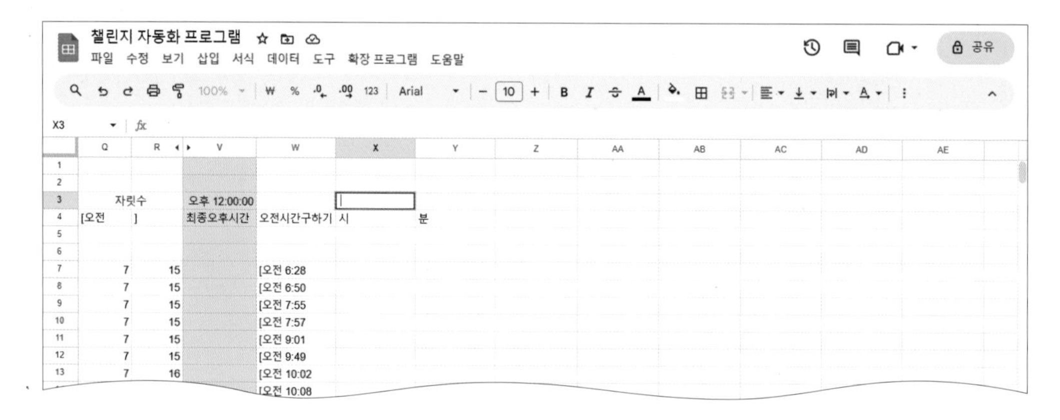

13 X5 셀에 = MID를 입력한 후 소괄호를 입력해 수식을 엽니다. 추출하고자 하는 문자열이 있는 W5:W를 범위로 지정한 후 콤마(,)를 입력합니다.

=MID(W5:W,
=W5부터 W열 전체의 데이터에서 ~문자열을 추출하라.

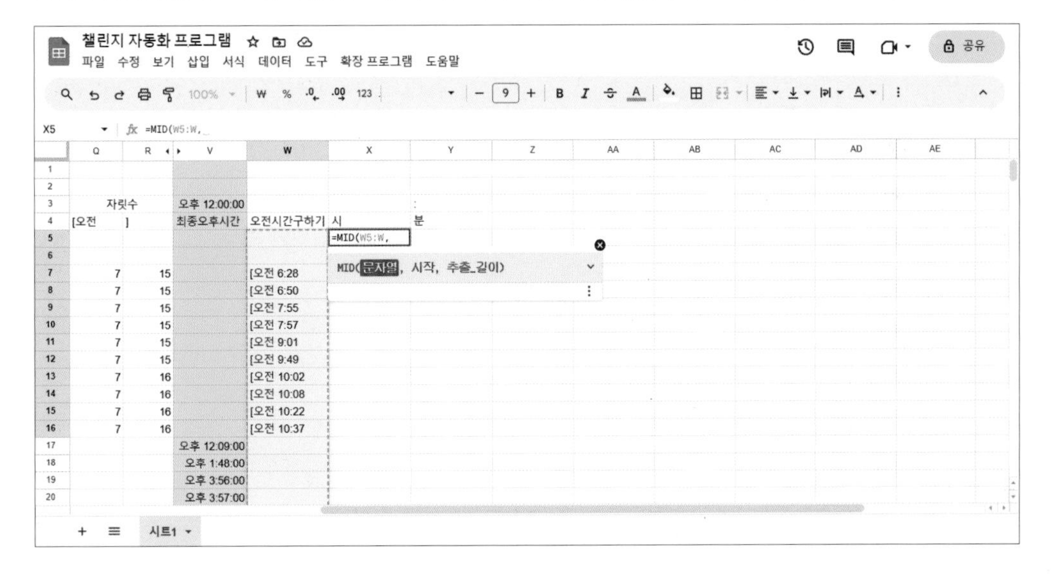

14 문자열을 추출할 시작 위치를 지정합니다. 콜론에서 공백을 빼야 '6' 문자열을 추출할 수 있기 때문에 FIND 함수로 X3 셀의 '공백' 자릿수를 구해 시작 위치를 지정합니다. 이때 주의해야 할 점은 공백부터 시작하면 '(공백)6'이라는 문자열을 추출하므로 공백에 + 1을 해서 공백 다음에 있는 문자열부터 가져올 수 있도록 해야 한다는 것입니다(공백 제거하기).

=MID(W5:W,FIND(X3,W5:W) + 1,
=W5부터 W열 전체의 데이터에서 '공백'의 자릿수 위치 + 1부터 시작하는 ~문자열을 추출하라.

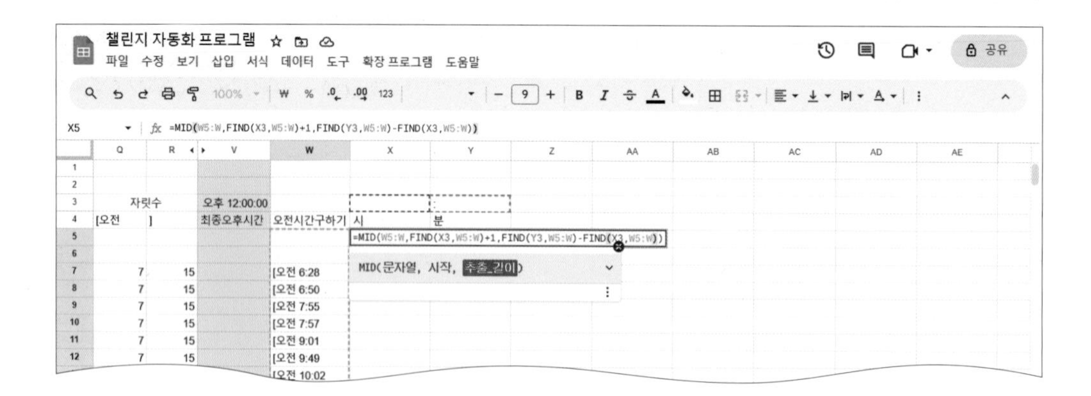

15 문자열을 추출하는 시작 위치를 정했으므로 추출 길이를 지정합니다. W열의 '콜론(:)' 자릿수 값에서 '공백( )'의 자릿수 값을 뺀 문자열을 추출합니다. 추출 길이를 작성하고 소괄호를 입력해 수식을 닫습니다.

=MID(W5:W,FIND(X3,W5:W) + 1,FIND(Y3,W5:W)–FIND(X3,W5:W))
=W5부터 W열 전체의 데이터에서
(시작 위치) '공백'의 자릿수 위치 + 1부터 시작하는
(추출 길이) '콜론(:)' FIND(Y3,W5:W)에서 '공백( )' FIND(X3,W5:W)의 자릿수를 뺀 문자열을 추출하라.

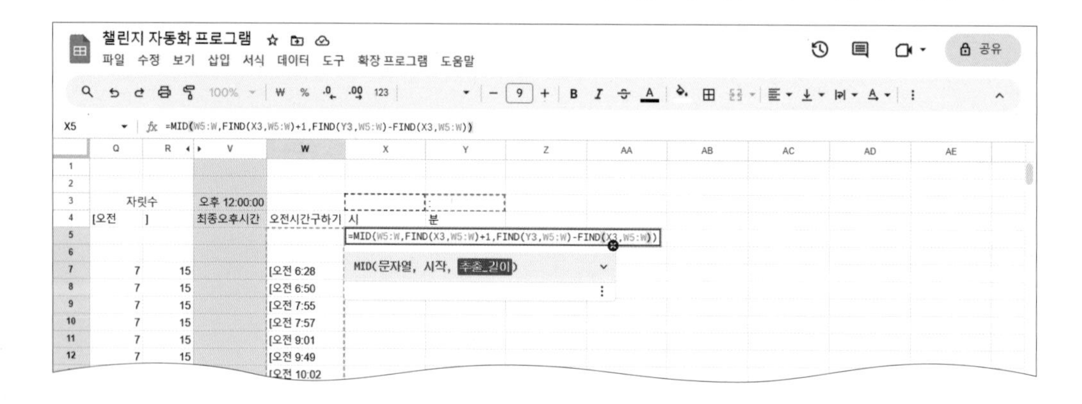

16 MID 수식의 소괄호 끝에서 Ctrl + Shift + Enter를 눌러 ArrayFormula 배열 함수를 적용합니다. 그리고 Enter를 눌러 X5 셀에 입력한 수식을 X열에 전체 적용합니다. 오전 시간의 '시:분' 중 '시'의 값이 추출된 것을 확인할 수 있습니다. 그런데 콜론까지 포함돼 '6:'이라는 문자열이 추출됐습니다. 그 이유는 '시' 앞에 있는 공백을 제거하느라 시작 위치 자릿수에 + 1을 해 줬기 때문입니다.

=ArrayFormula(MID(W5:W,FIND(X3,W5:W) + 1,FIND(Y3,W5:W)–FIND(X3,W5:W)))
=W5부터 W열 전체의 데이터에서
(시작 위치) '공백'의 자릿수 위치 + 1부터 시작하는
(추출 길이) '콜론(:)' FIND(Y3,W5:W)에서 '공백( )' FIND(X3,W5:W)의 자릿수를 뺀 문자열을 추출하라.
이 수식을 해당 열에 전체 적용하라.

챌린지 자동화 프로그램
파일 수정 보기 삽입 서식 데이터 도구 확장 프로그램 도움말

X5 fx =ArrayFormula(MID(W5:W,FIND(X3,W5:W)+1,FIND(Y3,W5:W)-FIND(X3,W5:W)))

	Q	R	V	W	X	Y
1						
2						
3	자릿수		오후 12:00:00			
4	[오전	]	최종오후시간	오전시간구하기	시	분
5					=ArrayFormula(MID(W5:W,FIND(X3,W5:W)+1,FIND(Y3,W5:W)-FIND(X3,W5:W)))	
6					#VALUE!	
7	7	15		[오전 6:28	6:	
8	7	15		[오전 6:50	6:	
9	7	15		[오전 7:55	7:	
10	7	15		[오전 7:57	7:	
11	7	15		[오전 9:01	9:	
12	7	15		[오전 9:49	9:	
13	7	16		[오전 10:02	10:	
14	7	16		[오전 10:08	10:	
15	7	16		[오전 10:22	10:	
16	7	16		[오전 10:37	10:	
17			오후 12:09:00		#VALUE!	
18			오후 1:48:00		#VALUE!	
19			오후 3:56:00		#VALUE!	
20			오후 3:57:00		#VALUE!	

시트1

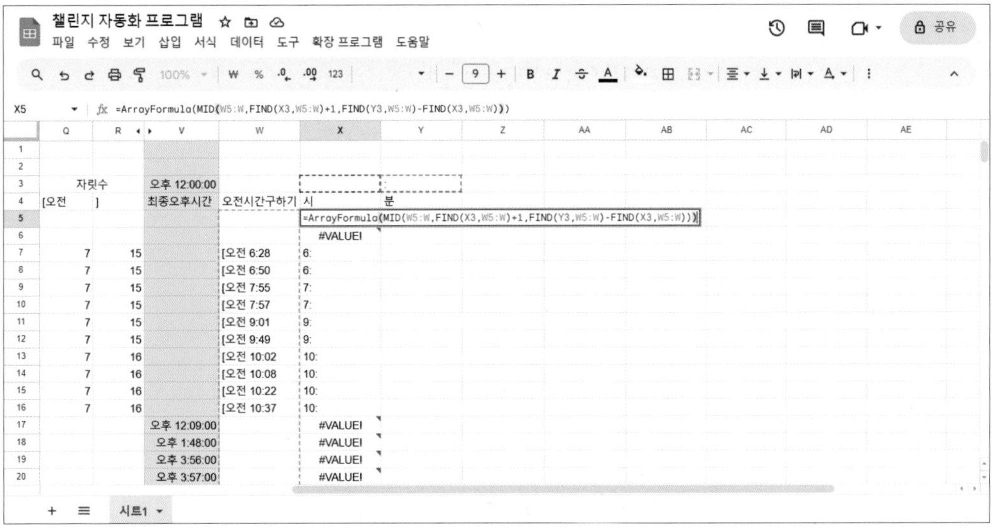

17 '6:'이라고 추출된 문자열에서 콜론(:)을 없애기 위해 추출 길이의 마지막 FIND 함수에 – 1을 합니다. 결괏값에 콜론이 사라지고 공백이 없는 '6'이라는 문자열이 추출됐습니다.

=ArrayFormula(MID(W5:W,FIND(X3,W5:W) + 1,FIND(Y3,W5:W)–FIND(X3,W5:W)–1))
=W5부터 W열 전체의 데이터에서
(시작 위치) '공백'의 자릿수 위치 + 1부터 시작하는
(추출 길이) '콜론(:)' FIND(Y3,W5:W)에서 '공백( )' FIND(X3,W5:W)의 자릿수를 뺀 값에 –1 한 문자열을 추출하라.
이 수식을 해당 열에 전체 적용하라.

18 오류를 IFERROR 함수를 활용해 없애 보겠습니다. ArrayFormula와 MID 사이에 IFERROR를 입력한 후 소괄호를 입력해 수식을 엽니다. MID 수식이 끝나는 소괄호 뒤에 다시 소괄호를 입력해 IFERROR 수식을 닫습니다. Enter를 누르면 오류가 없어진 셀을 확인할 수 있습니다.

=ArrayFormula(IFERROR(MID(W5:W,FIND(X3,W5:W)+1,FIND(Y3,W5:W)–FIND(X3,W5:W)–1)))

=W5부터 W열 전체의 데이터에서

(시작 위치) '공백'의 자릿수 위치+1부터 시작하는

(추출 길이) '콜론(:)' FIND(Y3,W5:W)에서 '공백( )' FIND(X3,W5:W)의 자릿수를 뺀 값에 –1 한 문자열을 추출하라.

오류값을 없애라.

이 수식을 해당 열에 전체 적용하라.

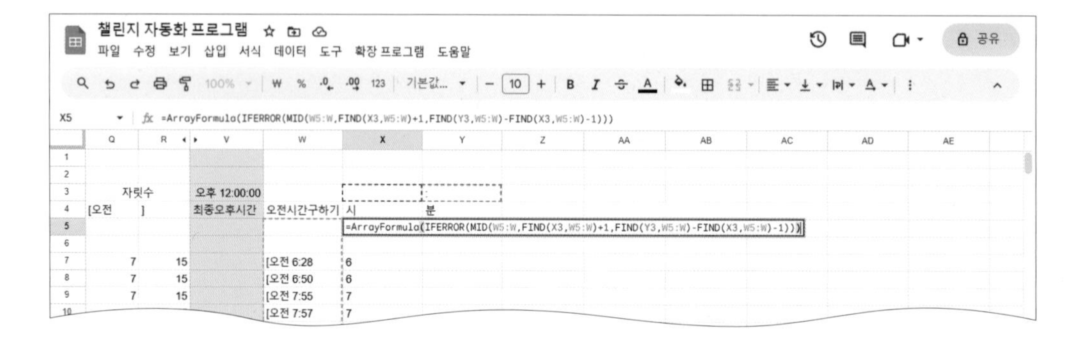

19 '분'을 구하기 위해 문자열을 추출하는 RIGHT 함수를 사용합니다. '분'은 W열의 오전 시간을 구한 값 중 오른쪽 가장 끝에 위치하기 때문에 문자열을 중간에서 추출하지 않아도 됩니다. RIGHT는 지정한 길이의 수만큼 오른쪽에서 문자열을 추출하는 함수입니다. Y5 셀에 '=RIGHT'를 입력한 후 소괄호를 입력해 수식을 엽니다. 추출하고자 하는 문자열이 있는 W5:W 열을 범위로 지정한 후 콤마(,)를 누르고 '2'를 입력합니다. 소괄호를 입력해 수식을 닫습니다. Ctrl + Shift + Enter를 눌러 ArrayFormula 배열 함수를 적용합니다. ArrayFormula와 RIGHT 사이에 IFERROR를 적어 오류를 없애고 Enter를 눌러 Y5 셀에 입력한 수식을 U열에 전체 적용합니다.

=ArrayFormula(IFERROR(RIGHT(W5:W,2)))
=W5부터 W열 전체의 데이터에서 오른쪽부터 2개의 문자열을 추출하라.
오류값을 없애라.
이 수식을 해당 열에 전체 적용하라.

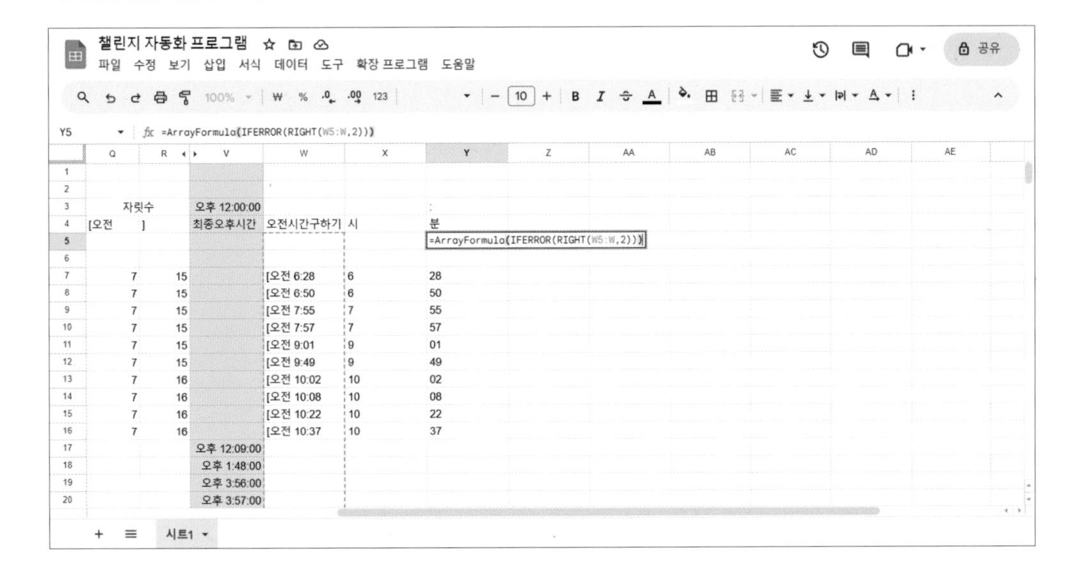

20 이제 앞서 구한 '시'와 '분'을 갖고 최종 오전 시간을 구해 보겠습니다. 시간을 구할 때 TIME 함수를 사용합니다. TIME(시:분:초) 형태로 입력하며 '초'는 사용하지 않기 때문에 '초'의 자리에는 '0'을 입력하면 됩니다. Z4 셀에 '최종 오전 시간'을 입력하고 Z3 셀에 12시를 빼야 할 때 필요한 값인 '12:00:00'를 입력합니다.

논리 1. X열(시) 값이 오전 '12시'라면 '12'를 빼야 한다.

[오전 12:00]가 넘어간 [오전 12:50]은 '12'를 빼 [오전 00:50]로 만들어야 한다.

Z3 fx 12:00:00

	Q	R	V	W	X	Y	Z
1							
2							
3	자릿수		오후 12:00:00			:	12:00:00
4	[오전	]	최종오후시간	오전시간구하기	시	분	최종오전시간
5							
6							
7	7	15		[오전 6:28	6	28	
8	7	15		[오전 6:50	6	50	
9	7	15		[오전 7:55	7	55	
10	7	15		[오전 7:57	7	57	
11	7	15		[오전 9:01	9	01	
12	7	15		[오전 9:49	9	49	
13	7	16		[오전 10:02	10	02	
14	7	16		[오전 10:08	10	08	
15	7	16		[오전 10:22	10	22	
16	7	16		[오전 10:37	10	37	
17			오후 12:09:00				
18			오후 1:48:00				
19			오후 3:56:00				
20			오후 3:57:00				

TIP 오전 12시는 12시간을 꼭 빼야 하나요?

7월 2일 데이터인 W38 셀의 '[오전 12:50'을 예로 들어 보겠습니다.

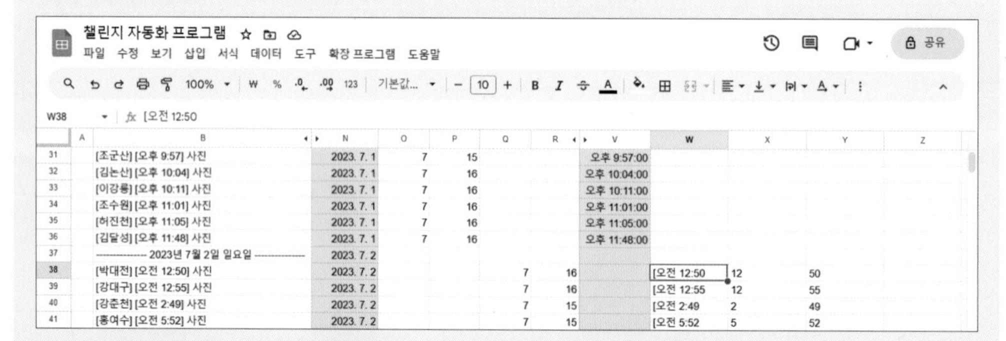

W38 fx [오전 12:50

	A	B	N	O	P	Q	R	V	W	X	Y	Z
31		[조군산] [오후 9:57] 사진	2023. 7. 1	7	15			오후 9:57:00				
32		[김논산] [오후 10:04] 사진	2023. 7. 1	7	16			오후 10:04:00				
33		[이강릉] [오후 10:11] 사진	2023. 7. 1	7	16			오후 10:11:00				
34		[조수원] [오후 11:01] 사진	2023. 7. 1	7	16			오후 11:01:00				
35		[허진천] [오후 11:05] 사진	2023. 7. 1	7	16			오후 11:05:00				
36		[김달성] [오후 11:48] 사진	2023. 7. 1	7	16			오후 11:48:00				
37		------------ 2023년 7월 2일 일요일 ------------	2023. 7. 2									
38		[박대전] [오전 12:50] 사진	2023. 7. 2			7	16		[오전 12:50	12	50	
39		[강대구] [오전 12:55] 사진	2023. 7. 2			7	16		[오전 12:55	12	55	
40		[강춘천] [오전 2:49] 사진	2023. 7. 2			7	15		[오전 2:49	2	49	
41		[홍여수] [오전 5:52] 사진	2023. 7. 2			7	15		[오전 5:52	5	52	

[오전 12:50]이라는 시간에 12시간을 빼지 않고 TIME 함수로 '시:분'을 가져왔을 경우 [오후 12:50]으로 최종 시간이 구해집니다.
그 이유는 컴퓨터는 X열과 Y열에 구한 시간(시=12, 분=50)을 '오전 12시 50분'으로 인식하지 못하고 숫자만으로 판단하기 때문에 12시 50분 즉, '오후 12시 50분'으로 인식합니다.
그래서 X열의 시간이 자정을 넘어서 다음날 오전 12시로 넘어갔다면 반드시 12시간을 빼서 00시로 만들어야 컴퓨터가 오전 00시로 인식할 수 있습니다.
('오전 12:50' - 12:00 = 오전 00:50)

21 Z5 셀에 최종 오전 시간을 구하는 수식을 입력하겠습니다. 조건에 따라 결괏값을 가져오는 IF 함수와 시간 결괏값을 구하는 TIME 함수를 함께 사용합니다. Z5 셀에 =IF를 입력한 후 소괄호를 입력해 수식을 엽니다.

22 앞서 세웠던 논리를 IF 함수에 적용합니다. X열에 추출했던 시간이 "12"와 같다면(=), 12시간을 빼야 하기 때문에 IF 함수를 활용해 논리를 적용합니다.

=IF(X5:X="12",
=만약 X5부터 X열 전체의 데이터가 "12"와 같다면

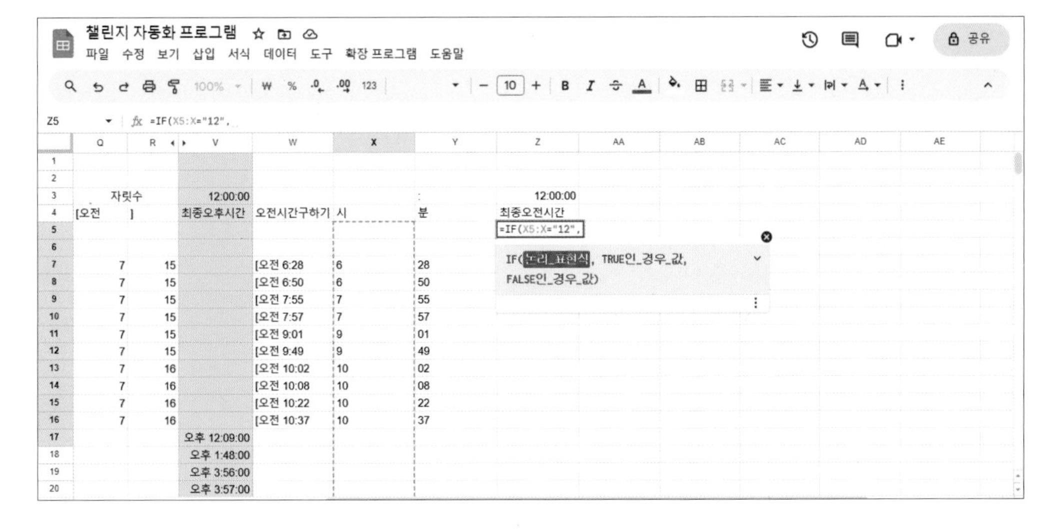

23 IF 함수의 논리를 표현한 다음은 논리가 TRUE인 경우를 입력합니다. X열에서 추출했던 시간이 "12"와 같다면(=), 12시간을 빼라는 수식을 입력합니다. Z3 셀에 적어 놓았던 '12:00:00'를 X열의 시간, Y열의 분, 그리고 초(0)에 각각 뺍니다.

=IF(X5:X="12",TIME(X5:X,Y5:Y,0)-Z3,
=만약 X5부터 X열 전체의 데이터가 "12"와 같다면
(TRUE) Z3 셀의 값(12:00:00) 즉, 12시간을 X5:X열의 시간, Y5:Y열의 분, 초에서 빼고

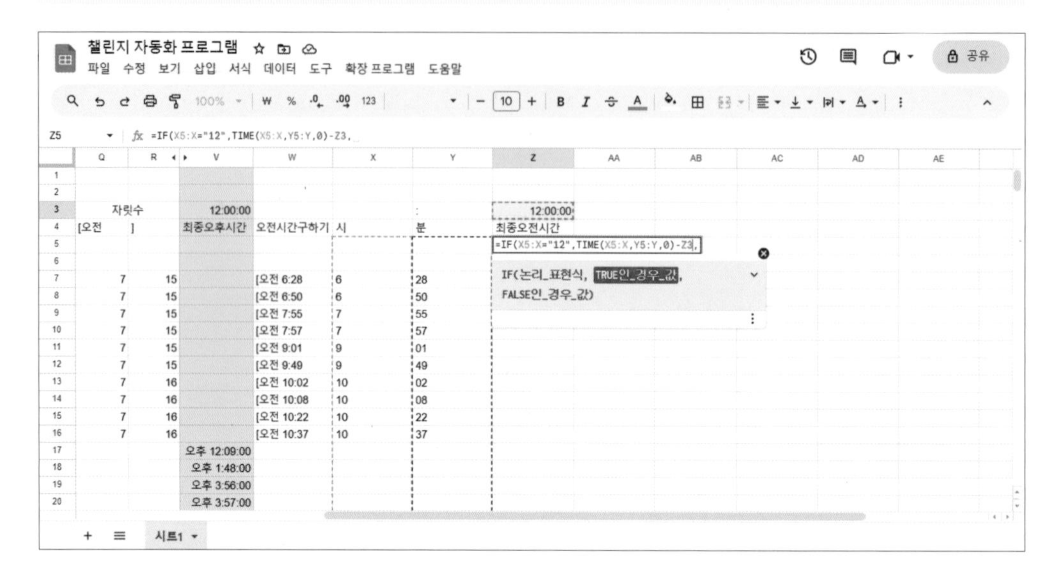

24 그다음은 논리가 FALSE인 경우를 입력합니다. X열에서 추출했던 시간이 "12"와 같다면(=), 12시간을 빼고 그렇지 않으면 X열과 Y열에 추출했던 시간을 그대로 가져오라는 수식을 입력합니다.

=IF(X5:X="12",TIME(X5:X,Y5:Y,0)-Z3,TIME(X5:X,Y5:Y,0)
=만약 X5부터 X열 전체의 데이터가 "12"와 같다면
(TRUE) Z3 셀의 값(12:00:00) 즉, 12시간을 X5:X열의 시간, Y5:Y열의 분, 초에서 빼고
(FALSE) 그렇지 않으면 X5:X열의 시간, Y5:Y열의 분, 초(0)를 그대로 가져오라.

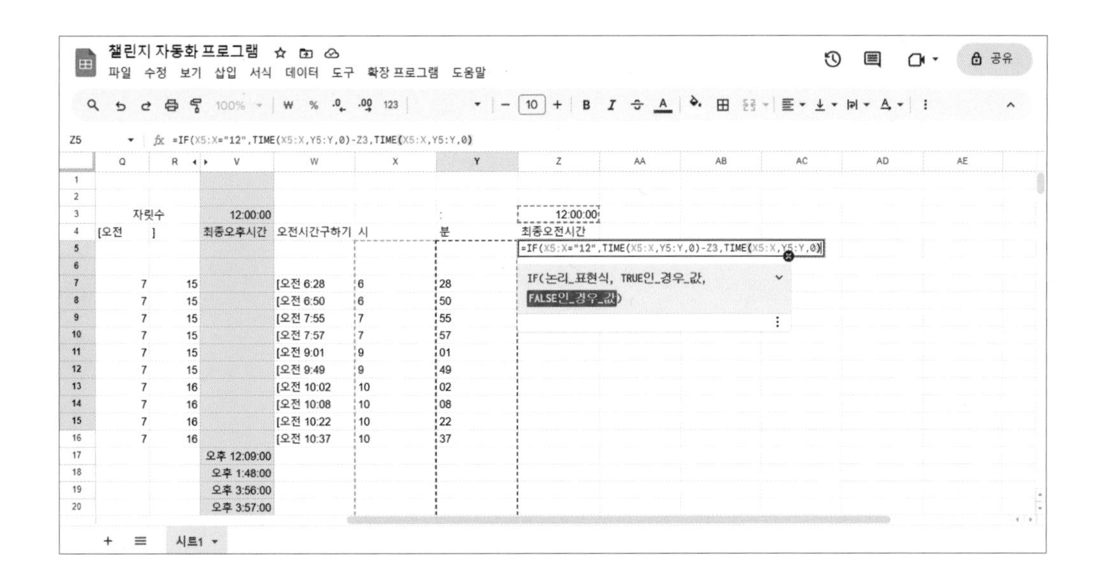

25 IF 수식의 소괄호 끝에서 Ctrl + Shift + Enter를 눌러 ArrayFormula 배열 함수를 적용합니다. 그리고 Enter를 눌러 V5 셀에 입력한 수식을 V열에 전체 적용합니다. 최종 오전 시간으로 구한 값이 소수점 아래의 숫자로 표시됐습니다. 이것은 오류가 아니라고 정상적인 데이터입니다.

=ArrayFormula(IF(X5:X="12",TIME(X5:X,Y5:Y,0)–Z3,TIME(X5:X,Y5:Y,0)))
=만약 X5부터 X열 전체의 데이터가 "12"와 같다면
(TRUE) Z3 셀의 값(12:00:00) 즉, 12시간을 X5:X열의 시간, Y5:Y열의 분, 초에서 빼고
(FALSE) 그렇지 않으면 X5:X열의 시간, Y5:Y열의 분, 초(0)를 그대로 가져오라.
이 수식을 해당 열에 전체 적용하라.

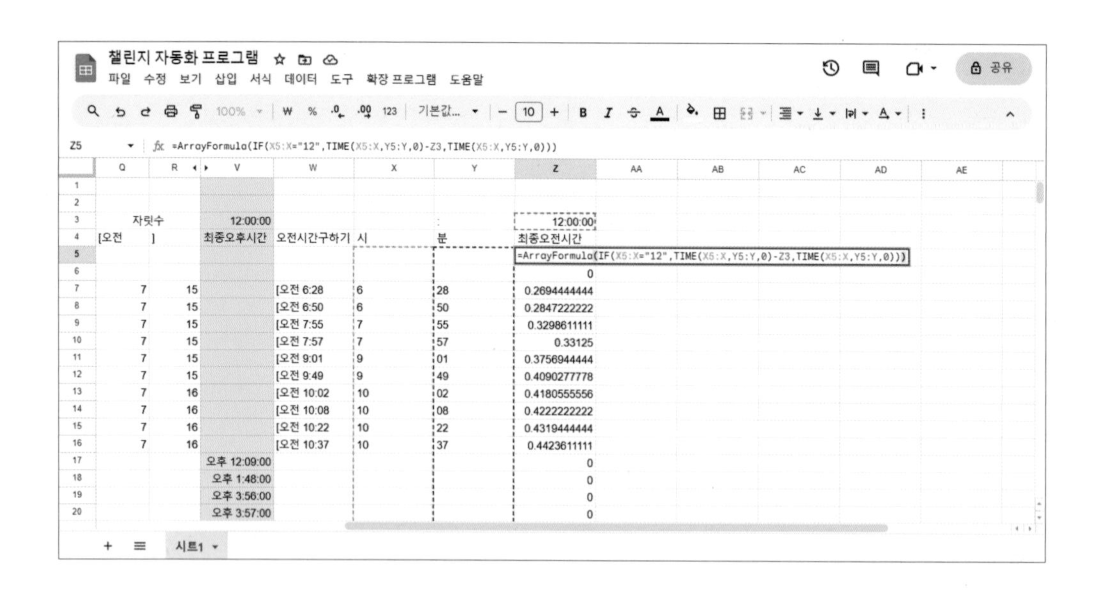

26 소수점 이하의 값은 시간을 의미합니다. 상단 Z열의 머리글을 클릭해 Z열 전체를 선택합니다. 메뉴의 [서식] - [숫자] - [시간]을 클릭해 숫자를 시간으로 변환합니다.

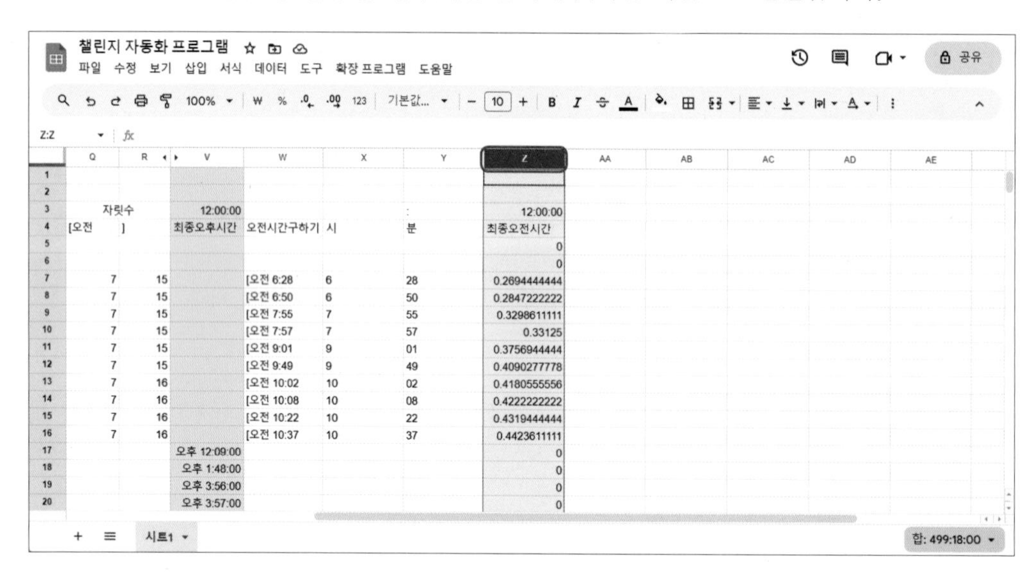

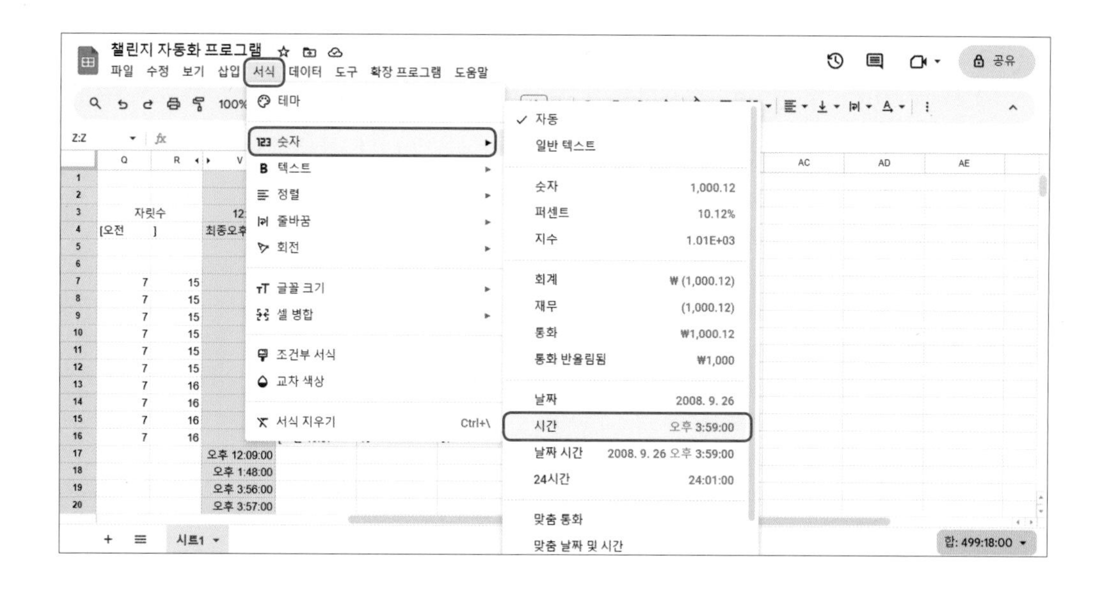

27 시간으로 변환된 값이 정상적인 오전 시간으로 나온 것을 확인할 수 있습니다. 그런데 X열과 Y열에 데이터 값이 비어 있는데도 Z열에 오전 12:00:00로 값이 적용됐습니다. 이는 필요 없는 값이므로 X열과 Y열의 시와 분의 데이터가 비어 있다면 Z열에 아무것도 표시하지 말라는 수식을 입력해야 합니다.

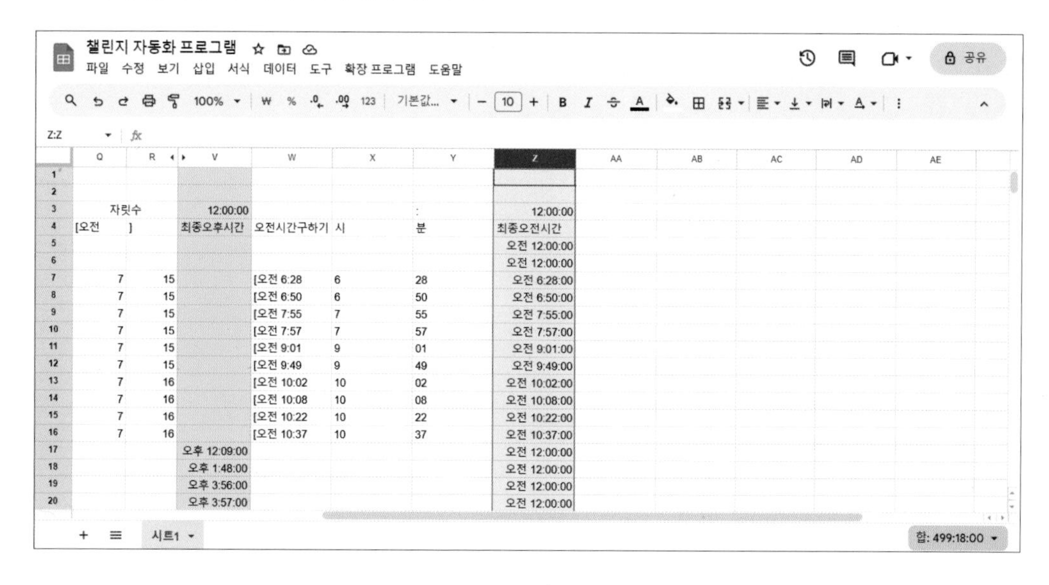

28 IF 함수를 다시 활용해 X열과 Y열이 비어 있다면 Z열에 아무것도 표시하지 말고 그렇지 않으면 이전에 입력했던 IF 수식을 적용하라는 수식을 입력해 보겠습니다. ArrayFormula와 IF 사이에 IF를 입력한 후 소괄호를 입력해 수식을 엽니다. IF(X5:X=" "," ",을 입력한 후 소괄호를 입력해 수식을 바로 닫으면 안 됩니다. 다음의 IF 함수가 FALSE인 경우로 들어가는 것이기 때문에 하나의 수식으로 묶이게 됩니다.

=ArrayFormula(IF(X5:X=" ", " ", IF(X5:X="12",TIME(X5:X,Y5:Y,0)–Z3,TIME(X5:X,Y5:Y,0))))
=만약 X5부터 X열 전체의 데이터가 비어 있다면 Z열도 아무것도 없이 비워 두고
그렇지 않으면 아래의 내용을 적용하라.
만약 X5부터 X열 전체의 데이터가 "12"와 같다면
(TRUE) Z3 셀의 값(12:00:00) 즉, 12시간을 X5:X열의 시간, Y5:Y열의 분, 초에서 빼고
(FALSE) 그렇지 않으면 X5:X열의 시간, Y5:Y열의 분, 초(0)를 그대로 가져오라.
이 수식을 해당 열에 전체 적용하라.

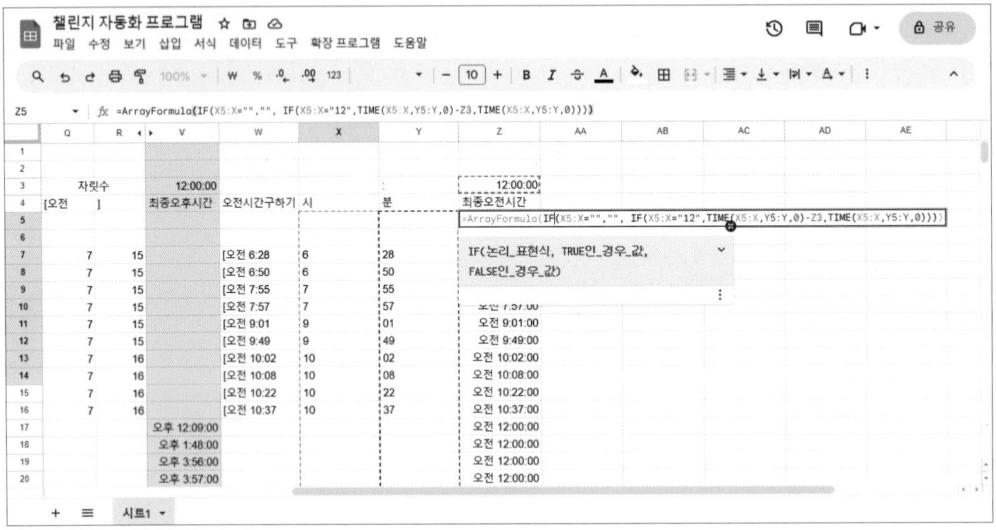

29 최종 오전 시간 데이터가 깔끔하게 정리돼 정확한 오전 시간이 구해졌습니다. 최종 오전 시간의 Z열도 최종 오후 시간의 V열과 마찬가지로 눈에 잘 보이도록 [채우기 색상]을 통해 색을 지정합니다. 오른쪽의 스크롤을 내려 아래 행들의 최종 오전 시간 데이터도 잘 구해졌는지 검토합니다. 컴퓨터가 인식하는 데이터로 정제하는 법을 배웠으므로 다음에는 최종 오전 시간과 최종 오후 시간을 합쳐 하나의 열에 모두 보이도록 해 보겠습니다.

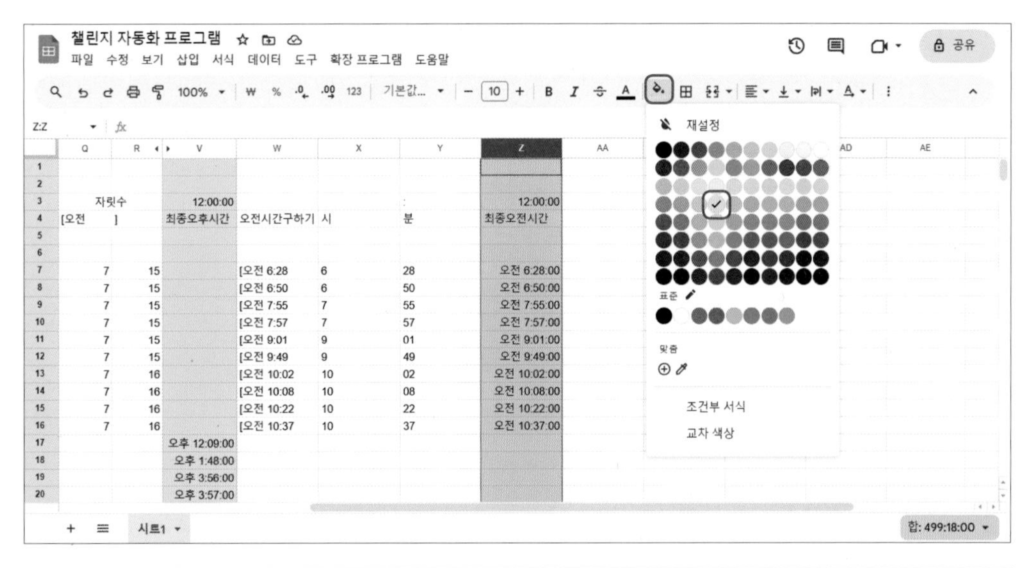

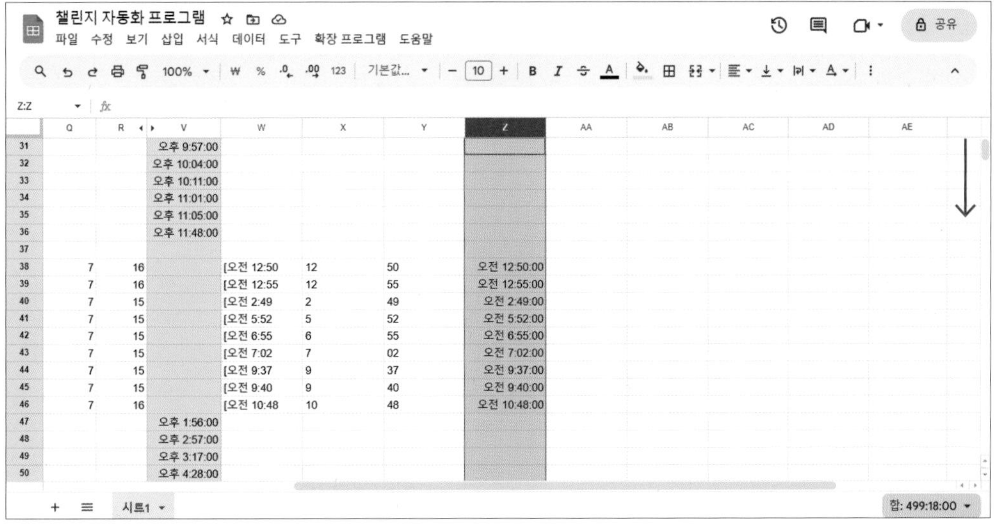

시간(오전/오후) 합치고 최종 시간 구하기

앞서 최종 오후 시간과 최종 오전 시간을 구했습니다. 이 데이터들을 합쳐 오전과 오후 시간이 함께 나오는 최종 시간을 구해 보겠습니다. 여기에서는 IF 함수와 VALUE 함수를 활용하고 '&'를 사용해 데이터를 더하는 방법도 함께 알아보겠습니다.

01 시트가 넓어져 보기 어려우므로 O~R열까지 숨기기해 보기 편하게 만듭니다. 상단에 있는 O열 머리글을 클릭하고 드래그해 R열까지 범위를 선택하거나 O열 머리글을 클릭한 후 Shift를 누른 채 R열 머리글을 클릭해 범위를 선택합니다. 마우스 오른쪽 버튼을 클릭해 선택한 열을 숨길 수 있는 [O-R열 숨기기]를 클릭합니다.

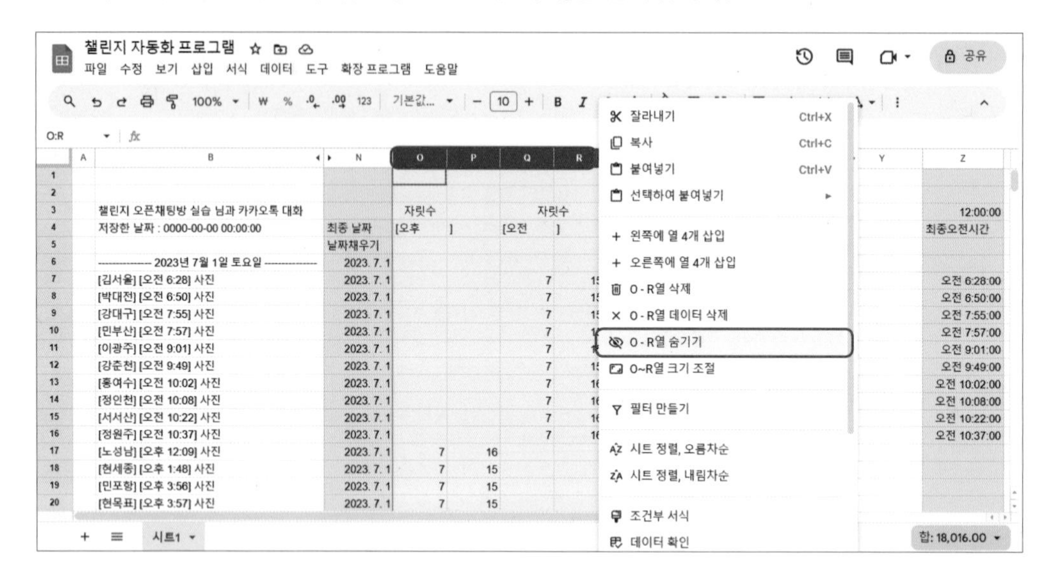

02 다시 W~Y열까지 숨기기해 보기 편하게 만듭니다. 상단에 있는 W열 머리글을 클릭하고 드래그해 Y열까지 범위를 선택하거나 W열 머리글을 클릭한 후 Shift를 누른 채 Y열 머리글을 클릭해 범위를 선택합니다. 마우스 오른쪽 버튼을 클릭해 선택한 열을 숨길 수 있는 [W-Y열 숨기기]를 클릭합니다.

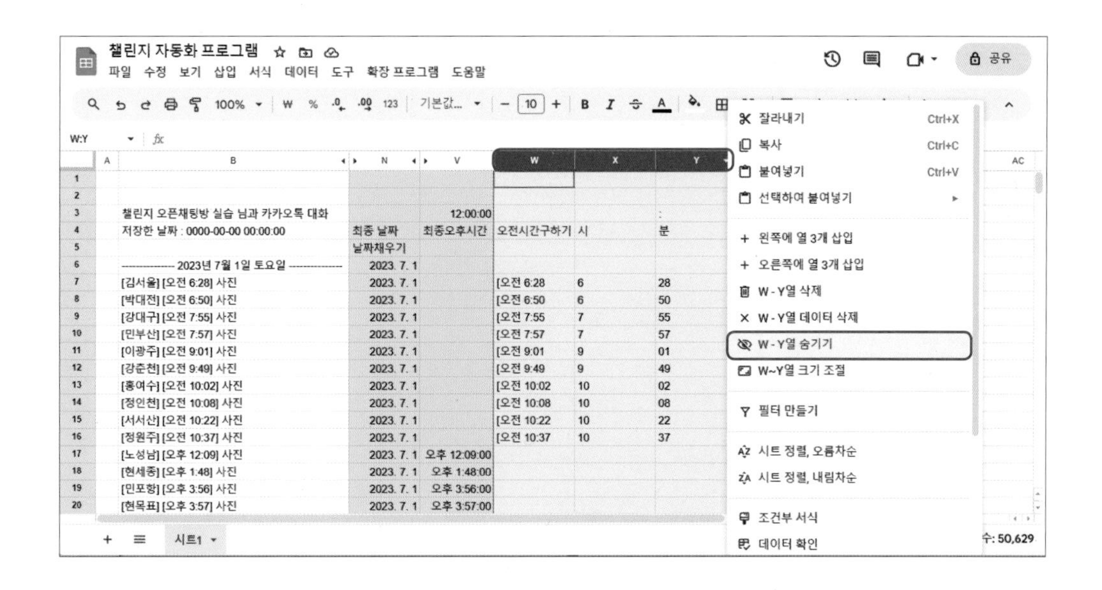

03 N, V, Z열의 색상을 조금 연하게 바꿔 보겠습니다. 상단에 있는 N열 머리글을 클릭하고 Ctrl을 누른 채 V, Z열을 순차적으로 클릭해 바꾸고자 하는 범위로 선택합니다. [채우기 색상]을 클릭해 기존보다 조금 연한 색상을 클릭합니다.

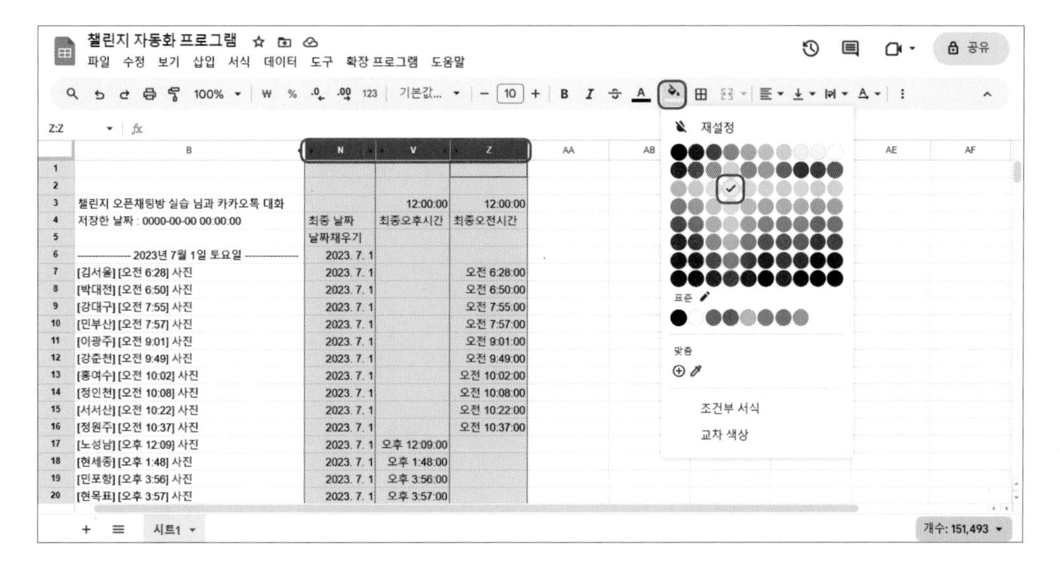

04 최종 오후 시간과 최종 오전 시간의 데이터를 합치기 위해 AA4 셀에 '최종 시간'을 입력합니다. AA5 셀에 IF 함수를 활용해 논리를 적용시켜 보겠습니다.

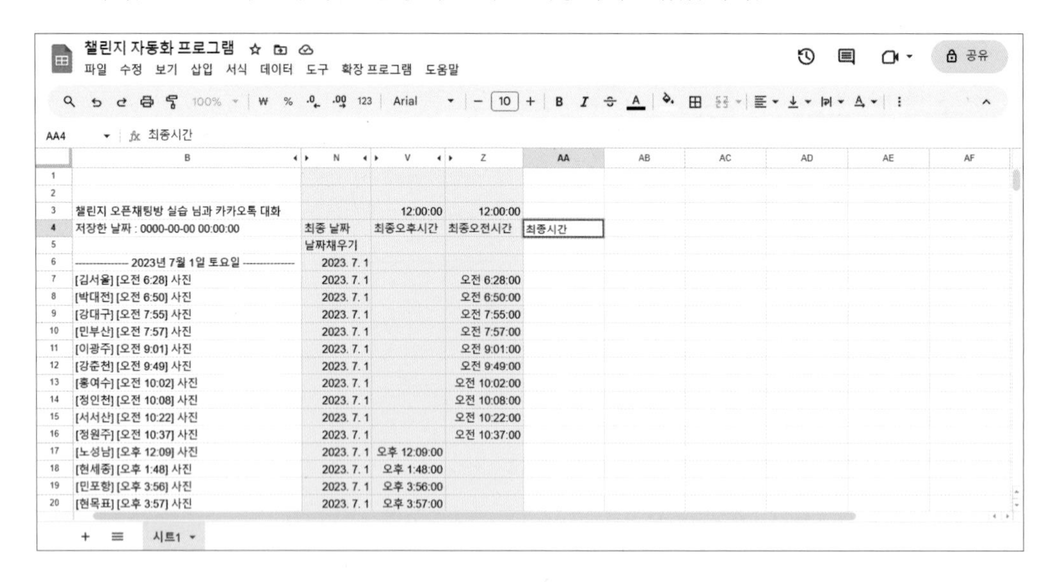

05 IF 함수는 논리를 세워 TRUE인 경우의 값과 FALSE인 경우의 값을 나눠 구할 수 있습니다. 먼저 V열의 데이터가 비어 있지 않으면 AA열에 '1'이라고 표시되게 수식을 입력합니다. 즉, 최종 오후 시간의 데이터가 있으면 '1'이라고 표시하라는 뜻입니다.

> =IF(V5:V=" "," ",1)
> =만약 V5부터 V열 전체의 데이터가 비어 있다면 AA열도 아무것도 없이 비워 두고 그렇지 않으면 '1'이라고 표시하라.

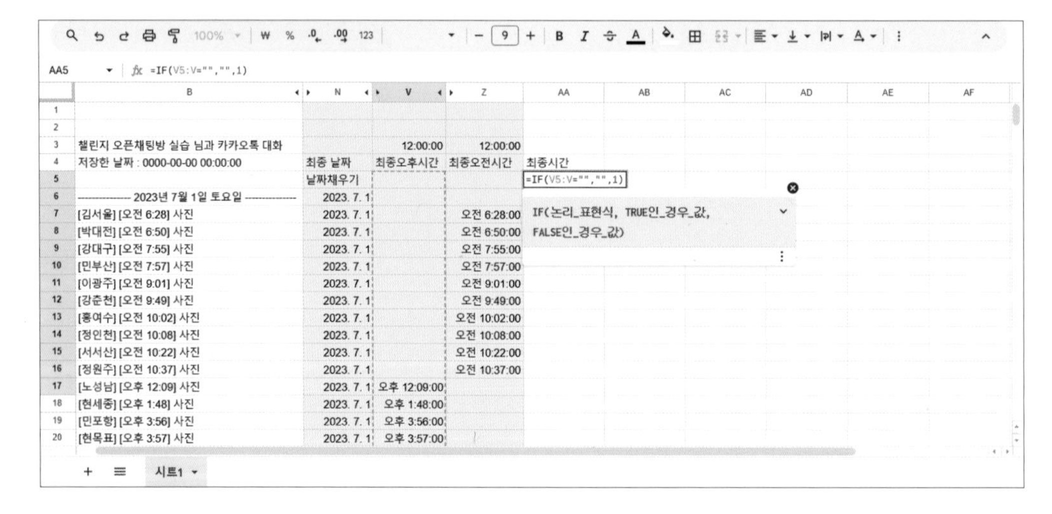

06 IF 수식이 끝나는 소괄호 끝에서 Ctrl + Shift + Enter를 누른 후 ArrayFormula 배열 함수를 적용해 AA5 셀에 입력한 수식을 AA열에 전체 적용합니다. 최종 오후 시간의 데이터가 있으면 AA열에 '1'이라고 표시된 것을 볼 수 있습니다.

=ArrayFormula(IF(V5:V=" "," ",1))
=만약 V5부터 V열 전체의 데이터가 비어 있다면 AA열도 아무것도 없이 비워 두고
그렇지 않으면 '1'이라고 표시하라.
이 수식을 해당 열에 전체 적용하라.

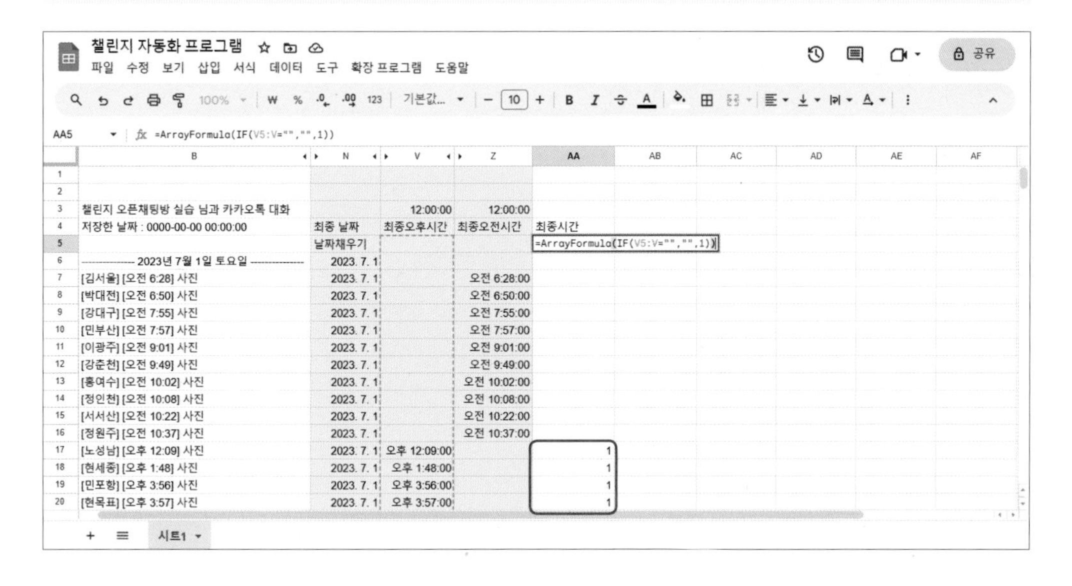

07 최종 오후 시간의 데이터가 있으면 AA열에 '1'이라고 표시되는 것을 확인했습니다. 여기서 수식이 끝나는 것이 아닙니다. AA열에 최종 오전 시간도 가져와야 하기 때문에 ArrayFormula 배열 함수를 삭제하고 다음 수식을 이어서 입력합니다.

> 논리 1. 최종 오후 시간=1, 최종 오전 시간=1이라고 표시된다.
> (최종 오후 시간=1)+(최종 오전 시간=1)=2
> 최종 오후 시간과 최종 오전 시간을 더한 값이 1보다 크거나 같으면 V열과 Z열의 시간을 가져오고 그렇지 않으면 AA열을 비워 둬라.

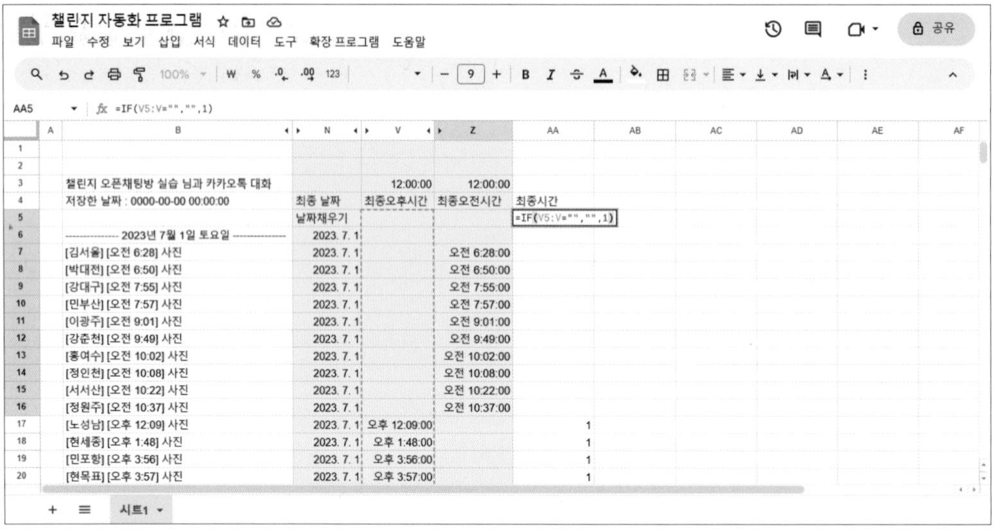

08 최종 오후 시간과 최종 오전 시간을 더하기 위해 최종 오후 시간을 '1'이라고 표시하라는 수식 뒤로 ' + '를 입력하고 최종 오전 시간도 '1'로 표시되게끔 수식을 작성해 더합니다.

> =IF(V5:V=" "," ",1)+IF(Z5:Z=" "," ",1)
> ='최종 오후 시간=1'과 '최종 오전 시간=1'을 더하라.

챌린지 자동화 프로그램

파일 수정 보기 삽입 서식 데이터 도구 확장 프로그램 도움말

AA5 fx =IF(V5:V="","",1)+IF(Z5:Z="","",1)

	A	B	N	V	Z	AA
1						
2						
3		챌린지 오픈채팅방 실습 님과 카카오톡 대화		12:00:00	12:00:00	
4		저장한 날짜 : 0000-00-00 00:00:00	최종 날짜	최종오후시간	최종오전시간	최종시간
5			날짜채우기			=IF(V5:V="","",1)+IF(Z5:Z="","",1)
6		--------------- 2023년 7월 1일 토요일 ---------------	2023. 7. 1			
7		[김서울] [오전 6:28] 사진	2023. 7. 1		오전 6:28:00	
8		[박대전] [오전 6:50] 사진	2023. 7. 1		오전 6:50:00	
9		[강대구] [오전 7:55] 사진	2023. 7. 1		오전 7:55:00	
10		[민부산] [오전 7:57] 사진	2023. 7. 1		오전 7:57:00	
11		[이광주] [오전 9:01] 사진	2023. 7. 1		오전 9:01:00	
12		[강춘천] [오전 9:49] 사진	2023. 7. 1		오전 9:49:00	
13		[홍여수] [오전 10:02] 사진	2023. 7. 1		오전 10:02:00	
14		[정인천] [오전 10:08] 사진	2023. 7. 1		오전 10:08:00	
15		[서서산] [오전 10:22] 사진	2023. 7. 1		오전 10:22:00	
16		[정원주] [오전 10:37] 사진	2023. 7. 1		오전 10:37:00	
17		[노성남] [오후 12:09] 사진	2023. 7. 1	오후 12:09:00		1
18		[현세종] [오후 1:48] 사진	2023. 7. 1	오후 1:48:00		1
19		[민포항] [오후 3:56] 사진	2023. 7. 1	오후 3:56:00		1
20		[현목표] [오후 3:57] 사진	2023. 7. 1	오후 3:57:00		1

시트1

09 최종 오후 시간을 가져왔던 IF 함수의 앞에 IF를 입력한 후 소괄호를 열어 다시 논리를 세워 줍니다. 최종 오후 시간 = 1과 최종 오전 시간 = 1을 더한 값이 1보다 크거나 같다면의 수식과 기호를 넣습니다.

=IF(IF(V5:V=" "," ",1)+IF(Z5:Z=" "," ",1)> =1,

=만약 '최종 오후 시간=1'과 '최종 오전 시간=1'을 더한 값이 '1'보다 크거나 같으면(> =1),

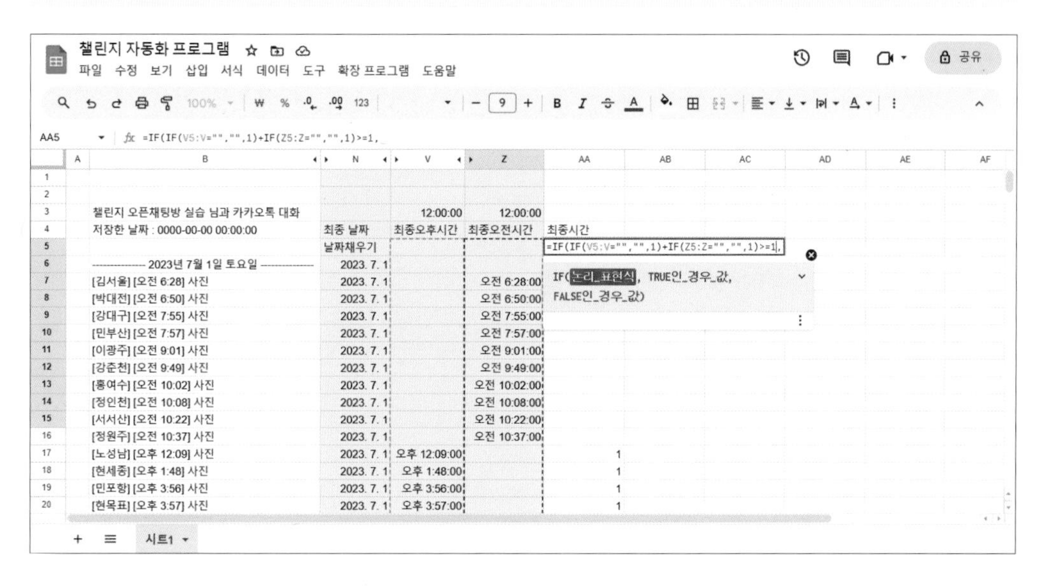

10 IF 수식의 논리를 세웠으면 TRUE인 경우를 입력해야 합니다. 최종 오후 시간과 최종 오전 시간을 합쳐 가져와야 되기 때문에 '&'를 사용해 합칩니다. '&'는 양쪽의 값을 더할 때 사용합니다. TRUE인 경우를 입력할 때 V5:V&Z5:Z 수식 앞에 반드시 VALUE 함수를 작성해 숫자로 인식하게 해 줘야 합니다.

=IF(IF(V5:V=" "," ",1)+IF(Z5:Z=" "," ",1)>=1,VALUE(V5:V&Z5:Z),
=만약 '최종 오후 시간=1'과 '최종 오전 시간=1'을 더한 값이 '1'보다 크거나 같으면(>=1),
(TRUE) V열의 '최종 오후 시간'과 Z열의 '최종 오전 시간'의 값을 더하고

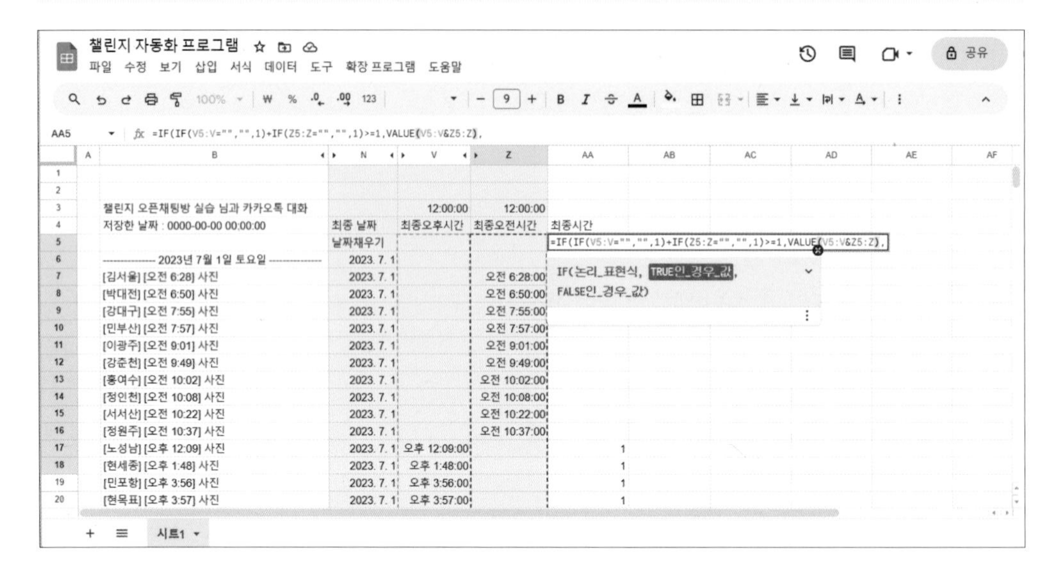

11 이제 FALSE인 경우를 입력합니다. TRUE의 경우에 속하지 않는다면 비워두라는 수식을 입력합니다.

=IF(IF(V5:V=" "," ",1)+IF(Z5:Z=" "," ",1)>=1,VALUE(V5:V&Z5:Z)," ")
=만약 '최종 오후 시간=1'과 '최종 오전 시간=1'을 더한 값이 '1'보다 크거나 같으면(>=1),
(TRUE) V열의 '최종 오후 시간'과 Z열의 '최종 오전 시간'의 값을 더하고
(FALSE) 그렇지 않으면 AA열을 비워 둬라.

챌린지 자동화 프로그램

파일 수정 보기 삽입 서식 데이터 도구 확장 프로그램 도움말

AA5 =IF(IF(V5:V="","",1)+IF(Z5:Z="","",1)>=1,VALUE(V5:V&Z5:Z),"")

	B	N	V	Z	AA
1					
2					
3	챌린지 오픈채팅방 실습 님과 카카오톡 대화		12:00:00	12:00:00	
4	저장한 날짜 : 0000-00-00 00:00:00	최종 날짜	최종오후시간	최종오전시간	최종시간
5		날짜채우기			=IF(IF(V5:V="","",1)+IF(Z5:Z="","",1)>=1,VALUE(V5:V&Z5:Z),"")
6	------------ 2023년 7월 1일 토요일 ------------	2023. 7. 1			
7	[김서울] [오전 6:28] 사진	2023. 7. 1		오전 6:28:00	
8	[박대전] [오전 6:50] 사진	2023. 7. 1		오전 6:50:00	
9	[강대구] [오전 7:55] 사진	2023. 7. 1		오전 7:55:00	
10	[민부산] [오전 7:57] 사진	2023. 7. 1		오전 7:57:00	
11	[이광주] [오전 9:01] 사진	2023. 7. 1		오전 9:01:00	
12	[강춘천] [오전 9:49] 사진	2023. 7. 1		오전 9:49:00	
13	[홍여수] [오전 10:02] 사진	2023. 7. 1		오전 10:02:00	
14	[정인천] [오전 10:08] 사진	2023. 7. 1		오전 10:08:00	
15	[서서산] [오전 10:22] 사진	2023. 7. 1		오전 10:22:00	
16	[정원주] [오전 10:37] 사진	2023. 7. 1		오전 10:37:00	
17	[노성남] [오후 12:09] 사진	2023. 7. 1	오후 12:09:00		1
18	[현세종] [오후 1:48] 사진	2023. 7. 1	오후 1:48:00		1
19	[민포항] [오후 3:56] 사진	2023. 7. 1	오후 3:56:00		1
20	[현목표] [오후 3:57] 사진	2023. 7. 1	오후 3:57:00		1

IF(논리_표현식, TRUE인_경우_값, FALSE인_경우_값)

시트1

12 IF 수식이 끝나는 소괄호 끝에서 Ctrl + Shift + Enter를 눌러 ArrayFormula 배열 함수를 적용해 AA5 셀에 입력한 수식을 AA열에 전체 적용합니다.

=ArrayFormula(IF(IF(V5:V=" "," ",1)+IF(Z5:Z=" "," ",1)> =1,VALUE(V5:V&Z5:Z)," "))

=만약 '최종 오후 시간=1'과 '최종 오전 시간=1'을 더한 값이 '1'보다 크거나 같으면(> =1),

(TRUE) V열의 '최종 오후 시간'과 Z열의 '최종 오전 시간'의 값을 더하고

(FALSE) 그렇지 않으면 AA열을 비워 둬라.

이 수식을 해당 열에 전체 적용하라.

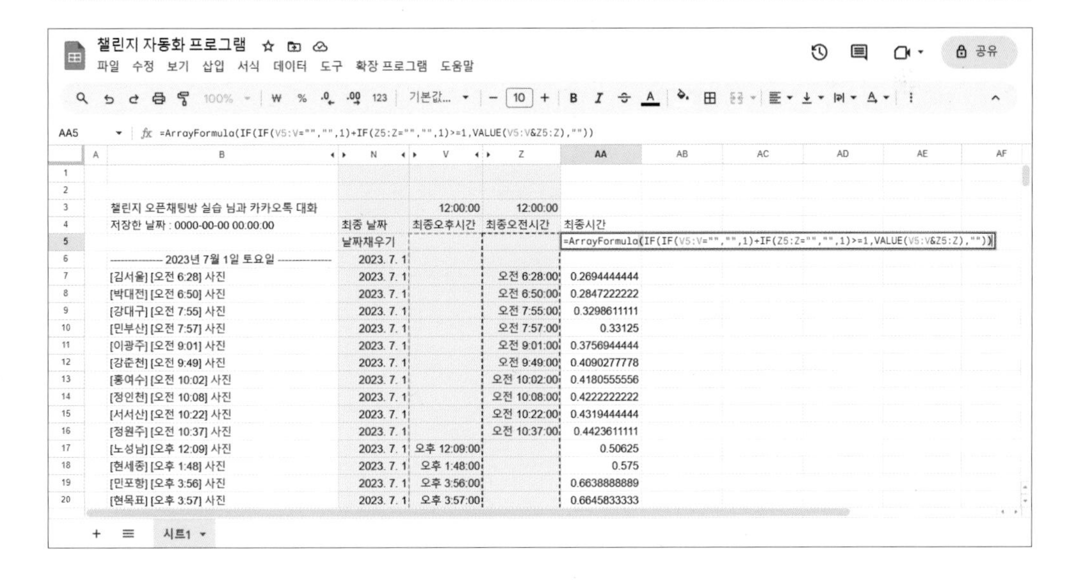

챌린지 자동화 프로그램

파일 수정 보기 삽입 서식 데이터 도구 확장 프로그램 도움말

AA5 =ArrayFormula(IF(IF(V5:V="","",1)+IF(Z5:Z="","",1)>=1,VALUE(V5:V&Z5:Z),""))

	B	N	V	Z	AA
1					
2					
3	챌린지 오픈채팅방 실습 님과 카카오톡 대화		12:00:00	12:00:00	
4	저장한 날짜 : 0000-00-00 00:00:00	최종 날짜	최종오후시간	최종오전시간	최종시간
5		날짜채우기			=ArrayFormula(IF(IF(V5:V="","",1)+IF(Z5:Z="","",1)>=1,VALUE(V5:V&Z5:Z),""))
6	------------ 2023년 7월 1일 토요일 ------------	2023. 7. 1			
7	[김서울] [오전 6:28] 사진	2023. 7. 1		오전 6:28:00	0.2694444444
8	[박대전] [오전 6:50] 사진	2023. 7. 1		오전 6:50:00	0.2847222222
9	[강대구] [오전 7:55] 사진	2023. 7. 1		오전 7:55:00	0.3298611111
10	[민부산] [오전 7:57] 사진	2023. 7. 1		오전 7:57:00	0.33125
11	[이광주] [오전 9:01] 사진	2023. 7. 1		오전 9:01:00	0.3756944444
12	[강춘천] [오전 9:49] 사진	2023. 7. 1		오전 9:49:00	0.4090277778
13	[홍여수] [오전 10:02] 사진	2023. 7. 1		오전 10:02:00	0.4180555556
14	[정인천] [오전 10:08] 사진	2023. 7. 1		오전 10:08:00	0.4222222222
15	[서서산] [오전 10:22] 사진	2023. 7. 1		오전 10:22:00	0.4319444444
16	[정원주] [오전 10:37] 사진	2023. 7. 1		오전 10:37:00	0.4423611111
17	[노성남] [오후 12:09] 사진	2023. 7. 1	오후 12:09:00		0.50625
18	[현세종] [오후 1:48] 사진	2023. 7. 1	오후 1:48:00		0.575
19	[민포항] [오후 3:56] 사진	2023. 7. 1	오후 3:56:00		0.6638888889
20	[현목표] [오후 3:57] 사진	2023. 7. 1	오후 3:57:00		0.6645833333

시트1

13 결괏값이 소수점 이하의 숫자로 나온 것이 보입니다. 이것은 정상적인 데이터입니다. AA열의 머리글을 클릭해 전체 선택한 후 메뉴의 [서식]-[숫자]-[시간]을 클릭해 숫자를 시간으로 변환합니다. 최종 오후 시간과 최종 오전 시간의 값이 합쳐져 AA열에 함께 표시됩니다.

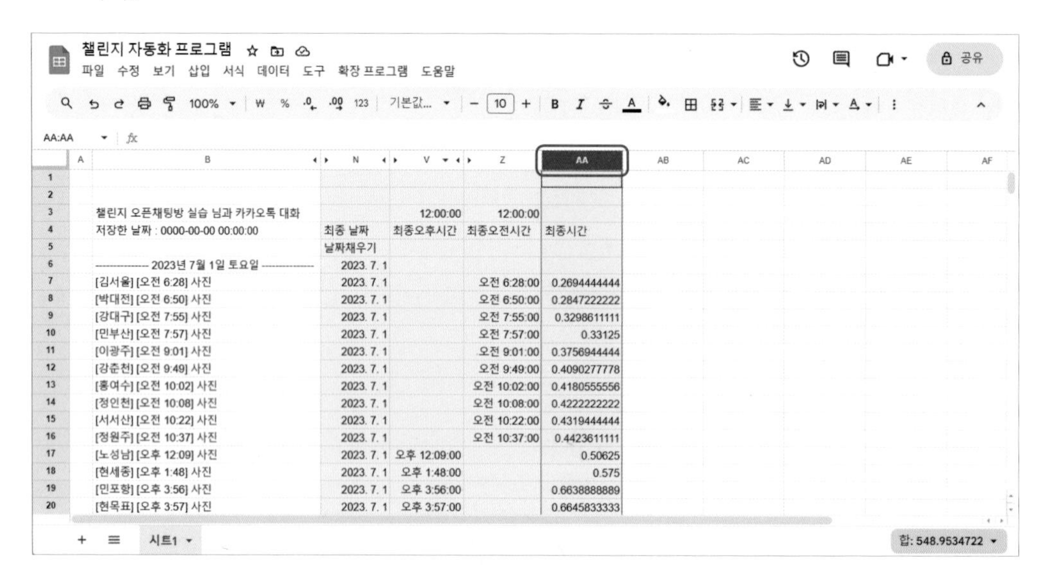

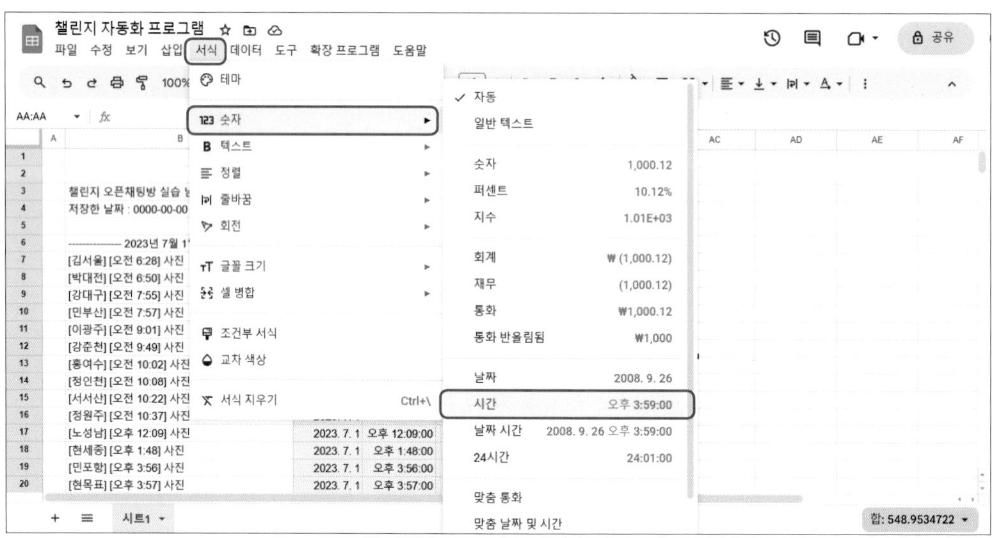

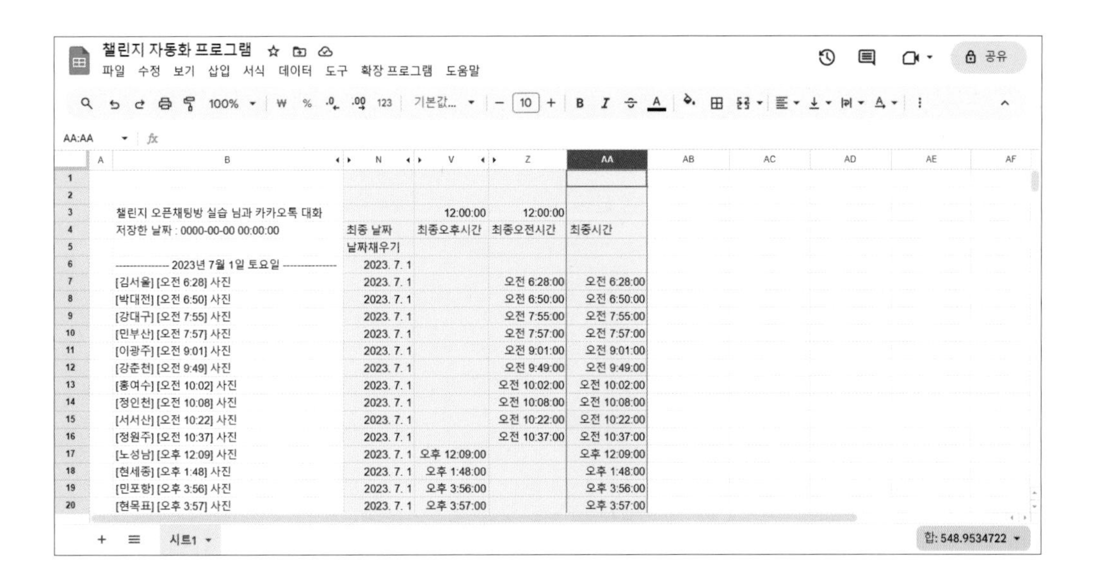

14 지금까지 최종 시간을 구하기 위해 최종 오후 시간과 최종 오전 시간을 따로 구해 합치는 과정을 거쳤습니다. 중요한 데이터가 있는 AA열을 선택한 후 [채우기 색상]을 통해 색을 지정합니다.

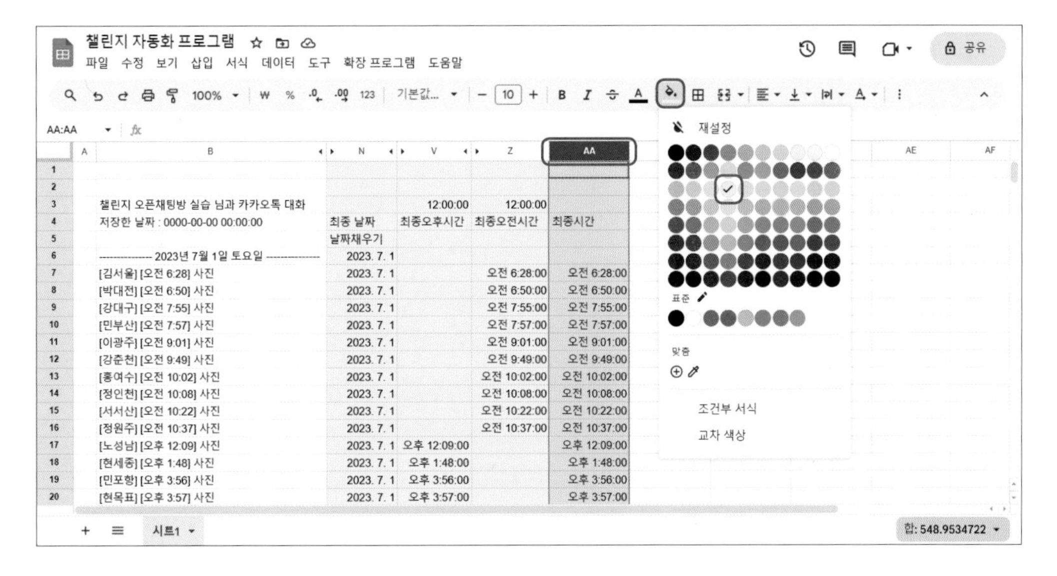

15 V열과 Z열은 최종 시간을 구하기 위해 사용됐고 앞으로 사용하지 않으므로 숨기기 처리합니다. 상단에 있는 V열 머리글을 클릭하고 드래그해 Z열까지 범위를 선택하거나 V열 머리글을 클릭한 후 Shift를 누른 채 Z열 머리글을 클릭해 범위를 선택합니다. 마우스 오른쪽 버튼을 클릭해 선택한 열을 숨길 수 있는 [V-Z열 숨기기]를 클릭합니다.

원본 데이터가 있는 B열, 최종 날짜가 있는 N열, 최종 시간이 있는 AA열로 정리됐습니다.

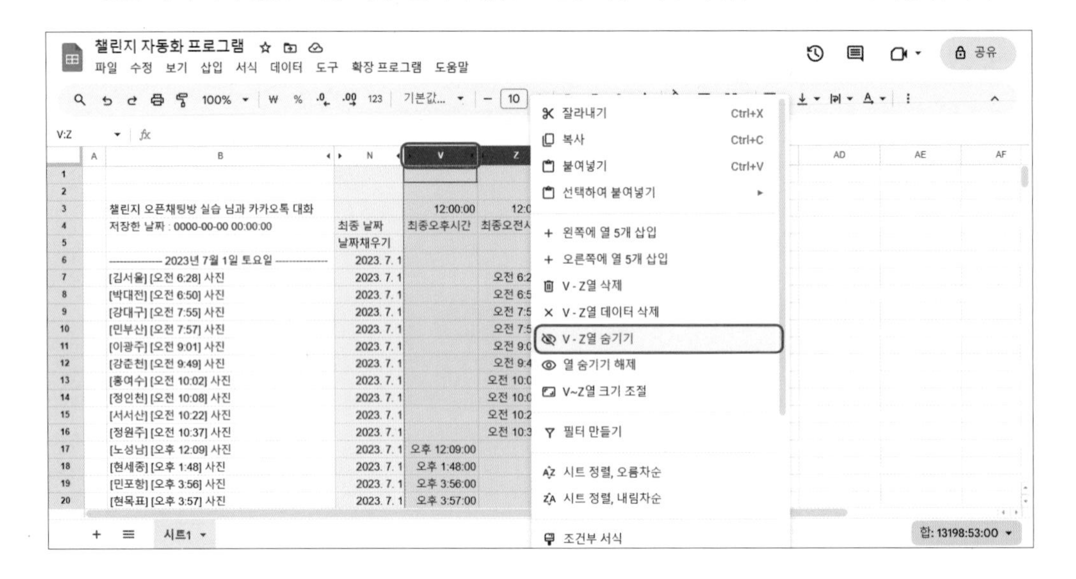

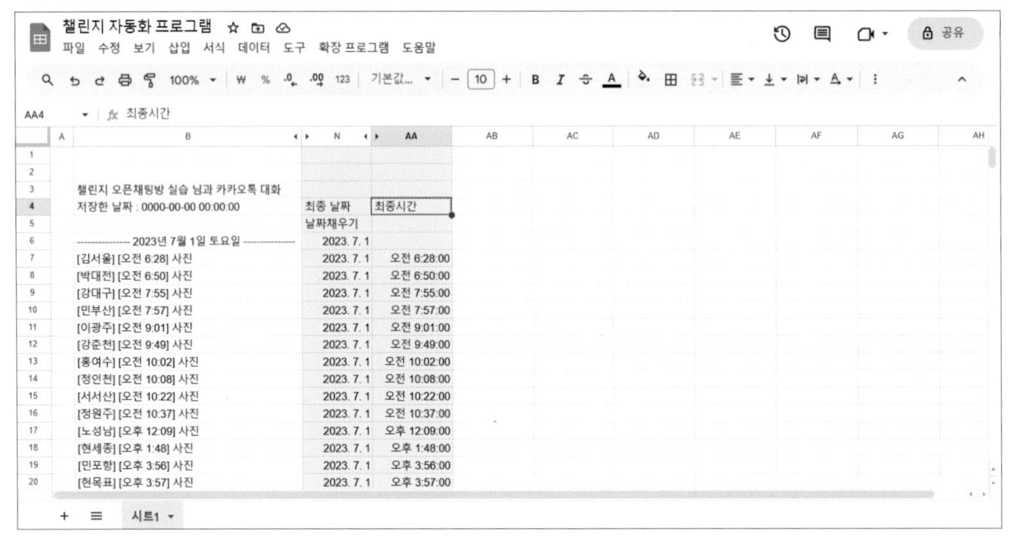

CHAPTER

03 챌린지 인증한 닉네임 구하기

앞 장에서 시간을 추출해 각 데이터에 시간이 표시되도록 수식을 완성했습니다. 이 장에서는 스프레드시트 함수를 활용해 미션을 인증한 사람(닉네임)이 누구인지 최종적으로 구해 보겠습니다. 미션 인증 방법이 사진인지 동영상인지, 인증 종류에 따라 인증 값이 달라지므로 운영하는 챌린지의 인증 방법에 따라 다르게 하면 됩니다. 최종적으로 인증한 닉네임을 구하기 전에 인증 값, 인증한 닉네임, 인증한 날짜, 인증한 시간을 구하고 최종 인증 닉네임까지 구하는 방법을 알아보겠습니다.

인증(사진) 값 구하기

챌린지를 운영할 때 참여자들로부터 미션에 인증한 데이터(사진, 동영상 등)를 받게 됩니다. 인증 방법이 사진일 때를 가정해 인증 값이 '사진'인 데이터의 자릿수를 찾아 인증했다는 것을 구해 보겠습니다. 다음 논리를 참고해 3장의 함수식을 알아보겠습니다.

논리 1. B열 원본 데이터에 '] 사진'이라는 데이터가 있으면 미션에 인증한 것이다.
(사진을 인증하지 않았다면 '] 사진'이라는 데이터가 없고 일반 대화 내용만 나온다).

논리 2. '] 사진' 자릿수가 '0'보다 크다면 "인증"이라는 문자열을 반환한다.

01 먼저 AA열의 '최종 시간'이 있는 열과 구분이 되도록 AB열의 간격을 줄여 구분이 되도록 합니다. 인증 값을 구하기 위해 '] 사진'이라는 데이터를 먼저 B열에서 찾아야 합니다. AC4 셀에 '] 사진'이라고 입력합니다. 여기서 ']' 대괄호 뒤에 띄어쓰기를 하여 공백을 넣고 '사진'을 입력합니다. 인증을 동영상, 음성 메시지로 받은 경우 '] 동영상' 또는 '] 음성 메시지'를 입력합니다.

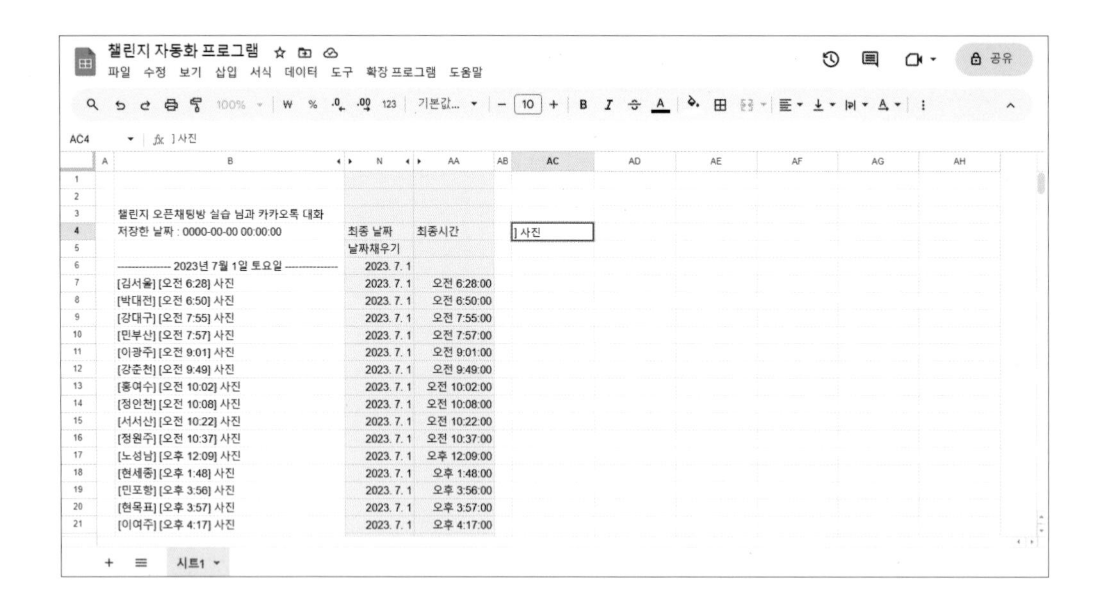

02 AC5 셀에 FIND 함수의 수식을 입력합니다. FIND 함수를 사용해 '] 사진'이라는 데이터가 있는 것을 B열에서 찾아보겠습니다. FIND는 찾고자 하는 문자열의 자릿수를 구하는 함수입니다.

=FIND(AC4,B5:B)
=AC4 셀 문자열을 B5부터 B열 전체에서 찾아라.

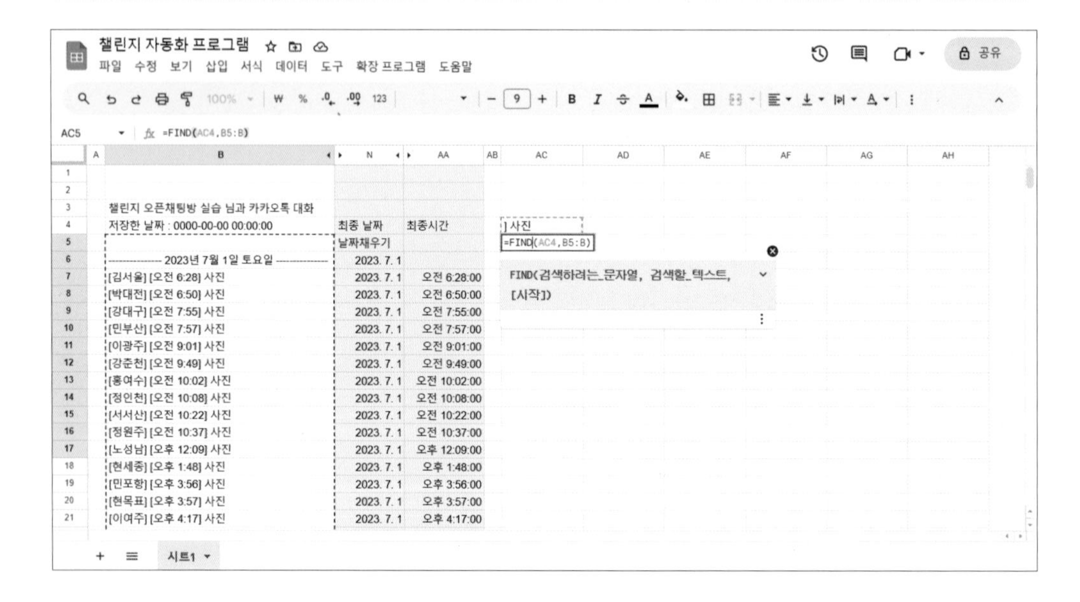

03 AC5 셀의 수식 소괄호 끝에서 Ctrl + Shift + Enter를 눌러 ArrayFormula 배열 함수를 적용합니다. AC5 셀에 입력한 수식을 AC열에 전체 적용한다는 뜻입니다. AC6 셀에는 B열의 원본 데이터에 '] 사진' 문자열이 없으므로 결괏값이 나오지 않았습니다.

=ArrayFormula(FIND(AC4,B5:B))
=AC4 셀 문자열을 B5부터 B열 전체에서 찾아라. 이 수식을 해당 열에 전체 적용하라.

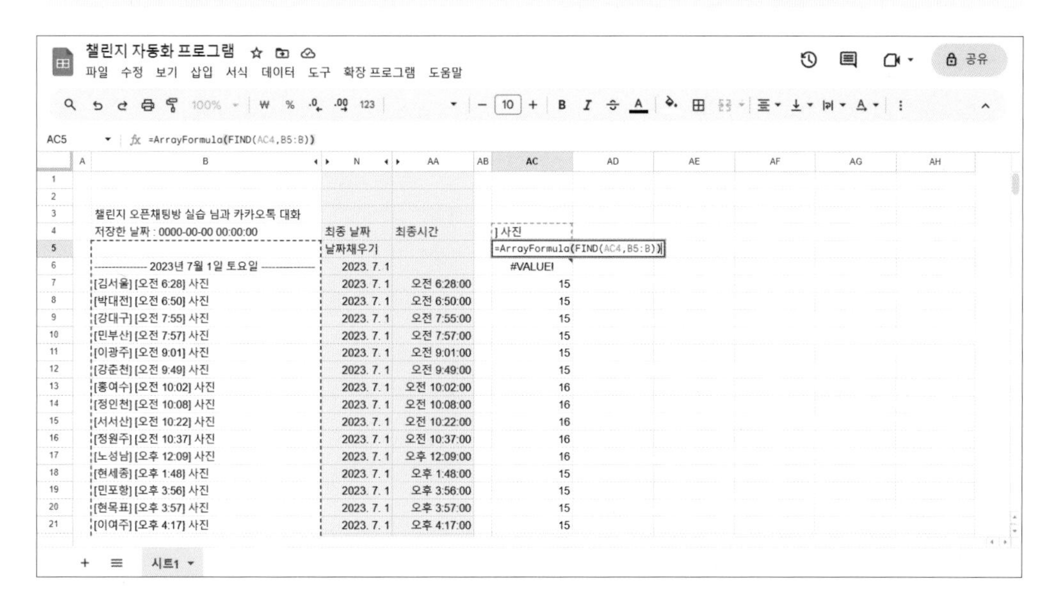

TIP AC열에 왜 15와 16이라는 값이 보이는 건가요?

FIND는 찾고자 하는 문자열의 자릿수를 구하는 함수입니다.
'[김서울] [오전 6:28] 사진'이라는 데이터에서
찾고자 하는 문자열은 '] 사진'입니다.
15or16이라는 값은 ']'(대괄호)'가 있는 자릿수를 나타낸 값입니다.

예

'[김서울] [오전 6:28] 사진'이라는 데이터에서는
공백 포함 15번째부터 찾고자 하는 문자열이 있고
'[홍여수] [오전 10:02] 사진'이라는 데이터에서는
공백 포함 16번째부터 찾고자 하는 문자열이 있다는 것입니다.

04 이제 #VALUE!라고 표시된 오류를 IFERROR 함수를 활용해 없애 보겠습니다. AC5 셀을 다시 더블클릭합니다. ArrayFormula와 FIND 사이에 IFERROR를 입력한 후 소괄호를 입력해 수식을 엽니다. FIND 수식이 끝나는 소괄호 뒤에 다시 소괄호를 입력해 IFERROR 수식을 닫습니다. Enter를 누르면 오류가 없어진 것을 확인할 수 있습니다.

=ArrayFormula(IFERROR(FIND(AC4,B5:B)))
=AC4 셀 문자열을 B5부터 B열 전체에서 찾아라.
오류값을 없애라.
이 수식을 해당 열에 전체 적용하라.

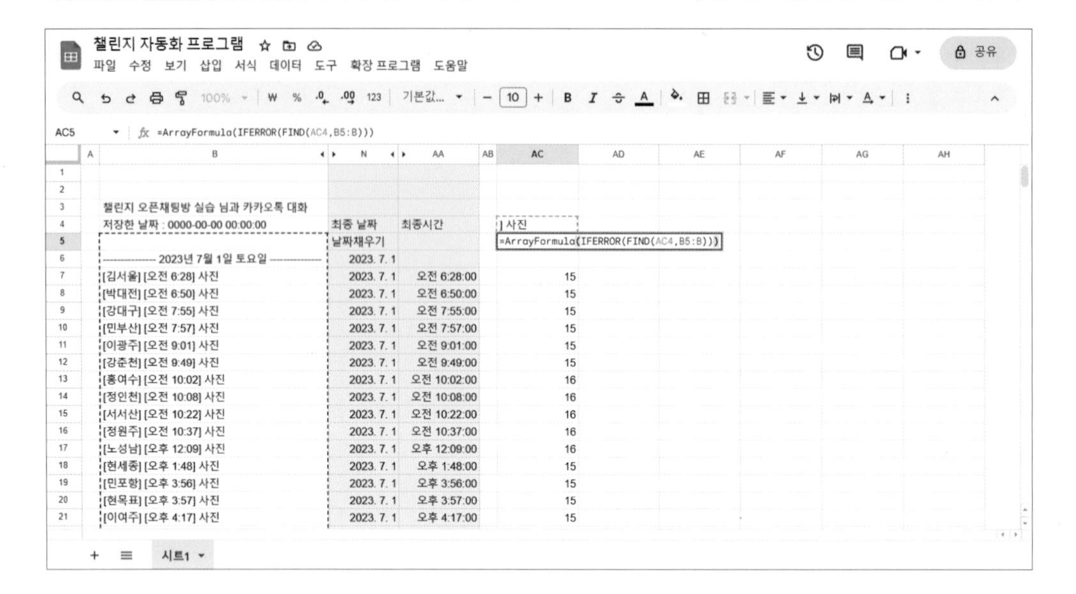

05 AC열에 숫자로 결괏값이 있다는 것은 인증한 사람이라는 뜻입니다. 이와 반대로 AC열에 숫자가 없다면 인증하지 않은 사람이라는 뜻입니다. 숫자로는 직관적으로 인증했다는 것으로 보기 어려우므로 IF 함수를 사용해 15, 16 등의 자릿수 숫자를 "인증"이라는 문자로 바꿔 주겠습니다. IFERROR와 FIND사이에 IF 함수를 입력한 후 소괄호를 입력해 수식을 엽니다. FIND 수식이 끝나는 소괄호 옆으로 'FIND 함수로 찾은 자릿수 값이 "0"보다 크다면'이라는 논리를 세워 줍니다.

=ArrayFormula(IFERROR(IF(FIND(AC4,B5:B)>0,))
=만약 AC4 셀 문자열을 찾은 자릿수 값이 0보다 크다면
(TRUE인 경우, FALSE인 경우 아직 미입력)
오류값을 없애라.
이 수식을 해당 열에 전체 적용하라.

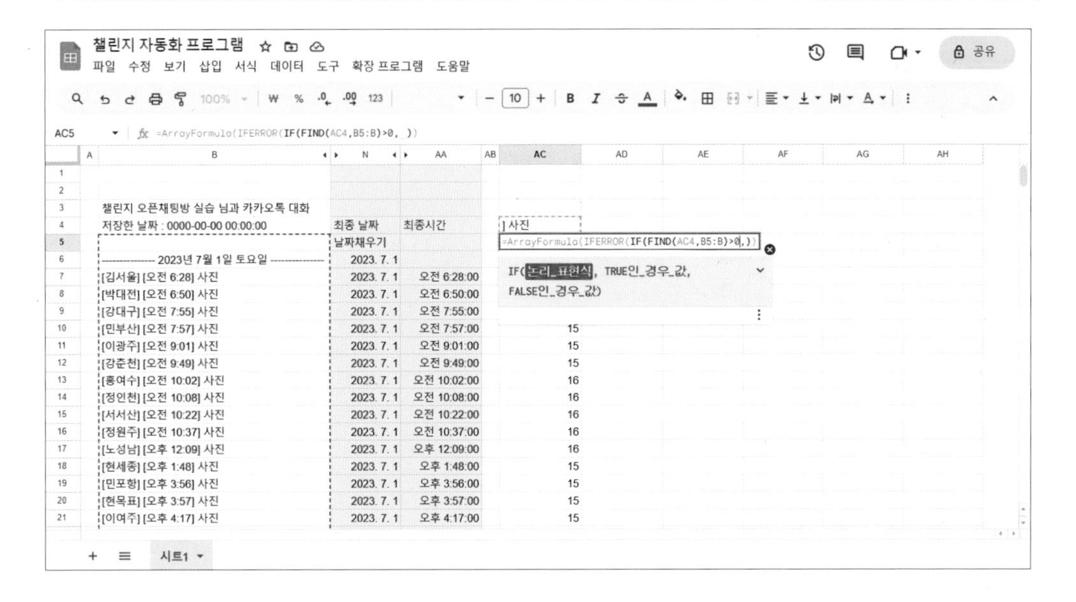

06 IF 함수의 논리를 입력한 후 TRUE인 경우를 입력합니다. 만약 '] 사진'의 데이터를 찾은 자릿수가 '0'보다 크다면 "인증"이라는 값을 반환하라는 명령어를 입력합니다.

=ArrayFormula(IFERROR(IF(FIND(AC4,B5:B))0,"인증",))
=만약 AC4 셀 문자열을 찾은 자릿수 값이 0보다 크다면
(TRUE) "인증"이라는 값을 반환하고
(FALSE인 경우 아직 미입력)
오류값을 없애라.
이 수식을 해당 열에 전체 적용하라.

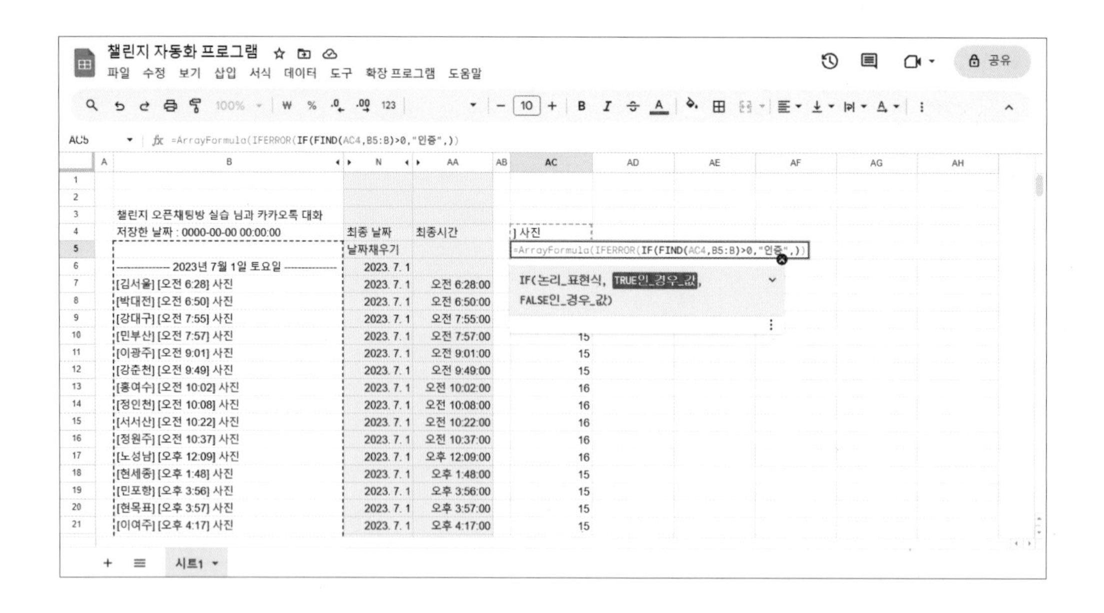

07 TRUE인 경우를 입력한 후 FALSE인 경우도 입력합니다. 만약 '] 사진'의 데이터를 찾은 자릿수가 '0'보다 크다면 "인증"이라는 값을 반환하고 그렇지 않으면 비워 두라(" ")는 명령어를 입력합니다. 그리고 소괄호를 입력해 IF 수식을 닫고 Enter를 누릅니다.

=ArrayFormula(IFERROR(IF(FIND(AC4,B5:B))0,"인증"," ")))
=만약 AC4 셀 문자열을 찾은 자릿수 값이 0보다 크다면
(TRUE) "인증"이라는 값을 반환하고
(FALSE) 그렇지 않으면 비워 둬라.
오류값을 없애라.
이 수식을 해당 열에 전체 적용하라.

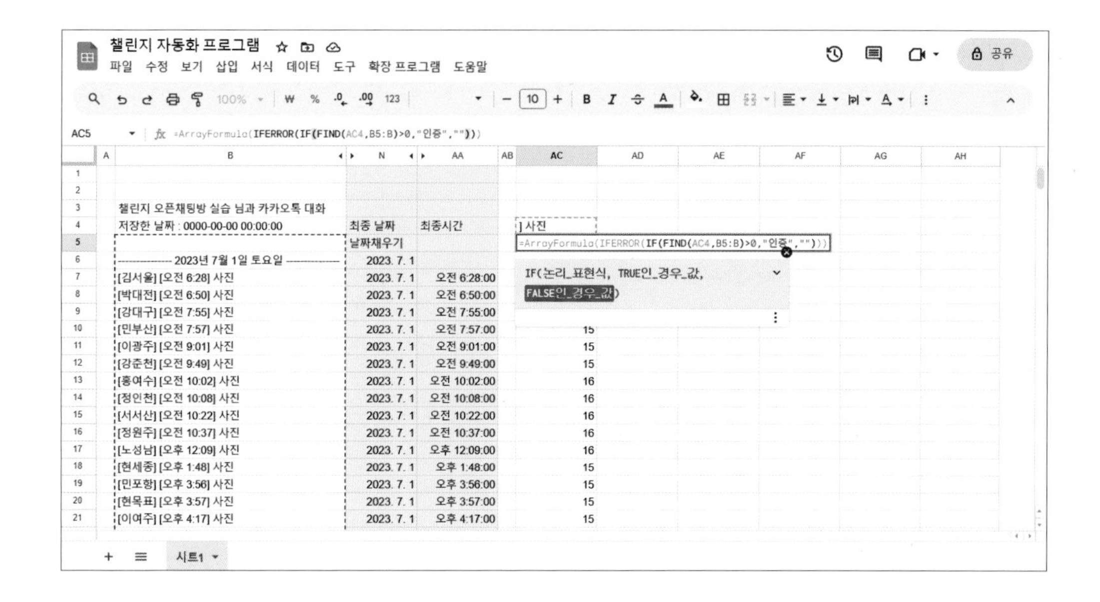

08 자릿수가 나와 있던 AC열에 '인증'이라는 결괏값이 나온 것을 볼 수 있습니다.

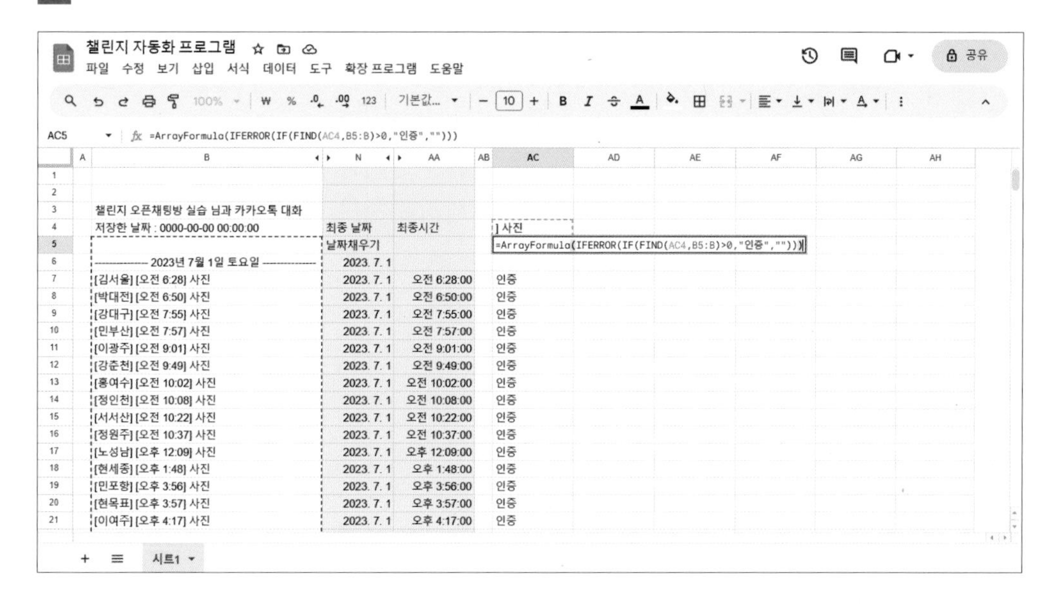

TIP AC열에 나온 결괏값에 오류가 없는지 밑에 있는 데이터도 꼭 확인해 주세요.

B열의 원본 데이터에 '] 사진'이라는 데이터가 없는 사람은 인증하지 않은 것이므로 "인증"이라고 나오지 않습니다. 스크롤을 아래로 내려 확인해 보겠습니다.
7월 2일 데이터에서 사진 인증은 하지 않고 대화만 입력한 사람은 당연히 '] 사진'이라는 데이터가 없으므로 '인증' 값이 보이지 않습니다.

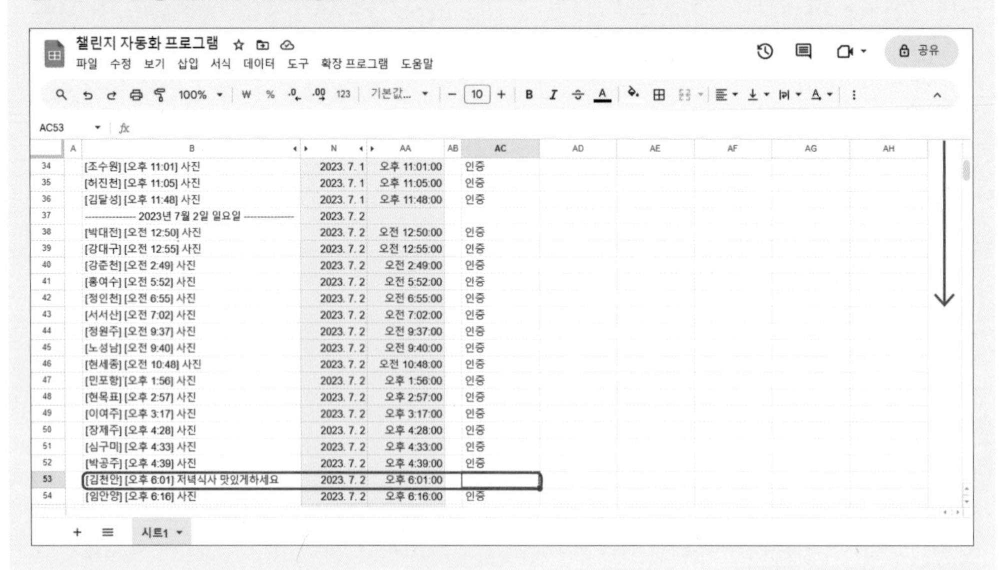

	B	N	AA	AC
34	[조수원] [오후 11:01] 사진	2023. 7. 1	오후 11:01:00	인증
35	[허진천] [오후 11:05] 사진	2023. 7. 1	오후 11:05:00	인증
36	[김달성] [오후 11:48] 사진	2023. 7. 1	오후 11:48:00	인증
37	-------------- 2023년 7월 2일 일요일 --------------	2023. 7. 2		
38	[박대전] [오전 12:50] 사진	2023. 7. 2	오전 12:50:00	인증
39	[강대구] [오전 12:55] 사진	2023. 7. 2	오전 12:55:00	인증
40	[강춘천] [오전 2:49] 사진	2023. 7. 2	오전 2:49:00	인증
41	[홍여수] [오전 5:52] 사진	2023. 7. 2	오전 5:52:00	인증
42	[정인천] [오전 6:55] 사진	2023. 7. 2	오전 6:55:00	인증
43	[서서산] [오전 7:02] 사진	2023. 7. 2	오전 7:02:00	인증
44	[정원주] [오전 9:37] 사진	2023. 7. 2	오전 9:37:00	인증
45	[노성남] [오전 9:40] 사진	2023. 7. 2	오전 9:40:00	인증
46	[현세종] [오전 10:48] 사진	2023. 7. 2	오전 10:48:00	인증
47	[민포항] [오후 1:56] 사진	2023. 7. 2	오후 1:56:00	인증
48	[현목표] [오후 2:57] 사진	2023. 7. 2	오후 2:57:00	인증
49	[이여주] [오후 3:17] 사진	2023. 7. 2	오후 3:17:00	인증
50	[장제주] [오후 4:28] 사진	2023. 7. 2	오후 4:28:00	인증
51	[심구미] [오후 4:33] 사진	2023. 7. 2	오후 4:33:00	인증
52	[박공주] [오후 4:39] 사진	2023. 7. 2	오후 4:39:00	인증
53	[김천안] [오후 6:01] 저녁식사 맛있게하세요	2023. 7. 2	오후 6:01:00	
54	[임안양] [오후 6:16] 사진	2023. 7. 2	오후 6:16:00	인증

스크롤을 좀더 아래로 내리면 7월 3일 데이터에서도 사진 인증은 하지 않고 대화만 입력한 사람은 '인증'이라는 값이 보이지 않습니다.

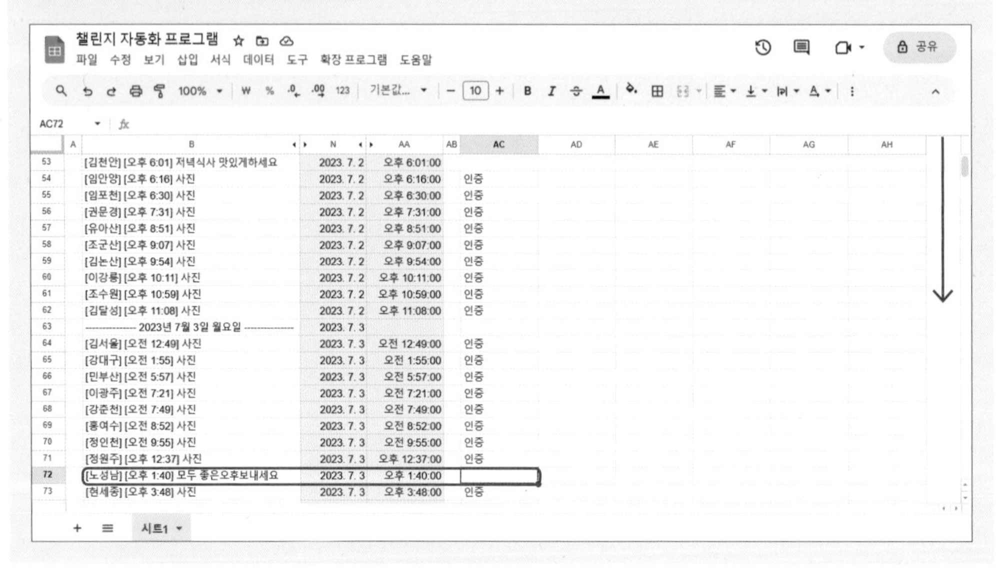

	B	N	AA	AC
53	[김천안] [오후 6:01] 저녁식사 맛있게하세요	2023. 7. 2	오후 6:01:00	
54	[임안양] [오후 6:16] 사진	2023. 7. 2	오후 6:16:00	인증
55	[임포천] [오후 6:30] 사진	2023. 7. 2	오후 6:30:00	인증
56	[권문경] [오후 7:31] 사진	2023. 7. 2	오후 7:31:00	인증
57	[유아산] [오후 8:51] 사진	2023. 7. 2	오후 8:51:00	인증
58	[조군산] [오후 9:07] 사진	2023. 7. 2	오후 9:07:00	인증
59	[김논산] [오후 9:54] 사진	2023. 7. 2	오후 9:54:00	인증
60	[이강릉] [오후 10:11] 사진	2023. 7. 2	오후 10:11:00	인증
61	[조수원] [오후 10:59] 사진	2023. 7. 2	오후 10:59:00	인증
62	[김달성] [오후 11:08] 사진	2023. 7. 2	오후 11:08:00	인증
63	-------------- 2023년 7월 3일 월요일 --------------	2023. 7. 3		
64	[김서울] [오전 12:49] 사진	2023. 7. 3	오전 12:49:00	인증
65	[강대구] [오전 1:55] 사진	2023. 7. 3	오전 1:55:00	인증
66	[민부산] [오전 5:57] 사진	2023. 7. 3	오전 5:57:00	인증
67	[이광주] [오전 7:21] 사진	2023. 7. 3	오전 7:21:00	인증
68	[강춘천] [오전 7:49] 사진	2023. 7. 3	오전 7:49:00	인증
69	[홍여수] [오전 8:52] 사진	2023. 7. 3	오전 8:52:00	인증
70	[정인천] [오전 9:55] 사진	2023. 7. 3	오전 9:55:00	인증
71	[정원주] [오후 12:37] 사진	2023. 7. 3	오후 12:37:00	인증
72	[노성남] [오후 1:40] 모두 좋은오후보내세요	2023. 7. 3	오후 1:40:00	
73	[현세종] [오후 3:48] 사진	2023. 7. 3	오후 3:48:00	인증

닉네임 추출하기

앞에서 구한 '최종 날짜'와 '최종 시간'에 '인증'이라는 데이터가 있는 사람만 '닉네임'을 추출하는 것에 대해 알아보겠습니다.

닉네임 값을 구하기 위해 대괄호 기호인 '] '와 ' ['의 자릿수를 찾아야 합니다. 닉네임은 원본 데이터의 앞에 있기 때문에 '[홍길동]'이라는 닉네임 뒤에 있는 '](대괄호)'에서 앞에 있는 '[(대괄호)'를 빼주면 가운데 있는 닉네임만 추출됩니다.

> 논리 1. 닉네임은 B열 원본 데이터의 앞부분에 있다.
>
> 논리 2. [홍길동] [오전 1:00] 사진
>]-[= 홍길동

01 AD4 셀에 인증한 사람을 구하고자 하는 '닉네임'을 입력합니다.

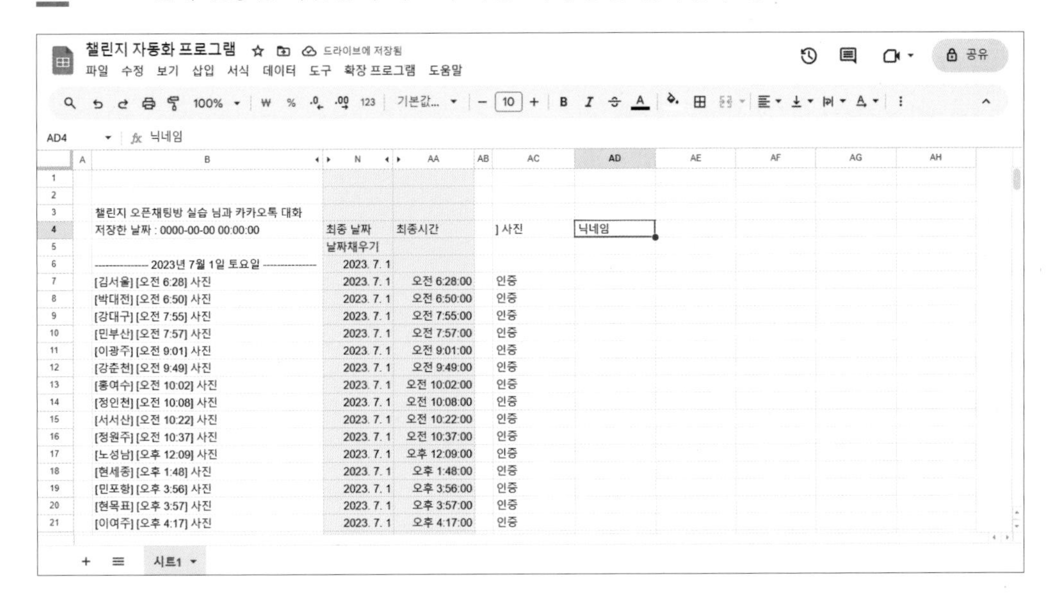

02 AD2 셀에는 닉네임 앞에서 시작하는 대괄호 '['를 입력하고 AD3 셀에는 닉네임 뒤에서 끝나는 대괄호 ']'를 입력합니다.

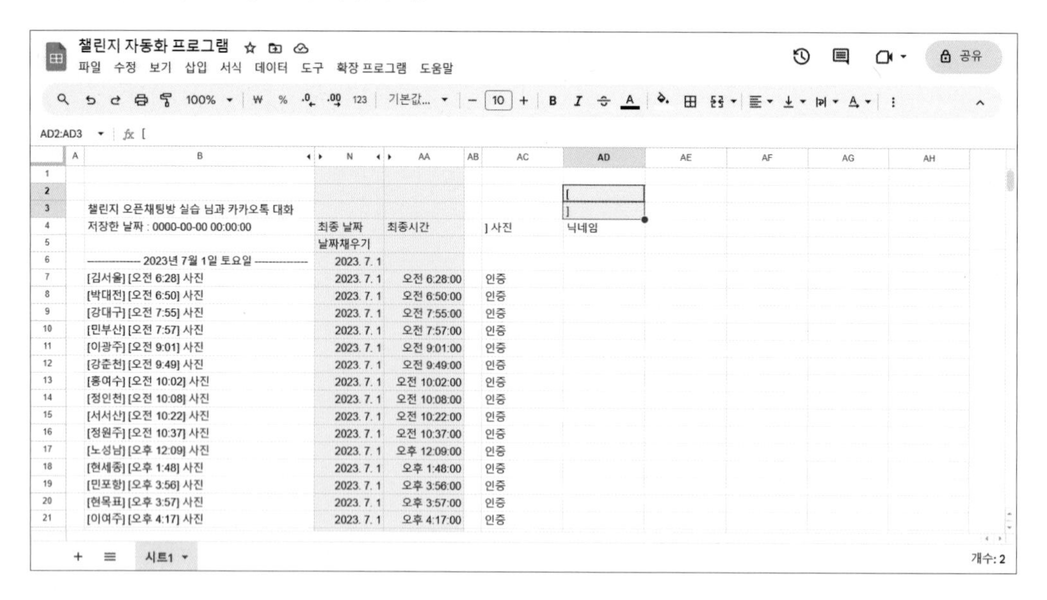

03 닉네임 뒤에 있는 ']' 대괄호에서 닉네임 앞에 있는 '[' 대괄호를 빼야 가운데에 있는 닉네임만 추출할 수 있습니다. AD5 셀에 FIND 수식을 입력해 닉네임 뒤에 있는 ']' 대괄호의 자릿수를 구합니다.

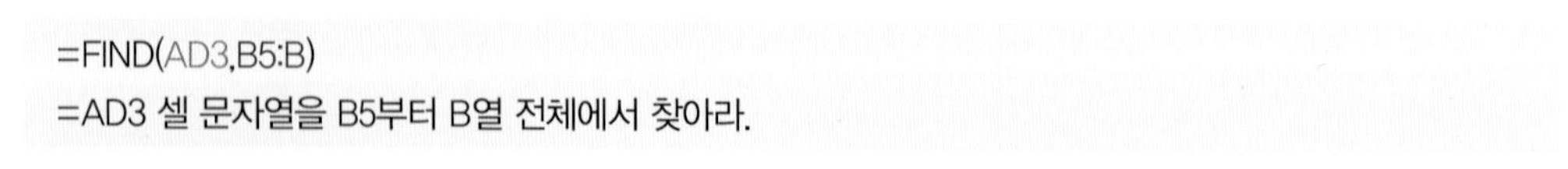

=FIND(AD3,B5:B)
=AD3 셀 문자열을 B5부터 B열 전체에서 찾아라.

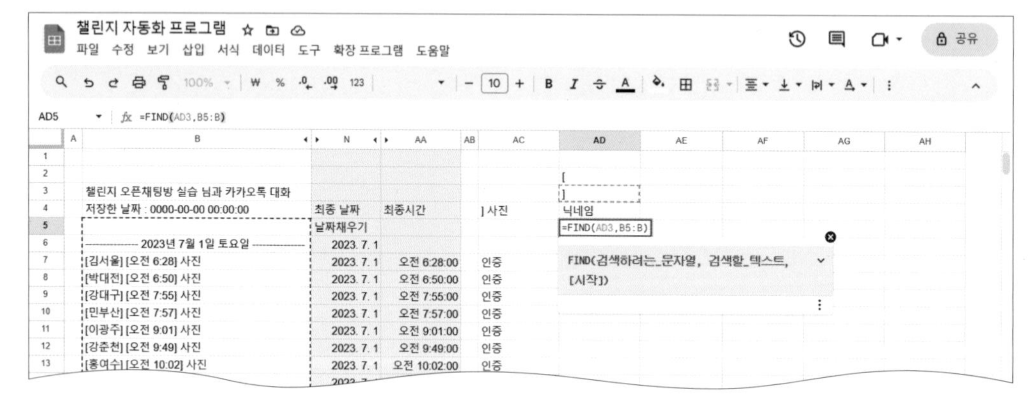

04 AD5 셀의 수식 소괄호 끝에서 Ctrl + Shift + Enter를 눌러 ArrayFormula 배열 함수를 적용합니다. AD5 셀에 입력한 수식을 AD열에 전체 적용한다는 뜻입니다.

=ArrayFormula(FIND(AD3,B5:B))
=AD3 셀 문자열을 B5부터 B열 전체에서 찾아라.
이 수식을 해당 열에 전체 적용하라.

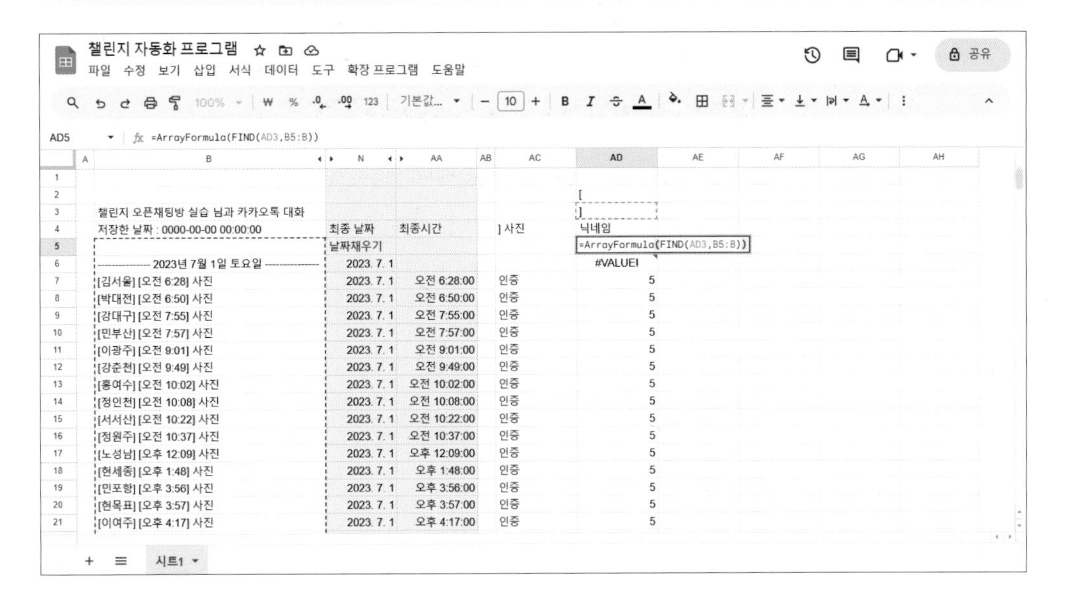

05 #VALUE!라고 표시된 오류를 IFERROR 함수를 활용해 없애 보겠습니다. AD5 셀의 ArrayFormula와 FIND 사이에 IFERROR를 입력한 후 소괄호를 입력해 수식을 엽니다. FIND 수식이 끝나는 소괄호 뒤에 다시 소괄호를 입력해 IFERROR 수식을 닫습니다. Enter를 누르면 오류가 없어진 것을 확인할 수 있습니다.

=ArrayFormula(IFERROR(FIND(AD3,B5:B)))
=AD3 셀 문자열을 B5부터 B열 전체에서 찾아라.
오류값을 없애라.
이 수식을 해당 열에 전체 적용하라.

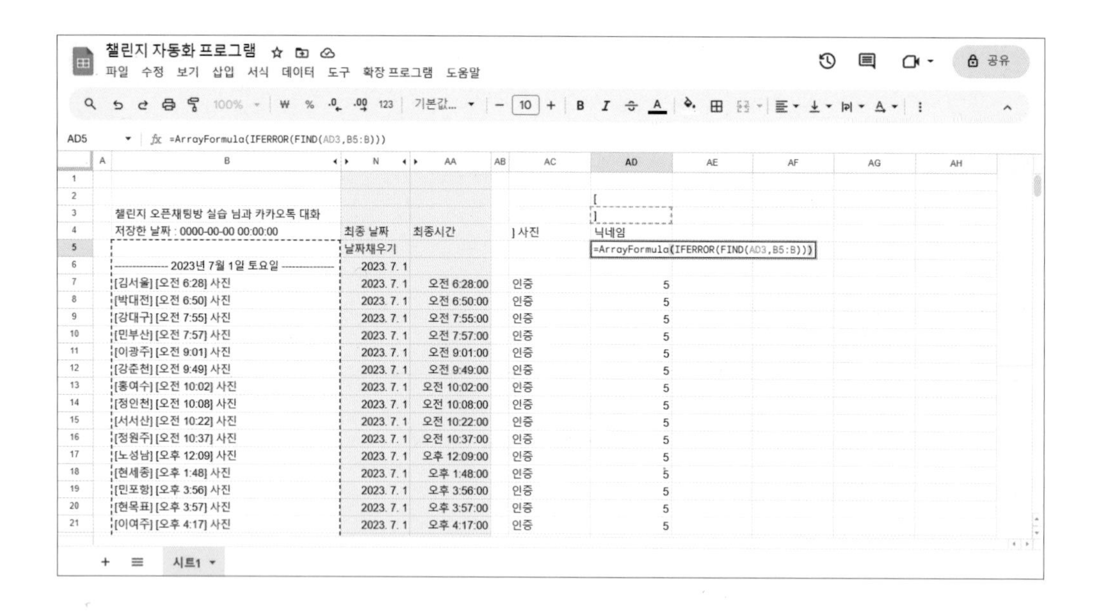

06 닉네임 뒤의 ']' 대괄호는 찾으려는 데이터에서 5번째 자리에 있다는 것을 확인할 수 있습니다. 자릿수를 구했으므로 LEFT 함수를 활용해 닉네임을 가져와 보겠습니다. LEFT는 지정한 길이의 수 만큼 왼쪽에서 문자열을 추출하는 함수입니다. AD5 셀의 IFERROR와 FIND 사이에 LEFT를 입력한 후 소괄호를 입력해 수식을 열고 문자열을 추출할 범위를 지정합니다. FIND 함수로 찾았던 자릿수가 LEFT 함수로 가져올 문자열의 추출 개수를 의미하는 것이 됩니다. FIND 함수가 끝나는 소괄호 뒤로 소괄호를 입력해 LEFT 함수의 수식을 닫습니다. Enter를 눌러 적용합니다.

=ArrayFormula(IFERROR(LEFT(B5:B,FIND(AD3,B5:B))))
=AD3 셀 문자열을 B5부터 B열 전체에서 찾은 자릿수 만큼,
B5부터 B열 전체의 데이터에서 왼쪽부터 문자열을 추출하라.
오류값을 없애라.
이 수식을 해당 열에 전체 적용하라.

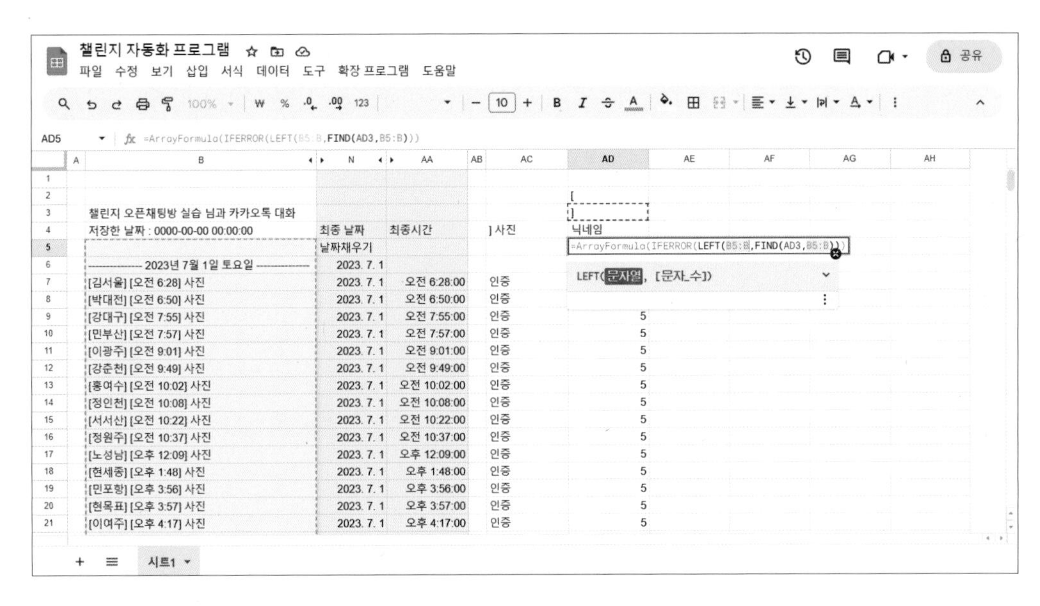
챌린지 자동화 프로그램
파일 수정 보기 삽입 서식 데이터 도구 확장 프로그램 도움말
공유
AD5
=ArrayFormula(IFERROR(LEFT(B5:B,FIND(AD3,B5:B)))
챌린지 오픈채팅방 실습 님과 카카오톡 대화
저장한 날짜 : 0000-00-00 00:00:00
최종 날짜
최종시간
] 사진
[
]
닉네임
날짜채우기
=ArrayFormula(IFERROR(LEFT(B5:B,FIND(AD3,B5:B)))
LEFT(문자열, [문자_수])
--------------- 2023년 7월 1일 토요일 ---------------
[김서울] [오전 6:28] 사진
[박대전] [오전 6:50] 사진
[강대구] [오전 7:55] 사진
[민부산] [오전 7:57] 사진
[이광주] [오전 9:01] 사진
[강춘천] [오전 9:49] 사진
[홍여수] [오전 10:02] 사진
[정인천] [오전 10:08] 사진
[서서산] [오전 10:22] 사진
[정원주] [오전 10:37] 사진
[노성남] [오후 12:09] 사진
[현세종] [오후 1:48] 사진
[민포항] [오후 3:56] 사진
[현목표] [오후 3:57] 사진
[이여주] [오후 4:17] 사진
시트1

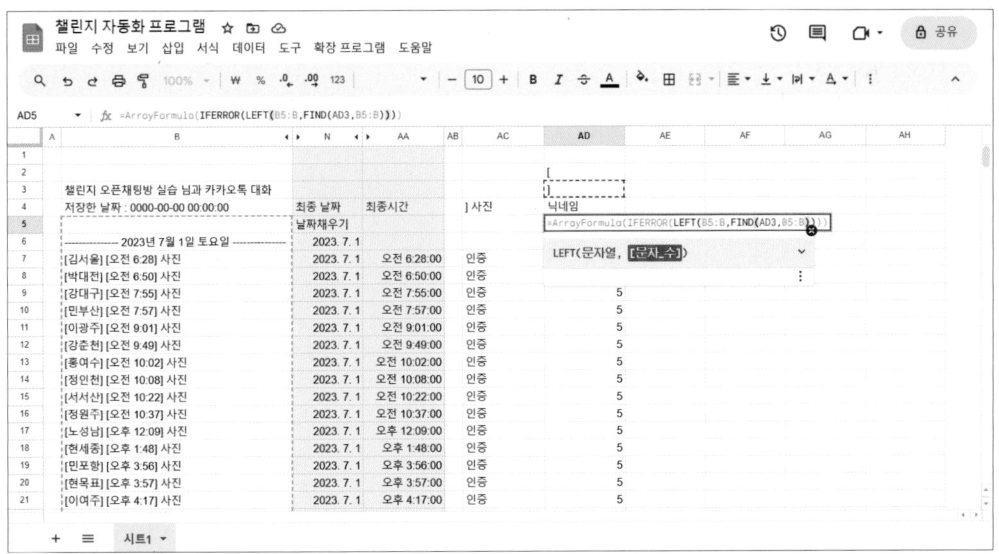
챌린지 자동화 프로그램
파일 수정 보기 삽입 서식 데이터 도구 확장 프로그램 도움말
공유
AD5
=ArrayFormula(IFERROR(LEFT(B5:B,FIND(AD3,B5:B))))
챌린지 오픈채팅방 실습 님과 카카오톡 대화
저장한 날짜 : 0000-00-00 00:00:00
최종 날짜
최종시간
] 사진
[
]
닉네임
날짜채우기
=ArrayFormula(IFERROR(LEFT(B5:B,FIND(AD3,B5:B))))
LEFT(문자열, [문자_수])
--------------- 2023년 7월 1일 토요일 ---------------
[김서울] [오전 6:28] 사진
[박대전] [오전 6:50] 사진
[강대구] [오전 7:55] 사진
[민부산] [오전 7:57] 사진
[이광주] [오전 9:01] 사진
[강춘천] [오전 9:49] 사진
[홍여수] [오전 10:02] 사진
[정인천] [오전 10:08] 사진
[서서산] [오전 10:22] 사진
[정원주] [오전 10:37] 사진
[노성남] [오후 12:09] 사진
[현세종] [오후 1:48] 사진
[민포항] [오후 3:56] 사진
[현목표] [오후 3:57] 사진
[이여주] [오후 4:17] 사진
시트1

07 B열의 원본 데이터에서 닉네임이 추출됐습니다. 그러나 닉네임 양쪽의 대괄호까지 함께 추출됐습니다. 좀 더 정제된 데이터를 만들기 위해 대괄호를 없애 보겠습니다.

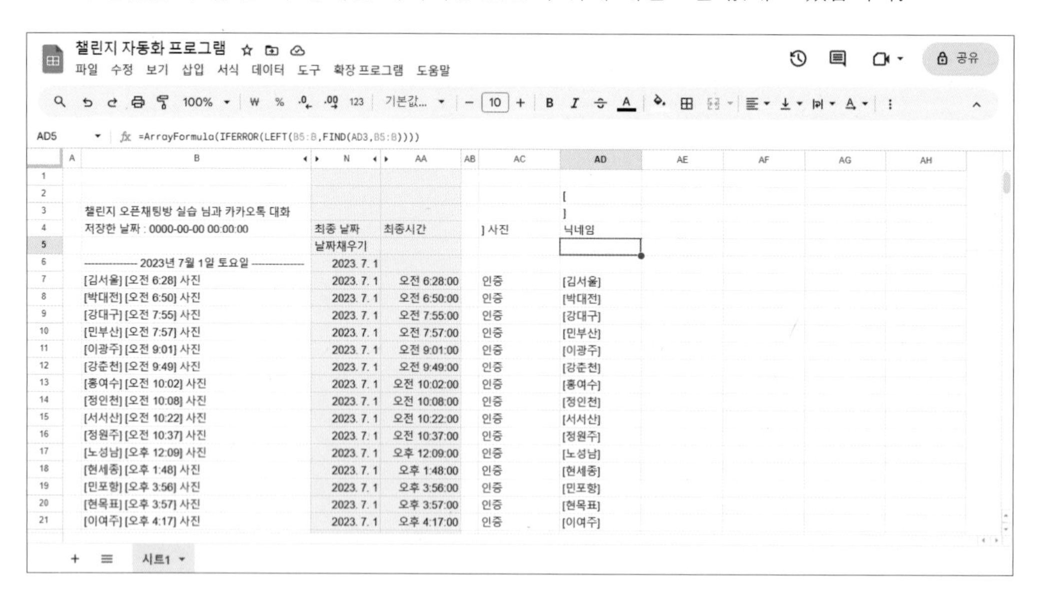

08 닉네임 뒤에 있는 ']' 대괄호는 FIND 함수를 통해 얻은 자릿수에서 −1을 하면 닉네임 뒤에 있는 ']' 대괄호가 없어집니다. FIND 함수를 통해 얻은 자릿수가 '5'이고 여기에서 −1을 하면 자릿수가 4가 되기 때문에 왼쪽에서부터 문자열을 추출하는 LEFT 함수는 문자열 추출 개수를 4개로 인식해 왼쪽에서부터 4번째까지의 문자열을 추출합니다. 그래서 닉네임 뒤에 있는 ']' 대괄호가 없어지는 것입니다.

=ArrayFormula(IFERROR(LEFT(B5:B,FIND(AD3,B5:B)−1)))
=AD3 셀 문자열을 B5부터 B열 전체에서 찾은 자릿수에서 1을 뺀 만큼,
B5부터 B열 전체의 데이터에서 왼쪽부터 문자열을 추출하라.
오류값을 없애라.
이 수식을 해당 열에 전체 적용하라.

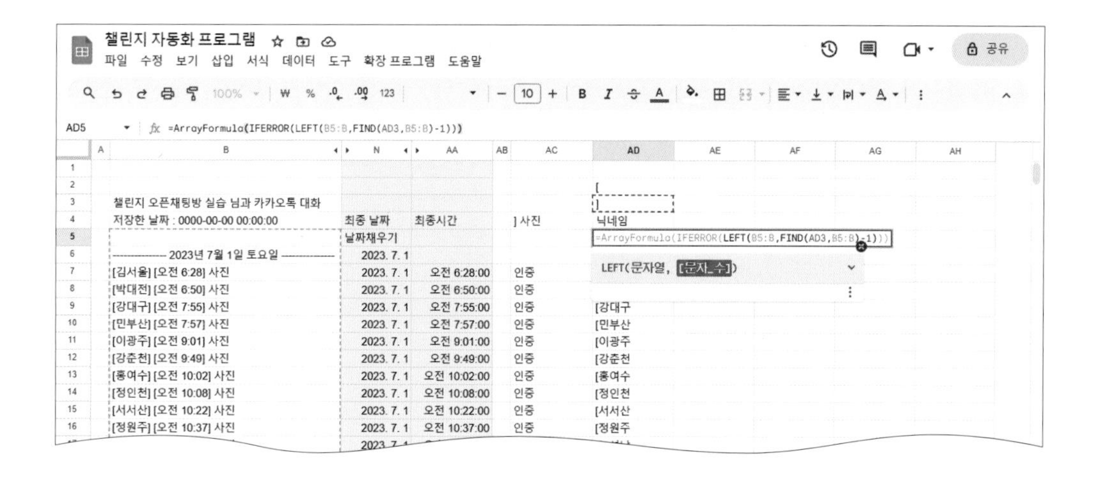

09 닉네임 뒤에 있는 ']' 대괄호를 없앤 것처럼 닉네임 앞에 있는 '[' 대괄호도 없앱니다. 앞에 있는 대괄호는 SUBSTITUTE 함수를 활용해 '[' 대괄호를 비어 있는 공백으로 대체해 없앱니다. AD5 셀의 IFERROR와 LEFT 사이에 SUBSTITUTE를 입력한 후 소괄호를 입력해 수식을 엽니다. LEFT 수식이 끝나는 소괄호 뒤에 콤마(,)를 입력해 SUBSITITUTE 수식을 이어 나갑니다.

=ArrayFormula(IFERROR(SUBSTITUTE(LEFT(B5:B,FIND(AD3,B5:B)–1),,))
=AD3 셀 문자열을 B5부터 B열 전체에서 찾은 자릿수에서 1을 뺀 만큼,
B5부터 B열 전체의 데이터에서 왼쪽부터 문자열을 추출하라.
그리고 추출한 데이터에서(~를, ~로) 대체하라.
오류값을 없애라.
이 수식을 해당 열에 전체 적용하라.

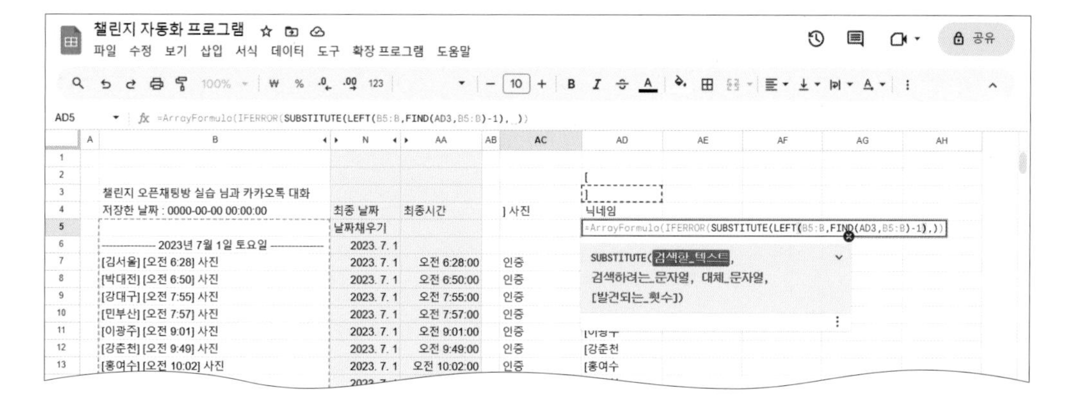

10 닉네임 앞에 있는 '[' 대괄호를, 아무 데이터도 없는 비어 있는 공백(" ")으로 대체하라는 명령어를 입력합니다. 소괄호를 입력해 SUBSTITUTE 수식을 닫고 Enter를 눌러 적용합니다. 양쪽의 대괄호가 없어지고 닉네임만 추출된 데이터를 확인할 수 있습니다.

=ArrayFormula(IFERROR(SUBSTITUTE(LEFT(B5:B,FIND(AD3,B5:B)–1),AD2," ")))
=AD3 셀 문자열을 B5부터 B열 전체에서 찾은 자릿수에서 1을 뺀 만큼,
B5부터 B열 전체의 데이터에서 왼쪽부터 문자열을 추출하라.
그리고 추출한 데이터에서 AD2('[' 대괄호)를 " "(공백)으로 대체하라.
오류값을 없애라.
이 수식을 해당 열에 전체 적용하라.

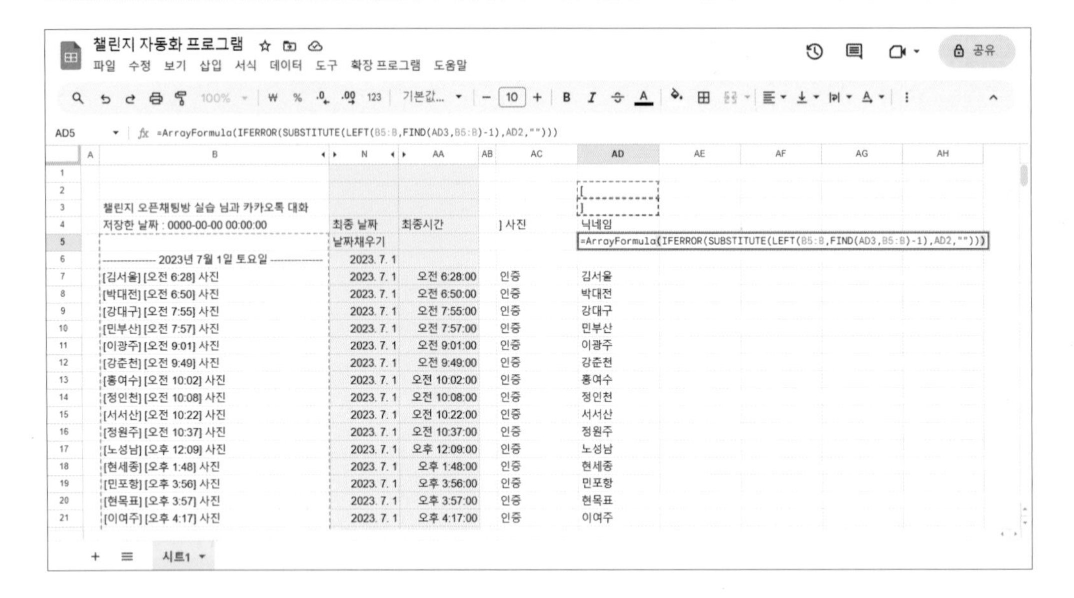

11 그런데 원본 데이터에서 문자열을 가져오다 보니 AC열에서 구한 인증이 적용되지 않았습니다. 오른쪽 스크롤을 아래로 내려 데이터를 확인합니다. 7월 2일의 닉네임 '김천안'과 7월 3일의 닉네임 '노성남'은 인증 하지 않았는데, 원본 데이터에 닉네임이 있다는 이유로 문자열이 그대로 추출됐습니다. 인증한 사람의 닉네임만 정제돼 나오도록 수식을 다시 추가합니다.

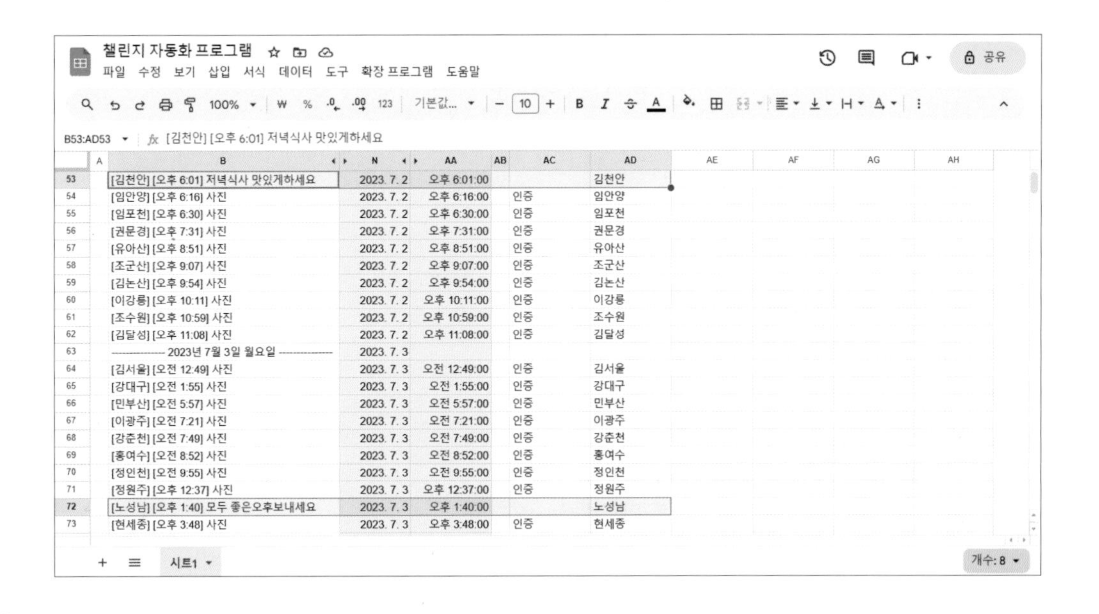

12 IF 함수를 활용해 AC열의 값이 비어 있다면 AD열도 비어 있는 " "(공백)으로 반환하라는 명령어를 입력합니다. AD5 셀의 IFERROR와 SUBSTITUTE사이에 IF를 입력한 후 소괄호를 입력해 수식을 열고 IF 수식의 논리를 입력합니다. 그리고 뒤의 SUBSTITUTE 수식이 IF 수식의 FALSE인 경우의 값이 되도록 SUBSTITUTE 앞에 콤마(,)로 수식을 연결합니다. SUBSTITUTE 수식이 끝나는 소괄호 뒤에 IF 수식을 닫는 소괄호를 입력하고 Enter를 눌러 적용합니다.

=ArrayFormula(IFERROR(IF(AC5:AC=" "," ",SUBSTITUTE(LEFT(B5:B,FIND(AD3,B5:B)–1),AD2," "))))
=만약 AC5부터AC의 데이터가 비어 있다면 AD열도 아무것도 없이 비워 두고
그렇지 않으면(아래의 내용을 적용하라)
AD3 셀 문자열을 B5부터 B열 전체에서 찾은 자릿수에서 1을 뺀 만큼,
B5부터 B열 전체의 데이터에서 왼쪽부터 문자열을 추출하라.
그리고 추출한 데이터에서
AD2('[' 대괄호)를 " "(공백)으로 대체하라.
오류값을 없애라.
이 수식을 해당 열에 전체 적용하라.

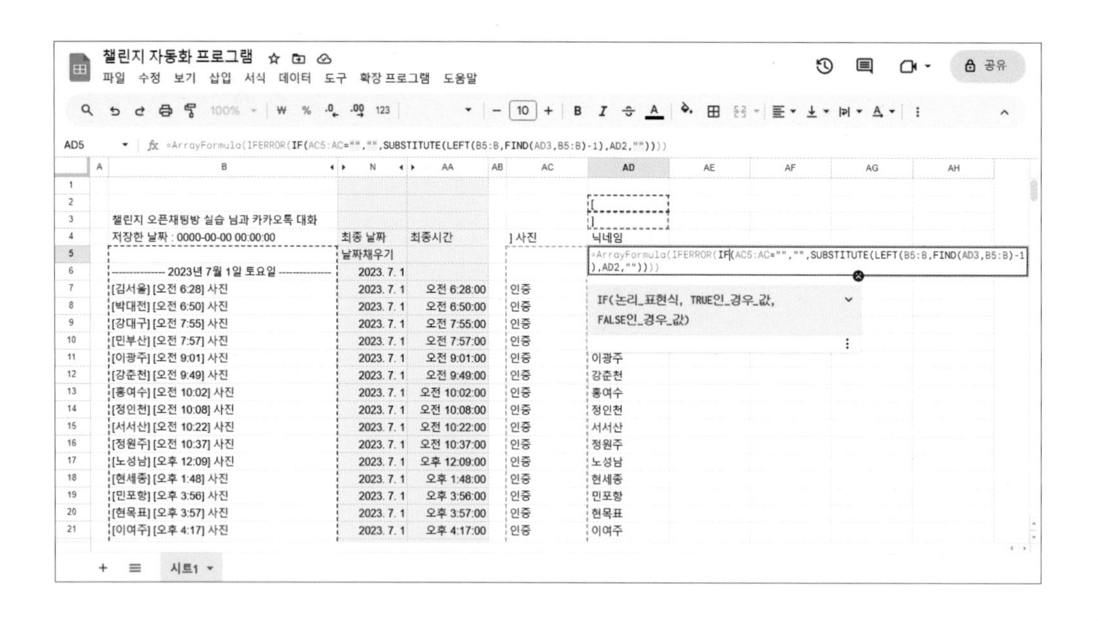

13 다시 오른쪽 스크롤을 아래로 내려 데이터를 확인합니다. 7월 2일의 닉네임 '김천안'과 7월 3일의 닉네임 '노성남'은 인증하지 않아 닉네임이 추출되지 않은 것을 확인할 수 있습니다. 정리하면 챌린지 미션에 인증한 사람의 닉네임만 정제돼 나오도록 수식이 완성됐습니다.

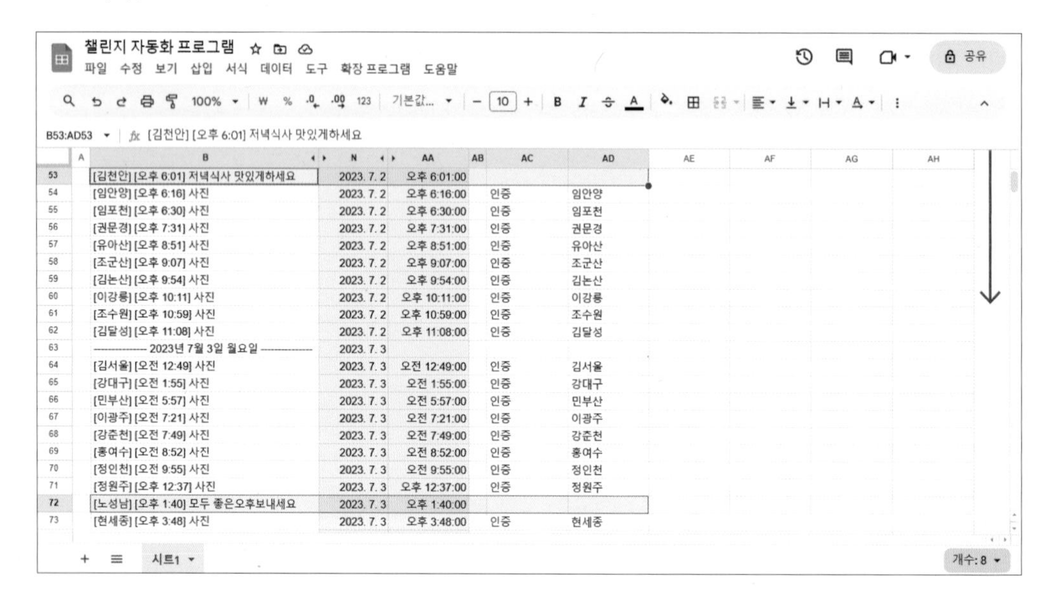

챌린지 미션 인증한 날짜, 시간, 닉네임 구하기

앞서 구했던 '최종 날짜', '최종 시간' 그리고 '닉네임'을 FILTER 함수를 활용해 챌린지 미션 인증한 사람의 데이터만 구해 보겠습니다. FILTER는 범위를 지정해 조건에 맞는 값을 추출하는 함수입니다.

01 먼저 앞서 구했던 데이터와 구분하기 위해 AE열의 간격을 줄여 구분할 수 있는 열을 만듭니다. AF4 셀에 가져오고자 하는 '인증 날짜'를 입력합니다.

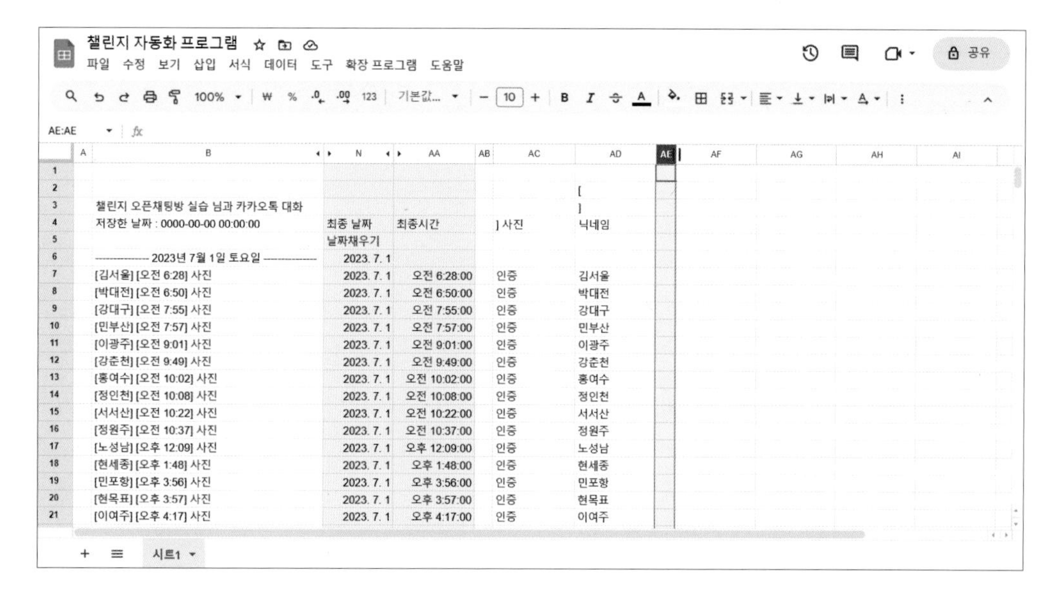

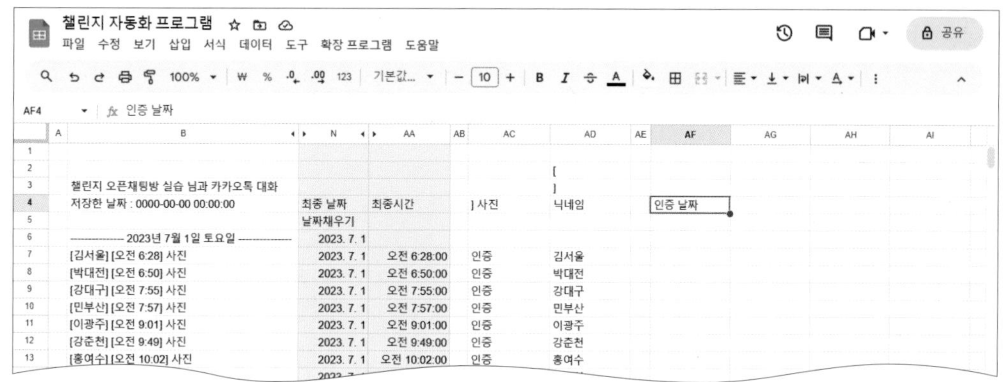

02 인증한 날짜를 구하기 위해 N열의 '최종 날짜' 데이터가 필요합니다. FILTER 함수로 N열의 최종 날짜 데이터를 추출하는 범위로 지정합니다.

=FILTER(N5:N,
=N5부터 N열 전체의 데이터에서(조건에 맞는 값을) 추출하라.

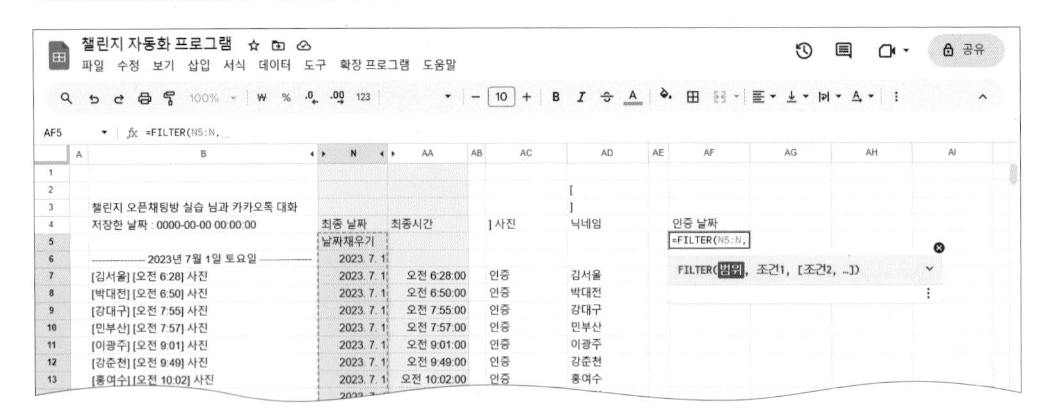

03 데이터를 추출할 FILTER 수식의 범위를 지정했다면 이제 조건을 입력해야 합니다. AD열의 닉네임이 비어 있지 않은 날짜만 추출하라는 명령어를 입력해 보겠습니다. 그러면 조건을 적용해 인증한 날짜만 골라 추출하게 됩니다.

=FILTER(N5:N,AD5:AD<>" ")
=N5부터 N열 전체의 데이터에서 닉네임이 비어 있지 않은 (인증한) 날짜만 추출하라.

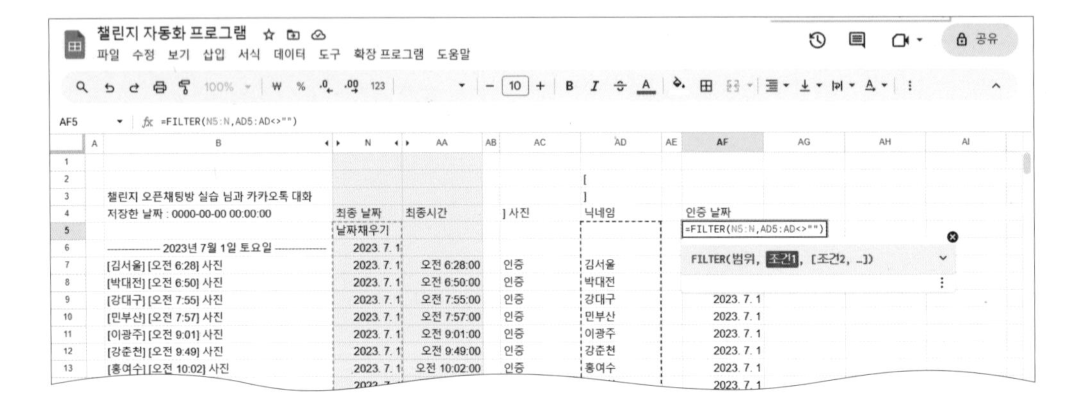

04 AG4 셀에 '인증 시간'을 입력합니다.

	A	B	N	AA	AB	AC	AD	AE	AF	AG
1										
2							[			
3		챌린지 오픈채팅방 실습 님과 카카오톡 대화					]			
4		저장한 날짜 : 0000-00-00 00:00:00	최종 날짜	최종시간		] 사진	닉네임		인증 날짜	인증 시간
5			날짜채우기						2023. 7. 1	
6		--------------- 2023년 7월 1일 토요일 ---------------	2023. 7. 1						2023. 7. 1	
7		[김서울] [오전 6:28] 사진	2023. 7. 1	오전 6:28:00		인증	김서울		2023. 7. 1	
8		[박대전] [오전 6:50] 사진	2023. 7. 1	오전 6:50:00		인증	박대전		2023. 7. 1	
9		[강대구] [오전 7:55] 사진	2023. 7. 1	오전 7:55:00		인증	강대구		2023. 7. 1	
10		[민부산] [오전 7:57] 사진	2023. 7. 1	오전 7:57:00		인증	민부산		2023. 7. 1	
11		[이광주] [오전 9:01] 사진	2023. 7. 1	오전 9:01:00		인증	이광주		2023. 7. 1	
12		[강춘천] [오전 9:49] 사진	2023. 7. 1	오전 9:49:00		인증	강춘천		2023. 7. 1	
13		[홍여수] [오전 10:02] 사진	2023. 7. 1	오전 10:02:00		인증	홍여수		2023. 7. 1	

05 인증한 시간을 구하기 위해 AA열의 '최종 시간' 데이터가 필요합니다. FILTER 함수로 AA열의 최종 시간 데이터를 추출하는 범위로 지정합니다.

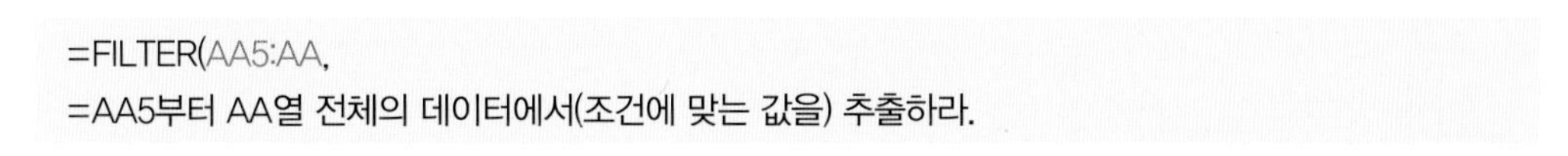

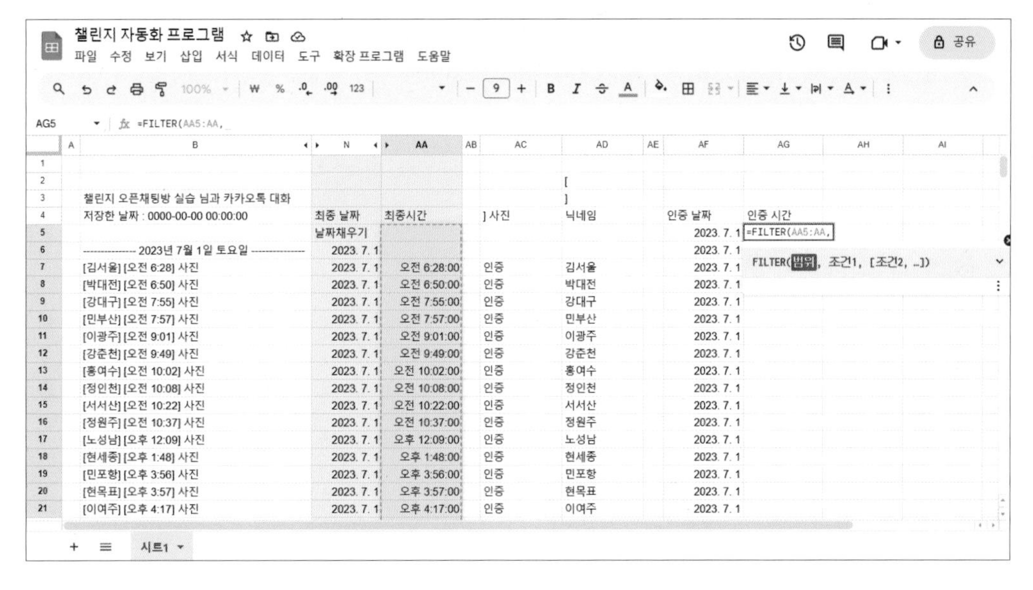

06 데이터를 추출할 FILTER 수식의 범위를 지정했다면 이제 조건을 입력해야 합니다. AD열의 닉네임이 비어 있지 않은 날짜만 추출하라는 명령어를 입력해 보겠습니다. 그러면 조건을 적용해 인증한 시간만 골라 추출하게 됩니다.

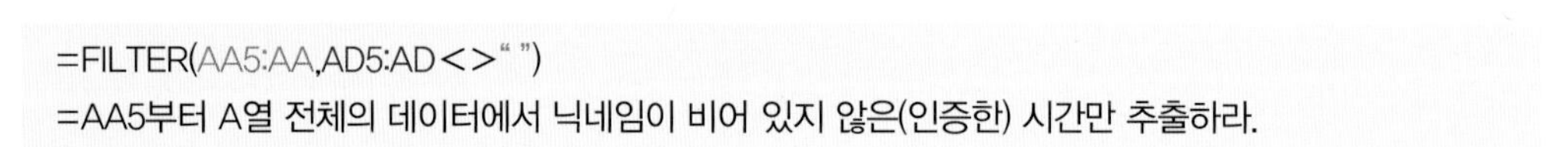

=FILTER(AA5:AA,AD5:AD<>" ")
=AA5부터 A열 전체의 데이터에서 닉네임이 비어 있지 않은(인증한) 시간만 추출하라.

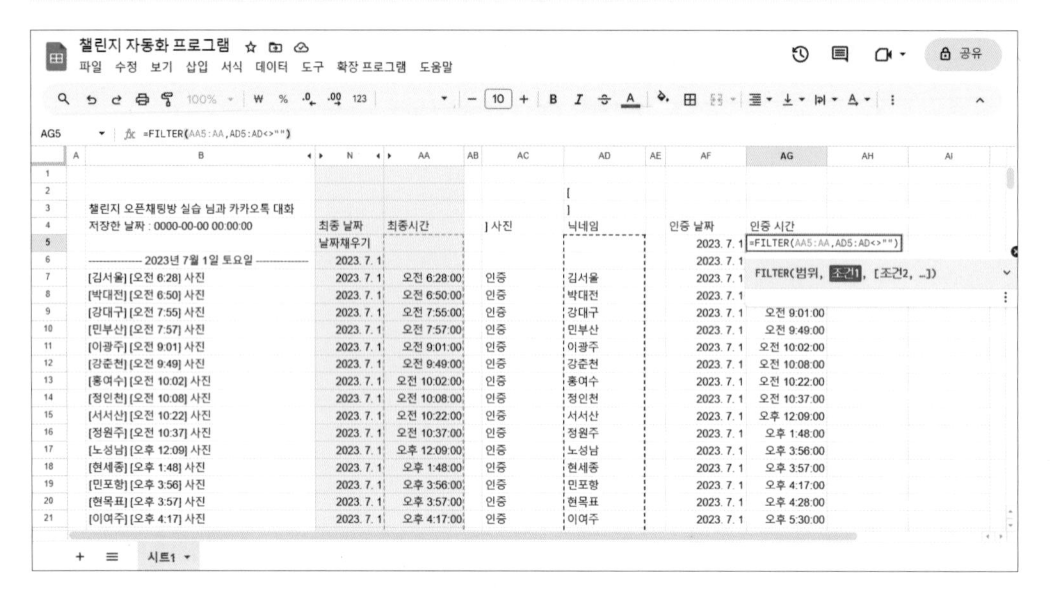

07 이제 마지막으로 인증한 닉네임을 구해 보겠습니다. AH4 셀에 '인증 닉네임'을 입력합니다. 닉네임을 구했던 AD열을 [채우기 색상]으로 열에 색을 지정해 다른 데이터와 혼돈이 생기지 않도록 합니다.

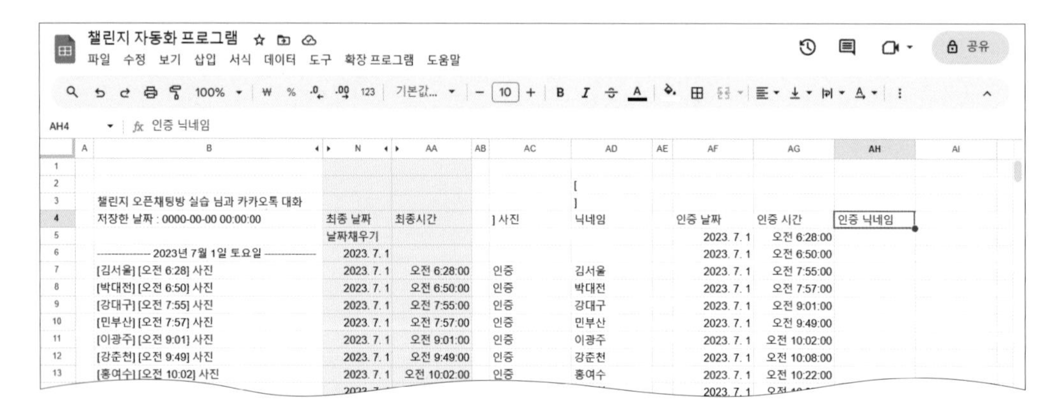

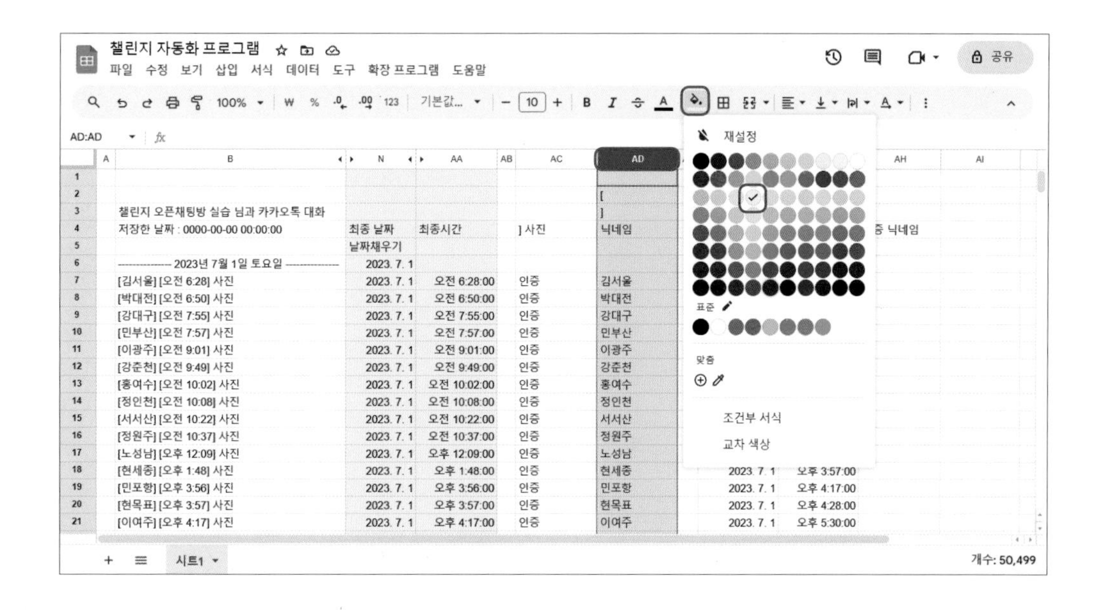

08 인증한 닉네임을 구하기 위해 AD열의 '닉네임' 데이터가 필요합니다. FILTER 함수로 AD열의 닉네임 데이터를 추출하는 범위로 지정합니다.

=FILTER(AD5:AD,
=AD5부터 AD열 전체의 데이터에서(조건에 맞는 값을) 추출하라.

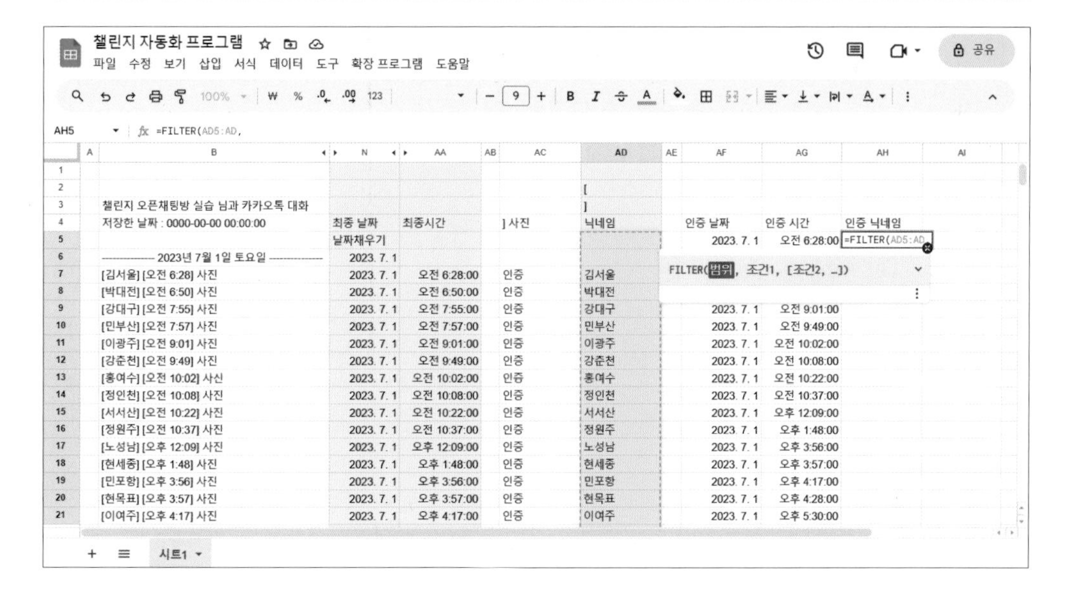

09 데이터를 추출할 FILTER 수식의 범위를 지정했다면 이제 조건을 입력해야 합니다. AD열의 닉네임이 비어 있지 않은 닉네임만 가져오라는 명령어를 입력해 보겠습니다. 그러면 조건을 적용해 인증한 닉네임만 골라 추출하게 됩니다.

=FILTER(AD5:AD,AD5:AD<>" ")
=AD5부터 AD열 전체의 데이터에서 닉네임이 비어 있지 않은(인증한) 닉네임만 추출하라.

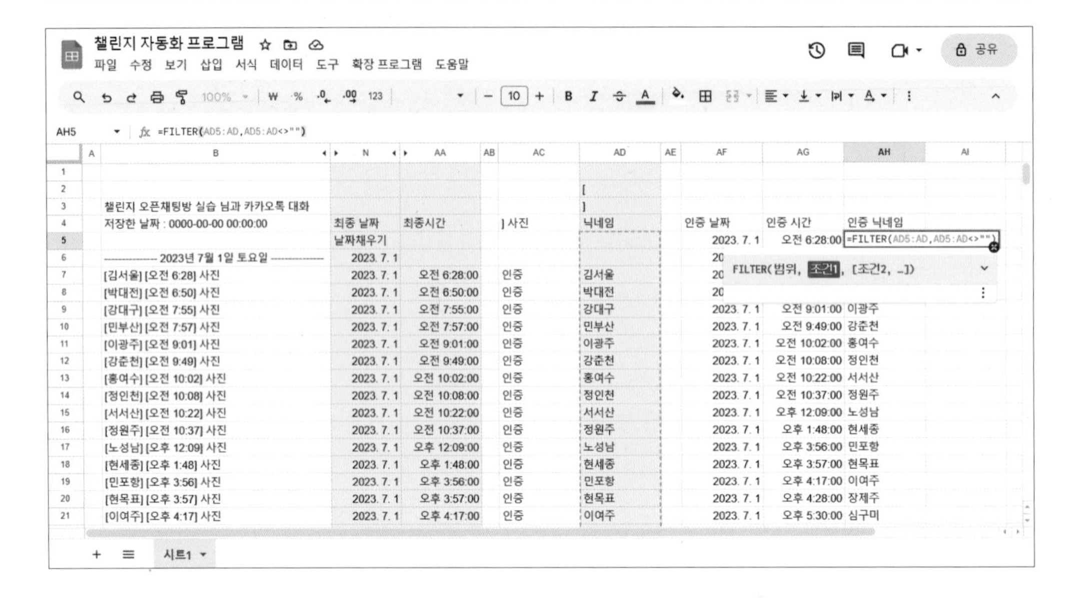

10 이렇게 인증한 날짜, 시간, 닉네임이 정리됐습니다. B열의 원본 데이터와 인증한 날짜, 시간, 닉네임을 대조해 보고 그 사람이 정말 인증한 것이 맞는지 확인해 보는 과정이 필요합니다.

B열의 원본 데이터 중 랜덤으로 아무나 지정해 값이 잘 추출됐는지 확인합니다. B15 셀에 7월 1일 닉네임 '서서산' 님이 '오전 10:22'에 '사진' 데이터를 제출했다고 나타납니다. 오른쪽의 정제된 인증 날짜, 인증 시간, 인증 닉네임이 잘 맞게 추출됐는지 확인합니다.

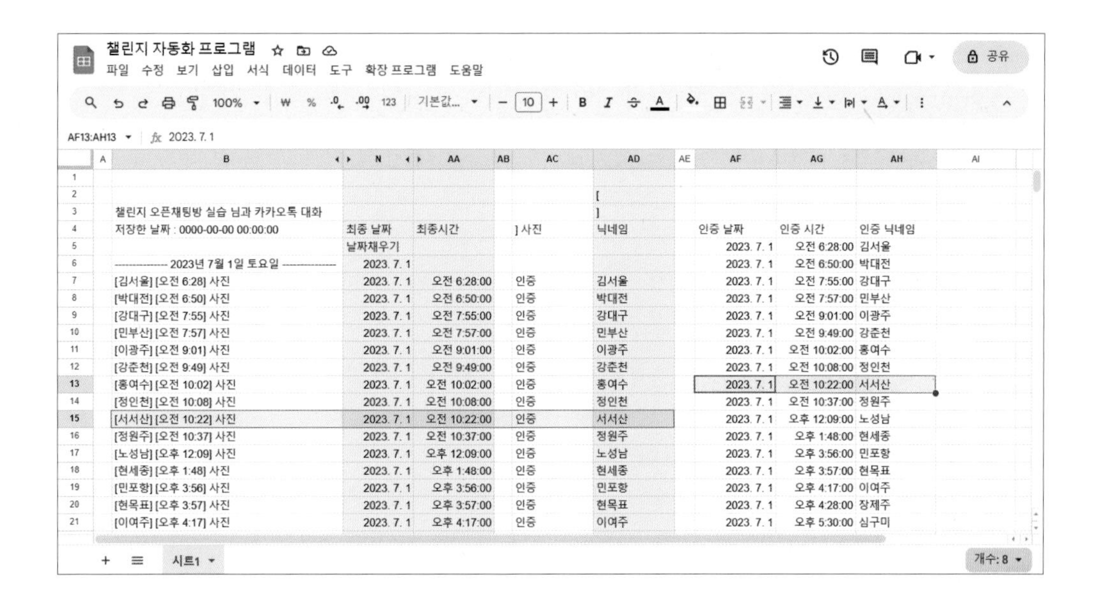

11 스크롤을 좀 더 아래로 내려 밑에 있는 데이터도 확인합니다. B53 셀에 7월 2일 닉네임 '김천안' 님이 인증하지 않고 인사말만 제출했습니다. 인증하지 않았기 때문에 오른쪽 정제된 인증 날짜, 인증 시간, 인증 닉네임에 '김천안' 님의 데이터를 찾을 수 없습니다. 이렇게 잘 맞게 추출되는 것을 확인했습니다. 지금까지 챌린지 미션에 인증한 날짜, 시간, 닉네임을 구해 봤습니다.

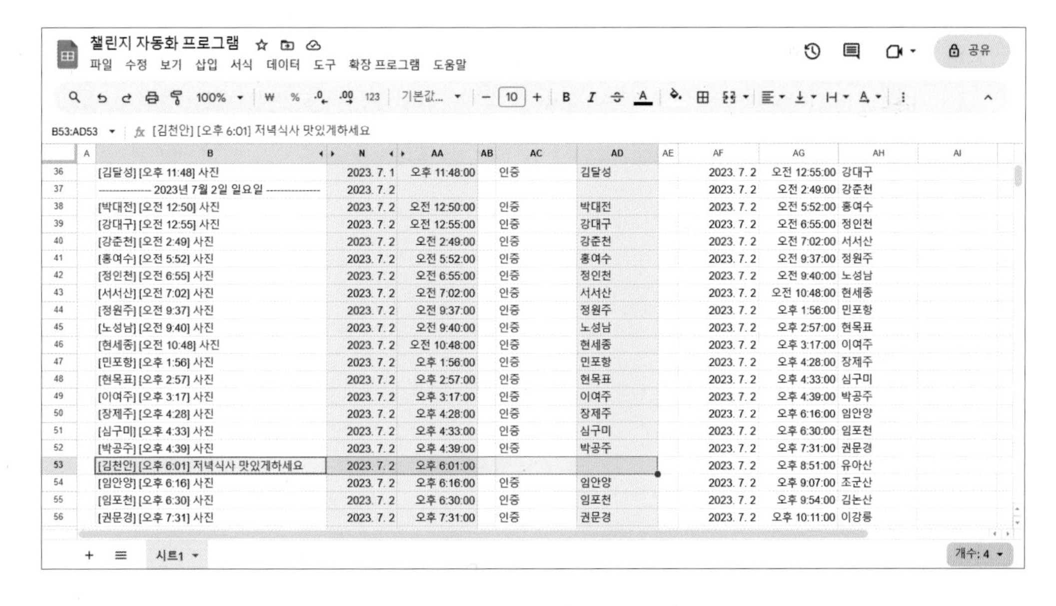

CHAPTER

04 달력 만들기

앞 장에서는 인증(사진)값을 구하기, 원본 데이터에서 닉네임을 추출하기, 챌린지 미션에 인증한 날짜, 시간, 닉네임을 구해 봤습니다. 이 장에서는 구글 스프레드시트로 달력을 만들고 앞 장에서 구했던 데이터를 활용해 달력에 데이터를 반영해 보겠습니다.

원본 데이터를 정제해 원하는 시트를 만들고 달력 시트와 연동해 서로 연동되도록 하는 것에 대해 알아보겠습니다. 긴 시트를 펼치지 않고도 달력을 통해 한눈에 누가, 언제 미션에 인증했는지, 안 했는지를 알 수 있도록 달력을 만들어 보도록 합니다. 이 달력을 통해 인증/미인증뿐만 아니라 출석/결석의 확인 용도로도 활용이 가능합니다.

달력에 반영하기 위한 유니크 닉네임 구하기

앞서 AH열에 '인증 닉네임'을 구했습니다. 이 닉네임으로는 달력에 반영해 인증/미인증을 확인하기 어렵습니다. 그 이유는 AH열에는 인증한 닉네임이 있는데 모든 요일에 인증한 닉네임들이 모두 들어가 있어서 중복 데이터가 많기 때문입니다.

예를 들어 7월 1일에 닉네임 '강대구'님이 인증했고 7월 2일에도 '강대구' 님이 인증했으므로 벌써 2번이나 닉네임이 중복됐습니다. 달력에 반영하려면 참여자의 중복되지 않은 닉네임이 필요합니다. 중복 데이터를 없애기 위해 UNIQUE 함수를 활용해 중복 데이터를 제외한 유일한 닉네임만을 추출해야 합니다.

01 먼저 N열부터 AD열까지의 데이터는 앞서 '인증한 날짜, 시간, 닉네임'을 구하기 위한 과정이었으므로 중요한 데이터만 보이도록 숨깁니다. N열부터 AD열까지 영역을 선택하고 마우스 오른쪽 버튼을 클릭하고 [N-AD열 숨기기]를 클릭해 시트를 보기 편하도록 정리합니다.

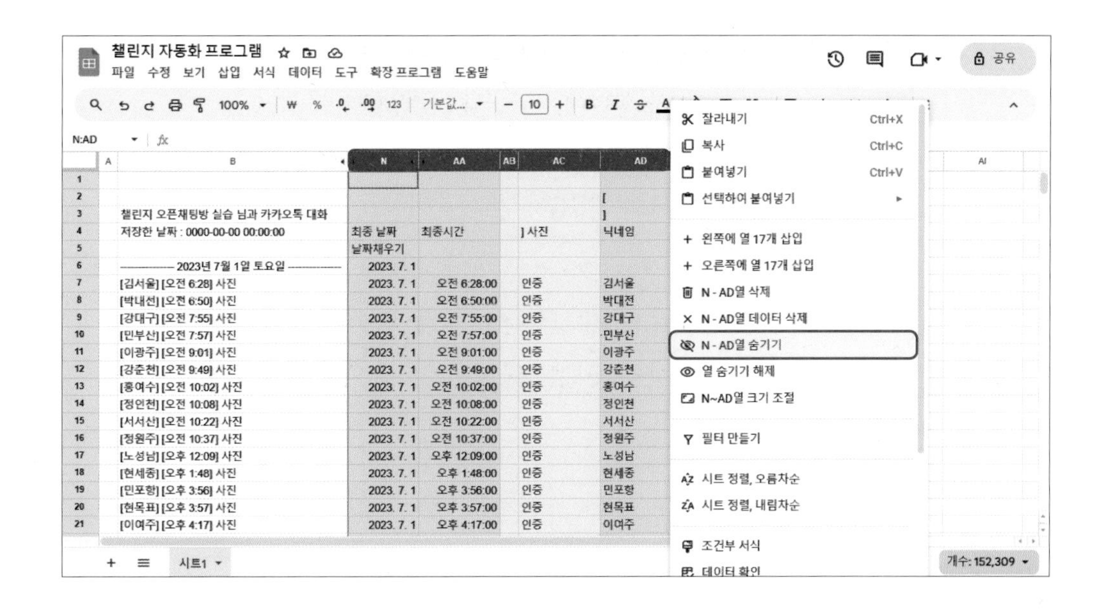

02 AI4 셀에 '유니크 닉네임'을 입력합니다. UNIQUE 함수를 활용해 '인증 닉네임'에서 중복된 닉네임을 제외한 유일한 닉네임을 구해 보겠습니다.

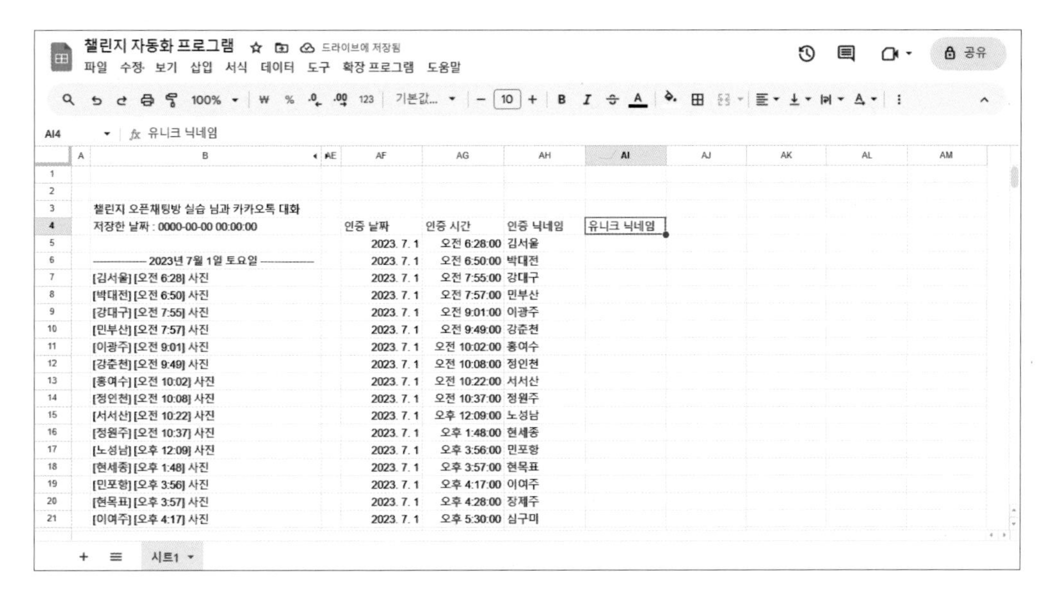

03 UNIQUE 수식을 입력할 때는 중복된 닉네임이 있는 AH열을 범위로 지정합니다. 그러면 AH열에 있는 중복된 닉네임을 제거하고 유일한 닉네임만 추출합니다.

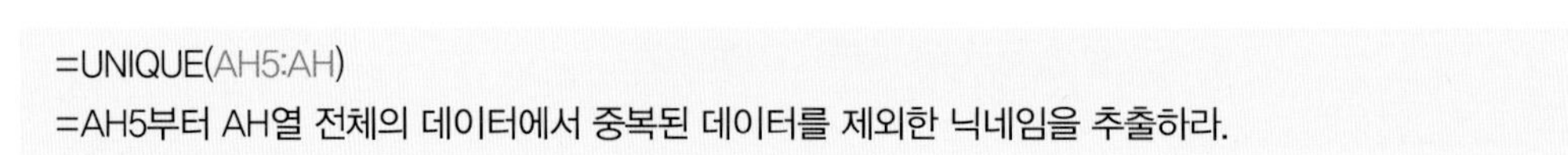

=UNIQUE(AH5:AH)

=AH5부터 AH열 전체의 데이터에서 중복된 데이터를 제외한 닉네임을 추출하라.

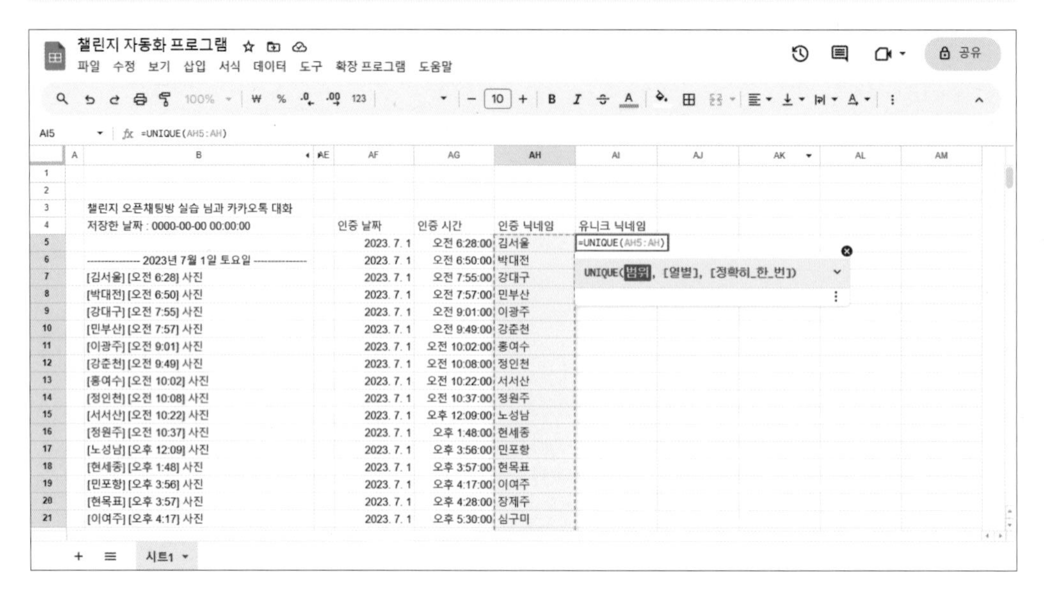

04 AH열의 중복된 닉네임이 사라지고 유니크 닉네임이 추출됐습니다. 스크롤을 아래로 내려 총30개의 유니크 닉네임이 추출된 것을 확인합니다.

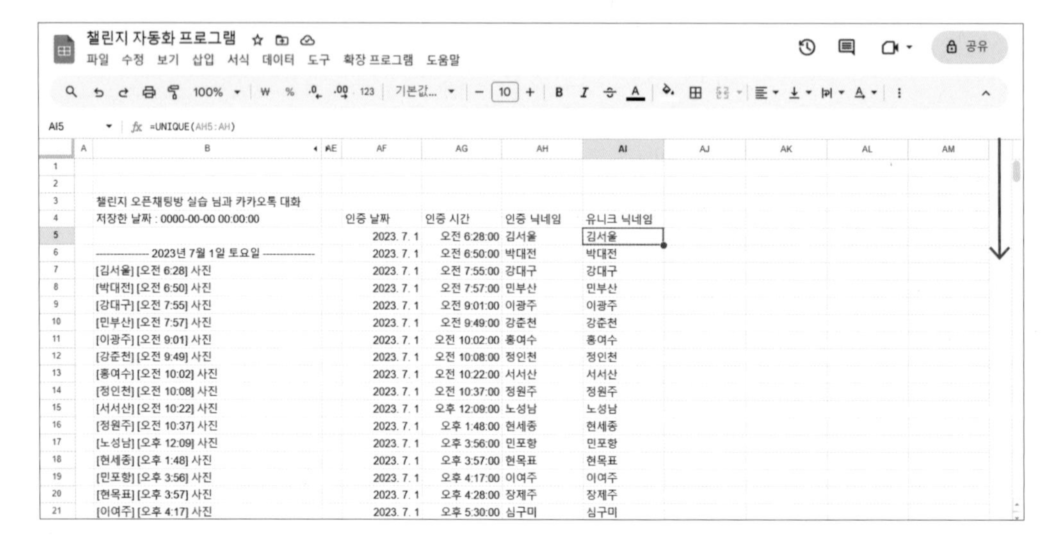

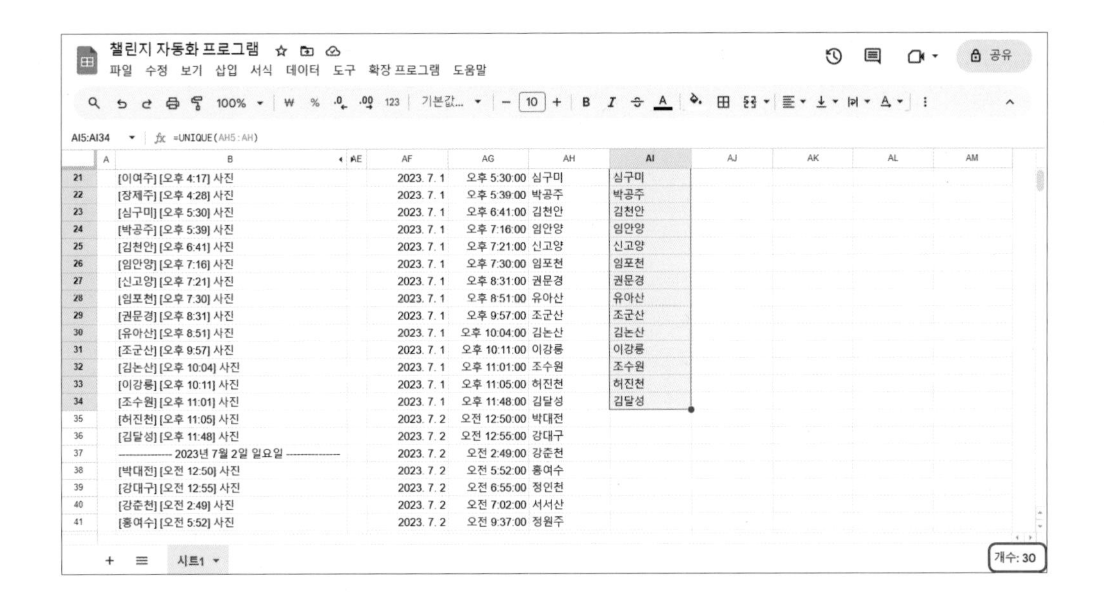

05 유니크 닉네임을 구했지만, 데이터를 관리하기 위해 오름차순(가~하)으로 정렬된 값이 필요합니다. SORT 함수를 활용해 오름차순 및 내림차순으로 데이터를 정렬할 수 있습니다. UNIQUE 앞에 SORT를 입력한 후 소괄호를 입력해 수식을 엽니다. 기존에 입력했던 UNIQUE 수식이 SORT 수식의 범위가 됩니다. 정렬의 기준이 될 데이터를 다시 작성해 주고 오름차순으로 추출하라는 'TRUE'를 입력합니다.

=SORT(UNIQUE(AH5:AH),UNIQUE(AH5:AH),TRUE)
=AH5부터 AH열 전체의 데이터에서 중복된 데이터를 제외한 닉네임을 추출하라.
추출한 데이터를 오름차순으로 정렬하라.

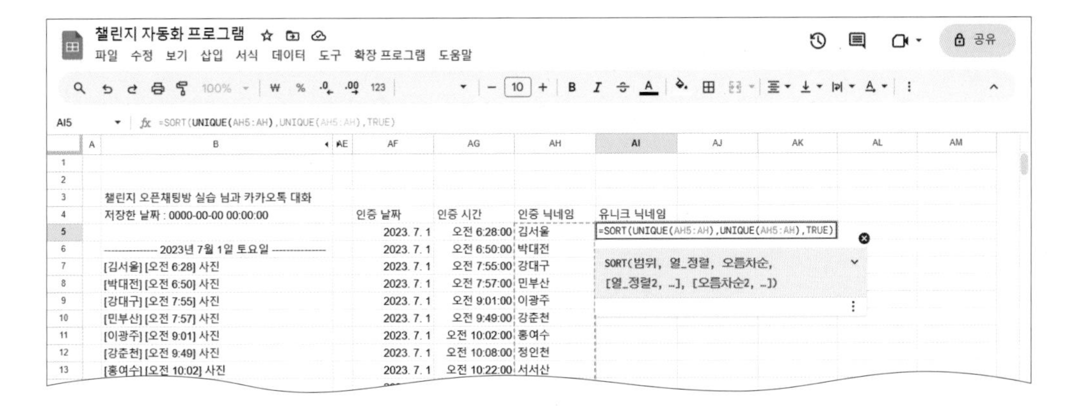

06 SORT 함수로 오름차순 정렬해 뒤죽박죽 섞여 있던 닉네임이 정리된 것을 확인합니다. 이제 달력에 반영할 유니크 닉네임이 준비됐습니다.

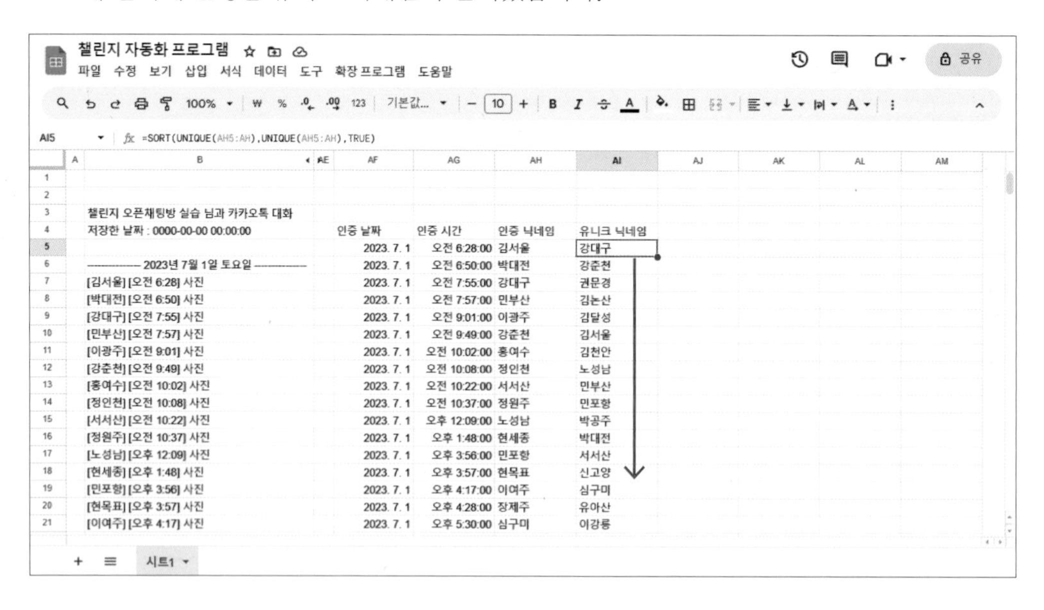

	B	AF	AG	AH	AI
3	챌린지 오픈채팅방 실습 님과 카카오톡 대화				
4	저장한 날짜 : 0000-00-00 00:00:00	인증 날짜	인증 시간	인증 닉네임	유니크 닉네임
5		2023. 7. 1	오전 6:28:00	김서울	강대구
6	——— 2023년 7월 1일 토요일 ———	2023. 7. 1	오전 6:50:00	박대전	강춘천
7	[김서울] [오전 6:28] 사진	2023. 7. 1	오전 7:55:00	강대구	권문경
8	[박대전] [오전 6:50] 사진	2023. 7. 1	오전 7:57:00	민부산	김논산
9	[강대구] [오전 7:55] 사진	2023. 7. 1	오전 9:01:00	이광주	김달성
10	[민부산] [오전 7:57] 사진	2023. 7. 1	오전 9:49:00	강춘천	김서울
11	[이광주] [오전 9:01] 사진	2023. 7. 1	오전 10:02:00	홍여수	김천안
12	[강춘천] [오전 9:49] 사진	2023. 7. 1	오전 10:08:00	정인천	노성남
13	[홍여수] [오전 10:02] 사진	2023. 7. 1	오전 10:22:00	서서산	민부산
14	[정인천] [오전 10:08] 사진	2023. 7. 1	오전 10:37:00	정원주	민포항
15	[서서산] [오전 10:22] 사진	2023. 7. 1	오후 12:09:00	노성남	박공주
16	[정원주] [오전 10:37] 사진	2023. 7. 1	오후 1:48:00	현세종	박대전
17	[노성남] [오후 12:09] 사진	2023. 7. 1	오후 3:56:00	민포항	서서산
18	[현세종] [오후 1:48] 사진	2023. 7. 1	오후 3:57:00	현목표	신고양
19	[민포항] [오후 3:56] 사진	2023. 7. 1	오후 4:17:00	이여주	심구미
20	[현목표] [오후 3:57] 사진	2023. 7. 1	오후 4:28:00	장제주	유아산
21	[이여주] [오후 4:17] 사진	2023. 7. 1	오후 5:30:00	심구미	이강릉

TIP 내림차순으로 정렬하기

SORT 함수는 오름차순 및 내림차순으로 정렬하게 해 줍니다.
앞의 데이터를 내림차순으로 정렬하고 싶다면 다음 수식을 입력합니다.
입력하면 오름차순(가~하)이 아닌 내림차순(하~가)으로 정렬되게 됩니다.
=SORT(UNIQUE(AH5:AH),UNIQUE(AH5:AH),FALSE)

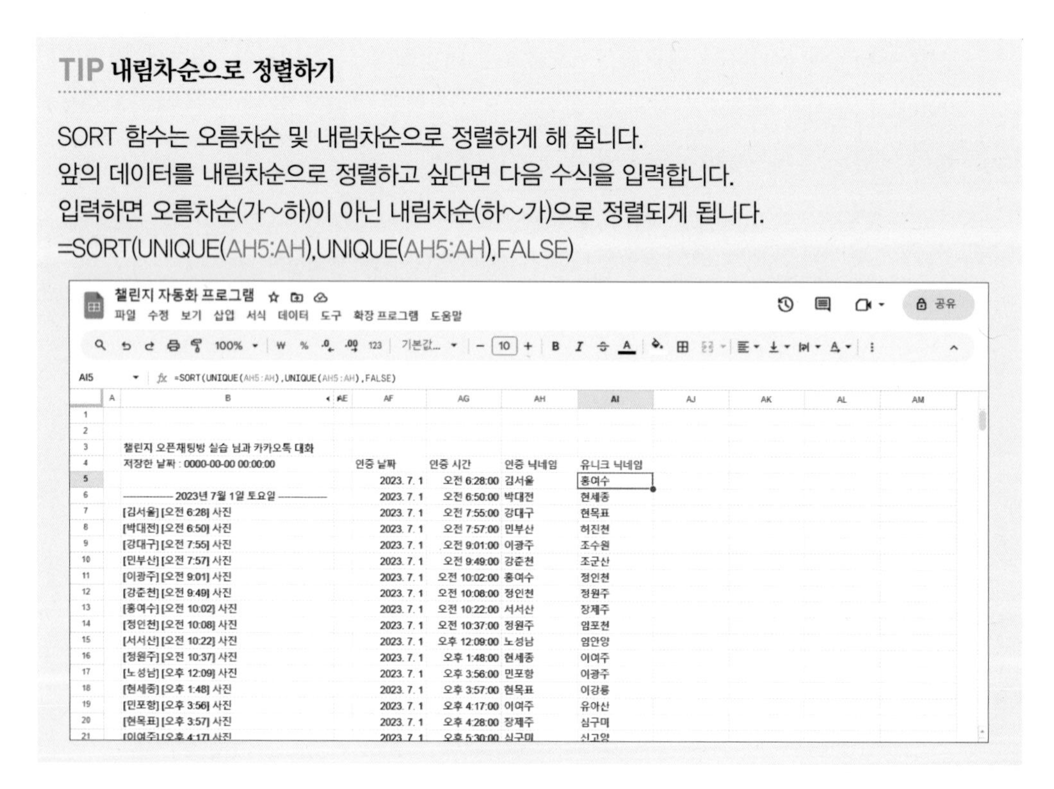

	B	AF	AG	AH	AI
3	챌린지 오픈채팅방 실습 님과 카카오톡 대화				
4	저장한 날짜 : 0000-00-00 00:00:00	인증 날짜	인증 시간	인증 닉네임	유니크 닉네임
5		2023. 7. 1	오전 6:28:00	김서울	홍여수
6	——— 2023년 7월 1일 토요일 ———	2023. 7. 1	오전 6:50:00	박대전	현세종
7	[김서울] [오전 6:28] 사진	2023. 7. 1	오전 7:55:00	강대구	현목표
8	[박대전] [오전 6:50] 사진	2023. 7. 1	오전 7:57:00	민부산	허진천
9	[강대구] [오전 7:55] 사진	2023. 7. 1	오전 9:01:00	이광주	조수원
10	[민부산] [오전 7:57] 사진	2023. 7. 1	오전 9:49:00	강춘천	조군산
11	[이광주] [오전 9:01] 사진	2023. 7. 1	오전 10:02:00	홍여수	정인천
12	[강춘천] [오전 9:49] 사진	2023. 7. 1	오전 10:08:00	정인천	정원주
13	[홍여수] [오전 10:02] 사진	2023. 7. 1	오전 10:22:00	서서산	장제주
14	[정인천] [오전 10:08] 사진	2023. 7. 1	오전 10:37:00	정원주	엄포천
15	[서서산] [오전 10:22] 사진	2023. 7. 1	오후 12:09:00	노성남	엄안양
16	[정원주] [오전 10:37] 사진	2023. 7. 1	오후 1:48:00	현세종	이여주
17	[노성남] [오후 12:09] 사진	2023. 7. 1	오후 3:56:00	민포항	이광주
18	[현세종] [오후 1:48] 사진	2023. 7. 1	오후 3:57:00	현목표	이강릉
19	[민포항] [오후 3:56] 사진	2023. 7. 1	오후 4:17:00	이여주	유아산
20	[현목표] [오후 3:57] 사진	2023. 7. 1	오후 4:28:00	장제주	심구미
21	[이여주] [오후 4:17] 사진	2023. 7. 1	오후 5:30:00	심구미	신고양

달력 만들기

앞서 달력에 반영할 유니크 닉네임을 만들어 봤습니다. 이번에는 달력에 데이터를 반영하기 전에 구글 스프레드시트로 달력 만들기를 먼저 배워 보겠습니다.

01 기존 시트의 이름을 바꾸고 달력을 만들 새로운 시트를 추가해 보겠습니다. [시트 1]을 마우스 오른쪽 버튼으로 클릭하거나, 시트 1 옆에 [▼] 버튼을 클릭합니다(또는 [시트 1]을 더블클릭합니다). [이름 바꾸기]를 클릭해 원하는 이름으로 수정합니다.

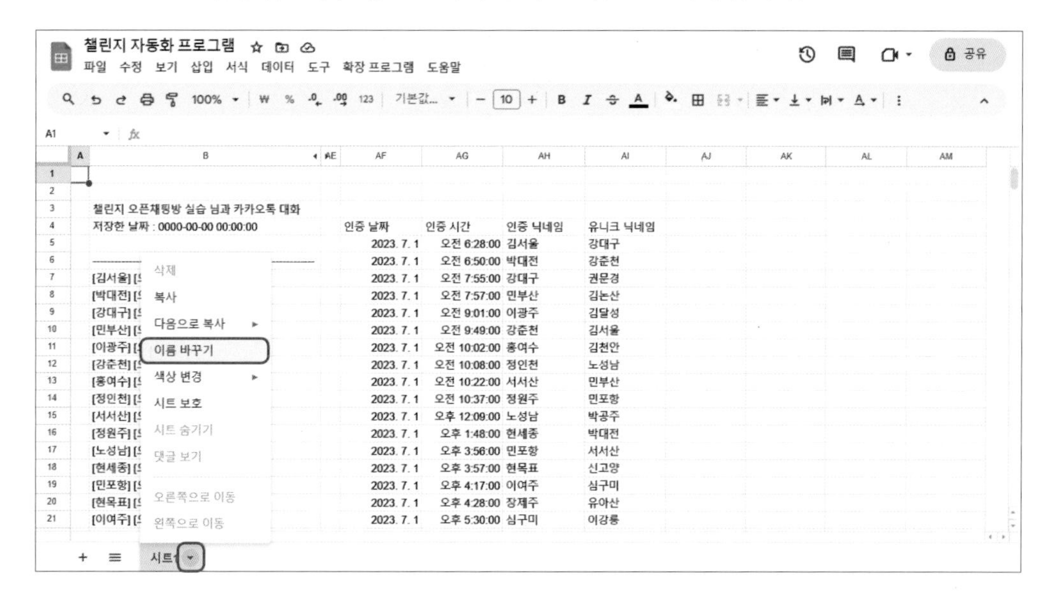

02 카카오톡 오픈 채팅방 대화 내용 원본을 붙여넣기하는 시트이기 때문에 '원본 붙여넣기'라고 입력합니다.

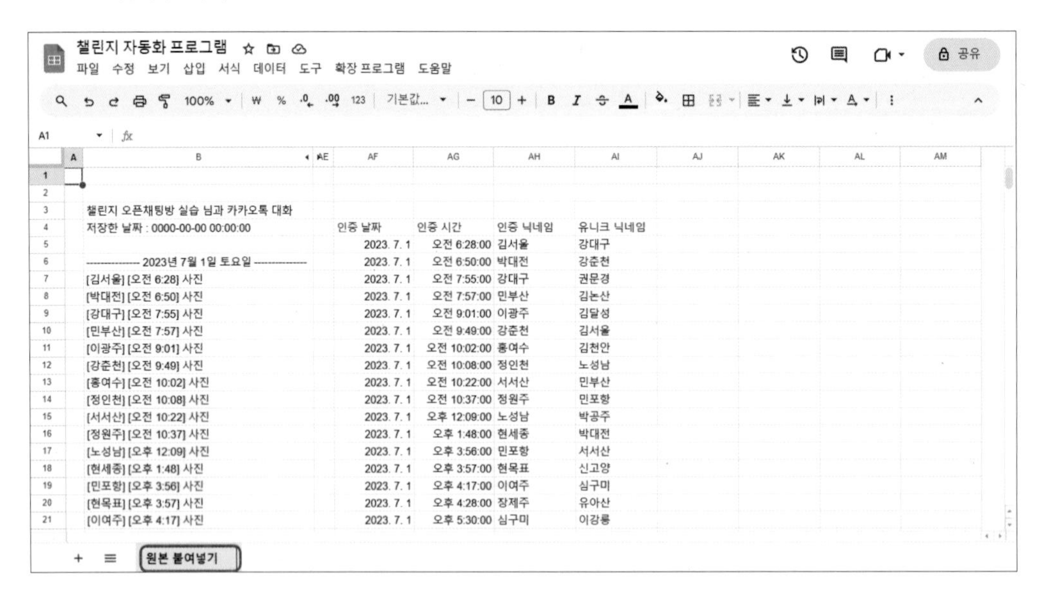

	B	AF	AG	AH	AI
1					
2					
3	챌린지 오픈채팅방 실습 님과 카카오톡 대화				
4	저장한 날짜 : 0000-00-00 00:00:00	인증 날짜	인증 시간	인증 닉네임	유니크 닉네임
5		2023. 7. 1	오전 6:28:00	김서울	강대구
6	--------------- 2023년 7월 1일 토요일 ---------------	2023. 7. 1	오전 6:50:00	박대전	강춘천
7	[김서울] [오전 6:28] 사진	2023. 7. 1	오전 7:55:00	강대구	권문경
8	[박대전] [오전 6:50] 사진	2023. 7. 1	오전 7:57:00	민부산	김논산
9	[강대구] [오전 7:55] 사진	2023. 7. 1	오전 9:01:00	이광주	김달성
10	[민부산] [오전 7:57] 사진	2023. 7. 1	오전 9:49:00	강춘천	김서울
11	[이광주] [오전 9:01] 사진	2023. 7. 1	오전 10:02:00	홍여수	김천안
12	[강춘천] [오전 9:49] 사진	2023. 7. 1	오전 10:08:00	정인천	노성남
13	[홍여수] [오전 10:02] 사진	2023. 7. 1	오전 10:22:00	서서산	민부산
14	[정인천] [오전 10:08] 사진	2023. 7. 1	오전 10:37:00	정원주	민포항
15	[서서산] [오전 10:22] 사진	2023. 7. 1	오후 12:09:00	노성남	박공주
16	[정원주] [오전 10:37] 사진	2023. 7. 1	오후 1:48:00	현세종	박대전
17	[노성남] [오후 12:09] 사진	2023. 7. 1	오후 3:56:00	민포항	서서산
18	[현세종] [오후 1:48] 사진	2023. 7. 1	오후 3:57:00	현목표	신고양
19	[민포항] [오후 3:56] 사진	2023. 7. 1	오후 4:17:00	이여주	심구미
20	[현목표] [오후 3:57] 사진	2023. 7. 1	오후 4:28:00	장제주	유아산
21	[이여주] [오후 4:17] 사진	2023. 7. 1	오후 5:30:00	심구미	이강릉

03 스프레드시트 하단에 있는 제일 왼쪽에 있는 [+] 버튼을 클릭합니다. 시트 2번으로 새로운 시트가 추가됐습니다. 시트 2번의 이름을 '달력 만들기'로 바꿉니다.

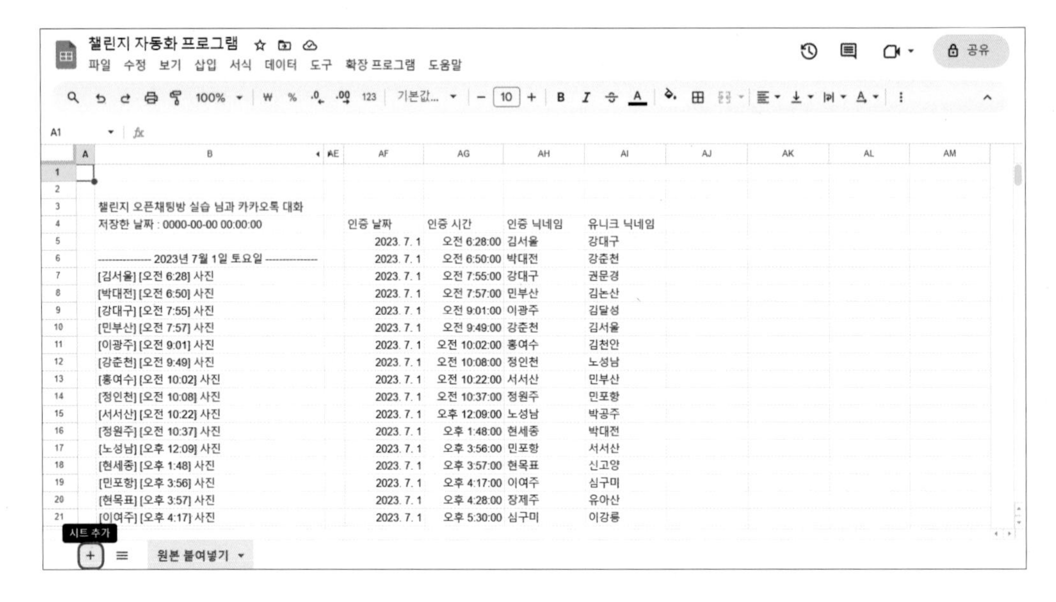

	B	AF	AG	AH	AI
1					
2					
3	챌린지 오픈채팅방 실습 님과 카카오톡 대화				
4	저장한 날짜 : 0000-00-00 00:00:00	인증 날짜	인증 시간	인증 닉네임	유니크 닉네임
5		2023. 7. 1	오전 6:28:00	김서울	강대구
6	--------------- 2023년 7월 1일 토요일 ---------------	2023. 7. 1	오전 6:50:00	박대전	강춘천
7	[김서울] [오전 6:28] 사진	2023. 7. 1	오전 7:55:00	강대구	권문경
8	[박대전] [오전 6:50] 사진	2023. 7. 1	오전 7:57:00	민부산	김논산
9	[강대구] [오전 7:55] 사진	2023. 7. 1	오전 9:01:00	이광주	김달성
10	[민부산] [오전 7:57] 사진	2023. 7. 1	오전 9:49:00	강춘천	김서울
11	[이광주] [오전 9:01] 사진	2023. 7. 1	오전 10:02:00	홍여수	김천안
12	[강춘천] [오전 9:49] 사진	2023. 7. 1	오전 10:08:00	정인천	노성남
13	[홍여수] [오전 10:02] 사진	2023. 7. 1	오전 10:22:00	서서산	민부산
14	[정인천] [오전 10:08] 사진	2023. 7. 1	오전 10:37:00	정원주	민포항
15	[서서산] [오전 10:22] 사진	2023. 7. 1	오후 12:09:00	노성남	박공주
16	[정원주] [오전 10:37] 사진	2023. 7. 1	오후 1:48:00	현세종	박대전
17	[노성남] [오후 12:09] 사진	2023. 7. 1	오후 3:56:00	민포항	서서산
18	[현세종] [오후 1:48] 사진	2023. 7. 1	오후 3:57:00	현목표	신고양
19	[민포항] [오후 3:56] 사진	2023. 7. 1	오후 4:17:00	이여주	심구미
20	[현목표] [오후 3:57] 사진	2023. 7. 1	오후 4:28:00	장제주	유아산
21	[이여주] [오후 4:17] 사진	2023. 7. 1	오후 5:30:00	심구미	이강릉

04 달력 만들기 시트의 J3 셀에 '오늘 날짜', J4 셀에 '연도', J5 셀에 '월'을 입력합니다.

05 K3 셀에 날짜를 구하는 TODAY 함수를 활용해 오늘 날짜를 구합니다. TODAY 함수 뒤로 소괄호 '(,)' 두 개를 공백 없이 붙여 입력합니다. 오늘의 연도와 월, 일을 반환합니다.

=TODAY()
=오늘 날짜 값을 반환하라.

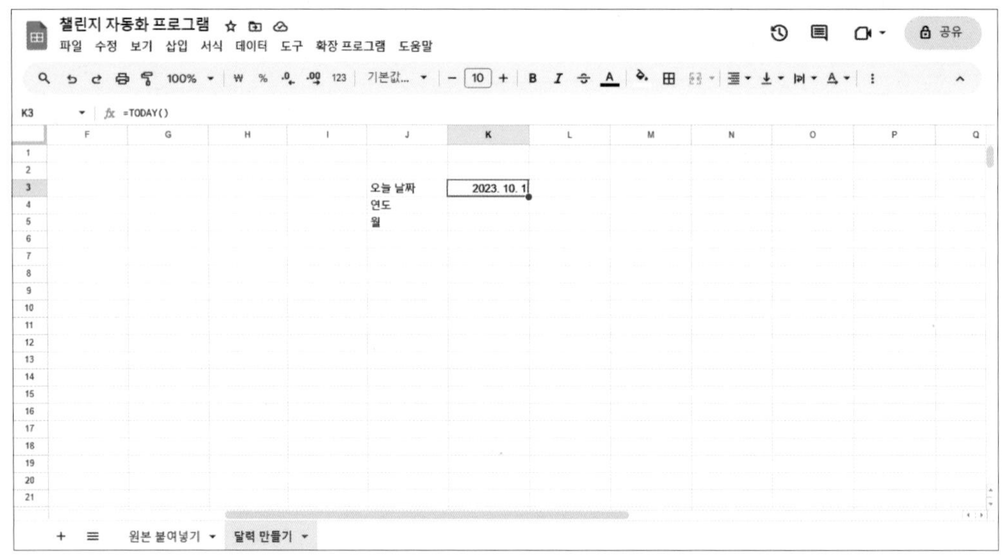

06 K4 셀에 연도를 보여 주기 위해 드롭다운 기능을 활용합니다. K4 셀을 클릭한 후 메뉴에서 [삽입] – [드롭다운]을 클릭합니다.

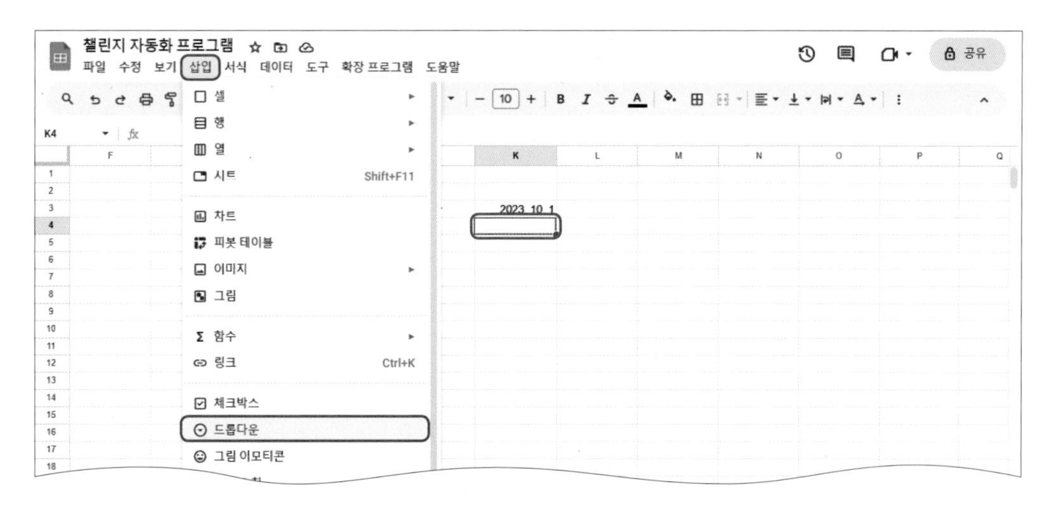

07 드롭다운 형태로 옵션값을 입력하는 화면이 나타납니다. '옵션 1'이라고 나온 항목을 클릭해 옵션 이름을 수정합니다. 달력의 연도를 선택할 수 있도록 만들기 위해 '2023'부터 원하는 연도까지 [다른 항목 추가] 버튼을 클릭해 옵션을 추가한 후 원하는 연도를 입력합니다. 필자는 '2026'까지 추가해 입력했습니다. 그러면 2026년까지 프로그램을 새로 만들 필요가 없습니다. 이것이 바로 자동화 시스템이라고 할 수 있습니다.

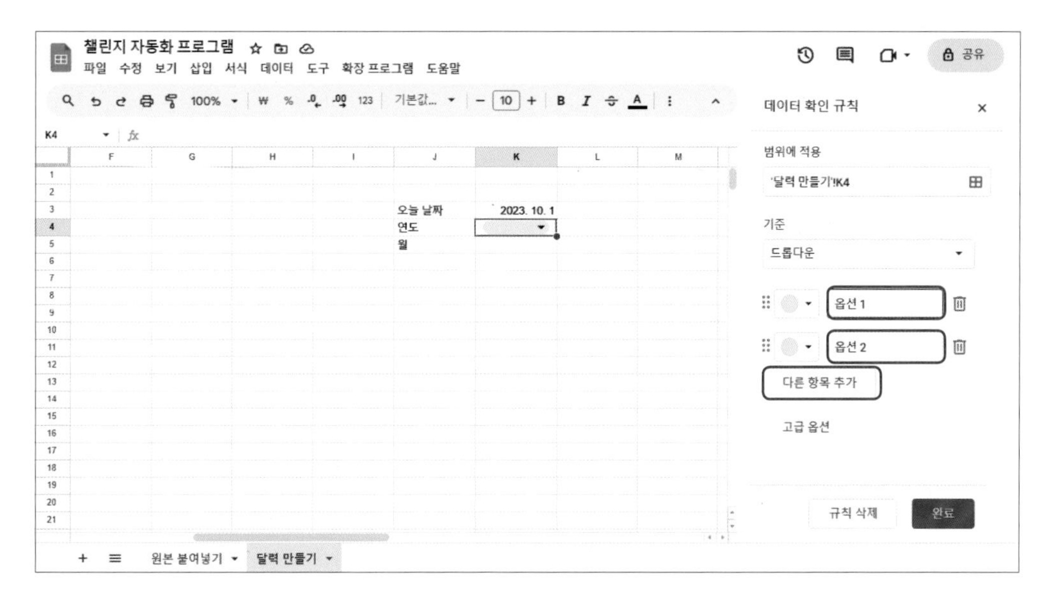

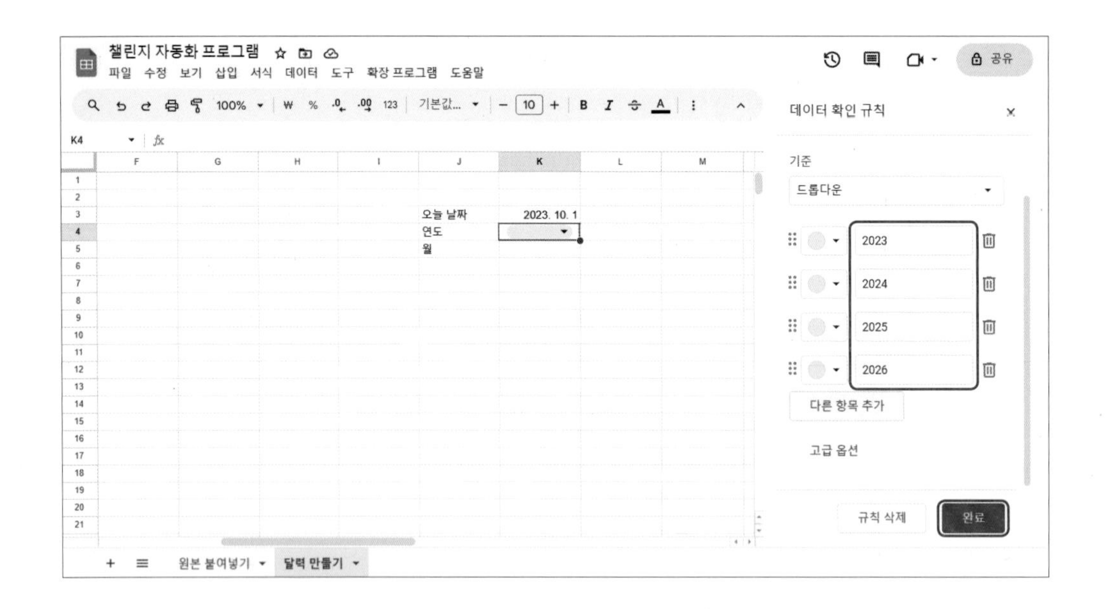

08 [완료]를 눌러 드롭다운 기능이 잘 적용됐는지, [▼] 버튼을 클릭해 옵션에 입력했던 값이 잘 나오는지확인합니다.

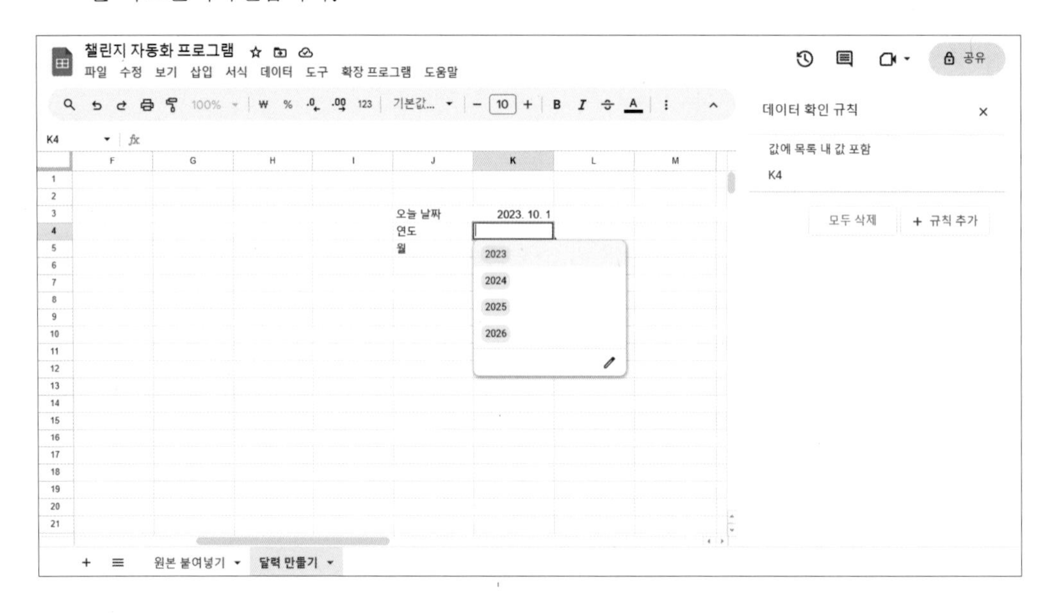

09 월도 같은 방식으로 드롭다운 기능을 활용합니다. K5 셀을 클릭한 후 오른쪽의 [데이터 확인 규칙] 아래에 있는 [+ 규칙 추가]를 클릭합니다.

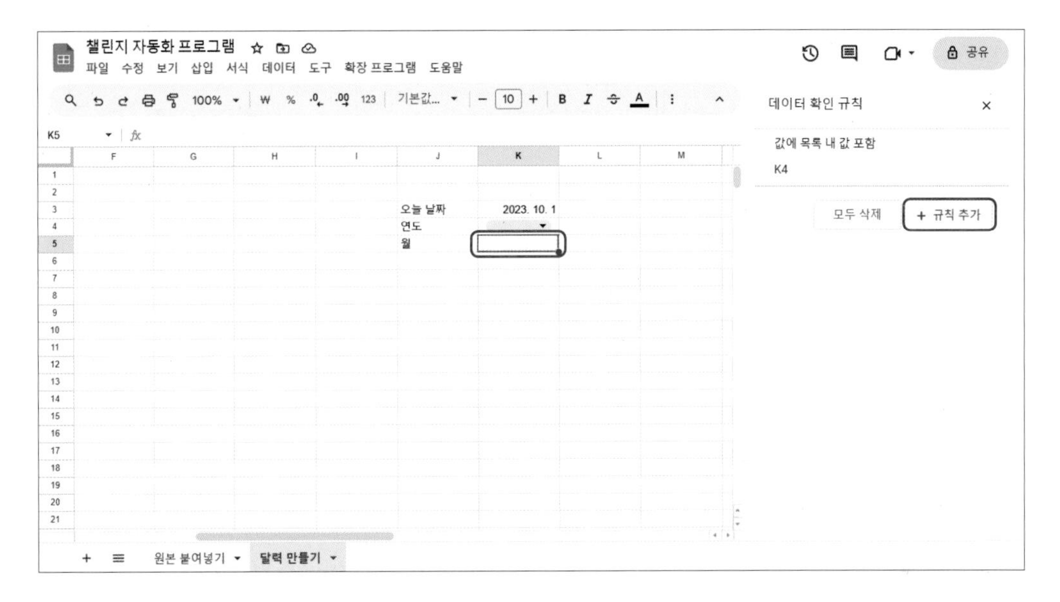

10 '연도'와 마찬가지로 옵션 1을 지우고 '월'의 값인 '1~12'까지 [다른 항목 추가]를 사용해 입력하고 [완료]를 클릭합니다.

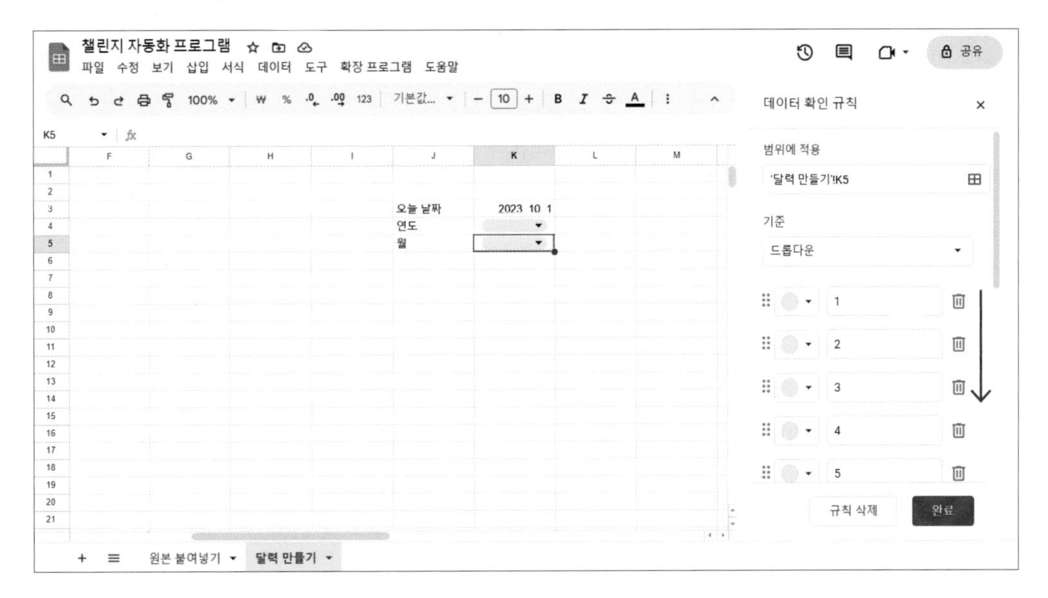

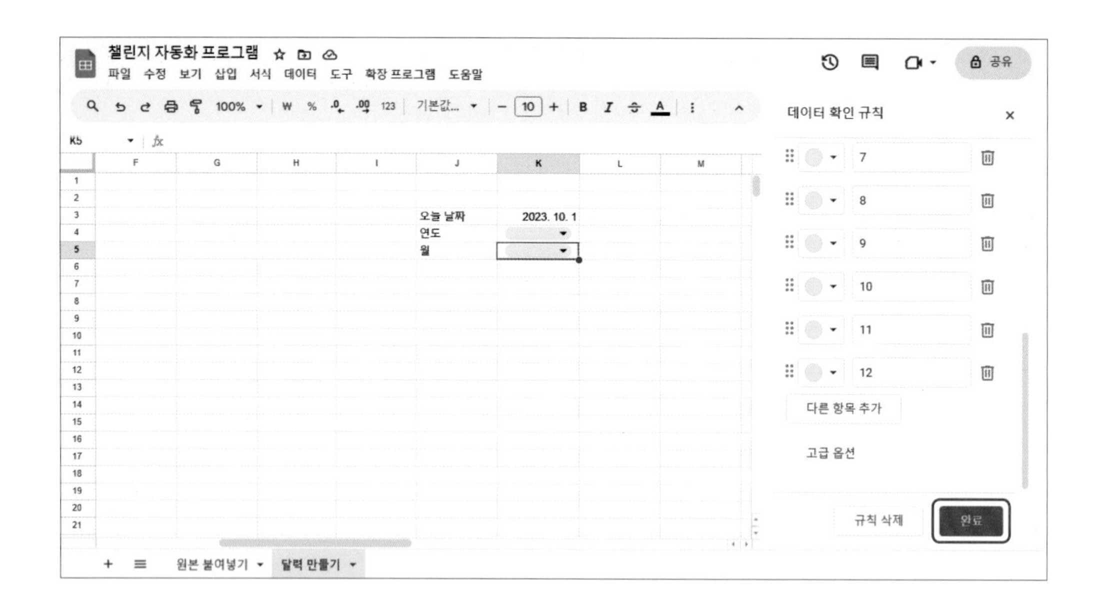

11 필자가 입력한 기준의 연도와 월을 드롭다운에서 선택했습니다. 독자는 실습하고 있는 오늘의 연도와 월을 선택하면 됩니다.

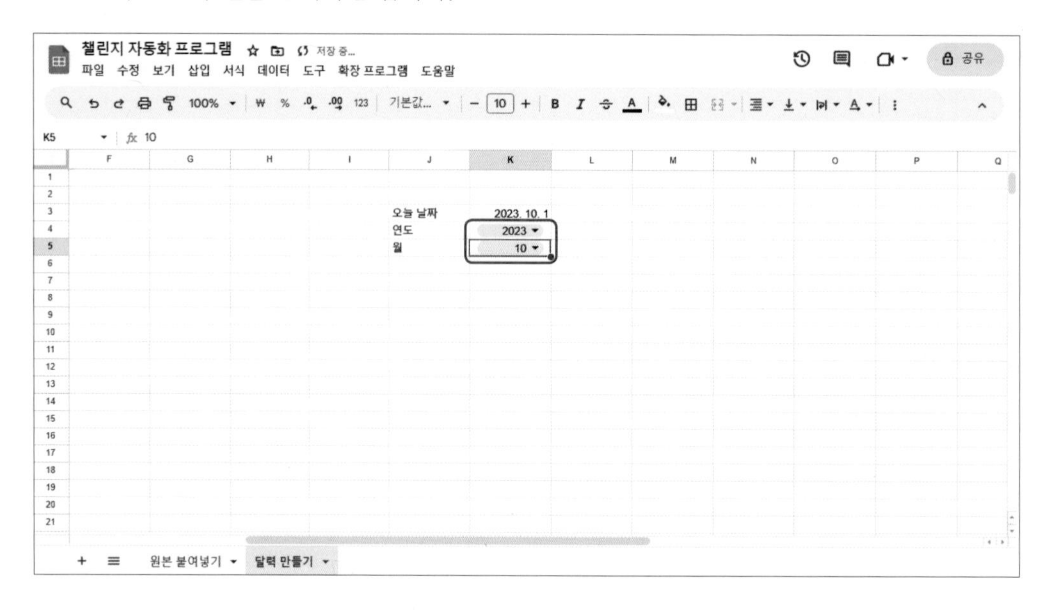

12 B1 셀에 해당 월의 날짜를 구하기 위해 DATE 함수를 활용해 앞서 드롭다운 기능을 활용해 선택한 데이터를 가져오겠습니다. DATE는 연도, 월, 일을 나타내는 함수입니다. =DATE를 입력한 후 소괄호를 입력해 K4 셀의 연도를 가져옵니다. 콤마(,)를 누르고 K5 셀의 월을 가져옵니다. 이때 연도와 월을 변하지 않는 값으로 설정하기 위해 각각 행과 열 앞에 Shift + 4번을 눌러서 〈$〉 기호를 넣습니다(고정값 변환 단축키 F4). 마지막 인수인 일은 숫자 '1'을 입력합니다. 소괄호를 닫고 Enter를 누릅니다.

=DATE($K$4,$K$5,1)
=변하지 않는 K4 셀의 연도와 변하지 않는 K5 셀의 월과 1일의 날짜 값을 반환하라.

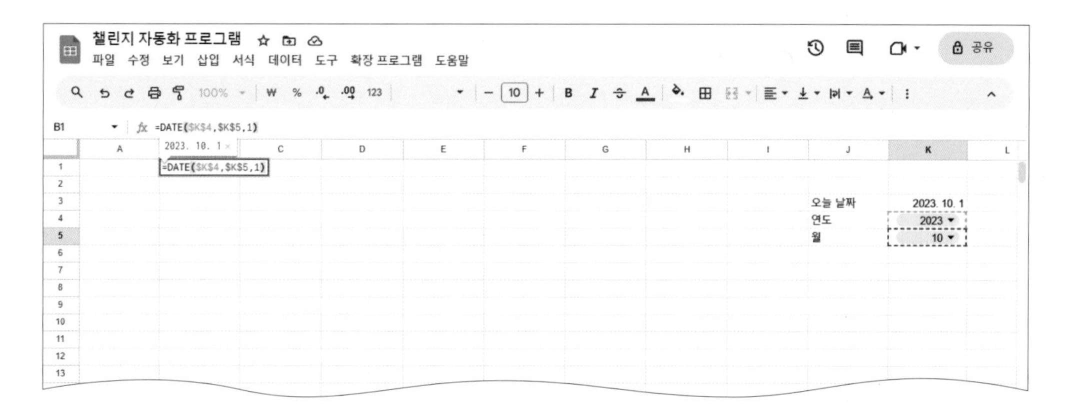

TIP 연도 또는 월을 〈$〉 기호를 사용해 고정값으로 지정하지 않으면 생기는 오류

〈'연도'와 '월'이 고정값으로 지정된 경우〉
=DATE($K$4,$K$5,1)
위와 같은 수식을 다른 셀에도 적용하고자 드래그했을 경우, K4 셀의 연도와 K5 셀의 월은 바뀌지 않습니다.

〈'연도'가 고정값으로 지정되지 않은 경우〉

=DATE(K4,$K$5,1)

그런데 위의 수식으로 연도가 있는 K4 셀을 고정값으로 지정하지 않으면 오른쪽으로 드래그했을 경우 드래그한 쪽으로 기준점이 바뀌어 원하는 값을 반환하지 못합니다.

13 B1 셀에 있는 날짜에 해당하는 요일을 구하기 위해 TEXT 함수를 활용합니다. =TEXT를 입력한 후 소괄호를 입력해 수식을 엽니다. 그런 다음 'B1'을 입력하고 콤마(,)를 누른 후 "DDD"를 입력하고 Enter를 누릅니다.

=TEXT(B1,"DDD")

=B1 셀의 날짜를 "DDD"형식(일)으로 요일을 반환하라.

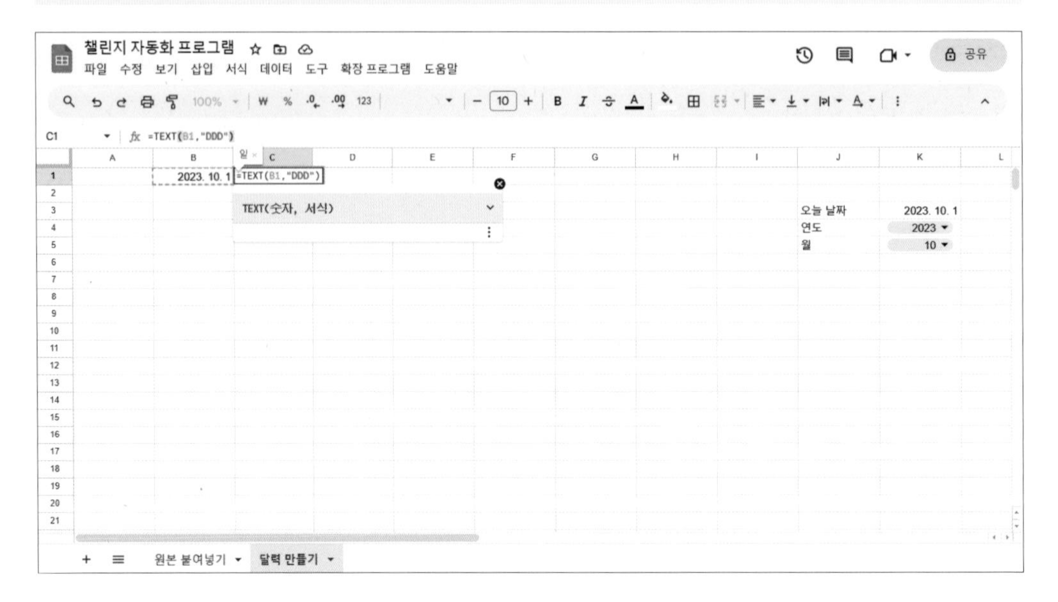

TIP "DDD"말고 다른 형식으로도 보이게할 수 있나요?

다음 서식의 내용을 참고해 활용하면 됩니다.

"D": 일(day)(한 자릿수 또는 두 자릿수)
"DD": 일(day)(두 자릿수)
"DDD": 요일(약어: 월, 화, 수, 목, 금, 토, 일)
"DDDD": 요일(월요일, 화요일, 수요일, 금요일, 토요일, 일요일)

예 =TEXT(B1,"DDDD")

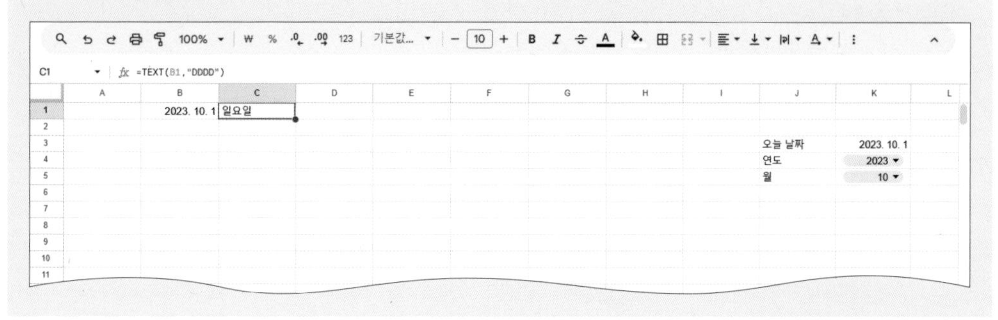

14 달력을 만들기 위해 B3 셀에 '월', C3 셀에 '화', D3 셀에 '수', E3 셀에 '목', F3 셀에 '금', G3 셀에 '토', H3 셀에 '일'을 입력합니다. B3 셀부터 오른쪽 H3 셀까지 드래그해 [채우기 색상]으로 색을 지정합니다.

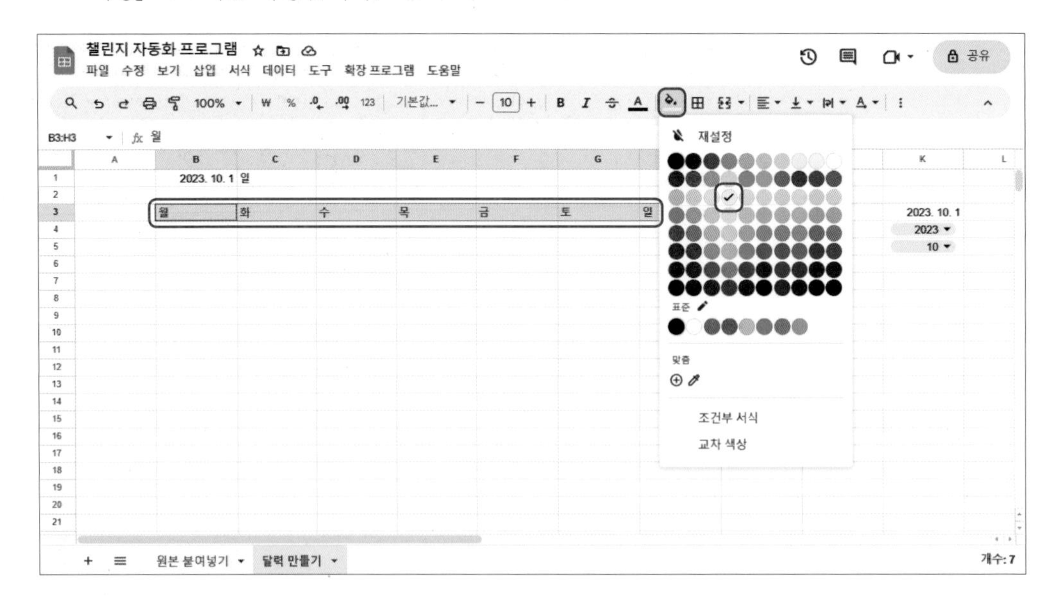

15 '월' 데이터 밑에 있는 B4 셀에 수식을 입력합니다. IF 함수를 활용해 'B3 셀의 '월'과 C1 셀의 '일'이 같다면'이라는 논리를 입력하고 C1 셀은 행과 열의 기준이 변하지 않도록 'C'와 '1' 앞에 〈$〉 기호를 입력해 고정시킵니다. 그리고 콤마(,)를 입력합니다.

```
=IF(B3=$C$1,
=(논리) B3 셀의 값과 고정된 C1 셀의 값이 같다면
```

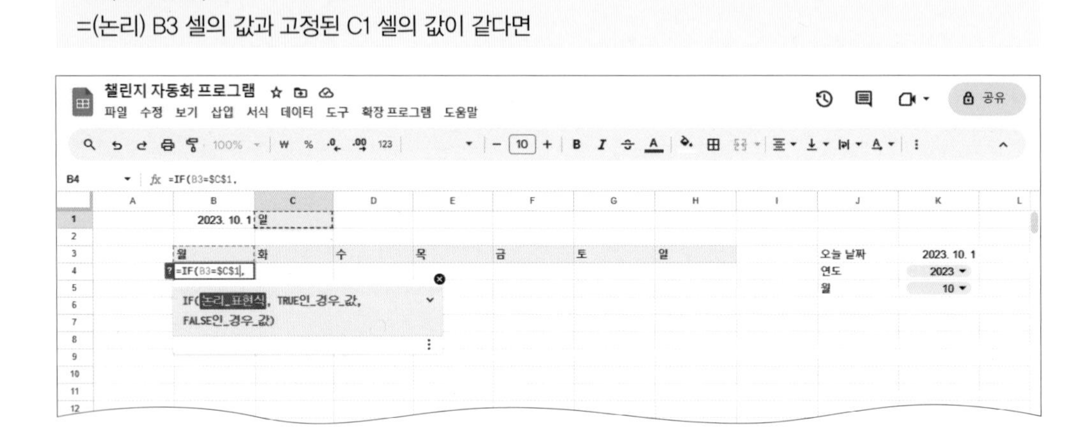

16 TRUE인 경우, '1' 값을 반환하라고 입력하고 FALSE인 경우 아무것도 없는 공백을 반환하도록 입력한 후 Enter를 누릅니다.

=IF(B3=$C$1,1," ")
=(논리) B3 셀의 값과 고정된 C1 셀의 값이 같다면
(TRUE) 1이라고 반환하고
(FALSE) 그렇지 않으면 아무것도 없이 공백(" ")으로 비워 둬라.

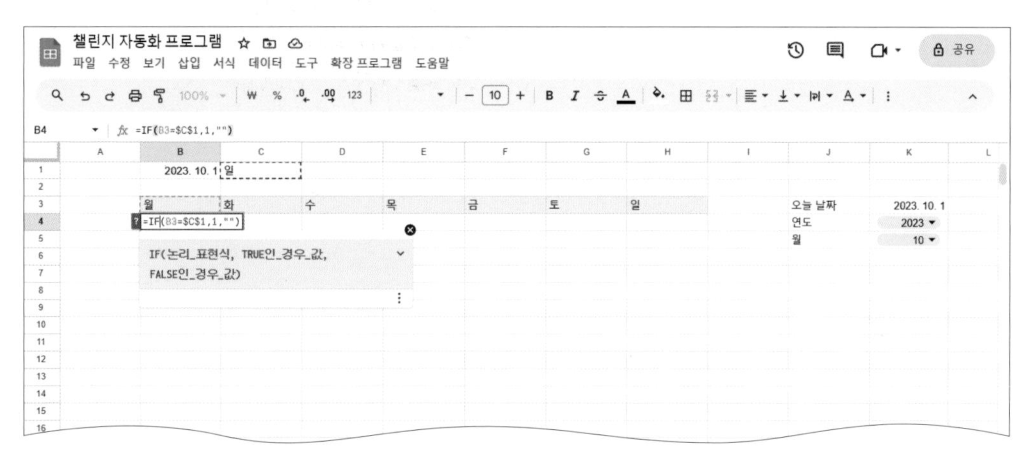

17 B4 셀의 결괏값은 공백이 돼야 합니다. B3 셀의 '월'과 고정된 C1 셀의 '일'은 같지 않기 때문에 비어 있는 공백을 반환해 보여준 것입니다. B4 셀을 클릭한 후 선택된 파란색 박스의 오른쪽하단 모서리에 있는 [●] 모양에 마우스 커서를 올려 [+] 모양이 됐을 때 다시 클릭해 마우스에서 손을 떼지 않고 H4 셀까지 드래그합니다. B4 셀의 수식이 H4 셀까지 자동으로 적용됩니다.

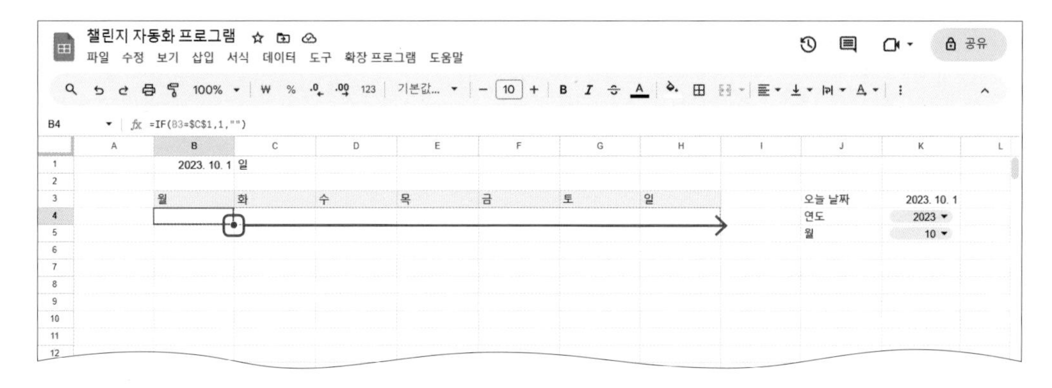

18 B4 셀의 수식이 H4 셀까지 적용됐습니다. 여기서 중요한 것은 IF 수식에서 C1 셀은 〈$〉 기호를 사용해 기준이 '$C$1'로 변하지 않도록 고정시켜 놓았기 때문에 H4 셀의 수식에서도 C1은 변하지 않고 B3 셀이 H3 셀로 바뀌어있는 것을 확인할 수 있습니다. 그래서 H3 셀의 '일'과 C1 셀의 '일'이 같은 값이므로 '1'이라고 반환돼 보이는 것입니다.

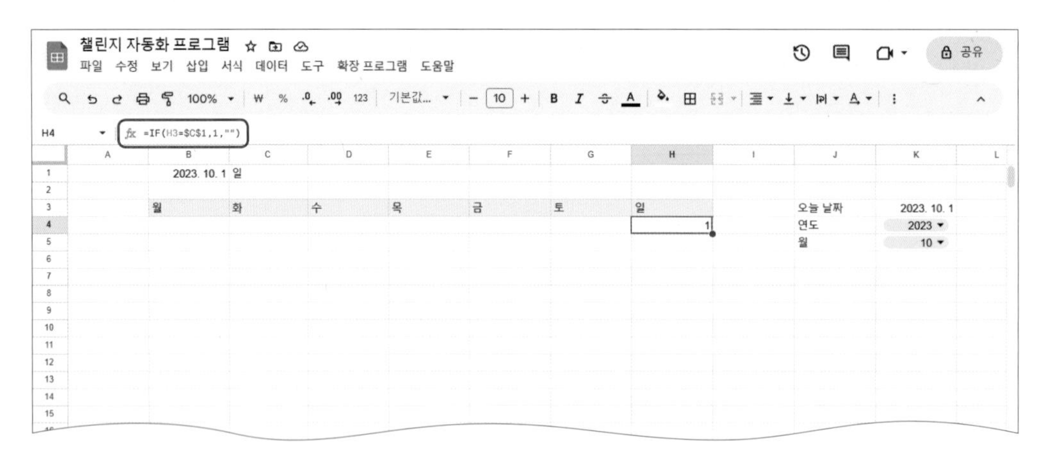

19 이제 B5 셀에 OFFSET, COLUMN, COUNTIF 함수를 활용해 다음 월~일까지 숫자로 값이 나오도록 합니다. OFFSET 함수는 어떤 대상으로부터 벗어나는 정도(떨어지는 정도)를 말합니다. 먼저 OFFSET 함수를 활용해 '고정된 B4($B$4)'를 기준으로 아래로 '0'칸, 오른쪽으로 '0'칸, 높이는 '1', 너비는 'COLUM() – 1'을 입력하고 Enter를 누릅니다. COLUMN 함수는 지정된 셀의 열 번호를 반환하는 것으로, B4는 B열이기 때문에 B는 A 다음의 2번째 열이므로 2이지만 –1을 해 줘 '1'로 표시됩니다. 이 COLUMN 함수 자리가 OFFSET의 너비 수식이 되므로 1의 자리만큼의 너비는 곧 자기 자신의 자리이므로 원래의 값으로 돌아갑니다.

```
=OFFSET($B$4,0,0,1,COLUMN( ) – 1)
=(셀 참조) 고정된 B4 셀을 기준으로
  (오프셋 행) 아래 방향으로 0칸,
  (오프셋 열) 오른쪽 방향으로 0칸,
  (높이) 세로 높이 범위를 1칸,
  (너비) 가로 너비 범위를 1칸(COLUMN( ) –1한) 값을 반환하라.
* COLUMN( )–1 = 지정된 셀의 열 번호 B열 = 2–1 = 1
```

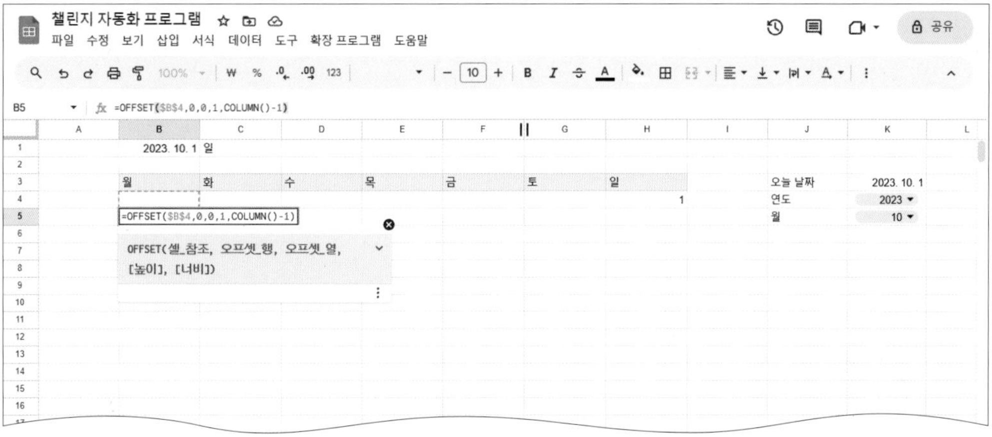

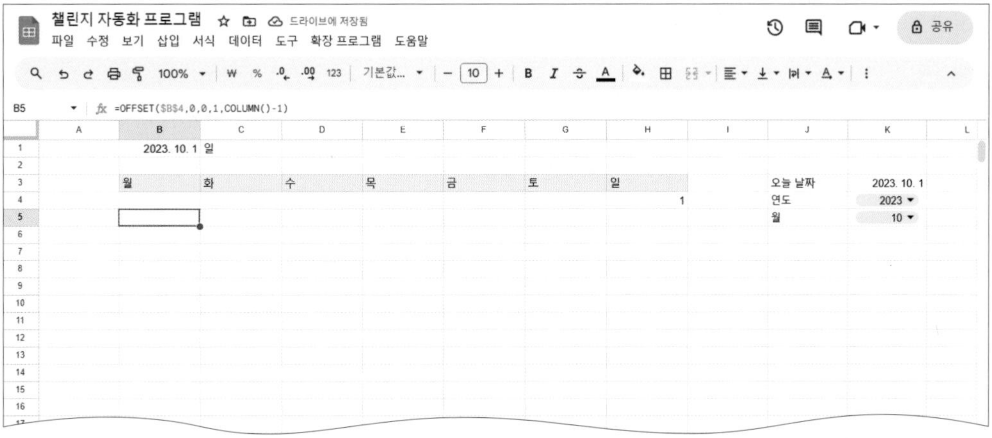

TIP OFFSET, COLUMN, COUNTIF 함수 한눈에 보기

1. OFFSET 함수는 시작 셀 참조에서 지정된 수의 행과 열로 변환된 범위 참조를 반환합니다.
   셀 참조: 기준점
   오프셋 행: 아래 방향(자기 자신 포함하지 않고 다음부터 1로 센다)
   오프셋 열: 오른쪽 방향(자기 자신 세지 포함하지 않고 다음부터 1로 센다)
   높이: 지정된 수만큼의 높이 범위(2= 자기 자신 포함해 세로 2개의 데이터 값을 반환한다)
   너비: 지정된 수만큼의 너비 범위(2= 자기 자신 포함해 가로 2개의 데이터 값을 반환한다)
2. COLUMN 함수는 지정된 셀의 열 번호를 반환합니다.
   A열=1, B열=2, C열=3…
3. COUNTIF 함수는 범위에서 조건에 맞는 합계를 반환합니다.

20 COUNTIF 함수를 활용해 OFFSET 수식이 끝나는 ')' 소괄호 뒤로 콤마(,)와 '1'을 입력한 후 소괄호를 입력해 COUNTIF 수식을 닫습니다. COUNTIF는 OFFSET 수식의 범위에 '1'이 있다면 모두 더하라는 뜻입니다. B5 셀의 값은 1이 아니므로 합계되지 않아 '0'이라는 값을 반환한 상태입니다.

=COUNTIF(OFFSET($B$4,0,0,1,COLUMN( )–1),1)
=(셀 참조) 고정된 B4 셀을 기준으로
(오프셋 행) 아래 방향으로 0칸,
(오프셋 열) 오른쪽 방향으로 0칸,
(높이) 세로 높이 범위를 1칸,
(너비) 가로 너비 범위를 1칸(COLUMN( ) –1한) 값을 반환하라.
위 범위에서 1의 값을 모두 더한 값을 반환하라.

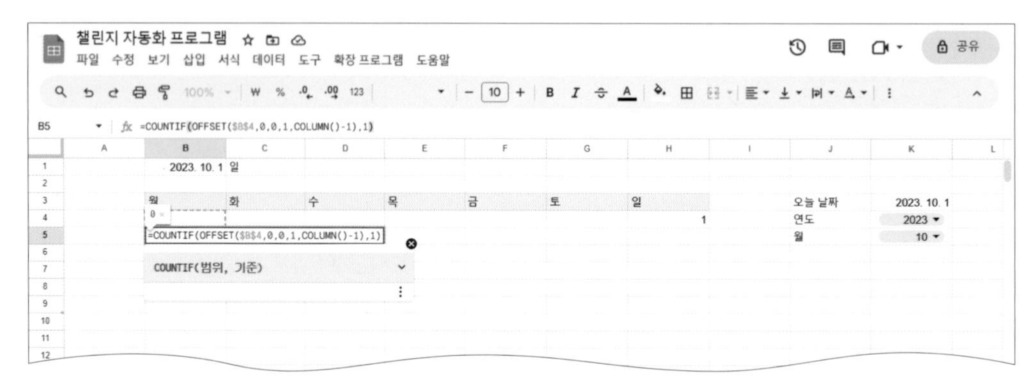

21 B5 셀을 클릭한 후 선택된 파란색 박스의 오른쪽 하단 모서리에 있는 [●] 모양에 마우스 커서를 올려 [+] 모양이 됐을 때 다시 클릭해 마우스에서 손을 떼지 않고 H5 셀까지 드래그합니다. B5 셀의 수식이 H5 셀까지 자동으로 적용됩니다.

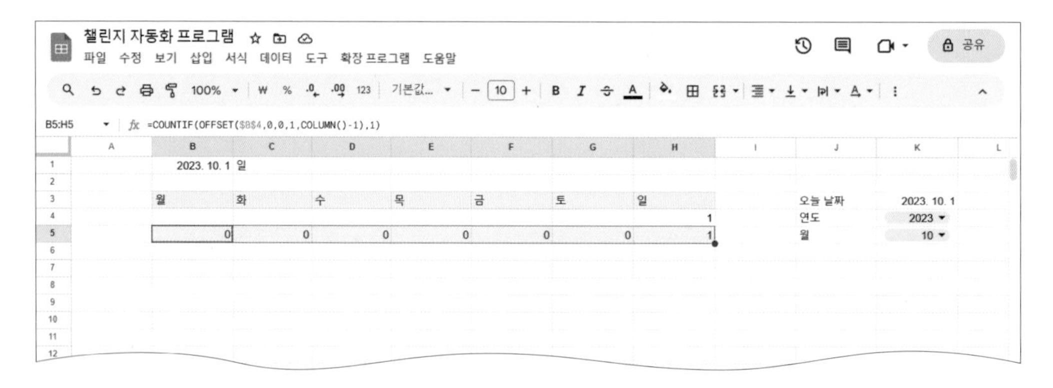

22 이렇게 숫자 데이터를 만드는 이유는 H5 셀에 '1'이라는 값이 10월 1일이 되기 위해 만든 것입니다. 이 다음 행에서는 1이라고 나온 값들을 더해 2, 3, 4, 5, …의 값을 만들기 위해 앞서 수식을 적용한 것입니다. 이 숫자들은 곧 10월 2일, 10월 3일, 10월 4일, 10월 5일, …이 될 것입니다. B6 셀에 SUM 함수를 활용해 1의 숫자들을 더해 보겠습니다. SUM 함수는 일련의 숫자 및 셀의 합계를 반환합니다.

=SUM(OFFSET($B$5,0,0,1,COLUMN( )–1))
=(셀 참조) 고정된 B5 셀을 기준으로
(오프셋 행) 아래 방향으로 0칸,
(오프셋 열) 오른쪽 방향으로 0칸,
(높이) 세로 높이 범위를 1칸,
(너비) 가로 너비 범위를 1칸(COLUMN( ) –1한) 값을 반환하라.
위 범위에서 모두 더한 값을 반환하라.

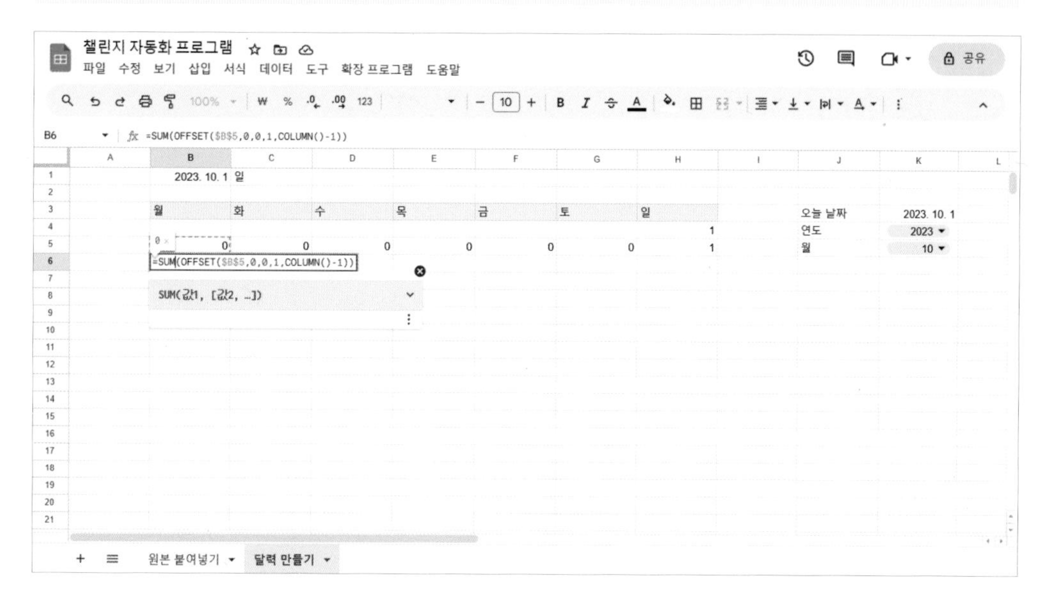

23 B6 셀을 클릭한 후 선택된 파란색 박스의 오른쪽 하단 모서리에 있는 [●] 모양에 마우스 커서를 올려 [+] 모양이 됐을 때 다시 클릭해 마우스에서 손을 떼지 않고 H6 셀까지 드래그합니다. B6 셀의 수식이 H6 셀까지 자동으로 적용됩니다.

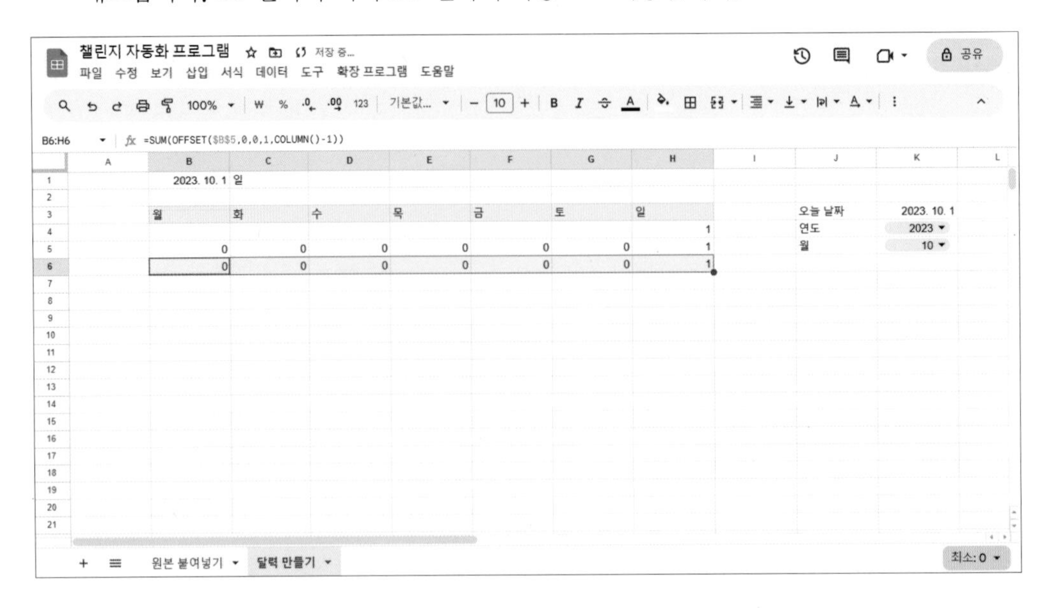

TIP 5번 행과 6번 행의 숫자가 똑같은데 뭐가 변한 거죠?

지금 보고 있는 '달력 10월'의 데이터는 1일이 일요일부터 시작하기 때문에 한눈에 무엇이 바뀌었는지 보기 힘듭니다. 오른쪽 '월'의 [▼] 버튼을 클릭하고 '8'월을 클릭해 '달력 8월'의 데이터를 가져옵니다.

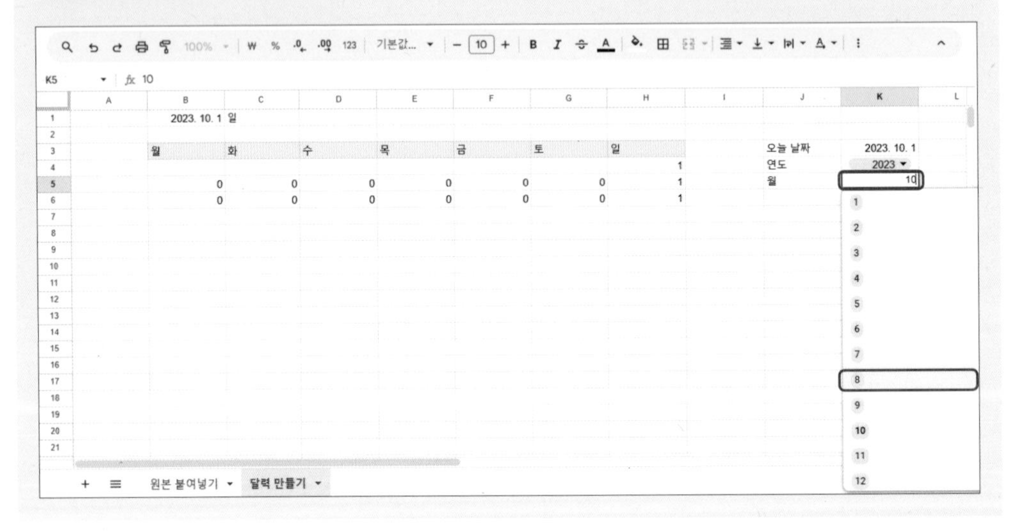

10월과는 눈에 띄게 다른 것을 확인할 수 있습니다. SUM 함수로 1의 값들이 더해졌습니다. C6 셀의 값이 '1' 즉, 8월 1일을 뜻합니다. 실제로 달력에서 확인하면 2023년 8월 1일은 화요일이 맞으므로 수식이 잘 적용된 것을 확인할 수 있습니다.

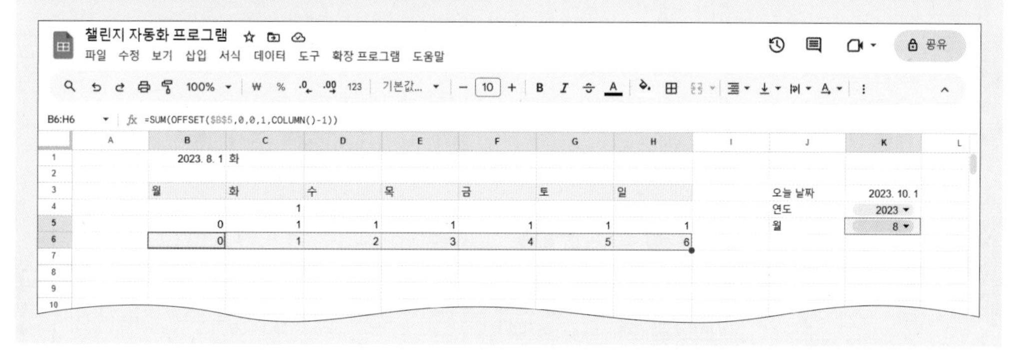

24 이제 6번 행의 숫자를 DATE 함수를 활용해 '연/월/일'의 날짜로 전환해 보겠습니다. B7 셀에 DATE 수식을 입력합니다. 연도와 월은 바뀌면 안 되는 값이 때문에 〈$〉 기호를 사용해 '$K$4,$K$5' 연도와 월을 고정시킵니다. 일은 고정되지 않고 계속 바뀌어야 하기 때문에 고정시키지 않고 수식을 닫습니다.

=DATE($K$4,$K$5,B6)
=고정된 K4 셀(연도), 고정된 K5 셀(월), B6 셀(일)을 날짜로 전환하라.

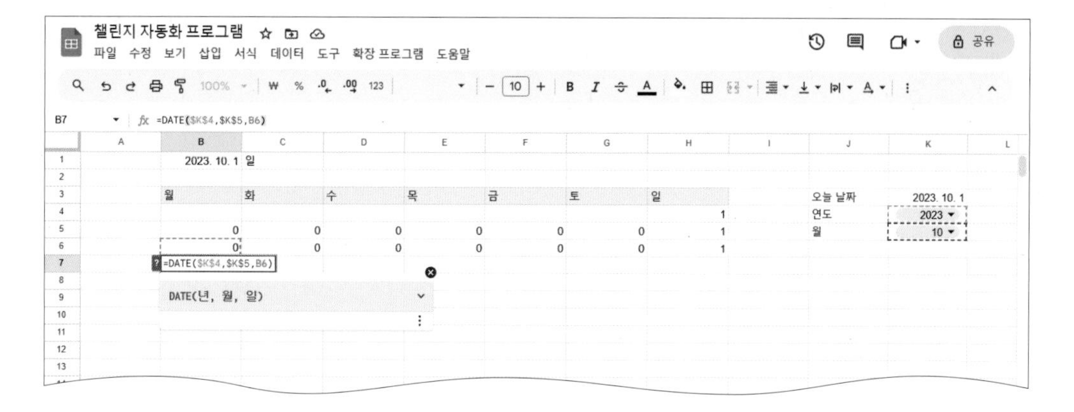

25 숫자가 날짜로 전환됐습니다. B7 셀을 클릭한 후 선택된 파란색 박스의 오른쪽 하단 모서리에 있는 [●] 모양에 마우스 커서를 올려 [+] 모양이 됐을 때 다시 클릭해 마우스에서 손을 떼지 않고 H7 셀까지 드래그합니다. B7 셀의 수식이 H7 셀까지 자동으로 적용됩니다.

26 B7~G7 셀까지 값에 영향을 미치는 B6~G6 셀의 값이 0이기 때문에 날짜가 적용 되지 않아 10월 1일의 전날인 9월 30일로 표기됐습니다. '0' 값은 필요 없는 데이터이므로 B7 셀의 수식에 IF 함수를 활용합니다. IF 수식을 작성해 논리를 입력합니다. 'B6 셀의 값이 0이면 아무것도 없이 비워 두고 그렇지 않으면 DATE 수식을 적용하라.'는 명령어를 입력합니다.

=IF(B6=0," ", DATE($K$4,$K$5,B6))
=만약 B6 셀의 값이 0이라면
(TRUE) 아무것도 없이 비워 두고
(FALSE) 그렇지 않으면 아래 DATE 수식을 적용하라.
고정된 K4 셀(연도), 고정된 K5 셀(월), B6 셀(일)을 날짜로 전환하라.

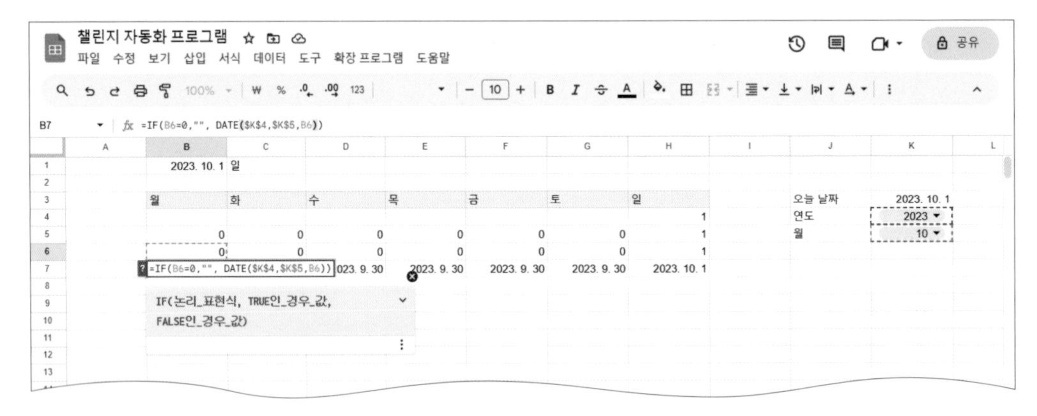

27 '0'이라는 값의 날짜는 없어지고 '0'이 아닌 값의 숫자는 날짜로 전환됩니다. B7 셀을 클릭한 후 선택된 파란색 박스의 오른쪽 하단 모서리에 있는 [●] 모양에 마우스 커서를 올려 [+] 모양이 됐을 때 다시 클릭해 마우스에서 손을 떼지 않고 H7 셀까지 드래그합니다. B7 셀의 수식이 H7 셀까지 자동으로 적용됩니다.

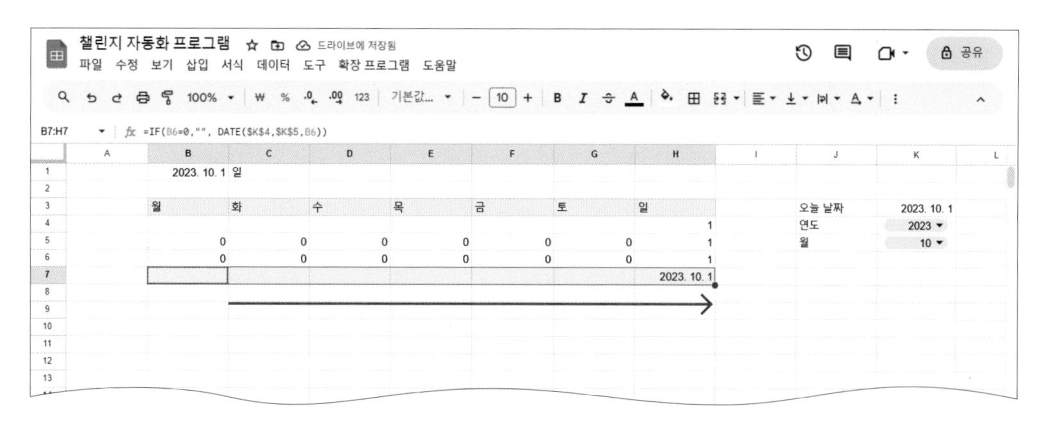

28 이제 달력의 1주차가 나왔습니다. A7 셀에 '1주차'라고 입력하고 2023년 12월처럼 달력의 6주차까지 포함하는 달이 있기 때문에 A12 셀에 '6주차'까지 연달아 입력합니다.

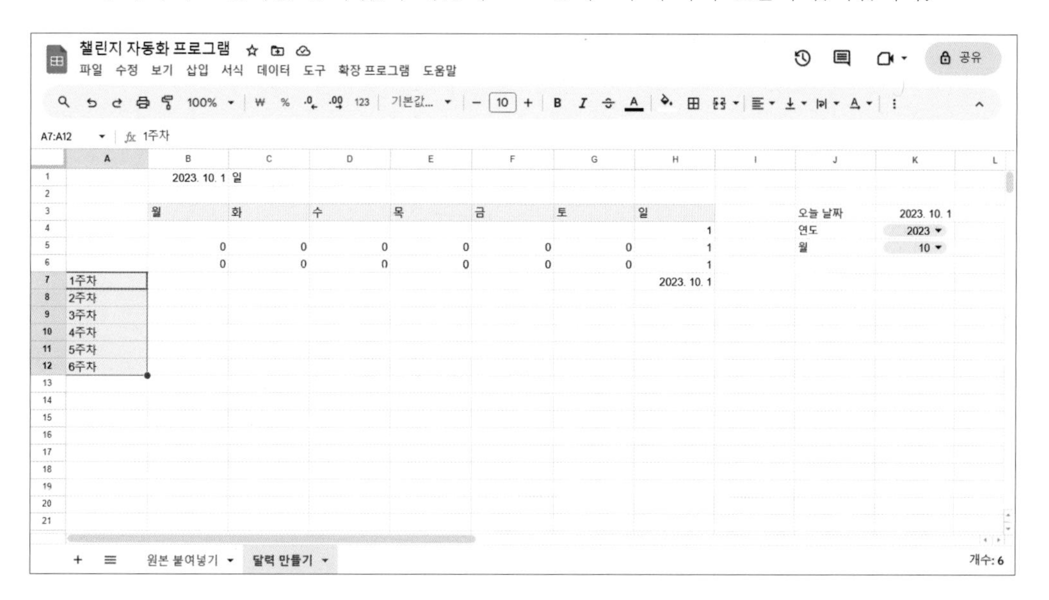

29 A열의 머리글을 클릭해 A열 전체 범위를 선택하고 메뉴 아이콘의 [가로맞춤]을 클릭해 [오른쪽]을 클릭합니다. 1~6주차까지 오른쪽 맞춤 정렬된 것을 확인합니다.

챌린지 자동화 프로그램
파일 수정 보기 삽입 서식 데이터 도구 확장 프로그램 도움말
공유
100% ₩ % .0 .00 123 기본값... 10 B I A
오른쪽
A:A fx

	A	B	C	D	E	F	G	H	I	J	K	L
1		2023. 10. 1 일										
2												
3		월	화	수	목	금	토	일		오늘 날짜	2023. 10. 1	
4								1		연도	2023	
5		0	0	0	0	0	0	1		월	10	
6		0	0	0	0	0	0	1				
7	1주차							2023. 10. 1				
8	2주차											
9	3주차											
10	4주차											
11	5주차											
12	6주차											

원본 붙여넣기 달력 만들기 개수: 6

30 2주차 날짜를 구해 보겠습니다. H7 셀의 '2023. 10. 1.' 값에 1을 더하면 '2023. 10. 2.'가 되기 때문에 B8 셀에 H7 셀에 1을 더하는 수식을 입력합니다.

=H7+1
=H7 셀의 값에 1을 더한 값을 반환하라.

챌린지 자동화 프로그램
파일 수정 보기 삽입 서식 데이터 도구 확장 프로그램 도움말
공유
B8 fx =H7+1

	A	B	C	D	E	F	G	H	I	J	K	L
1		2023. 10. 1 일										
2												
3		월	화	수	목	금	토	일		오늘 날짜	2023. 10. 1	
4								1		연도	2023	
5		0	0	0	0	0	0	1		월	10	
6		0	0	0	0	0	0	1				
7	1주차	2023. 10. 2						2023. 10. 1				
8	2주차	=H7+1										
9	3주차											
10	4주차											
11	5주차											
12	6주차											

31 이번에는 B8 셀의 수식을 바로 드래그하지 않고 C8 셀에 '=B8 + 1' 수식을 입력합니다. 셀 수식에 연속성을 줘야 하기 때문에 적어도 연장하고자 하는 셀의 앞 2개의 셀에 수식이 적혀 있어야 합니다.

32 이제 드래그해 셀 수식을 적용할 수 있습니다. C8 셀을 클릭한 후 선택된 파란색 박스의 오른쪽 하단 모서리에 있는 [●] 모양에 마우스 커서를 올려 [+] 모양이 됐을 때 다시 클릭해 마우스에서 손을 떼지 않고 H8 셀까지 드래그합니다. C8 셀의 수식이 H8 셀까지 자동으로 적용됩니다.

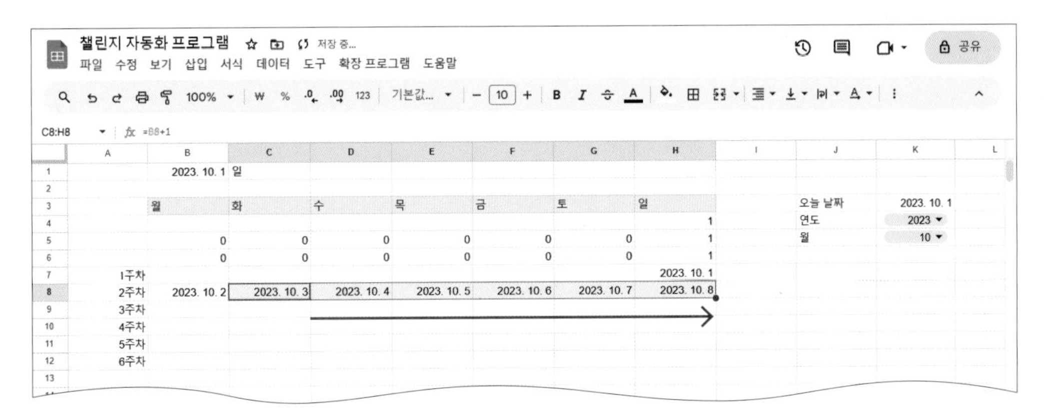

33 3주차의 날짜도 동일하게 구해 보겠습니다. H8 셀의 '2023. 10. 8.' 값에 1을 더하면 '2023. 10. 9.'가 되기 때문에 B9 셀에 H8 셀에 1을 더하는 수식을 입력합니다.

챌린지 자동화 프로그램 ☆ 드라이브에 저장됨
파일 수정 보기 삽입 서식 데이터 도구 확장 프로그램 도움말 공유
100% ₩ % .0 .00 123 기본값... 10 B I A

B9 fx =H8+1

	A	B	C	D	E	F	G	H	I	J	K	L
1		2023. 10. 1 일										
2												
3		월	화	수	목	금	토	일		오늘 날짜	2023. 10. 1	
4								1		연도	2023 ▾	
5		0	0	0	0	0	0	1		월	10 ▾	
6		0	0	0	0	0	0	1				
7	1주차							2023. 10. 1				
8	2주차	2023. 10. 9 ×	2023. 10. 3	2023. 10. 4	2023. 10. 5	2023. 10. 6	2023. 10. 7	2023. 10. 8				
9	3주차	=H8+1										
10	4주차											
11	5주차											
12	6주차											
13												
14												
15												
16												

34 B9 셀의 수식을 바로 드래그하지 않고 C9 셀에 '=B9 + 1' 수식을 입력합니다.

=B9+1

=B9 셀의 값에 1을 더한 값을 반환하라.

챌린지 자동화 프로그램 ☆
파일 수정 보기 삽입 서식 데이터 도구 확장 프로그램 도움말 공유
100% ₩ % .0 .00 123 기본값... 10 B I A

C9 fx =B9+1

	A	B	C	D	E	F	G	H	I	J	K	L
1		2023. 10. 1 일										
2												
3		월	화	수	목	금	토	일		오늘 날짜	2023. 10. 1	
4								1		연도	2023 ▾	
5		0	0	0	0	0	0	1		월	10 ▾	
6		0	0	0	0	0	0	1				
7	1주차							2023. 10. 1				
8	2주차	2023. 10. 2	2023. 10. 10 ×	2023. 10. 4	2023. 10. 5	2023. 10. 6	2023. 10. 7	2023. 10. 8				
9	3주차	2023. 10. 9	=B9+1									
10	4주차											
11	5주차											
12	6주차											
13												
14												
15												
16												

35 C9 셀을 클릭한 후 선택된 파란색 박스의 오른쪽 하단 모서리에 있는 [●] 모양에 마우스 커서를 올려 [+] 모양이 됐을 때 다시 클릭해 마우스에서 손을 떼지 않고 H9 셀까지 드래그합니다. C9 셀의 수식이 H9 셀까지 자동으로 적용됩니다. 4주차의 수식은 앞서 날짜를 구했던 수식과는 완전히 다릅니다. 4주차부터는 특정 날짜의 월을 숫자 형식으로 반환하는 MONTH 함수를 활용해 날짜의 월만 추출하고 대조해 오류가 생기지 않는 날짜를 구해 보겠습니다.

챌린지 자동화 프로그램

C9:H9 fx =B9+1

	A	B	C	D	E	F	G	H	I	J	K	L
1		2023. 10. 1 일										
2												
3		월	화	수	목	금	토	일		오늘 날짜	2023. 10. 1	
4								1		연도	2023	
5		0	0	0	0	0	0	1		월	10	
6		0	0	0	0	0	0	1				
7	1주차							2023. 10. 1				
8	2주차	2023. 10. 2	2023. 10. 3	2023. 10. 4	2023. 10. 5	2023. 10. 6	2023. 10. 7	2023. 10. 8				
9	3주차	2023. 10. 9	2023. 10. 10	2023. 10. 11	2023. 10. 12	2023. 10. 13	2023. 10. 14	2023. 10. 15				
10	4주차											
11	5주차											
12	6주차											

TIP 왜 4주차부터는 다른 함수를 사용하나요? 그대로 편하게 '셀 + 1'만 하면 안되나요?

4주차부터는 '=셀+1'을 하면 안 됩니다. 그 이유는 한 달이 31일인 경우도 있지만 2월 같은 경우 28일인 경우로 4주차에 날짜가 끝나는 달이 있기 때문입니다.
2월의 달력이라고 가정했을 때 '=셀+1' 수식으로 날짜를 구할 경우, 4주차에서 2월 28일까지만 나오고 날짜 더 나타나면 안 되는데 3월달의 날짜까지 함께 나타납니다.
다음 사진처럼 10월 달력도 6주차까지 동일한 수식으로 적용할 경우 10월 31일까지의 날짜만 나와야 10월 달력인데, 11월 5일까지 나왔습니다.
이렇게 달력에 다음 달의 날짜가 함께 나타나면 자동화 프로그램을 절대 만들 수 없습니다.
따라서 4주차부터는 다른 함수를 활용해야 합니다.

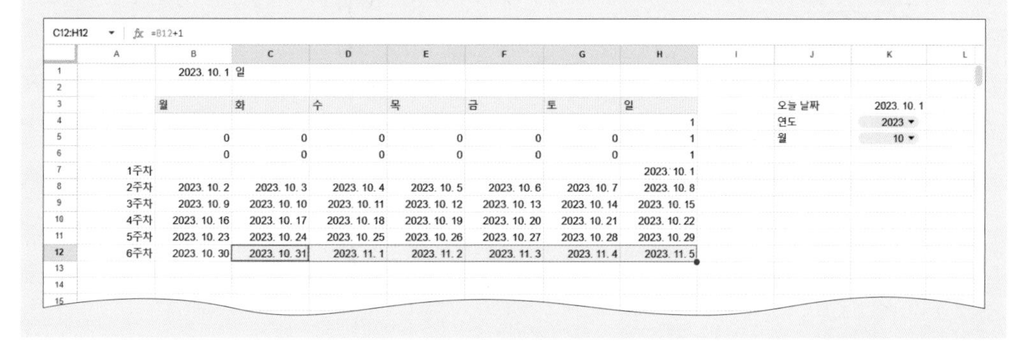

C12:H12 fx =B12+1

	A	B	C	D	E	F	G	H	I	J	K	L
1		2023. 10. 1 일										
2												
3		월	화	수	목	금	토	일		오늘 날짜	2023. 10. 1	
4								1		연도	2023	
5		0	0	0	0	0	0	1		월	10	
6		0	0	0	0	0	0	1				
7	1주차							2023. 10. 1				
8	2주차	2023. 10. 2	2023. 10. 3	2023. 10. 4	2023. 10. 5	2023. 10. 6	2023. 10. 7	2023. 10. 8				
9	3주차	2023. 10. 9	2023. 10. 10	2023. 10. 11	2023. 10. 12	2023. 10. 13	2023. 10. 14	2023. 10. 15				
10	4주차	2023. 10. 16	2023. 10. 17	2023. 10. 18	2023. 10. 19	2023. 10. 20	2023. 10. 21	2023. 10. 22				
11	5주차	2023. 10. 23	2023. 10. 24	2023. 10. 25	2023. 10. 26	2023. 10. 27	2023. 10. 28	2023. 10. 29				
12	6주차	2023. 10. 30	2023. 10. 31	2023. 11. 1	2023. 11. 2	2023. 11. 3	2023. 11. 4	2023. 11. 5				
13												
14												

36 4주차의 날짜를 구해 보겠습니다. B10 셀에 월을 추출하는 MONTH 함수를 활용합니다. MONTH 함수가 어떻게 값을 반환하는지 보기 위해 B10 셀에 H9 셀의 월을 추출하게 합니다.

=MONTH(H9)
=H9 셀 날짜의 월을 반환하라.

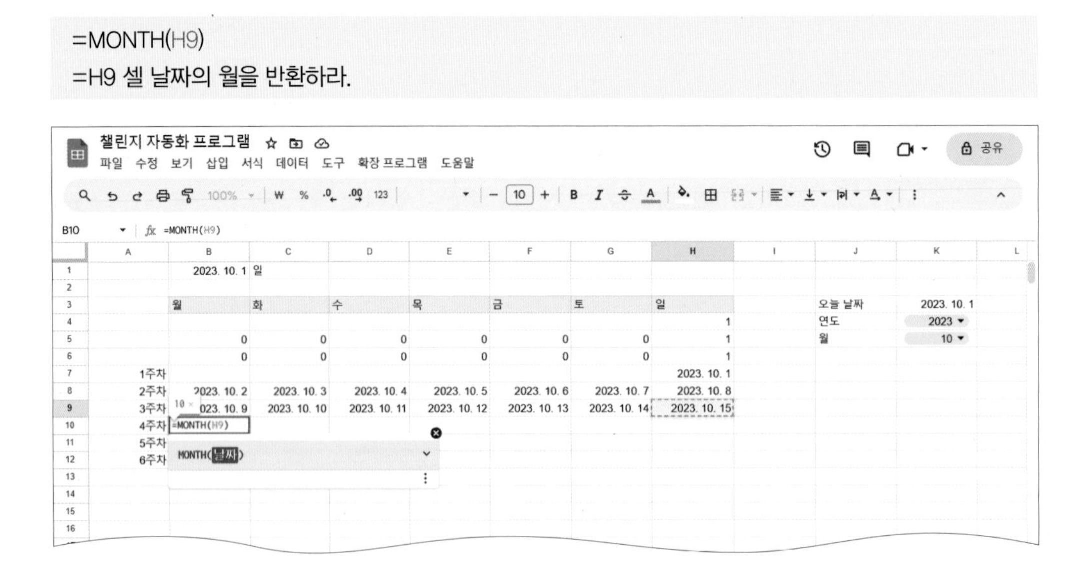

37 B10 셀에 MONTH 함수로 H9 셀의 값에서 월만 추출해 '10'이라는 값을 반환했습니다.

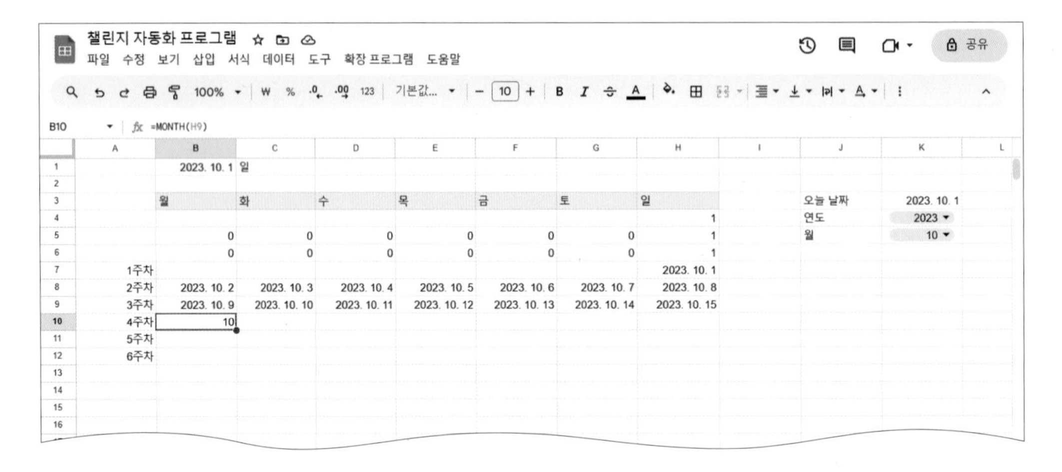

38 MONTH 함수가 월을 반환한다는 것을 배웠으므로 B10 셀 날짜의 '월'과 B1 셀 날짜의 '월'을 대조해 봅니다. 두 셀의 '월'이 같다면 'TRUE'로 결괏값이 나타납니다.

=MONTH(H9+1)=MONTH(B1)
=H9 셀의 값에 1을 더한 날짜의 '월'과 B1 셀 날짜의 '월'이 같다면 'TRUE' 값을 반환하라.

챌린지 자동화 프로그램
파일 수정 보기 삽입 서식 데이터 도구 확장 프로그램 도움말 공유

B10 fx =MONTH(H9+1)=MONTH(B1)

	A	B	C	D	E	F	G	H	I	J	K
1		2023. 10. 1	일								
2											
3		월	화	수	목	금	토	일		오늘 날짜	2023. 10. 1
4								1		연도	2023
5		0	0	0	0	0	0	1		월	10
6		0	0	0	0	0	0	1			
7	1주차							2023. 10. 1			
8	2주차	2023. 10. 2	2023. 10. 3	2023. 10. 4	2023. 10. 5	2023. 10. 6	2023. 10. 7	2023. 10. 8			
9	3주차	2023. 10. 9	2023. 10. 10	2023. 10. 11	2023. 10. 12	2023. 10. 13	2023. 10. 14	2023. 10. 15			
10	4주차	=MONTH(H9+1)=MONTH(B1)									
11	5주차										
12	6주차										

39 같은 10월의 날짜라면 TRUE, 그렇지 않으면 FALSE가 나타납니다.

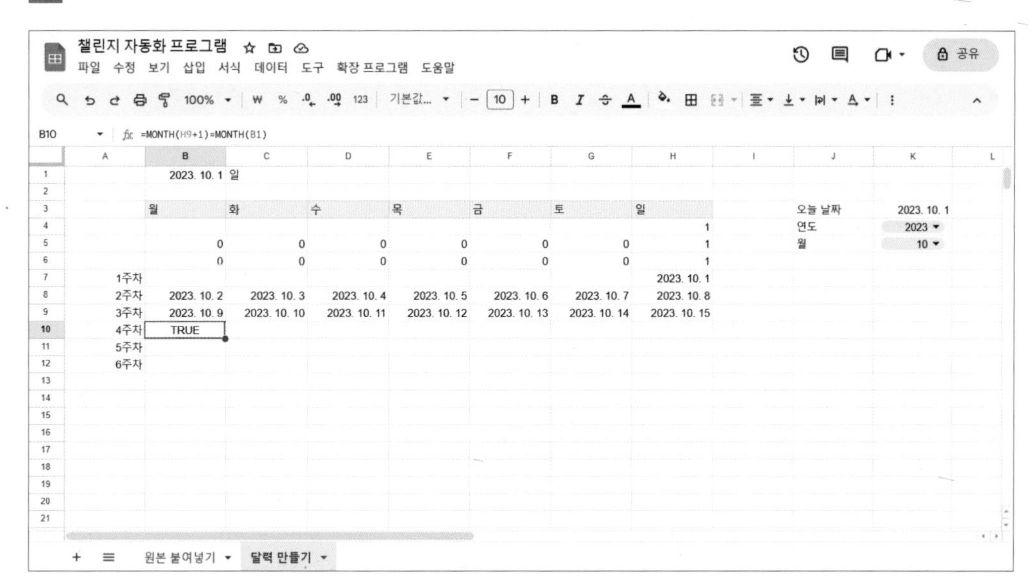

40 IF 함수를 활용해 '만약 B10 셀의 '월'과 고정된 B1 셀의 '월'이 같다면 H9 셀의 값에서 1을 더하고 그렇지 않으면 아무것도 없이 비워 둬라'는 수식을 입력합니다. 이렇게 입력하면 '월'이 달라지는 다른 달의 날짜는 반환되지 않고 비어 있는 공백만 반환돼 깔끔한 달력이 완성됩니다.

> =IF(MONTH(H9+1)=MONTH($B$1),H9+1," ")
> =만약 H9 셀의 값에 1을 더한 날짜의 '월'과 고정된 B1 셀 날짜의 '월'이 같다면
> (TRUE) H9 셀의 값에 1을 더한 날짜를 반환하고
> (FALSE) 그렇지 않으면 아무것도 없이 비워 둬라.

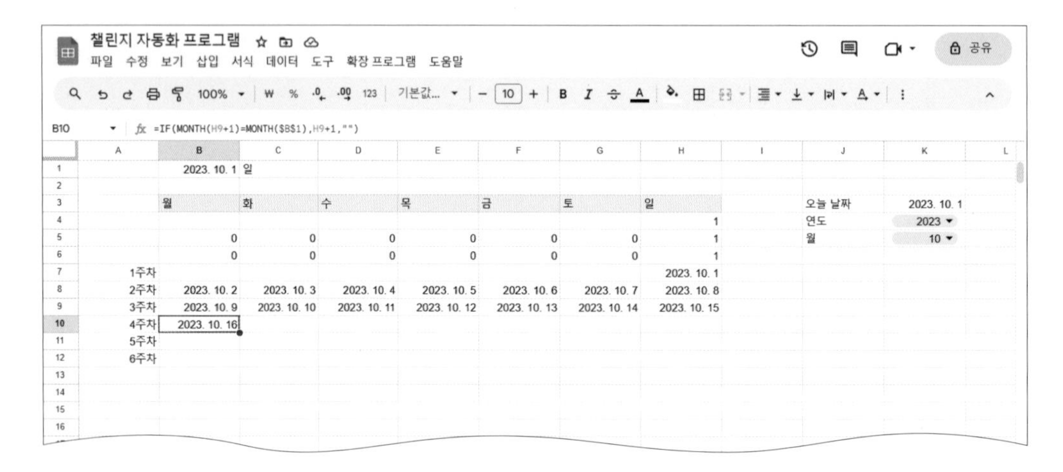

41 C10 셀도 B10 셀과 동일한 방식으로 입력합니다. IF 함수를 활용해 '만약 C10 셀의 '월'과 고정된 B1 셀의 '월'이 같다면 B10 셀의 값에서 1을 더하고 그렇지 않으면 아무것도 없이 비워 두라'는 수식을 입력합니다.

=IF(MONTH(B10+1)=MONTH($B$1),B10+1," ")
=만약 B10 셀의 값에 1을 더한 날짜의 '월'과 고정된 B1 셀 날짜의 '월'이 같다면
(TRUE) B10 셀의 값에 1을 더한 날짜를 반환하고
(FALSE) 그렇지 않으면 아무것도 없이 비워 둬라.

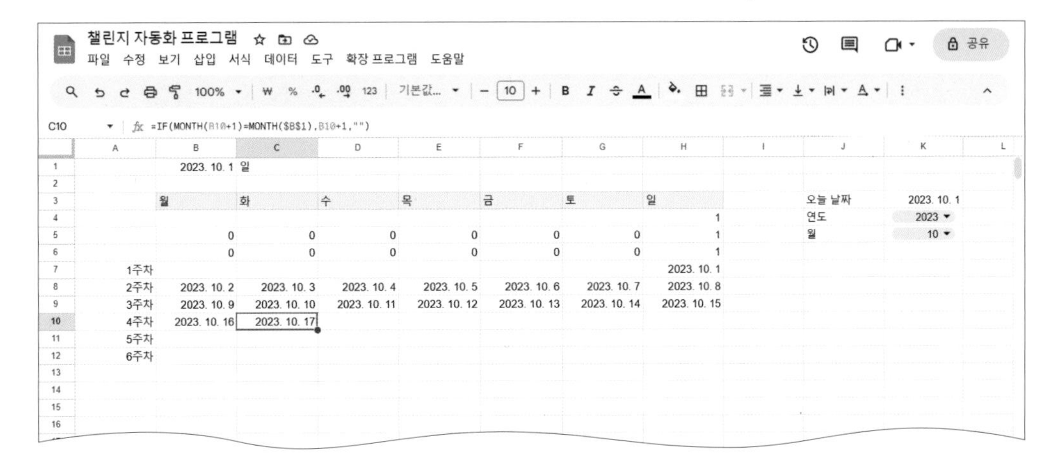

42 C10 셀을 클릭한 후 선택된 파란색 박스의 오른쪽 하단 모서리에 있는 [●] 모양에 마우스 커서를 올려 [+] 모양이 됐을 때 다시 클릭해 마우스에서 손을 떼지 않고 H10 셀까지 드래그합니다. C10 셀의 수식이 H10 셀까지 자동으로 적용됩니다.

챌린지 자동화 프로그램 · 드라이브에 저장됨

파일 수정 보기 삽입 서식 데이터 도구 확장 프로그램 도움말

C10:H10 · fx =IF(MONTH(B10+1)=MONTH($B$1),B10+1,"")

	A	B	C	D	E	F	G	H	I	J	K
1		2023. 10. 1	일								
2											
3		월	화	수	목	금	토	일		오늘 날짜	2023. 10. 1
4								1		연도	2023
5		0	0	0	0	0	0	1		월	10
6		0	0	0	0	0	0	1			
7	1주차							2023. 10. 1			
8	2주차	2023. 10. 2	2023. 10. 3	2023. 10. 4	2023. 10. 5	2023. 10. 6	2023. 10. 7	2023. 10. 8			
9	3주차	2023. 10. 9	2023. 10. 10	2023. 10. 11	2023. 10. 12	2023. 10. 13	2023. 10. 14	2023. 10. 15			
10	4주차	2023. 10. 16	2023. 10. 17	2023. 10. 18	2023. 10. 19	2023. 10. 20	2023. 10. 21	2023. 10. 22			
11	5주차										
12	6주차										

43 5주차의 날짜도 4주차와 동일한 방식으로 입력합니다. B11 셀에 IF 함수를 활용해 '만약 B11 셀의 '월'과 고정된 B1 셀의 '월'이 같다면 H10 셀의 값에서 1을 더하고 그렇지 않으면 아무것도 없이 비워 둬라'는 수식을 입력합니다.

=IF(MONTH(H10 + 1)=MONTH($B$1),H10 + 1," ")
=만약 H10 셀의 값에 1을 더한 날짜의 '월'과 고정된 B1 셀 날짜의 '월'이 같다면
(TRUE) H10 셀의 값에 1을 더한 날짜를 반환하고
(FALSE) 그렇지 않으면 아무것도 없이 비워 둬라.

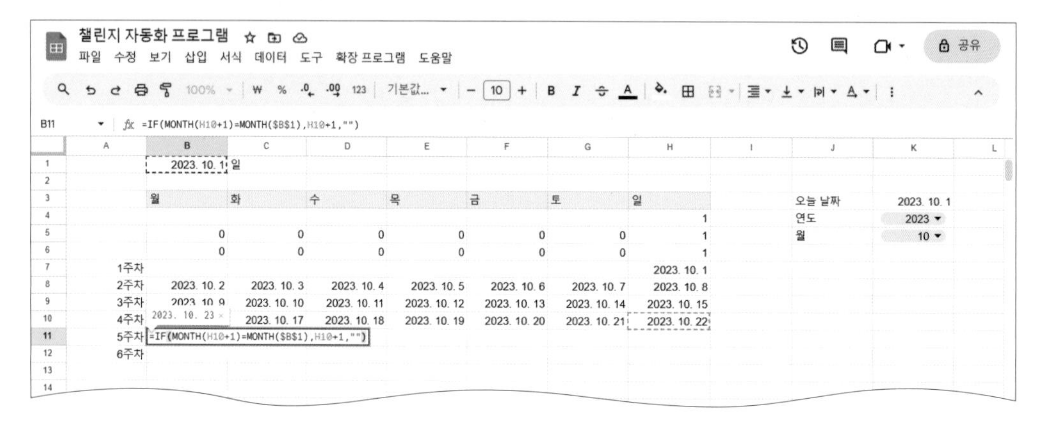

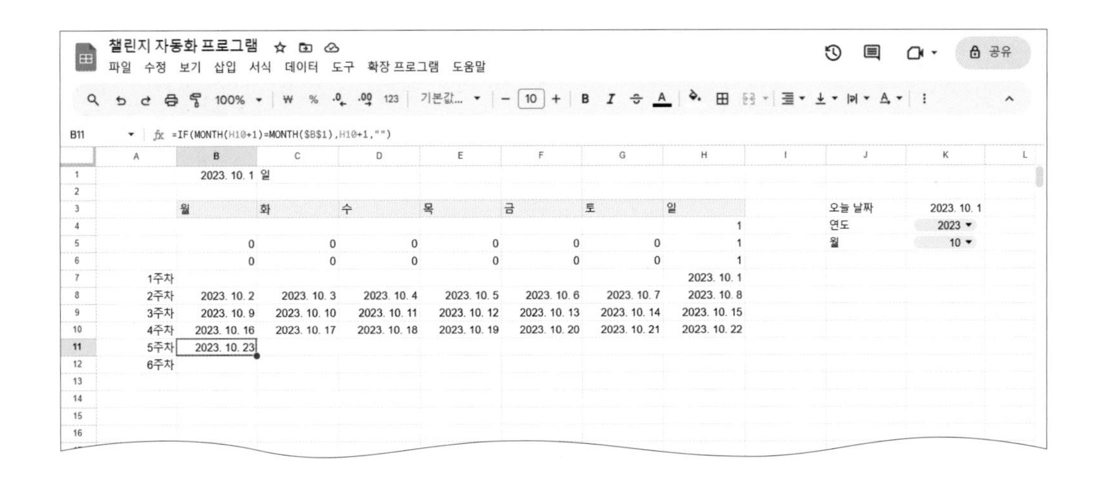

44 C11 셀도 B11 셀과 동일한 방식으로 입력합니다. IF 함수를 활용해 '만약 C11 셀의 '월'과 고정된 B1 셀의 '월'이 같다면 B11 셀의 값에서 1을 더하고 그렇지 않으면 아무것도 없이 비워 두라'는 수식을 입력합니다.

=IF(MONTH(B11 + 1)=MONTH($B$1),B11 + 1," ")
=만약 B11 셀의 값에 1을 더한 날짜의 '월'과 고정된 B1 셀 날짜의 '월'이 같다면
(TRUE) B11 셀의 값에 1을 더한 날짜를 반환하고
(FALSE) 그렇지 않으면 아무것도 없이 비워 둬라.

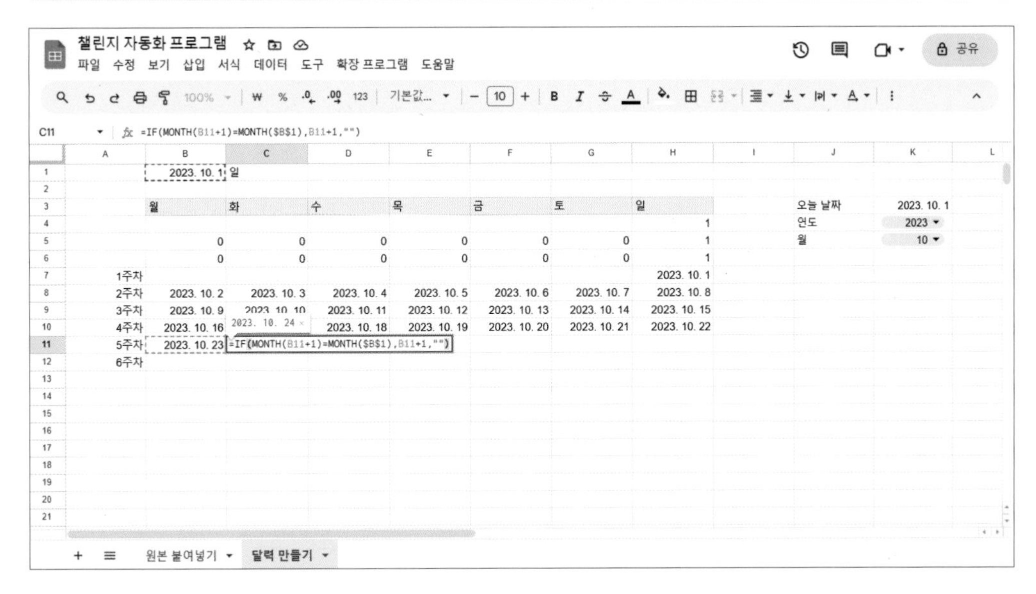

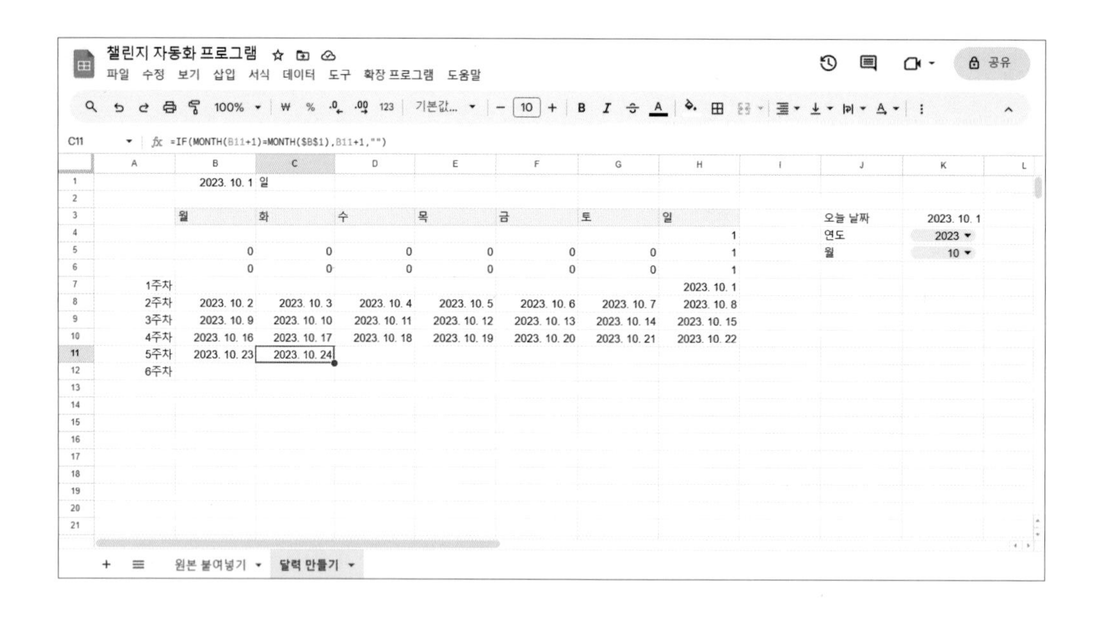

45 C11 셀을 클릭한 후 선택된 파란색 박스의 오른쪽 하단 모서리에 있는 [●] 모양에 마우스 커서를 올려 [+] 모양이 됐을 때 다시 클릭해 마우스에서 손을 떼지 않고 H11 셀까지 드래그합니다. C11 셀의 수식이 H11 셀까지 자동으로 적용됩니다.

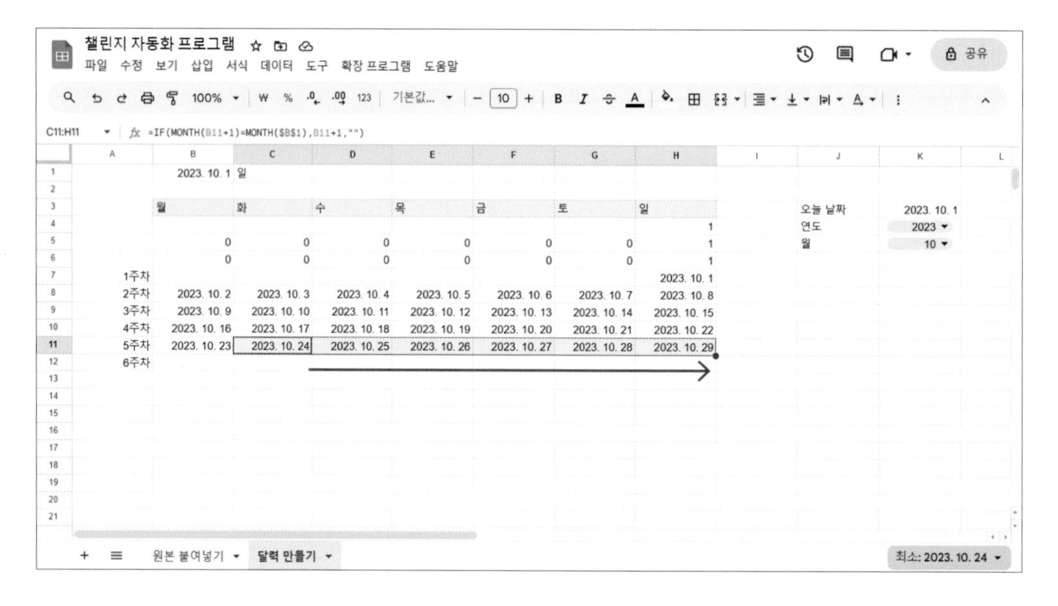

46 6주차의 날짜도 5주차와 동일한 방식으로 입력합니다. B12 셀에 IF 함수를 활용해 '만약 B12 셀의 '월'과 고정된 B1 셀의 '월'이 같다면 H11 셀의 값에서 1을 더하고 그렇지 않으면 아무것도 없이 비워 둬라'는 수식을 입력합니다.

=IF(MONTH(H11 + 1)=MONTH($B$1),H11 + 1," ")
=만약 H11 셀의 값에 1을 더한 날짜의 '월'과 고정된 B1 셀 날짜의 '월'이 같다면
(TRUE) H11 셀의 값에 1을 더한 날짜를 반환하고
(FALSE) 그렇지 않으면 아무것도 없이 비워 둬라.

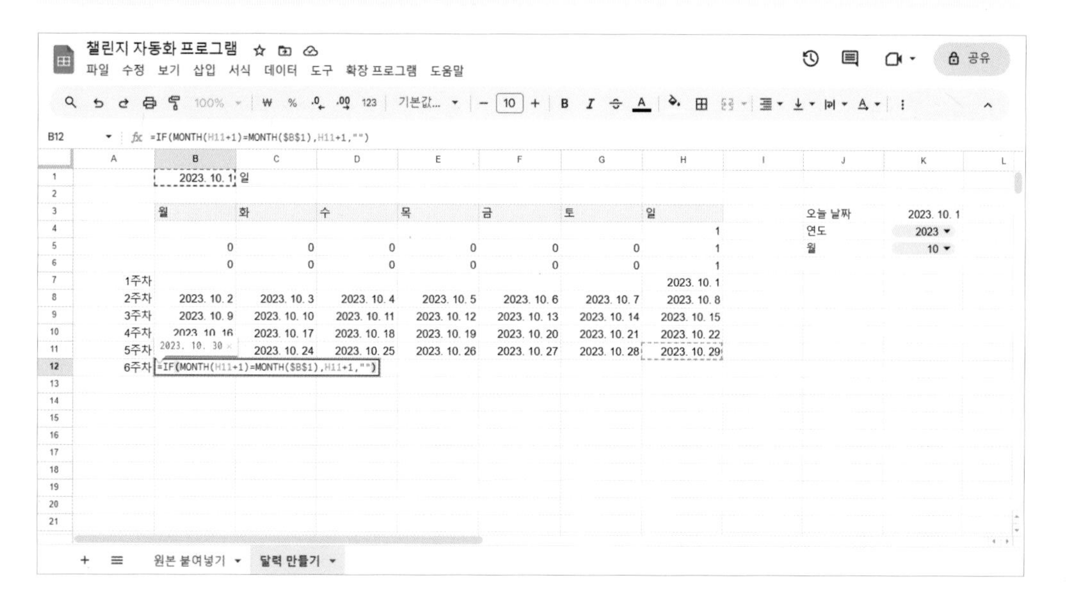

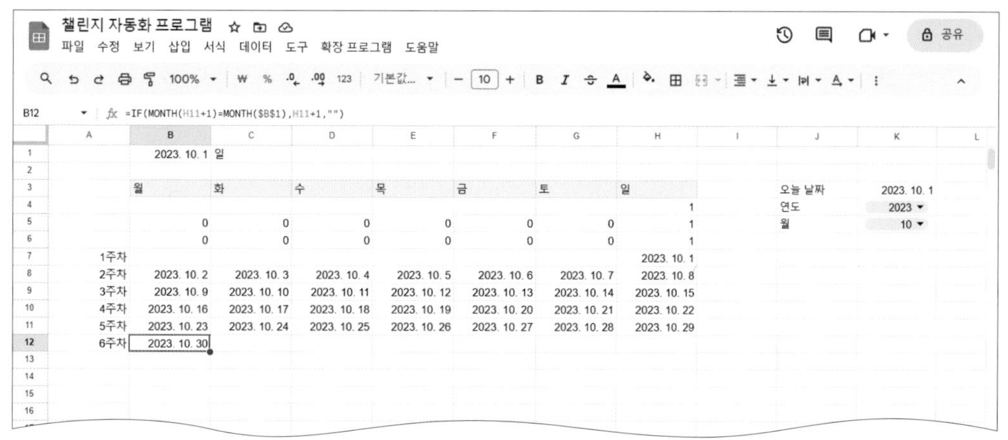

47 C12 셀도 B12 셀과 동일한 방식으로 입력합니다. IF 함수를 활용해 '만약 C12 셀의 '월'과 고정된 B1 셀의 '월'이 같다면 B12 셀의 값에서 1을 더하고 그렇지 않으면 아무것도 없이 비워 두라'는 수식을 입력합니다.

> =IF(MONTH(B12+1)=MONTH($B$1),B12+1," ")
> =만약 B12 셀의 값에 1을 더한 날짜의 '월'과 고정된 B1 셀 날짜의 '월'이 같다면
> (TRUE) B12 셀의 값에 1을 더한 날짜를 반환하고
> (FALSE) 그렇지 않으면 아무것도 없이 비워 둬라.

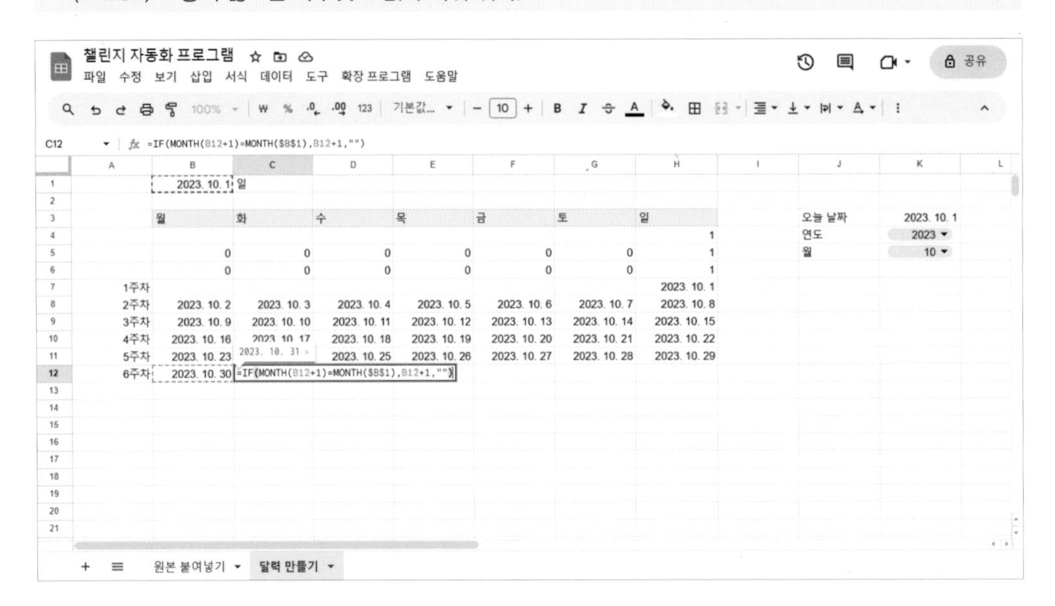

48 C12 셀의 날짜가 구해졌습니다. C12 셀을 클릭한 후 선택된 파란색 박스의 오른쪽 하단 모서리에 있는 [●] 모양에 마우스 커서를 올려 [+] 모양이 됐을 때 다시 클릭해 마우스에서 손을 떼지 않고 H12 셀까지 드래그합니다. C12 셀의 수식이 H12 셀까지 자동으로 적용됩니다. 10월 31일 다음의 11월 1일 날짜가 나오는 오류 없이 10월의 달력이 완성됐습니다. 오른쪽 '연도' 아래 '월'을 바꿔가며 '월'이 바뀌어도 달력이 잘 나오는지 확인합니다.

챌린지 자동화 프로그램

C12:H12 fx =IF(MONTH(B12+1)=MONTH($B$1),B12+1,"")

	A	B	C	D	E	F	G	H	I	J	K
1		2023. 10. 1	일								
2											
3		월	화	수	목	금	토	일		오늘 날짜	2023. 10. 1
4								1		연도	2023
5		0	0	0	0	0	0	1		월	10
6		0	0	0	0	0	0	1			
7	1주차							2023. 10. 1			
8	2주차	2023. 10. 2	2023. 10. 3	2023. 10. 4	2023. 10. 5	2023. 10. 6	2023. 10. 7	2023. 10. 8			
9	3주차	2023. 10. 9	2023. 10. 10	2023. 10. 11	2023. 10. 12	2023. 10. 13	2023. 10. 14	2023. 10. 15			
10	4주차	2023. 10. 16	2023. 10. 17	2023. 10. 18	2023. 10. 19	2023. 10. 20	2023. 10. 21	2023. 10. 22			
11	5주차	2023. 10. 23	2023. 10. 24	2023. 10. 25	2023. 10. 26	2023. 10. 27	2023. 10. 28	2023. 10. 29			
12	6주차	2023. 10. 30	2023. 10. 31								

달력에 반영하는 챌린지 날짜/요일 구하기

달력에 데이터를 반영하기 전에 구글 스프레드시트로 달력 만들기를 알아봤습니다. 이번에는 새로운 시트를 만들어 달력에 원본 데이터를 반영하기 위한 날짜/요일을 구해 보겠습니다.

01 시트 좌측 하단에 시트 추가 [+] 버튼을 클릭해 새로운 시트 3을 만듭니다. [시트 3]을 마우스 오른쪽 버튼으로 클릭하거나 시트 3 옆에 있는 [▼] 버튼을 클릭합니다(또는 [시트 3]을 더블클릭합니다). [이름 바꾸기]를 클릭해 원하는 이름으로 수정합니다.

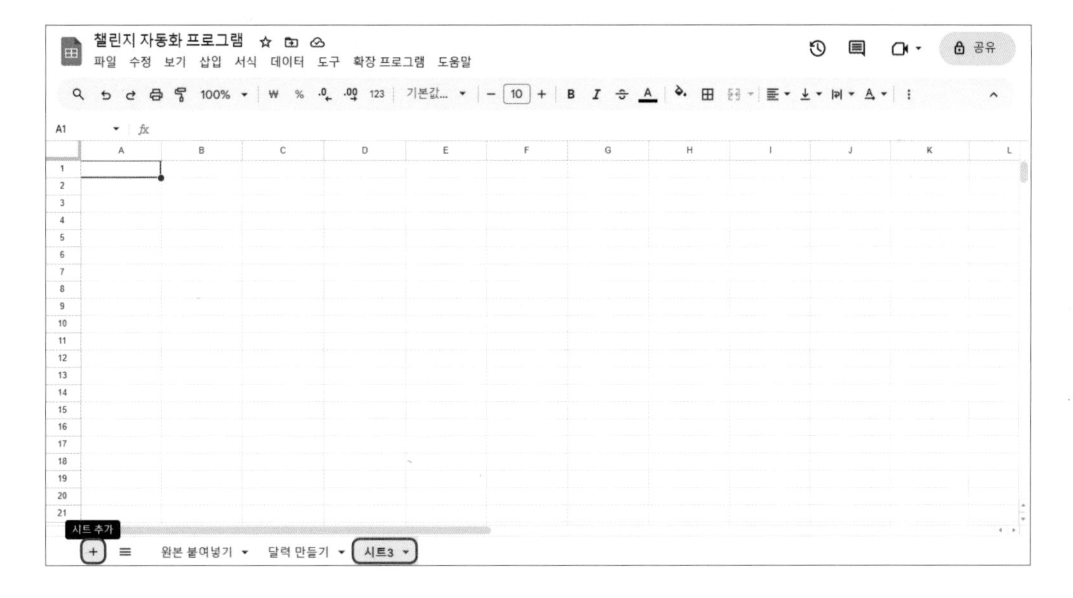

02 필자는 '달력 반영하기'로 바꿨습니다. '달력 반영하기' 시트가 '원본 붙여넣기' 시트의 오른쪽에 위치하도록 시트를 이동시켜 보겠습니다.

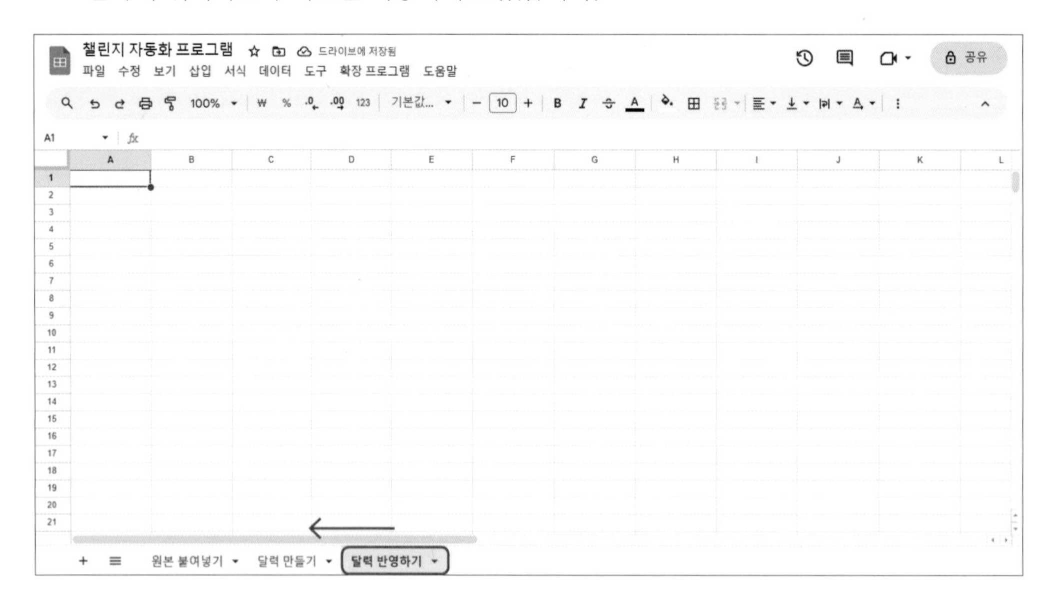

03 '달력 반영하기' 시트를 클릭한 채 마우스에서 손을 떼지 않고 '원본 붙여넣기' 시트의 오른쪽에 놓습니다.

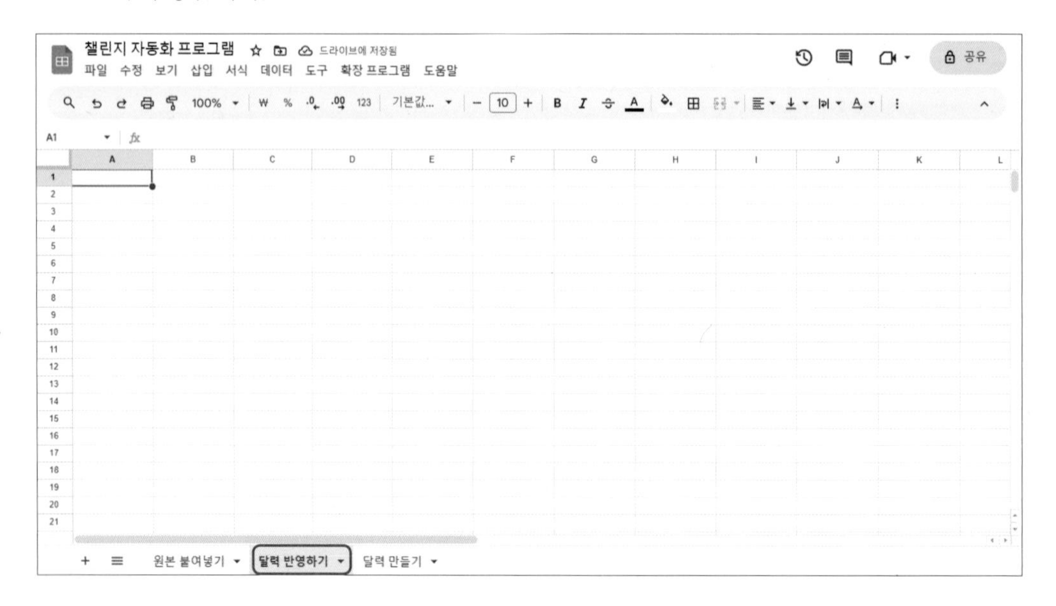

04 앞서 '달력 만들기' 시트에서 배운 내용을 활용해 오늘 날짜, 연도, 월을 구해 보겠습니다. C3 셀에 '오늘 날짜', C4 셀에 '연도', C5 셀에 '월'을 입력합니다.

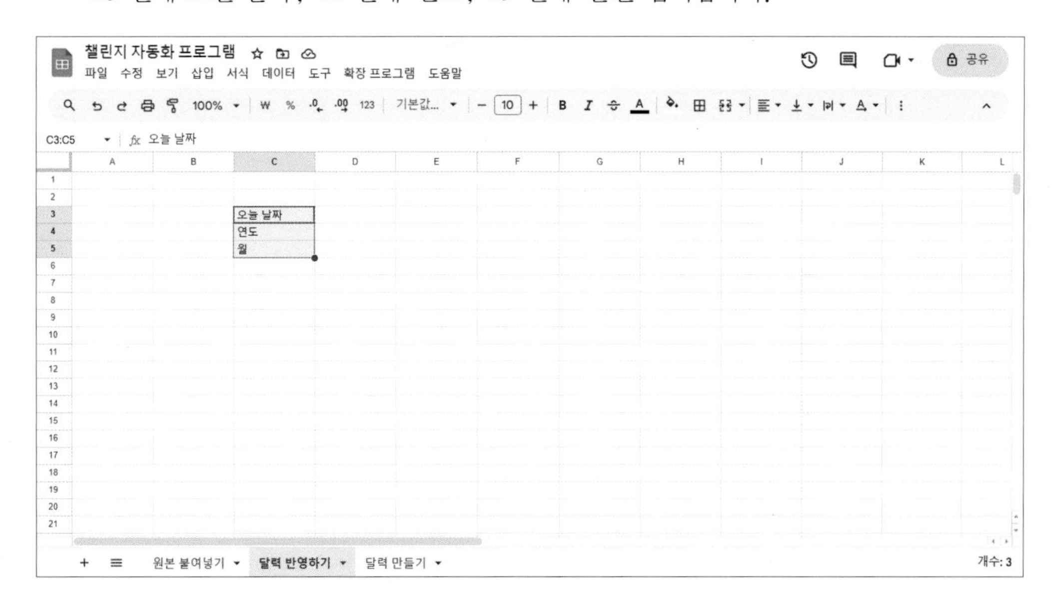

05 D3 셀에 날짜를 구하는 TODAY 함수를 활용해 오늘 날짜를 구해 보겠습니다. TODAY 함수의 뒤에 소괄호 '(', ')' 두 개를 공백 없이 붙여 입력합니다. 오늘의 연도와 월, 일을 반환합니다.

```
=TODAY( )
=오늘 날짜 값을 반환하라.
```

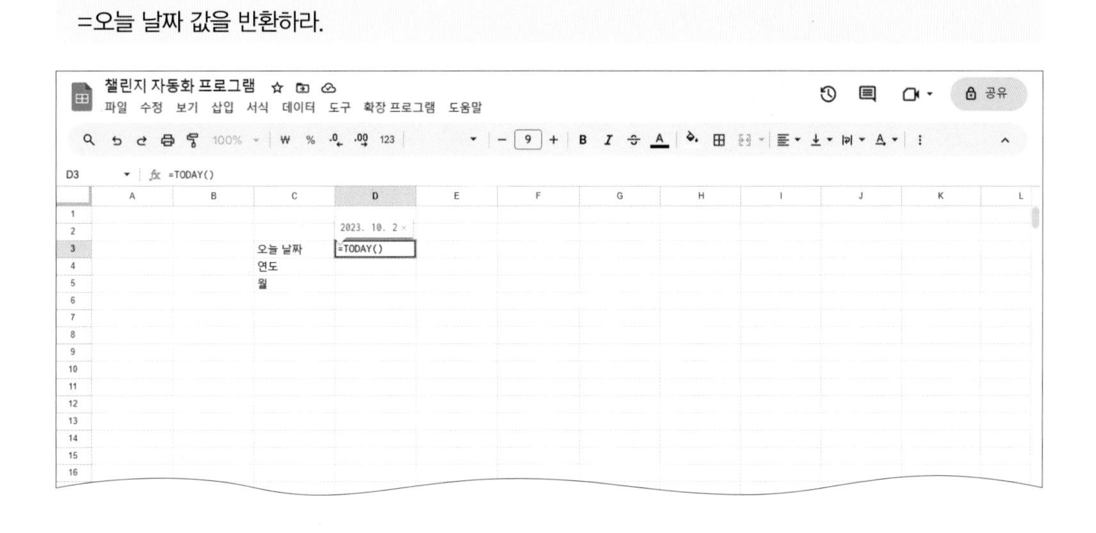

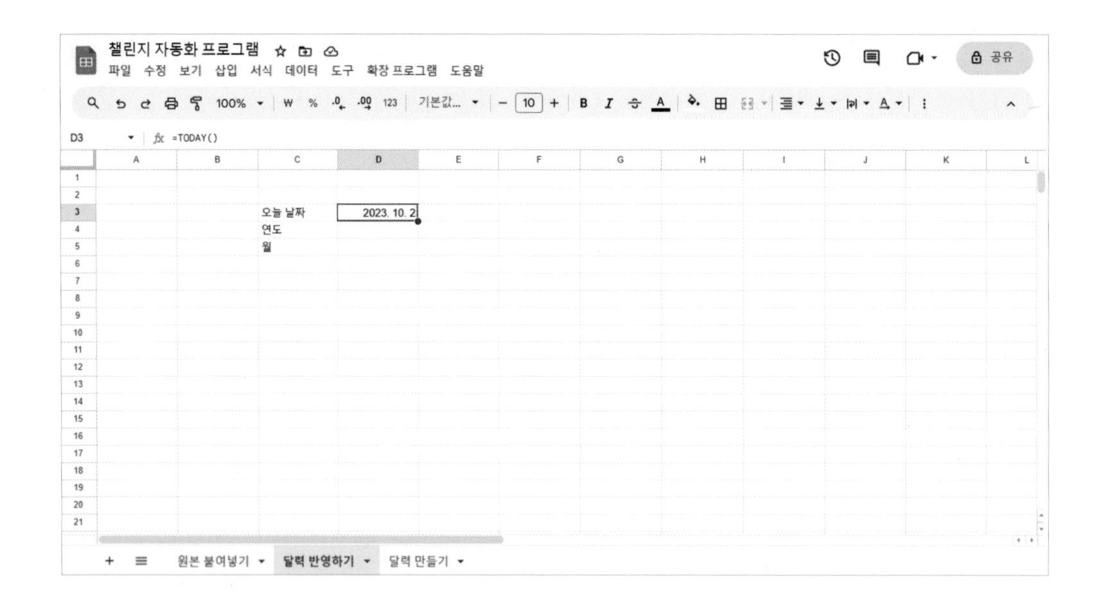

06 D4 셀에 연도를 보여 주기 위해 드롭다운 기능을 활용합니다. 드롭다운 기능을 넣기 위해 메뉴에서 [삽입] – [드롭다운]을 클릭하거나, 메뉴에서 [데이터] – [데이터 확인]을 클릭하면 됩니다. D4 셀을 클릭한 후 메뉴에서 [데이터] – [데이터 확인]을 클릭합니다.

07 오른쪽에 [데이터 확인 규칙] 화면이 나타나면 아래에 있는 [+ 규칙 추가] 버튼을 클릭해 규칙을 추가합니다.

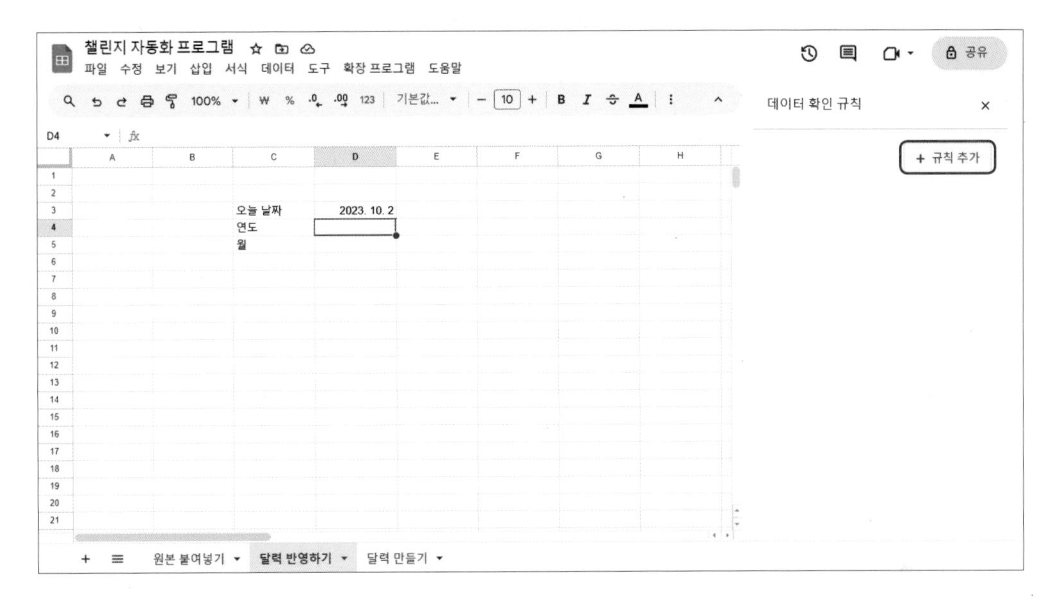

08 D4 셀에 드롭다운할 수 있는 버튼이 생기고 오른쪽에 '옵션 1', '옵션 2'가 있습니다. 이 옵션을 지우고 넣고자 하는 연도를 입력합니다.

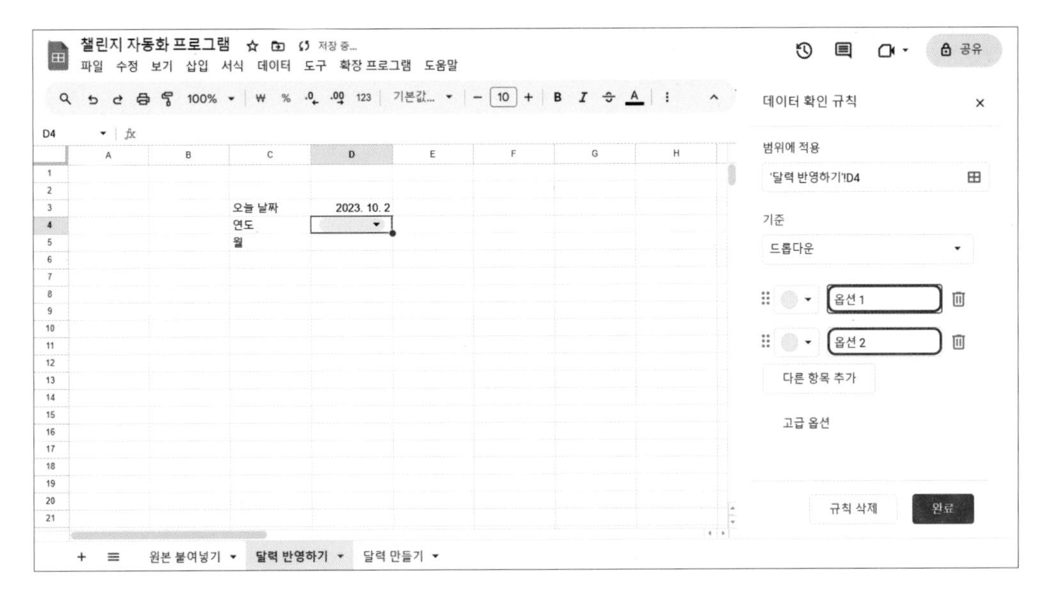

09 옵션을 지우고 '2023'~'2026'까지 입력합니다. 하단에 [다른 항목 추가] 버튼을 클릭하면 옵션이 더 생성됩니다. 필자는 '2026'까지 입력했지만 추가로 연도를 더 입력해도 됩니다. 옵션을 모두 입력했다면 하단에 있는 [완료]를 클릭해 드롭다운 옵션 입력을 마무리합니다. 드롭다운 기능이 잘 적용됐는지, D4 셀의 [▼] 버튼을 클릭해 옵션에 입력했던 값이 잘 나왔는지 확인합니다(다시 '데이터 확인'에 들어와 언제든지 옵션 추가 및 삭제할 수 있습니다).

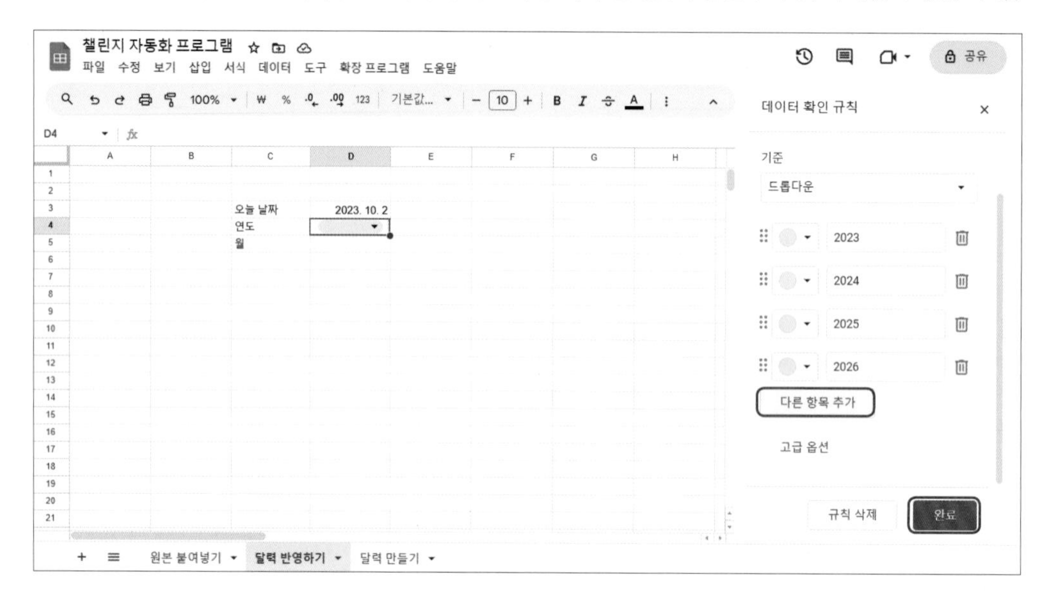

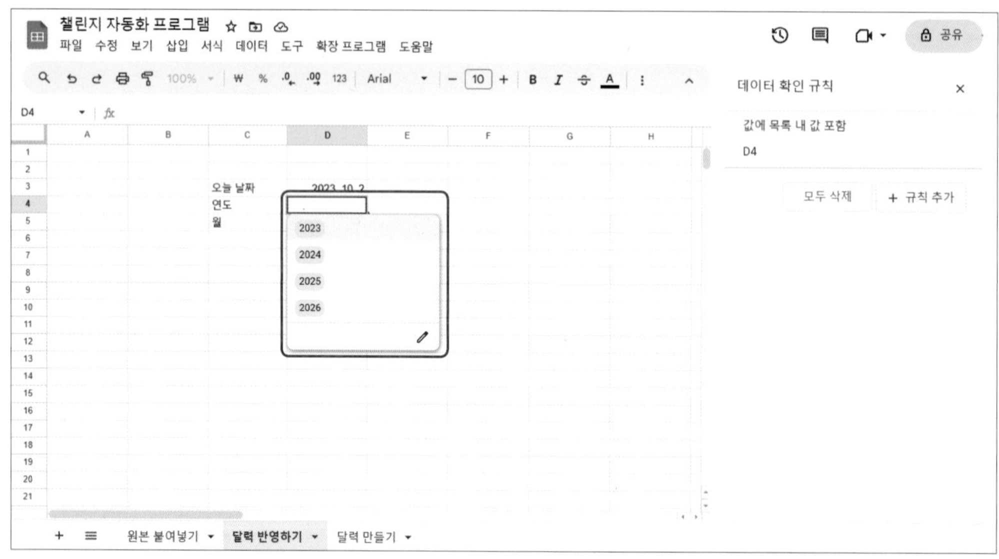

10 '월'도 같은 방식으로 드롭다운 기능을 활용합니다. D5 셀을 클릭한 후 오른쪽의 [데이터 확인 규칙] 아래에 [+ 규칙 추가]를 클릭합니다.

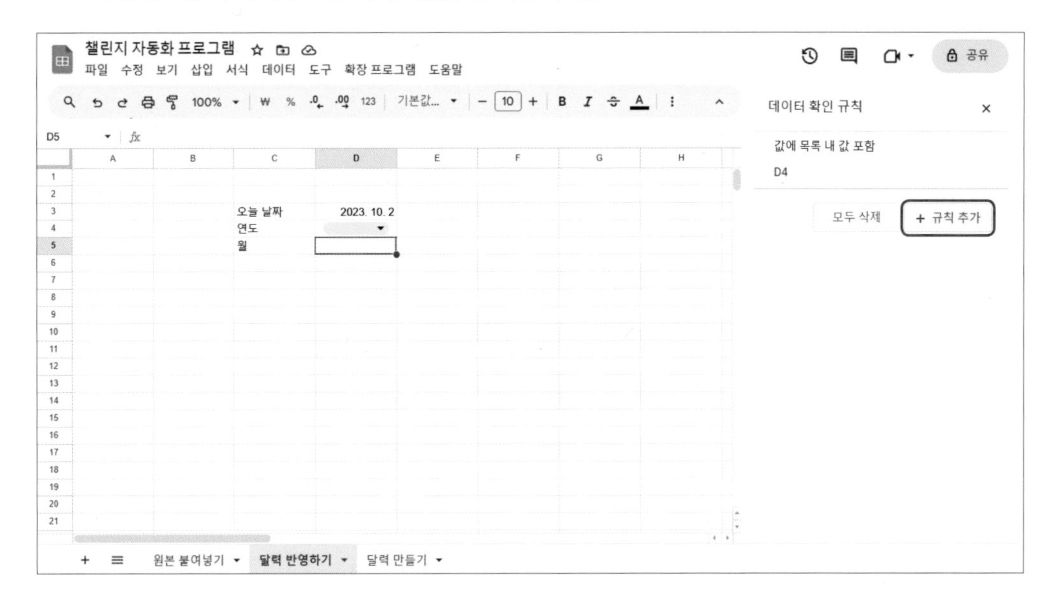

11 '연도'와 마찬가지로 '월'도 옵션 1을 지우고 월의 값인 '1~12'까지 [다른 항목 추가]를 사용해 입력하고 [완료]를 클릭합니다.

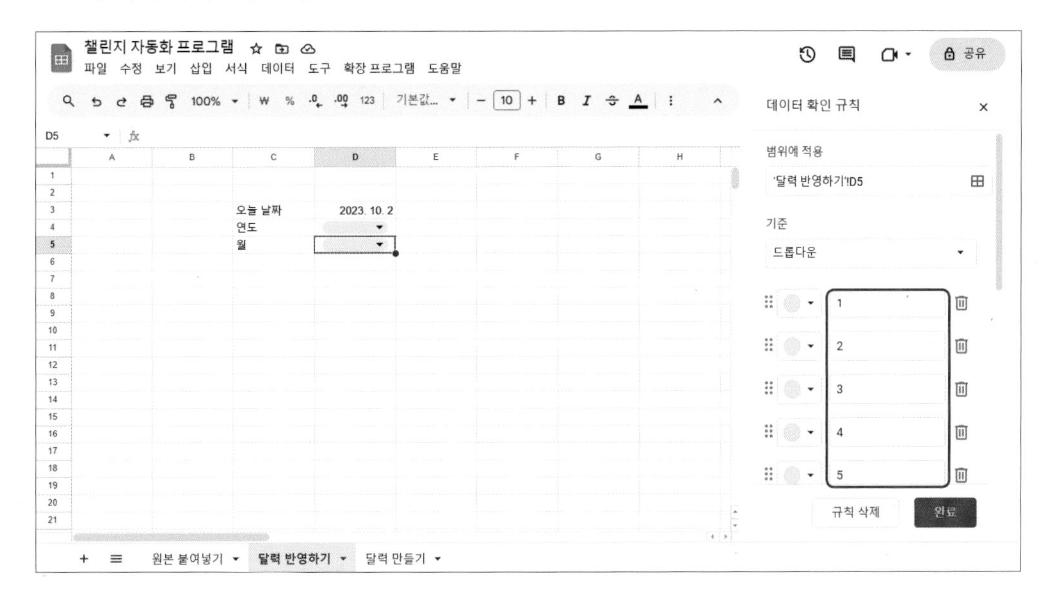

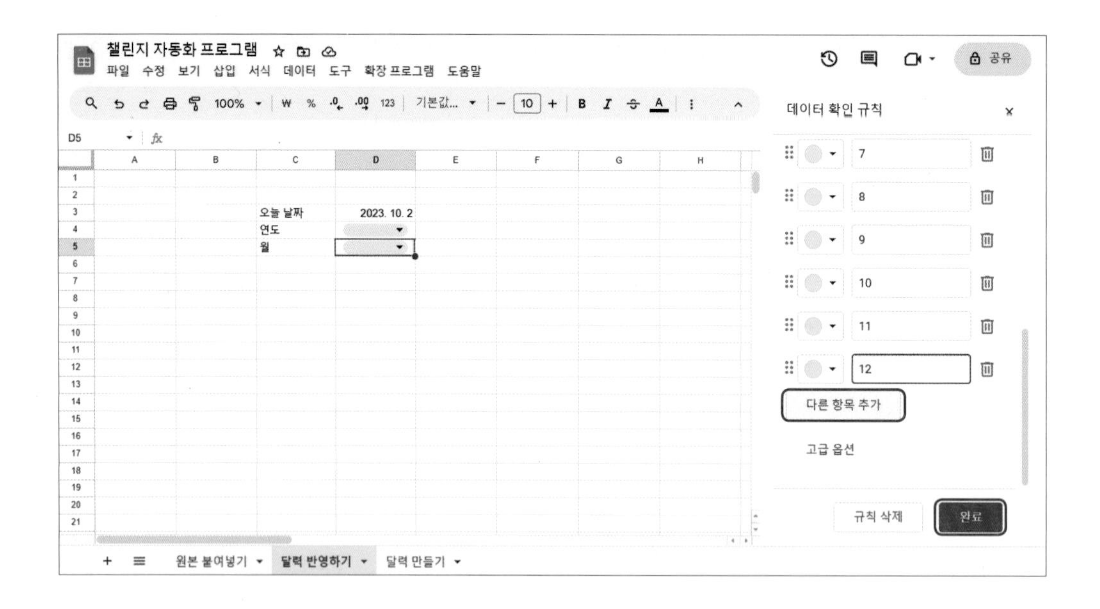

12 D5 셀의 '월' 옵션이 잘 나오는지 확인합니다. 드롭다운 기능을 모두 넣었으므로 오른쪽에 [데이터 확인 규칙] 화면의 [×] 버튼을 클릭해 닫습니다.

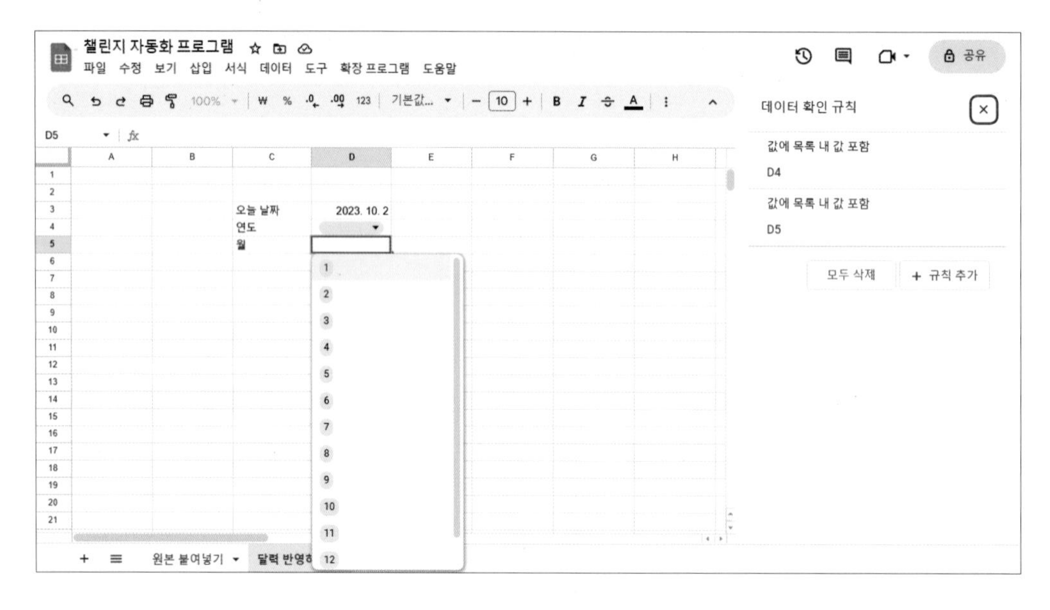

13 이제 챌린지 인증했던 날짜를 달력에 반영하기 위해 챌린지 인증했던 연도와 월을 [원본 붙여넣기] 시트에서 확인합니다.

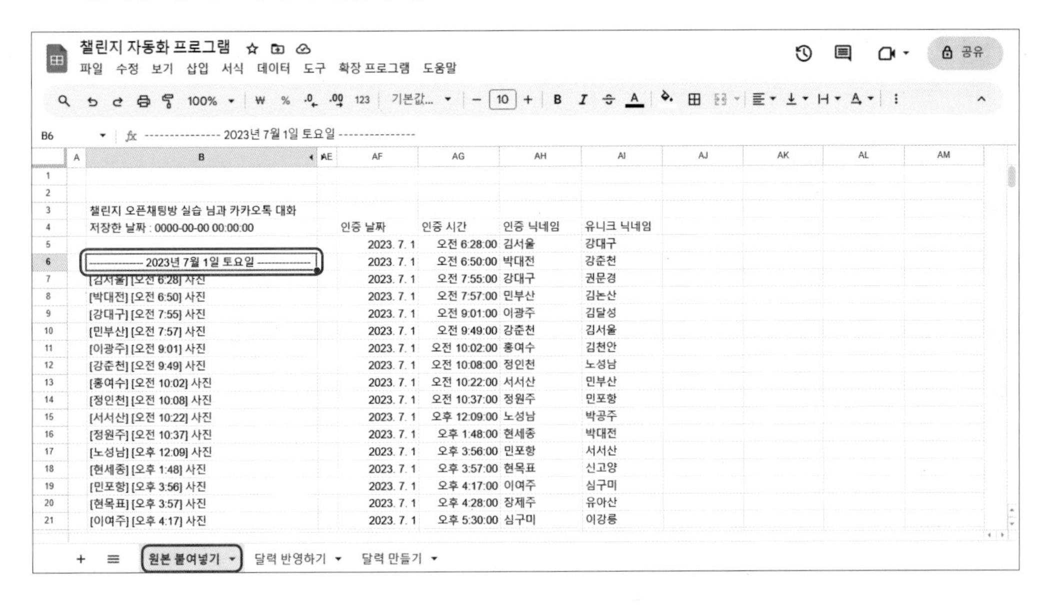

	B	AF	AG	AH	AI
3	챌린지 오픈채팅방 실습 님과 카카오톡 대화				
4	저장한 날짜 : 0000-00-00 00:00:00	인증 날짜	인증 시간	인증 닉네임	유니크 닉네임
5		2023. 7. 1	오전 6:28:00	김서울	강대구
6	-------------- 2023년 7월 1일 토요일 --------------	2023. 7. 1	오전 6:50:00	박대전	강춘천
7	[김서울] [오전 6:28] 사진	2023. 7. 1	오전 7:55:00	강대구	권문경
8	[박대전] [오전 6:50] 사진	2023. 7. 1	오전 7:57:00	민부산	김논산
9	[강대구] [오전 7:55] 사진	2023. 7. 1	오전 9:01:00	이광주	김달성
10	[민부산] [오전 7:57] 사진	2023. 7. 1	오전 9:49:00	강춘천	김서울
11	[이광주] [오전 9:01] 사진	2023. 7. 1	오전 10:02:00	홍여수	김천안
12	[강춘천] [오전 9:49] 사진	2023. 7. 1	오전 10:08:00	정인천	노성남
13	[홍여수] [오전 10:02] 사진	2023. 7. 1	오전 10:22:00	서서산	민부산
14	[정인천] [오전 10:08] 사진	2023. 7. 1	오전 10:37:00	정원주	민포항
15	[서서산] [오전 10:22] 사진	2023. 7. 1	오후 12:09:00	노성남	박공주
16	[정원주] [오전 10:37] 사진	2023. 7. 1	오후 1:48:00	현세종	박대전
17	[노성남] [오후 12:09] 사진	2023. 7. 1	오후 3:56:00	민포항	서서산
18	[현세종] [오후 1:48] 사진	2023. 7. 1	오후 3:57:00	현목표	신고양
19	[민포항] [오후 3:56] 사진	2023. 7. 1	오후 4:17:00	이여주	심구미
20	[현목표] [오후 3:57] 사진	2023. 7. 1	오후 4:28:00	장제주	유아산
21	[이여주] [오후 4:17] 사진	2023. 7. 1	오후 5:30:00	심구미	이강릉

14 '2023년 7월'에 인증했던 데이터이므로 [달력 반영하기] 시트에서 '연도'와 '월'을 '2023', '7'로 선택합니다.

	C	D
3	오늘 날짜	2023. 10. 2
4	연도	2023
5	월	7

15 7월의 날짜와 요일을 구해 보겠습니다. 먼저 C7 셀에 '날짜', D7 셀에 '요일'을 입력합니다.

16 날짜를 구하기 위해 주어진 날짜를 '연/월/일'로 전환하는 DATE 함수를 활용합니다. A8 셀에 'D4 셀의 '연도'와 D5 셀의 '월' 그리고 1일'을 날짜로 반환하는 수식을 입력합니다.

=DATE(D4,D5,1)
=D4 셀의 '연도'와 D5 셀의 '월'과 '1'일의 날짜 값을 반환하라.

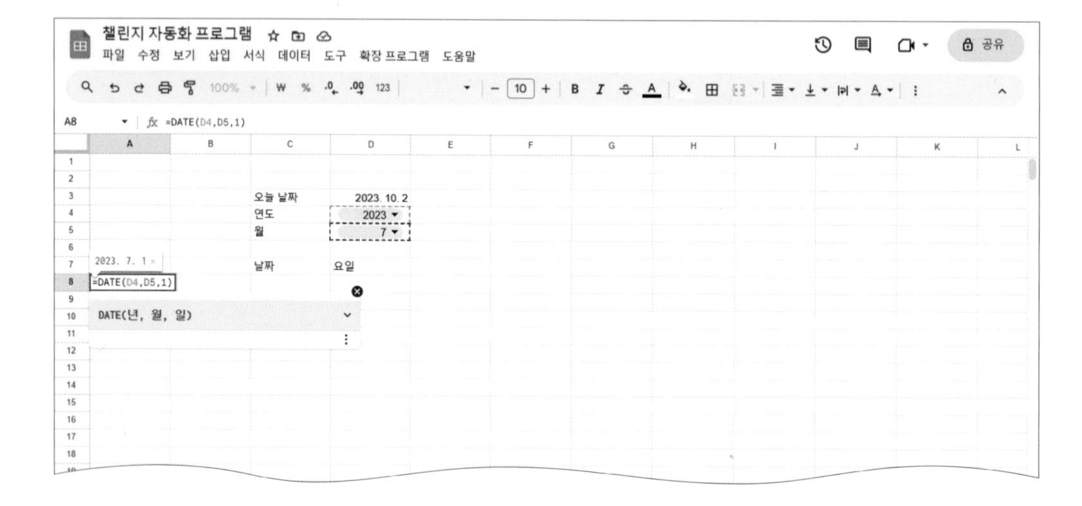

17 A8 셀에 '2023. 7. 1'이라는 날짜를 구했으면 그 아래 A9 셀에 7월 2일 날짜를 반환하는 함수를 입력합니다. 간단하게 위의 A8 셀에 1을 더해 준 값이 반환되도록 합니다.

=A8+1
=A8 셀의 날짜 값에 1을 더한 값을 반환하라.

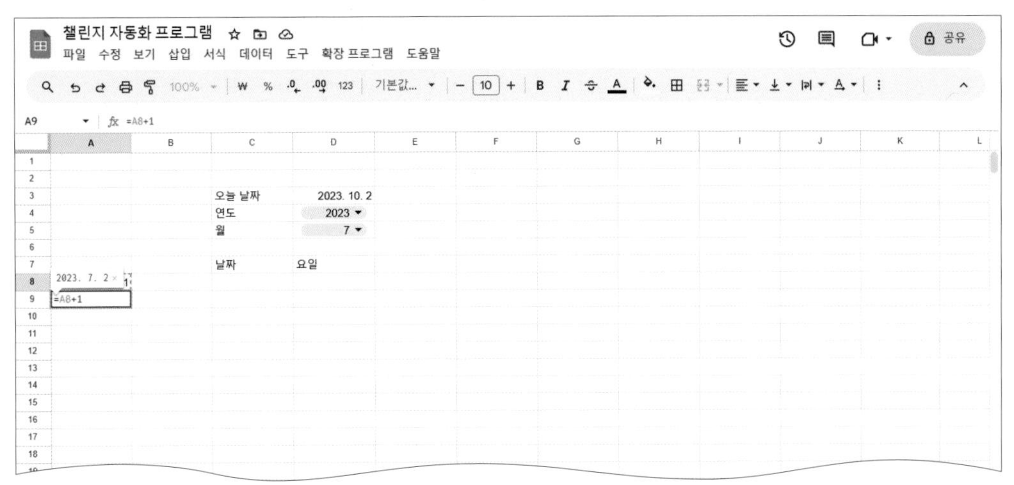

18 A9 셀을 클릭한 후 선택된 파란색 박스의 오른쪽 하단 모서리에 있는 [●] 모양에 마우스 커서를 올려 [+] 모양이 됐을 때 다시 클릭해 마우스에서 손을 떼지 않고 A23 셀까지 드래그합니다. A9 셀의 수식이 A23 셀까지 자동으로 적용됩니다.

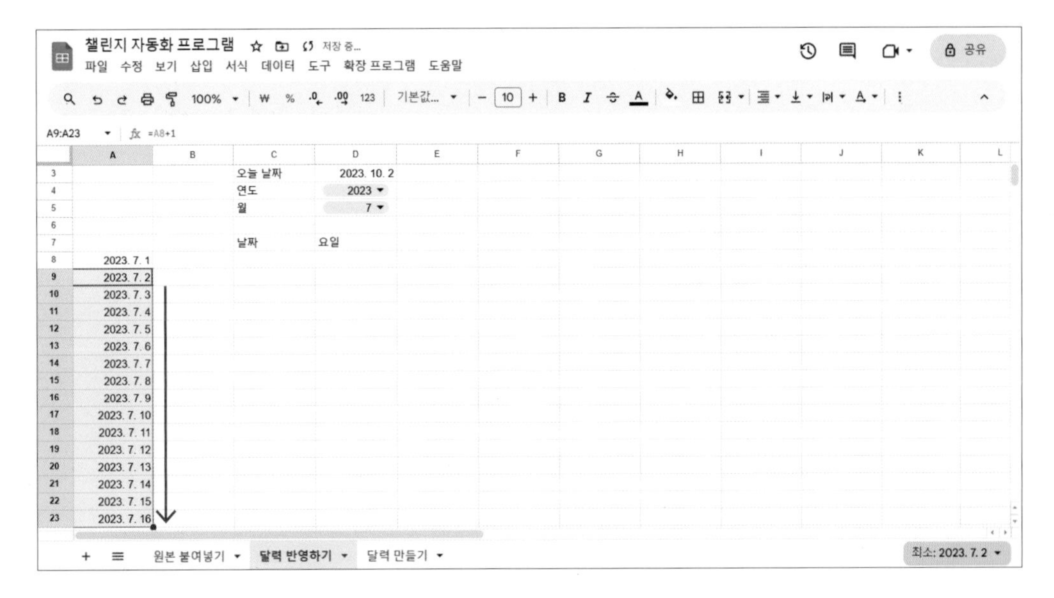

19 앞에서 배운 것처럼 7월 4주차부터 앞의 수식을 적용시키면 다음 달의 날짜까지 가져와 버리는 오류가 생길 수 있습니다. 오류가 생기면 자동화 할 수 없으므로 IF 함수를 활용합니다. A24 셀 날짜의 '월'과 해당 '월'을 대조합니다. IF 함수를 활용해 '만약 A24 셀의 '월'과 고정된 A8 셀의 '월'이 같다면 A23 셀의 값에서 1을 더하고 그렇지 않으면 아무것도 없이 비워 둬라'는 수식을 입력합니다. 이렇게 입력하면 '월'이 달라지는 다른 달의 날짜는 반환되지 않고 비어 있는 공백만 반환돼 오류가 발생하지 않습니다.

=IF(MONTH(A23+1)=MONTH($A$8),A23+1," ")
=만약 A23 셀의 값에 1을 더한 날짜의 '월'과 고정된 A8 셀 날짜의 '월'이 같다면
(TRUE) A23 셀의 값에 1을 더한 날짜를 반환하고
(FALSE) 그렇지 않으면 아무것도 없이 비워 둬라.

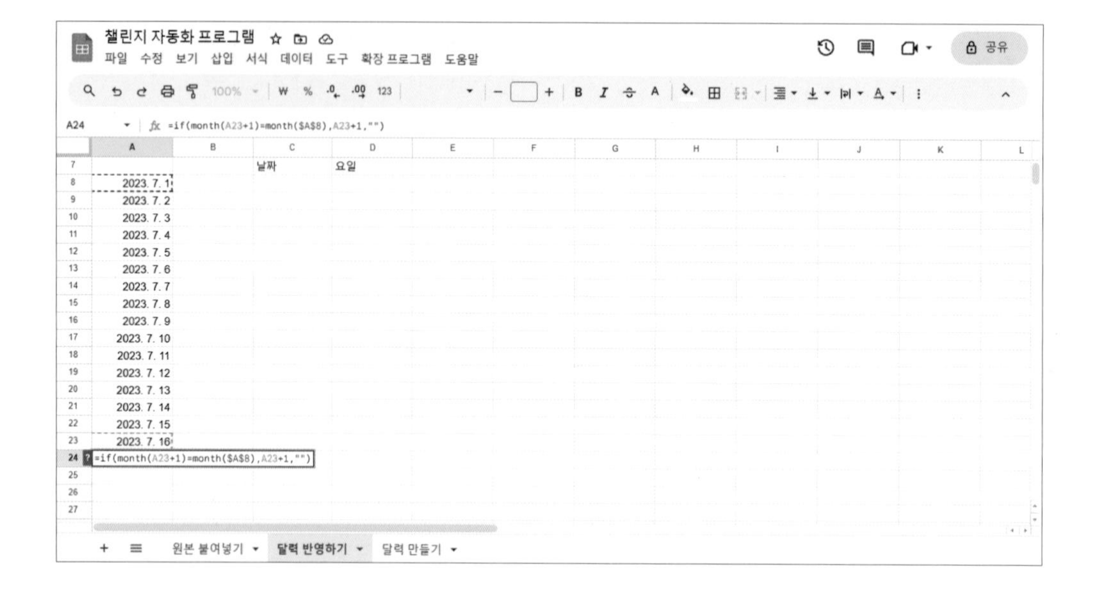

20 A24 셀에 '2023. 7. 17'의 날짜 값이 잘 나왔습니다. A25 셀도 동일한 방식으로 IF 함수를 활용해 수식을 입력합니다. A25 셀에 '만약 A25 셀의 '월'과 고정된 A8 셀의 '월'이 같다면 A24 셀의 값에서 1을 더하고 그렇지 않으면 아무것도 없이 비워 둬라'는 수식을 입력합니다.

=IF(MONTH(A24+1)=MONTH($A$8),A24+1," ")
=만약 A24 셀의 값에 1을 더한 날짜의 '월'과 고정된 A8 셀 날짜의 '월'이 같다면
(TRUE) A24 셀의 값에 1을 더한 날짜를 반환하고
(FALSE) 그렇지 않으면 아무것도 없이 비워 둬라.

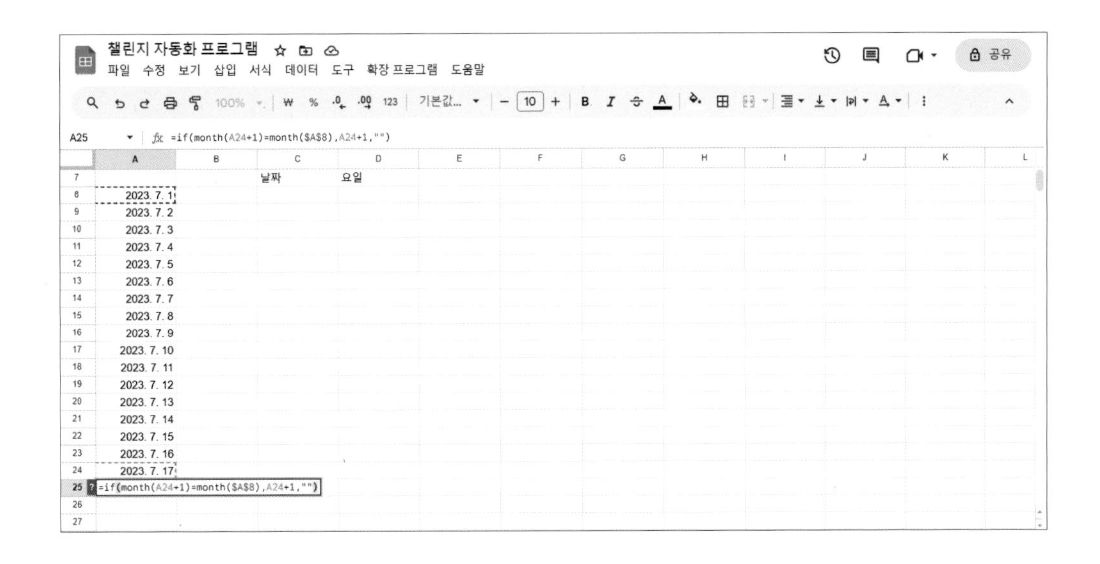

21 A25 셀을 클릭한 후 선택된 파란색 박스의 오른쪽 하단 모서리에 있는 [●] 모양에 마우스 커서를 올려 [+] 모양이 됐을 때 다시 클릭해 마우스에서 손을 떼지 않고 A40 셀까지 드래그합니다. A25 셀의 수식이 A40 셀까지 자동으로 적용됩니다. '2023. 7. 31' 이후로 A39 셀과 A40 셀의 값이 공백으로 반환돼 8월의 날짜가 나오지 않게 잘 적용됐습니다(만약, 'A25 + 1'의 수식을 그대로 드래그했다면 A39 셀에는 '2023. 8. 1', A40 셀에는 '2023. 8. 2'이라는 날짜가 반환될 것입니다).

22 날짜가 오류 없이 나오는 것을 확인하기 위해 D5 셀의 '월'을 '10'월로 선택하고 결괏값을 확인합니다. '2023. 10. 31'까지 다음 달의 날짜가 나오는 오류 없이 적용된 것을 확인할 수 있습니다.

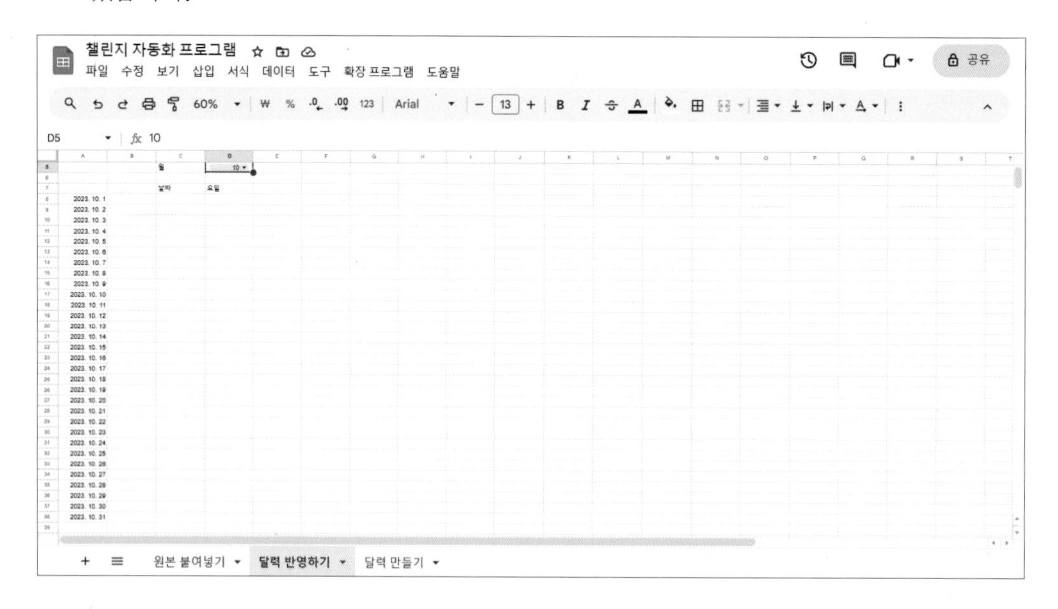

23 날짜의 요일을 구하기 위해 WEEKDAY 함수를 활용합니다. WEEKDAY 함수는 주어진 날짜의 요일을 유형을 선택해 숫자로 반환합니다. 여기서 중요한 점은 '일요일'을 '1'로 시작할 것인지 '월요일'을 '1'로 시작할 것인지 유형을 결정해야 합니다. 챌린지 인증하는 방법 중 주말은 쉬고 싶다면 '월요일'을 '1'로 시작해서 '토요일, 일요일'의 '6, 7' 값을 빼고 평일에만 인증하는 것으로 5 수정할 수 있습니다.

TIP WEEKDAY 함수 유형 자세히 알기

WEEKDAY 함수는 주어진 날짜의 요일을 '유형을 선택'해 숫자로 반환합니다.
WEEKDAY의 수식은 다음과 같습니다
=WEEKDAY(날짜, [유형])
여기서 날짜와 유형에 대해 설명하겠습니다.

날짜

요일을 결정할 기준 날짜입니다. 날짜 유형을 반환하는 함수 또는 숫자를 포함하는 셀에 대한 참조여야 합니다.

유형

요일을 표시하는 데 사용할 번호 매기기 체계를 나타내는 숫자입니다. 기본적으로 번호 매기기는 '일요일=1'에서 시작합니다. 유형을 선택해 변경할 수 있습니다.

- 유형 '1': 일요일부터 번호를 매기기 시작하며 일요일은 1, 토요일은 7이 됩니다.
- 유형 '2': 월요일부터 번호를 매기기 시작하며 월요일은 1, 일요일은 7이 됩니다.
- 유형 '3': 월요일부터 번호를 매기기 시작하며 월요일은 0, 일요일은 6이 됩니다.

예 유형 '2'를 입력했다면 다음과 같이 요일을 숫자로 반환합니다.

월요일: 1, 화요일: 2, 수요일: 3, 목요일: 4, 금요일: 5, 토요일: 6, 일요일: 7
이처럼 WEEKDAY는 날짜의 요일을 숫자로 반환하는 함수입니다.

24 B8 셀에 WEEKDAY 함수를 입력하고 A8 셀부터 A열 전체의 날짜를 범위로 지정합니다.

=WEEKDAY(A8:A,
=A8부터 A열 전체 날짜의 요일을(-번 유형의) 숫자로 반환하라.

25 B8 셀에 날짜 범위를 입력했으면 요일을 숫자로 반환하기 위한 '유형'을 선택합니다. 월요일부터 '1'이 되도록 '2' 유형을 입력해 보겠습니다.

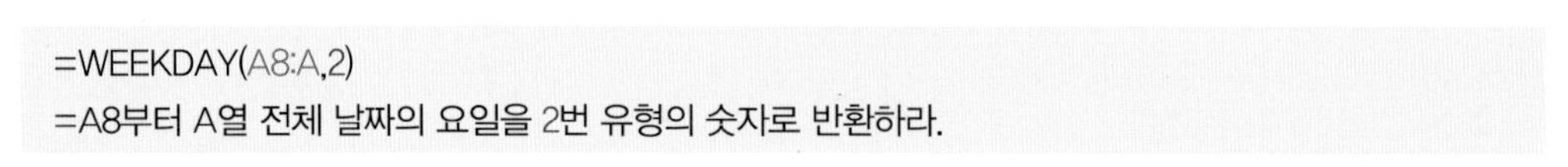

=WEEKDAY(A8:A,2)
=A8부터 A열 전체 날짜의 요일을 2번 유형의 숫자로 반환하라.

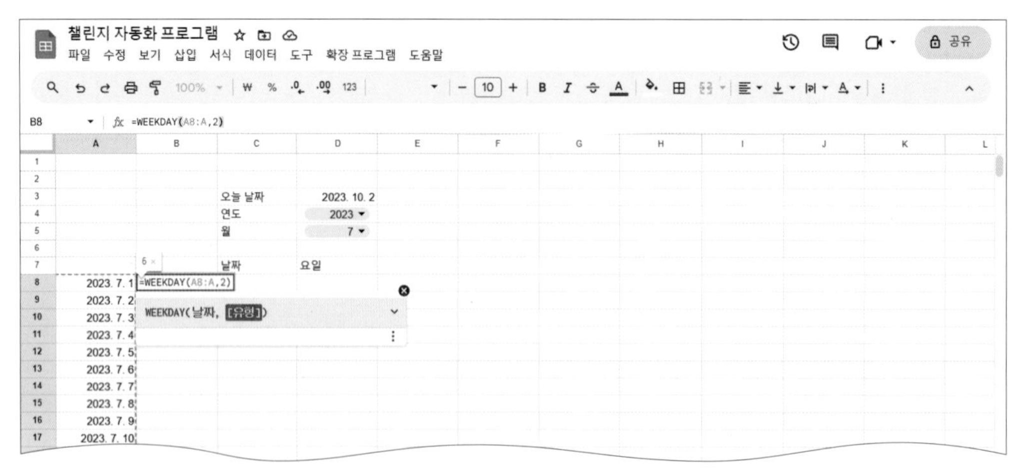

26 B8 셀을 클릭한 후 선택된 파란색 박스의 오른쪽 하단 모서리에 있는 [●] 모양에 마우스 커서를 올려 [+] 모양이 됐을 때 다시 클릭해 마우스에서 손을 떼지 않고 마지막 날짜가 있는 A38 셀까지 드래그합니다.

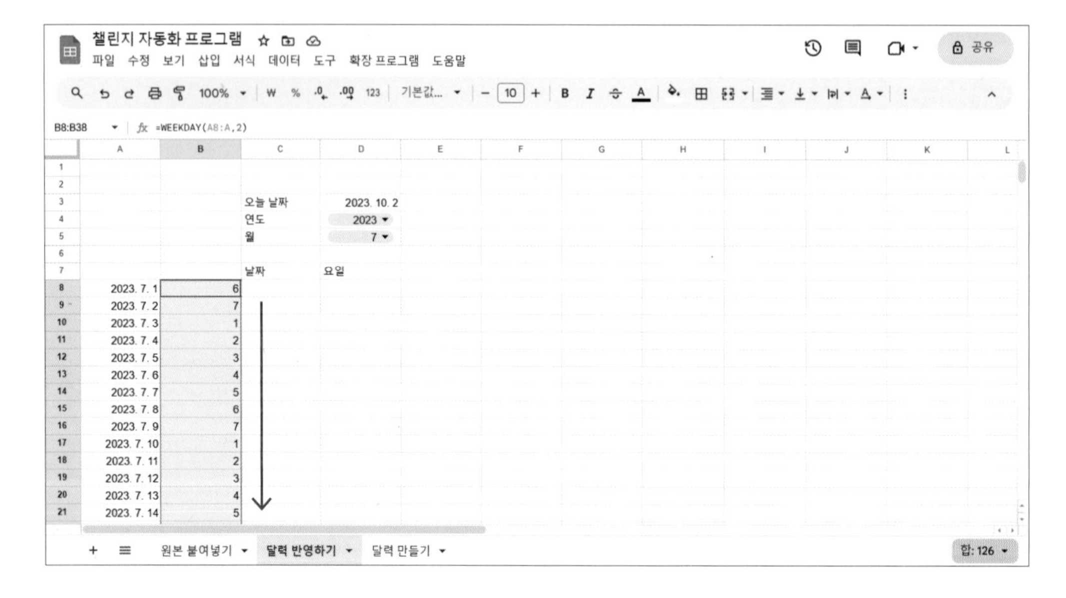

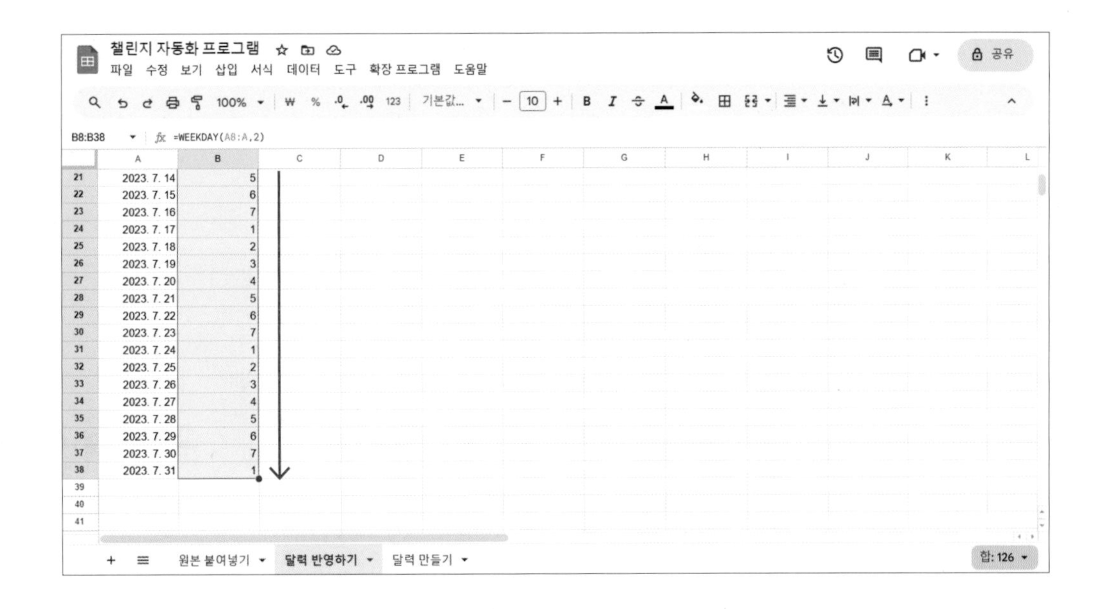

27 이렇게 날짜의 요일을 숫자 반환한 값이 나왔습니다. B8 셀의 숫자 '6'은 '2번 유형'에 따르면 '토요일'입니다. 달력을 보고 2023년 7월 1일이 토요일이 맞는지 확인합니다.

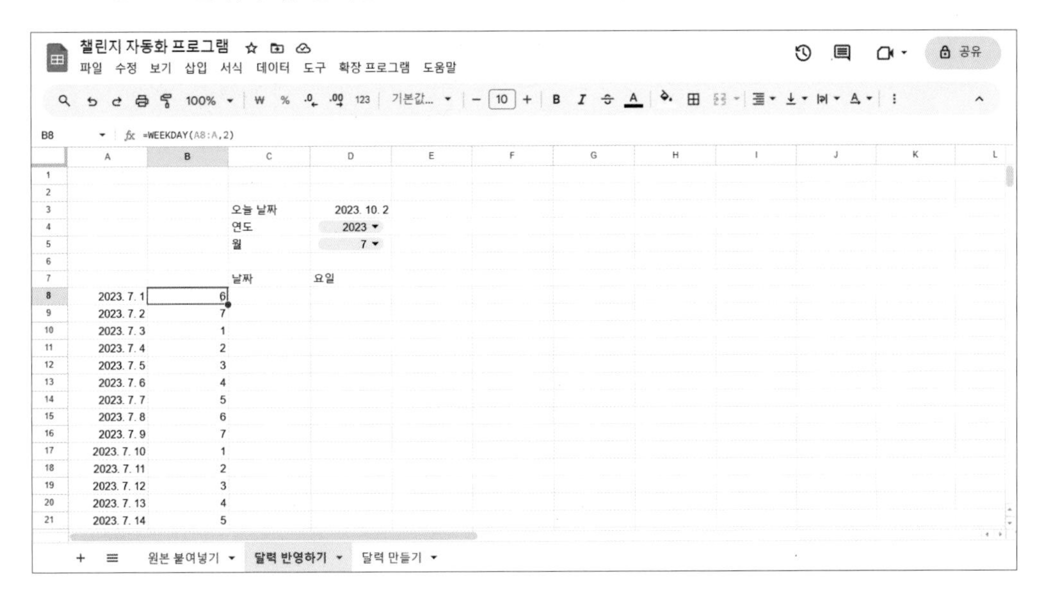

28 날짜와 요일의 숫자를 구했으므로 C열과 D열에 날짜와 요일을 다른 함수를 활용해 가져와보겠습니다. FILTER 함수는 지정된 범위에서 조건을 충족하는 값을 반환합니다. C8셀에 FILTER 수식의 범위와 조건을 입력합니다. 챌린지 미션 인증을 매일 체크하고 싶다면 B열의 데이터가 8보다 작은 날짜를 가져오도록 합니다. 그러면 월요일~일요일까지 7일 동안 데이터를 모두 체크할 수 있습니다. C열에(B열의 값이 8보다 작은 것만 반환) 월~일요일까지 모두 반환된 값을 확인할 수 있습니다.

=FILTER(A8:A,B8:B<8)
=A8부터 A열 전체에서(조건) B8부터 B열 전체의 값이 8보다 작은 값을 반환하라.

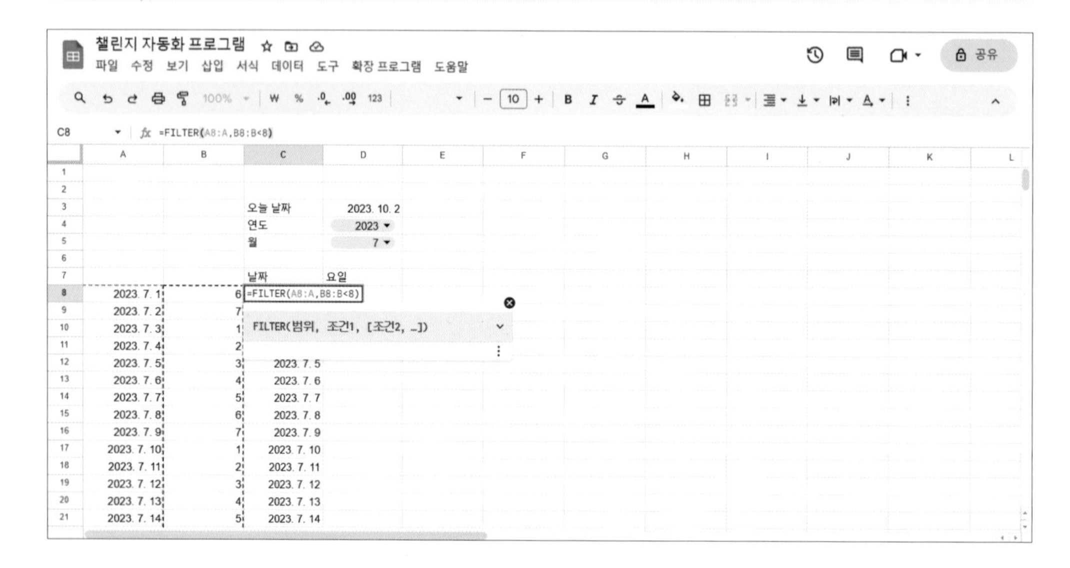

29 챌린지 미션 인증을 주말은 제외하고 평일만 체크하고 싶다면 B열의 데이터가 6보다 작은 날짜만 가져오도록 해야 합니다. 그러면 월요일~금요일까지 5일 동안 데이터를 체크할 수 있습니다(6=토요일, 7=일요일). C열에(B열의 값이 6보다 작은 것만 반환) 월~금요일까지 주말 빼고 반환된 값을 확인할 수 있습니다.

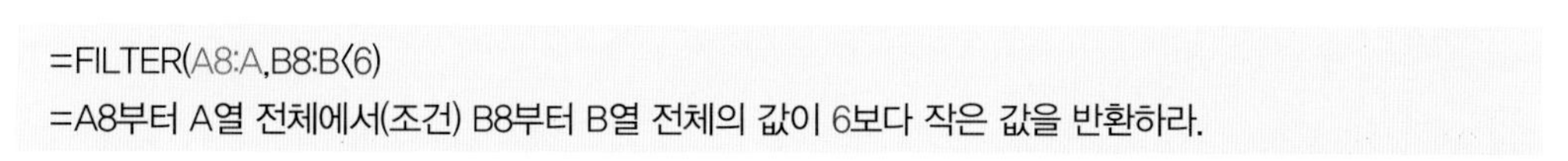
=FILTER(A8:A,B8:B<6)
=A8부터 A열 전체에서(조건) B8부터 B열 전체의 값이 6보다 작은 값을 반환하라.

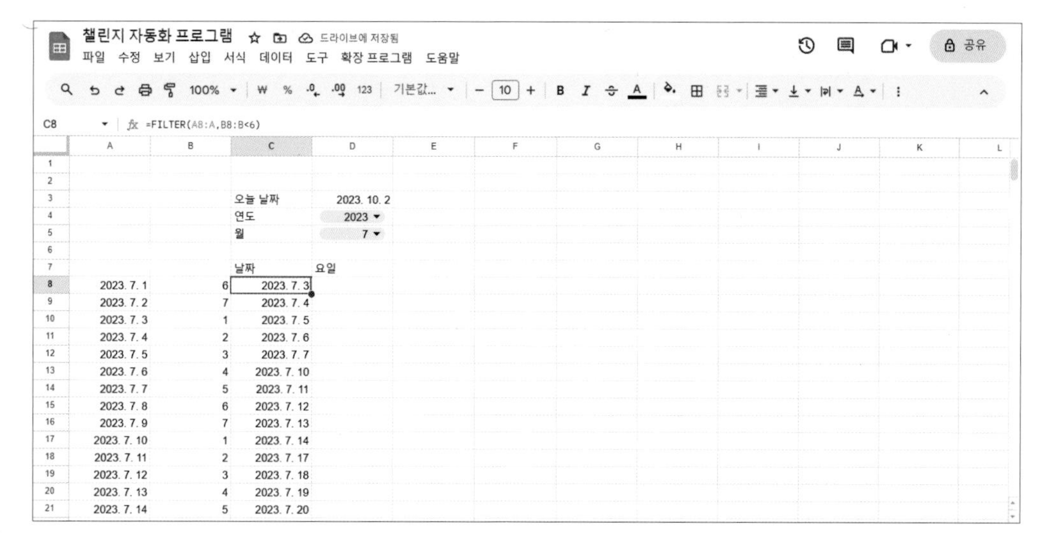

	A	B	C	D
3			오늘 날짜	2023. 10. 2
4			연도	2023
5			월	7
7			날짜	요일
8	2023. 7. 1	6	2023. 7. 3	
9	2023. 7. 2	7	2023. 7. 4	
10	2023. 7. 3	1	2023. 7. 5	
11	2023. 7. 4	2	2023. 7. 6	
12	2023. 7. 5	3	2023. 7. 7	
13	2023. 7. 6	4	2023. 7. 10	
14	2023. 7. 7	5	2023. 7. 11	
15	2023. 7. 8	6	2023. 7. 12	
16	2023. 7. 9	7	2023. 7. 13	
17	2023. 7. 10	1	2023. 7. 14	
18	2023. 7. 11	2	2023. 7. 17	
19	2023. 7. 12	3	2023. 7. 18	
20	2023. 7. 13	4	2023. 7. 19	
21	2023. 7. 14	5	2023. 7. 20	

30 필자는 매일 인증하는 챌린지를 운영하기 때문에 B열의 값이 '8' 미만인 월요일부터 일요일까지의 날짜가 모두 반환되도록 했습니다.

C8 =FILTER(A8:A,B8:B<8)

	A	B	C	D
3			오늘 날짜	2023. 10. 2
4			연도	2023
5			월	7
7			날짜	요일
8	2023. 7. 1	6	2023. 7. 1	
9	2023. 7. 2	7	2023. 7. 2	
10	2023. 7. 3	1	2023. 7. 3	
11	2023. 7. 4	2	2023. 7. 4	
12	2023. 7. 5	3	2023. 7. 5	
13	2023. 7. 6	4	2023. 7. 6	
14	2023. 7. 7	5	2023. 7. 7	
15	2023. 7. 8	6	2023. 7. 8	
16	2023. 7. 9	7	2023. 7. 9	
17	2023. 7. 10	1	2023. 7. 10	
18	2023. 7. 11	2	2023. 7. 11	
19		3	2023. 7. 12	

31 이제 C열 날짜에 대한 D열의 요일을 TEXT 함수를 활용해 구해 보겠습니다. TEXT 함수는 숫자 또는 날짜를 지정된 서식에 따라 텍스트로 변환합니다. D8 셀에 C열의 날짜를 "DDD"(월, 화, 수, 목, 금, 토, 일) 형식의 텍스트로 변환하는 수식을 입력합니다.

=TEXT(C8:C,"DDD")
=C8부터 C열 전체의 날짜를, "DDD" 형식의 텍스트로 변환하라.

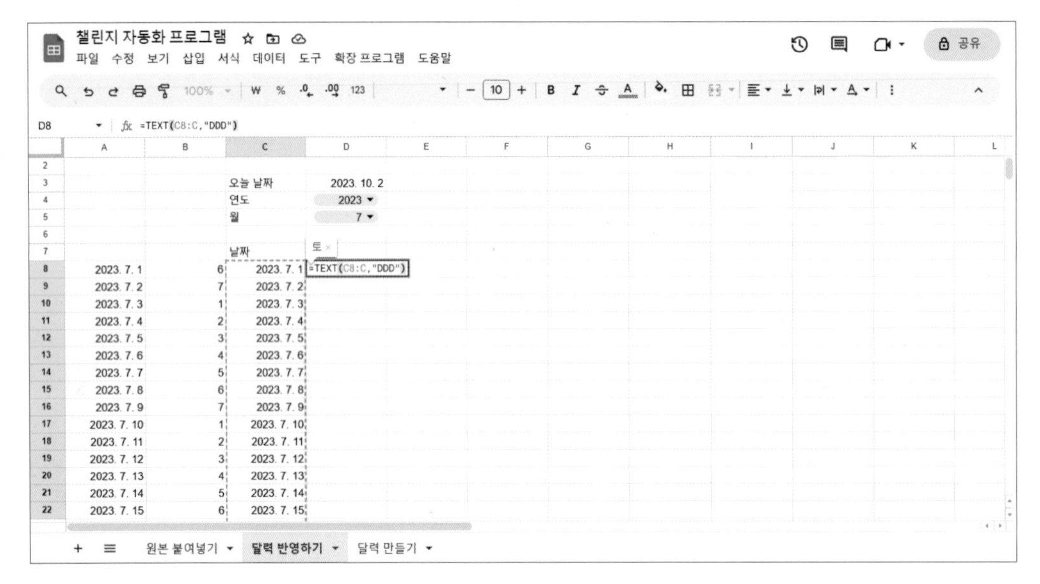

32 TEXT 함수로 '2023. 7. 1'의 날짜를 '토'라는 텍스트로 변환했습니다. D8 셀을 클릭한 후 선택된 파란색 박스의 오른쪽 하단 모서리에 있는 [●] 모양에 마우스 커서를 올려 [+] 모양이 됐을 때 다시 클릭해 마우스에서 손을 떼지 않고 마지막 날짜가 있는 D38 셀까지 드래그합니다. D5 셀의 '월'이 바뀌어도 날짜에 맞춰 요일이 변환되므로 데이터가 잘 나오는지 '월'을 바꿔 확인합니다. 지금까지 달력에 반영하는 날짜/요일 구하는 법을 알아봤습니다.

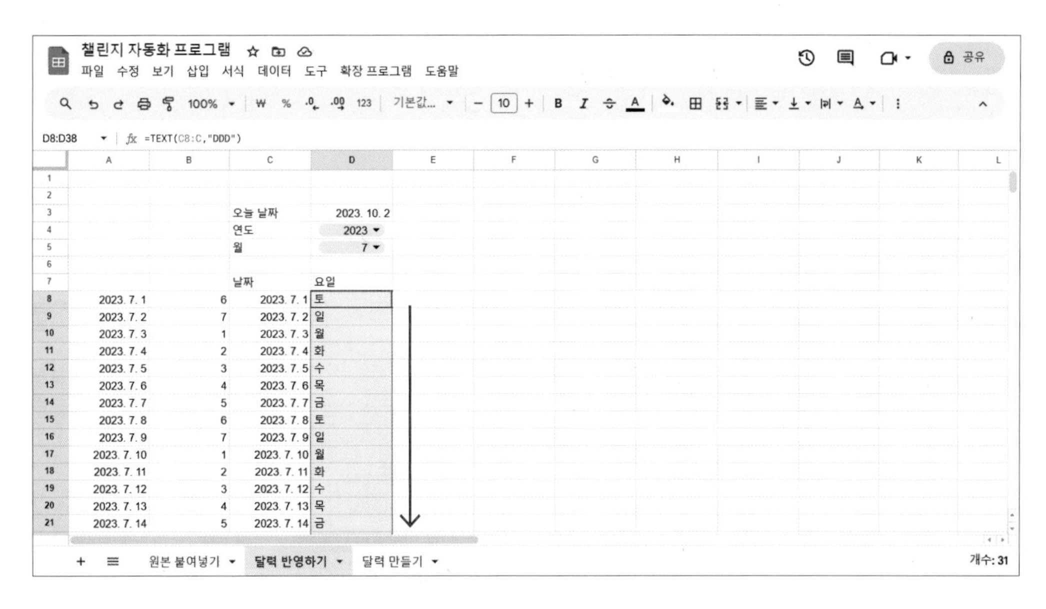
챌린지 자동화 프로그램
파일 수정 보기 삽입 서식 데이터 도구 확장 프로그램 도움말
공유
D8:D38
=TEXT(C8:C,"DDD")
오늘 날짜 2023. 10. 2
연도 2023
월 7
날짜 요일
2023. 7. 1 6 2023. 7. 1 토
2023. 7. 2 7 2023. 7. 2 일
2023. 7. 3 1 2023. 7. 3 월
2023. 7. 4 2 2023. 7. 4 화
2023. 7. 5 3 2023. 7. 5 수
2023. 7. 6 4 2023. 7. 6 목
2023. 7. 7 5 2023. 7. 7 금
2023. 7. 8 6 2023. 7. 8 토
2023. 7. 9 7 2023. 7. 9 일
2023. 7. 10 1 2023. 7. 10 월
2023. 7. 11 2 2023. 7. 11 화
2023. 7. 12 3 2023. 7. 12 수
2023. 7. 13 4 2023. 7. 13 목
2023. 7. 14 5 2023. 7. 14 금
원본 붙여넣기 달력 반영하기 달력 만들기
개수: 31

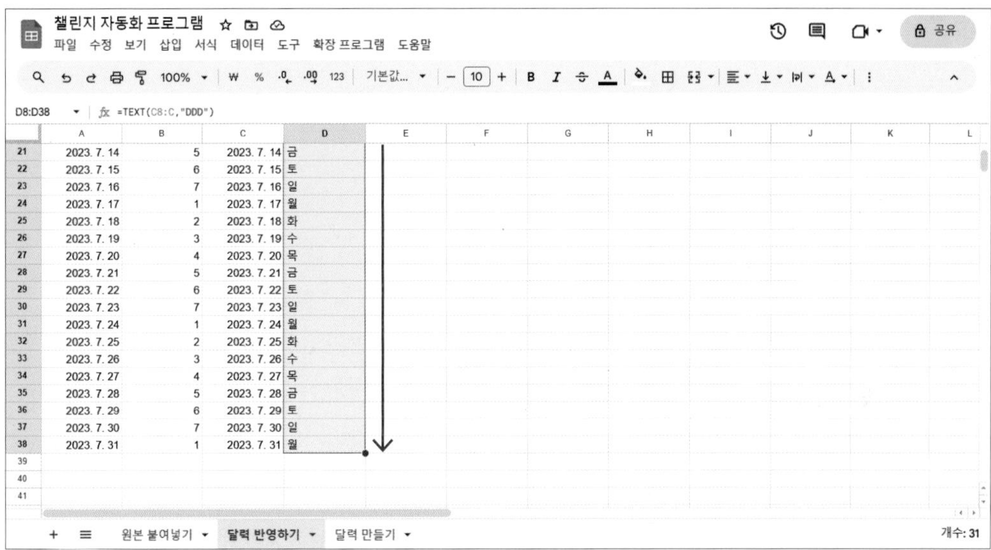
챌린지 자동화 프로그램
파일 수정 보기 삽입 서식 데이터 도구 확장 프로그램 도움말
공유
D8:D38
=TEXT(C8:C,"DDD")
2023. 7. 14 5 2023. 7. 14 금
2023. 7. 15 6 2023. 7. 15 토
2023. 7. 16 7 2023. 7. 16 일
2023. 7. 17 1 2023. 7. 17 월
2023. 7. 18 2 2023. 7. 18 화
2023. 7. 19 3 2023. 7. 19 수
2023. 7. 20 4 2023. 7. 20 목
2023. 7. 21 5 2023. 7. 21 금
2023. 7. 22 6 2023. 7. 22 토
2023. 7. 23 7 2023. 7. 23 일
2023. 7. 24 1 2023. 7. 24 월
2023. 7. 25 2 2023. 7. 25 화
2023. 7. 26 3 2023. 7. 26 수
2023. 7. 27 4 2023. 7. 27 목
2023. 7. 28 5 2023. 7. 28 금
2023. 7. 29 6 2023. 7. 29 토
2023. 7. 30 7 2023. 7. 30 일
2023. 7. 31 1 2023. 7. 31 월
원본 붙여넣기 달력 반영하기 달력 만들기
개수: 31

달력에 유니크 닉네임을 반영해 챌린지 참여자 목록 만들기

앞서 달력에 챌린지하는 날짜와 요일을 반영했습니다. '원본 붙여넣기' 시트에서 만들었던 유니크 닉네임은 '중복되지 않은 참여자'를 추출한 것입니다. '달력 반영하기' 시트에 유니크 닉네임을 반영해 참여자 목록을 만듭니다.

01 '날짜'와 '요일' 문구가 있는 7번 행에 유니크 닉네임을 가로 형태로 반영합니다. 먼저 다른 행과 시각적으로 차이가 나도록 행의 간격을 넓혀 줍니다. [7]번 행의 머리글을 클릭해 7번 행 전체 영역이 선택되도록 합니다. 7번과 8번 행 사이에 마우스 커서를 올려놓으면 간격을 조정할 수 있는 상태가 됩니다. 클릭해 아래로 좀 더 넓혀 줍니다.

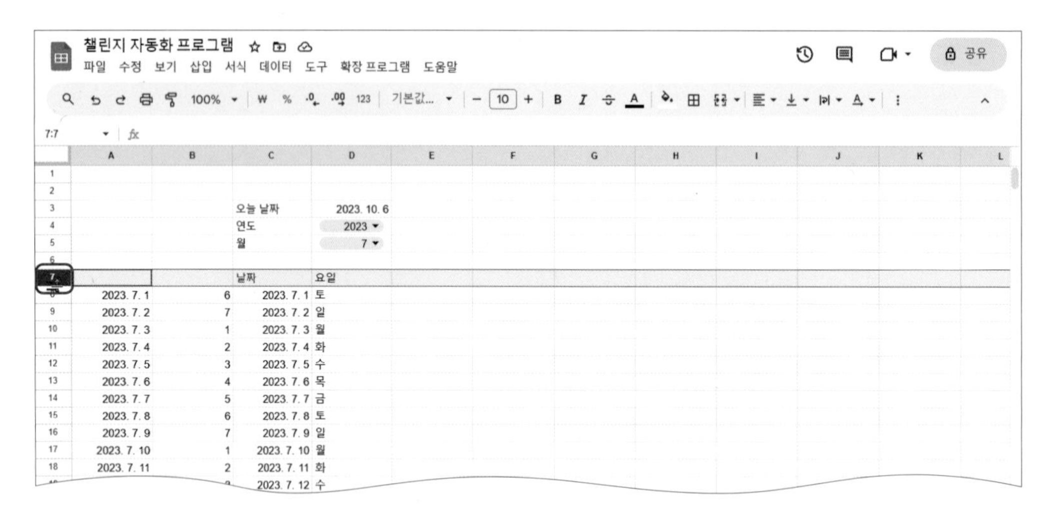

02 7번 행의 간격이 넓어졌습니다. 유니크 닉네임은 '요일' 오른쪽에 나열됩니다. 닉네임 데이터가 가운데 정렬로 보이도록 서식을 지정 해 보겠습니다.

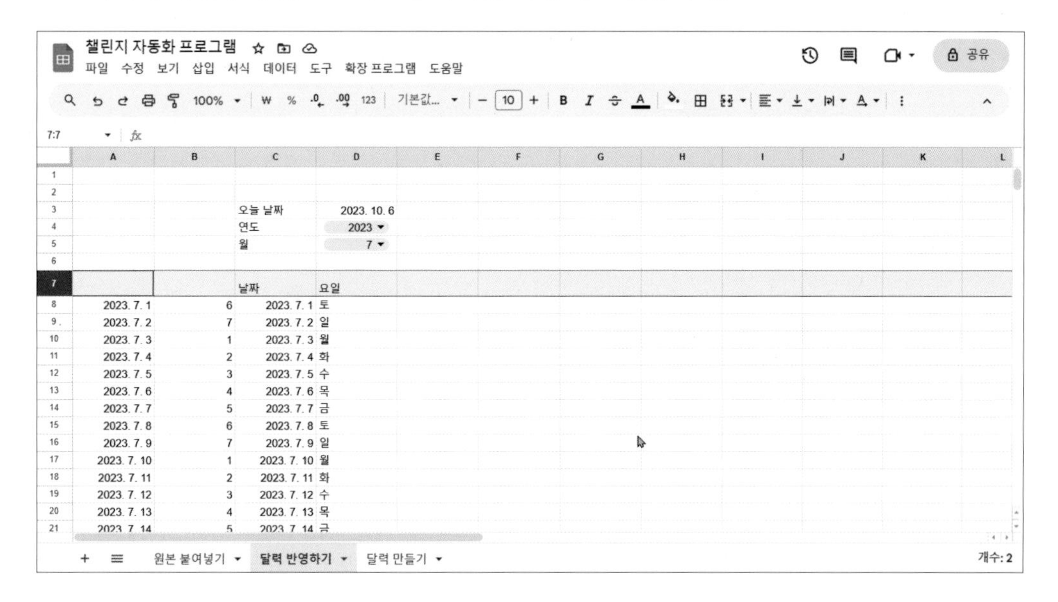

03 7번 행이 선택돼 있는 상태에서 [서식] – [정렬] – [가운데]를 클릭합니다. 7번 행의 모든 데이터는 가운데 정렬로 보이게 됩니다.

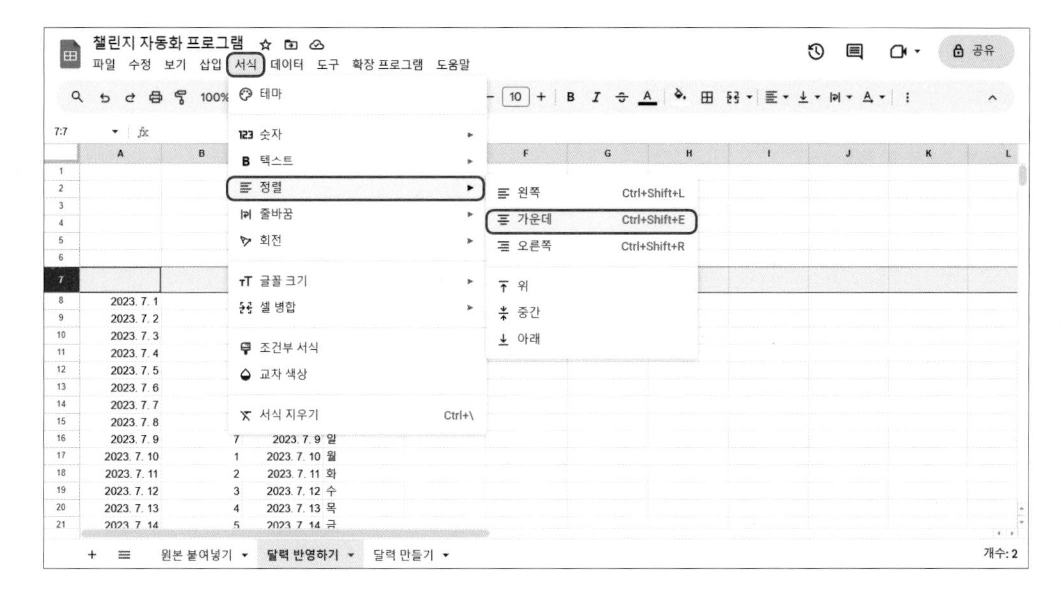

챌린지 자동화 프로그램 드라이브에 저장됨
파일 수정 보기 삽입 서식 데이터 도구 확장 프로그램 도움말

	A	B	C	D
3			오늘 날짜	2023. 10. 6
4			연도	2023
5			월	7
7			날짜	요일
8	2023. 7. 1	6	2023. 7. 1	토
9	2023. 7. 2	7	2023. 7. 2	일
10	2023. 7. 3	1	2023. 7. 3	월
11	2023. 7. 4	2	2023. 7. 4	화
12	2023. 7. 5	3	2023. 7. 5	수
13	2023. 7. 6	4	2023. 7. 6	목
14	2023. 7. 7	5	2023. 7. 7	금
15	2023. 7. 8	6	2023. 7. 8	토
16	2023. 7. 9	7	2023. 7. 9	일
17	2023. 7. 10	1	2023. 7. 10	월
18	2023. 7. 11	2	2023. 7. 11	화
19	2023. 7. 12	3	2023. 7. 12	수
20	2023. 7. 13	4	2023. 7. 13	목
21	2023. 7. 14	5	2023. 7. 14	금

원본 붙여넣기 달력 반영하기 달력 만들기 개수: 2

04 7번 행의 데이터가 가운데 정렬이 됐으면 선택돼 있는 상태에서 [서식]-[정렬]-[중간]을 클릭합니다. 7번 행의 모든 데이터는 가운데 정렬, 중간 맞춤으로 보이게 됩니다.

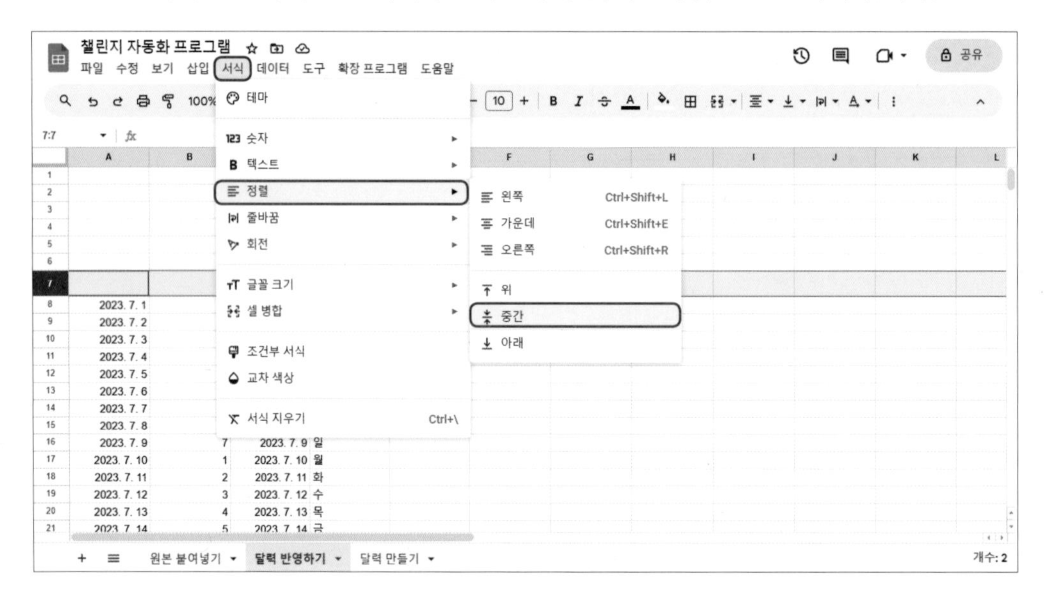

TIP 메뉴 아이콘 바 활용하기

1. 메뉴의 [서식]을 클릭하지 않고 하단에 있는 정렬 아이콘을 활용해 더 빠르게 문서 작업을 할 수 있습니다. 정렬 아이콘을 클릭해 [가운데 정렬]을 클릭합니다.

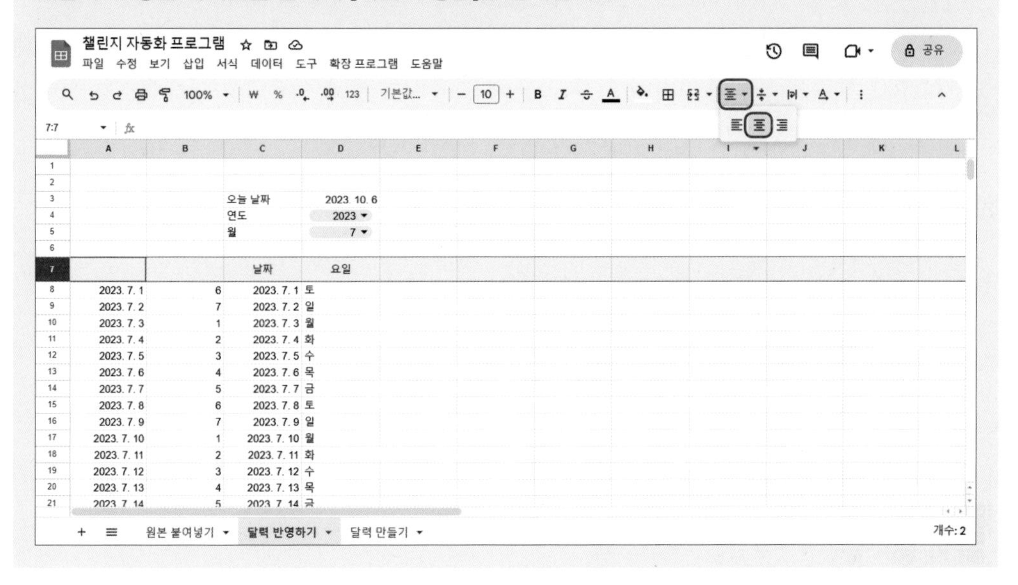

2. 마찬가지로 [서식]을 클릭하지 않고 맞춤 아이콘을 클릭해 [중간 맞춤]으로 지정합니다.

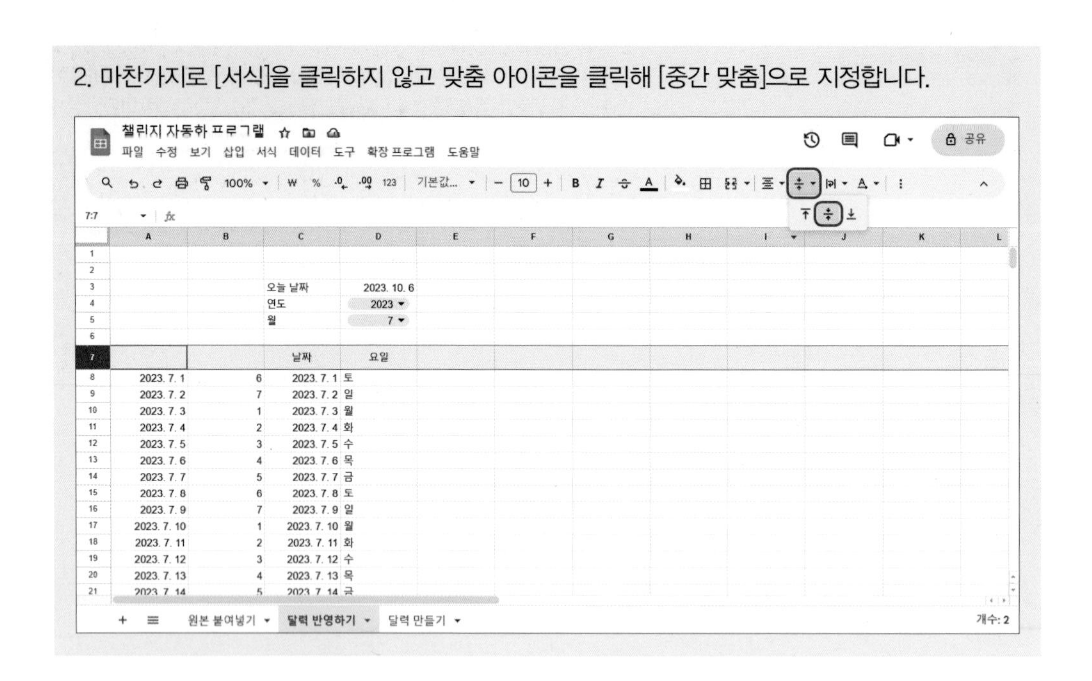

05 '원본 붙여넣기' 시트에서는 세로로 유니크 닉네임을 추출했습니다. 하지만 '달력 반영하기' 시트에서는 한눈에 참가자별로 '미인증' 횟수와 출결 상태를 봐야 하기 때문에 참여자 목록을 가로로 만드는 것을 추천합니다. 정리하면 '원본 붙여넣기' 시트에 있는 세로 형태의 유니크 닉네임을 '달력 반영하기' 시트에서는 가로 형태의 유니크 닉네임으로 반영하기 위해 TRANSPOSE 함수를 활용합니다. TRANSPOSE 함수는 배열 또는 범위의 행과 열을 바꿉니다. 즉, 세로 열의 데이터를 가로 행으로 바꿔 주는 함수입니다. E7 셀에 =TRANSPOSE 함수를 입력한 후 소괄호를 입력해 수식을 엽니다. 그다음 우리가 바꾸고 싶은 데이터가 있는 '원본 붙여넣기' 시트를 클릭합니다.

=TRANSPOSE(
=~범위의 행과 열을 바꿔라.

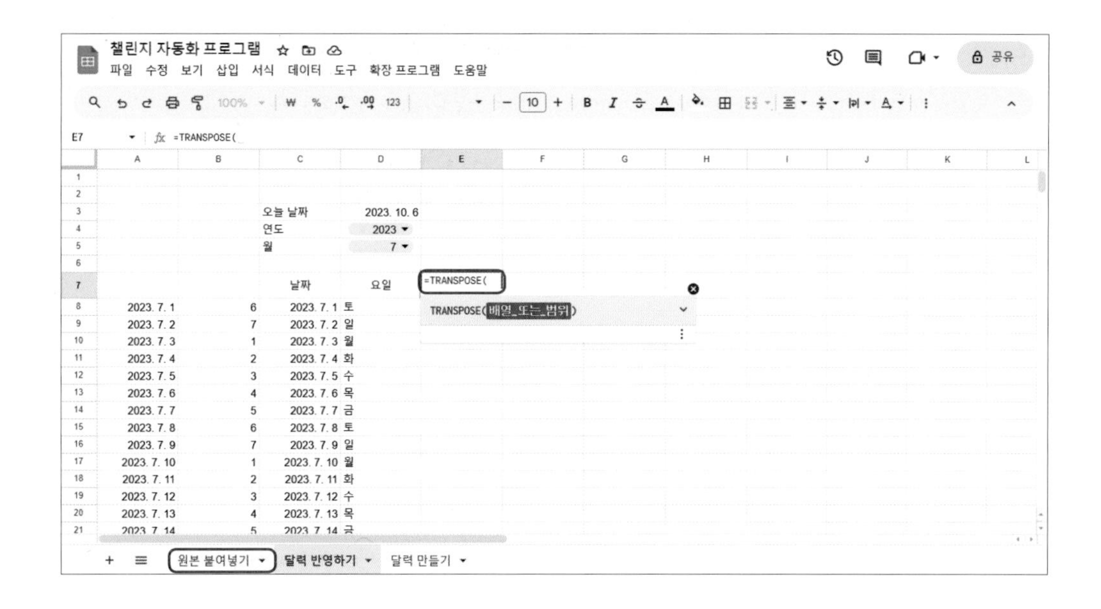

06 '원본 붙여넣기' 시트를 클릭하면 [달력 반영하기] 시트에서 작성하던 수식을 계속 작성할 수 있도록 파란색 창이 활성화돼 있는 것을 확인할 수 있습니다.

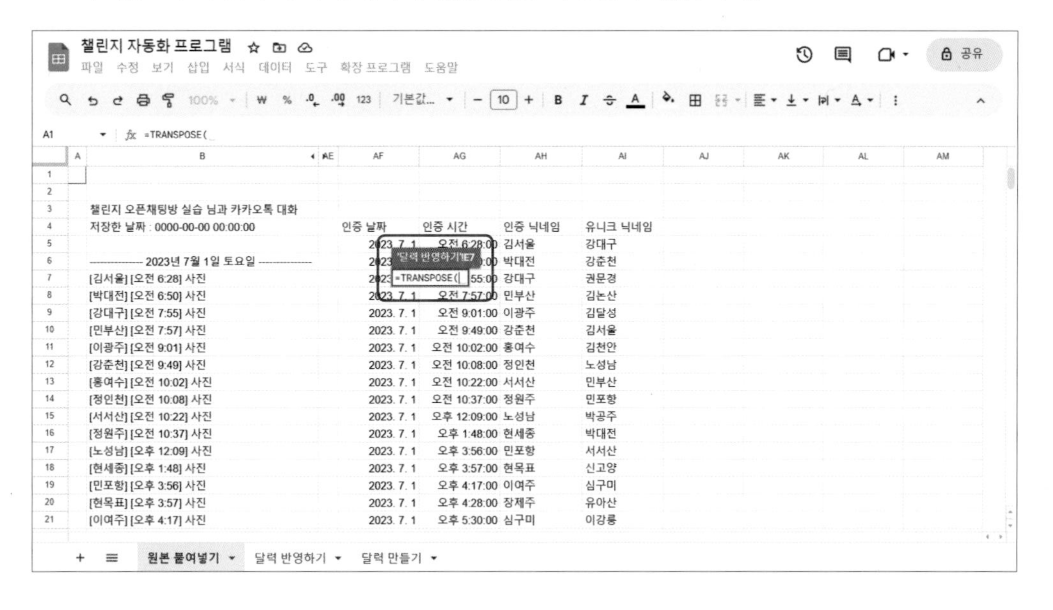

07 이제 바꾸고자 하는 '유니크 닉네임'의 데이터 영역을 선택합니다. AI 열의 데이터를 범위로를 지정하고 끝에 소괄호를 입력해 수식을 닫고 Enter를 누릅니다.

> =TRANSPOSE('원본 붙여넣기'!AI5:AI)
> ='원본 붙여넣기' 시트 AI5부터 AI 전체 세로 열의 범위의 데이터를 가로 행으로 바꿔라.

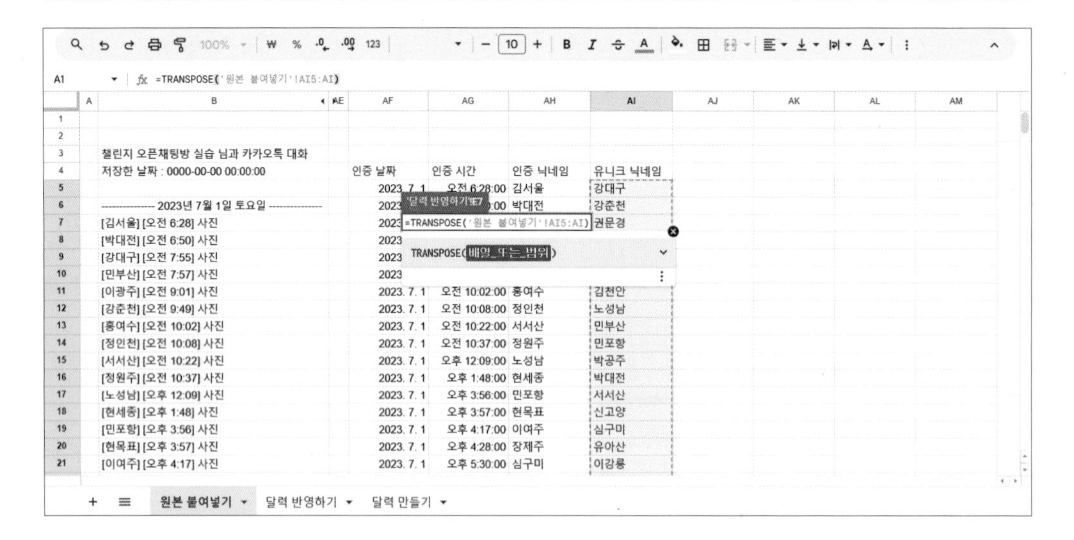

08 E7 셀에 TRANSPOSE 함수를 입력했으므로 E7 셀부터 AH7 셀까지 총 30개의 유니크 닉네임이 가로 행으로 바뀌어 가져와졌습니다. 이렇게 '원본 붙여넣기' 시트에 있던 유니크 닉네임을 '달력 반영하기' 시트에 넣어 참여자 목록을 만들어 봤습니다.

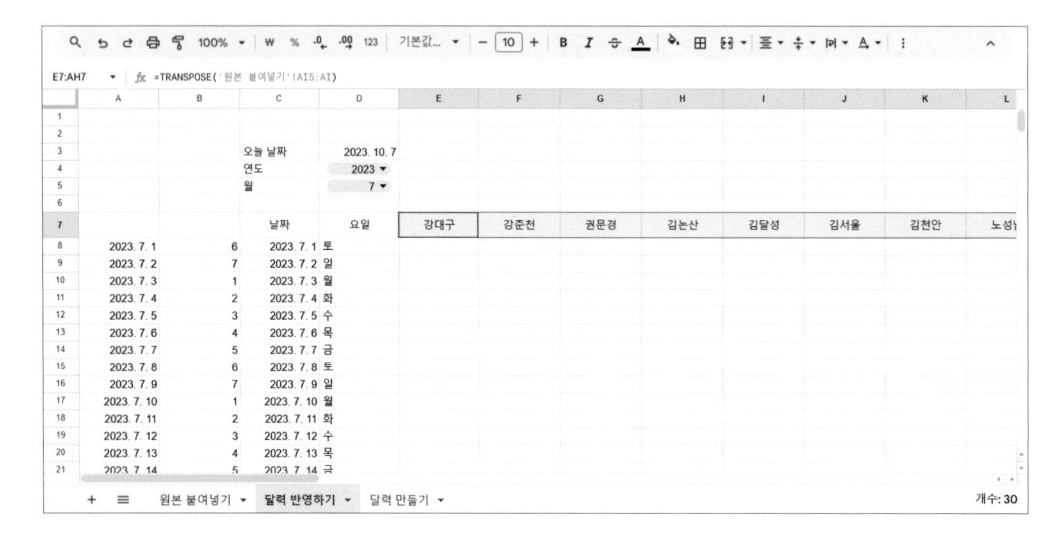

달력에 날짜/시간 반영해 미인증(결석) 표시하기

자동화 프로그램 만들기의 마지막 장입니다. 앞서 달력에 유니크 닉네임을 반영해 챌린지 참여자 목록을 만들었습니다. 지금부터는 '원본 붙여넣기' 시트에 있는 날짜와 닉네임 데이터를 활용해 '미인증(결석)'을 달력에 표시하고 총 결석 합계까지 구해 보겠습니다.

예를 들어 '2023년 7월 2일'에 닉네임 '김천안' 님이 챌린지 미션 인증에 실패했다면 그것을 '달력 반영하기' 시트에서 한눈에 보이게 '1'(미인증(결석) 1회)로 표시하기 위해 '날짜'와 '닉네임' 데이터가 필요한 것입니다.

'원본 붙여넣기' 시트의 '시간' 데이터는 지금 활용하지 않습니다. 예를 들어 '오후 2시~10시' 사이에만 인증해야 하는 규칙이 있을 때, '오후 11시 30분'에 인증한 사람은 개별적으로 미인증 처리해야 하기 때문에 필요한 데이터입니다.

01 '날짜'와 '닉네임' 데이터를 활용해 '미인증(결석)'을 표시하기 위해 COUNTIFS 함수를 활용합니다. COUNTIFS 함수는 선택한 범위 내에서 여러 개의 조건에 만족하는 합의 개수를 반환하기 때문에 COUNTIF 함수보다 활용하기에 적합합니다. E8 셀에 COUNIFS 수식을 입력합니다.

```
=COUNTIFS(
=범위에서 조건 여러 개를 만족하는 값의 개수를 반환하라.
```

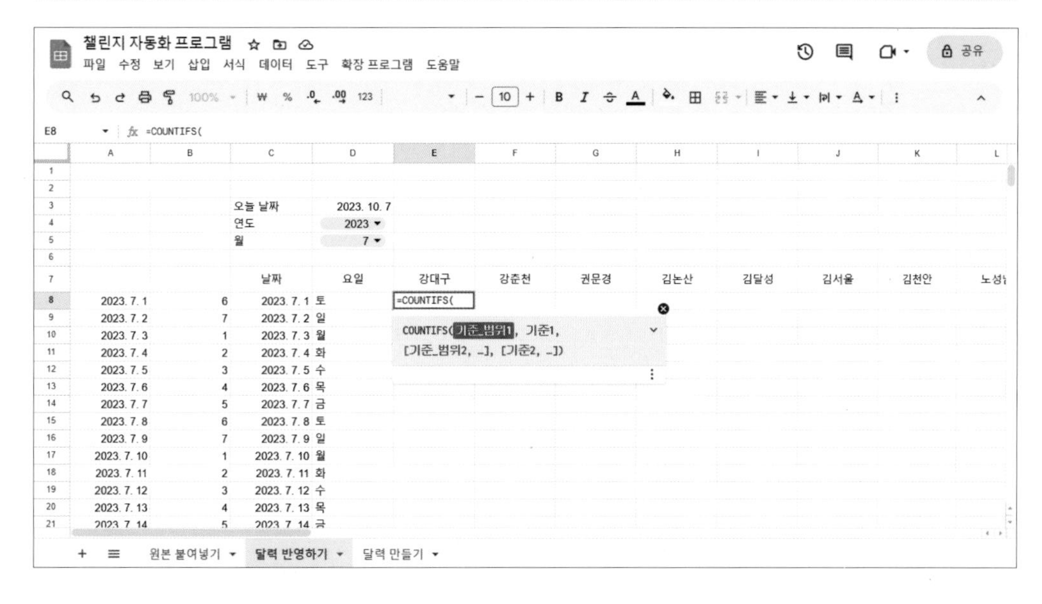

TIP COUNTIF와 COUNTIFS의 차이는 뭔가요?

1. COUNTIF
   COUNTIF(범위, 기준 1)
   COUNTIF는 범위에서 '조건 1개'를 만족하는 값의 개수를 반환하는 함수입니다.
2. COUNTIFS
   COUNTIFS(범위 1, 기준 1, 범위 2, 기준 2, 범위 3, 기준 3 …)
   COUNTIFS는 범위에서 '조건 2개 이상'을 만족하는 값의 개수를 반환하는 함수입니다.

02 =COUNTIFS(가 입력된 상태에서 '원본 붙여넣기' 시트를 클릭합니다. '달력 반영하기' 시트에서 작성하던 수식을 계속 작성할 수 있도록 파란색 창이 활성화돼 있는 것을 확인할 수 있습니다.

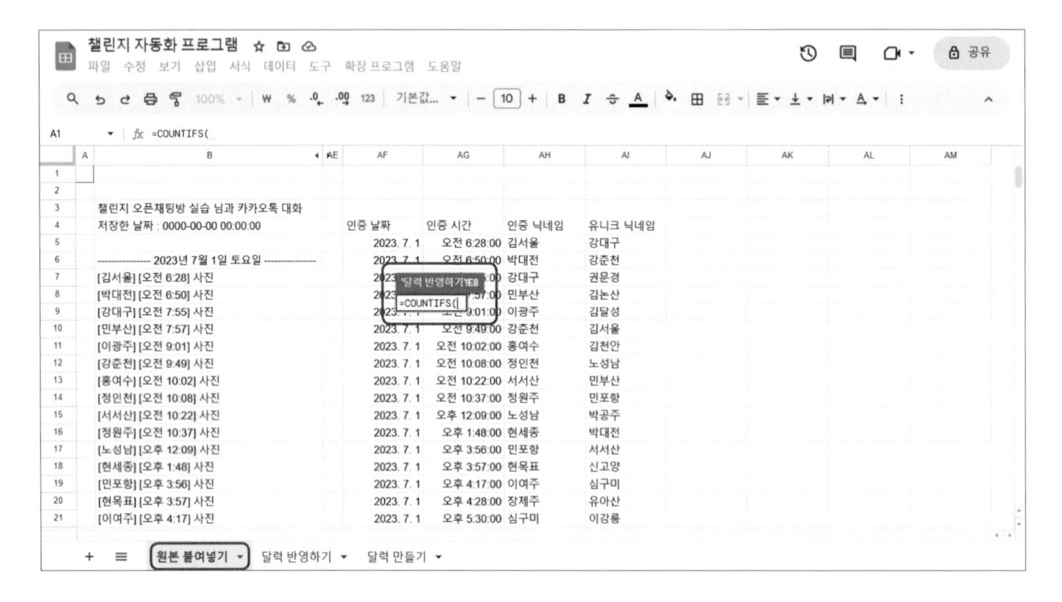

03 COUNTIFS 수식의 범위 1과 기준 1을 입력해야 합니다. '원본 붙여넣기' 시트의 '인증 날짜'와 '달력 반영하기' 시트의 '날짜'가 일치하는 데이터를 반영해야 하므로 범위 1과 기준 1을 수식에 입력합니다. 범위 1의 경우, '인증 날짜' 전체의 데이터가 필요하기 때문에 AF열 전체 범위를 선택하기 위해 AF열의 머리글을 클릭합니다. 그다음 AF열은 변하면 안 되는 데이터이기 때문에 AF 앞에 〈$〉을 입력해 고정된 값으로 만듭니다.

=COUNTIFS('원본 붙여넣기'!$AF:$AF,
= '원본 붙여넣기' 시트의 고정된 AF열 범위에서 ~조건을 만족하는 값의 개수를 반환하라.

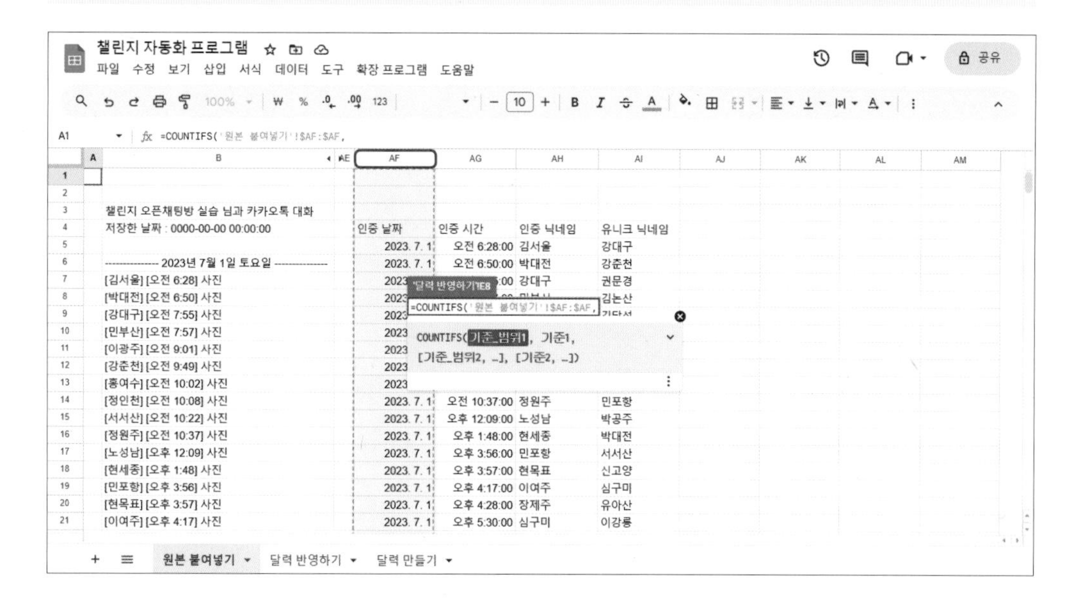

04 기준 1의 경우, 선택한 범위에 조건을 부여하기 위해 입력합니다. 기준 1은 '달력 반영하기' 시트의 '날짜'와 비교해야 하므로 하단에 있는 '달력 반영하기' 시트를 클릭합니다.

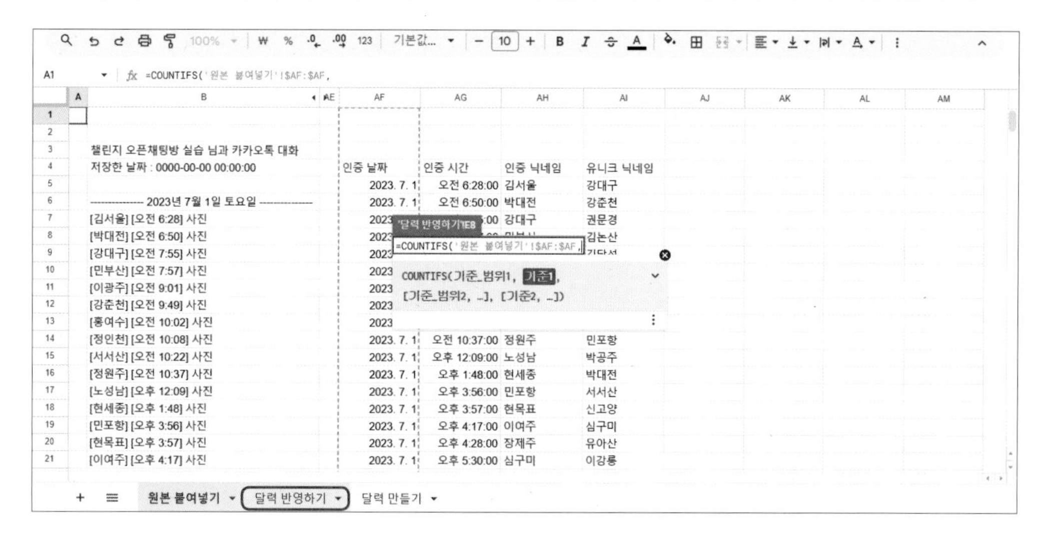

05 C8 셀을 클릭해 달력의 '날짜'를 지정합니다. 입력한 C8 셀에서 행과 열 중 C열이 고정된 채 C8, C9, C10, … 아래로 행의 숫자가 바뀌어야 하므로 C열 앞에 〈$〉을 입력해 C열을 고정된 값으로 만듭니다.

=COUNTIFS('원본 붙여넣기'!$AF:$AF,$C8,
='원본 붙여넣기' 시트의 고정된 AF열 범위에서
고정된 C열의 8번 행의 값과 만족(부합)하는 값의 개수를 반환하라.

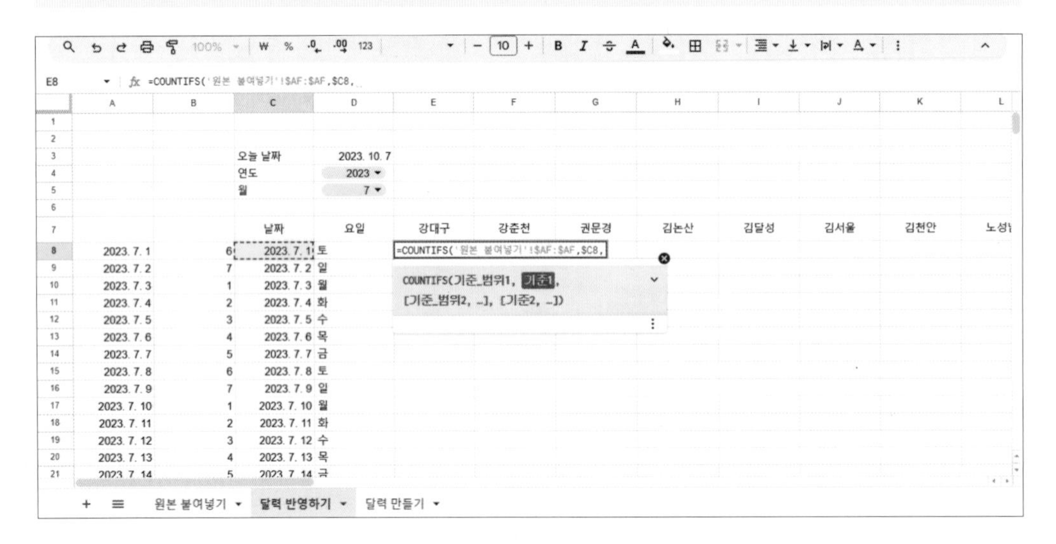

06 이제 수식의 범위 2와 기준 2를 입력해야 합니다. '원본 붙여넣기' 시트의 '인증 닉네임'과 '달력 반영하기' 시트의 '참여자 목록'이 일치하는 데이터를 반영해야 하므로 범위 2와 기준 2를 수식에 입력합니다. 범위 2의 경우, '인증 닉네임' 전체의 데이터가 필요하기 때문에 '원본 붙여넣기' 시트를 클릭해 AH열 전체 범위를 선택하기 위해 AH열의 머리글을 클릭합니다. 그다음 AH열은 변하면 안 되는 데이터이기 때문에 AH 앞에 〈$〉을 입력해 고정된 값으로 만듭니다.

=COUNTIFS('원본 붙여넣기'!$AF:$AF,$C8,'원본 붙여넣기'!$AH:$AH,
=(범위 1) '원본 붙여넣기' 시트의 고정된 AF열 범위에서
(기준 1) 고정된 C열의 8번 행의 값과 만족(부합)하는 값의 개수를 반환하라.
(범위 2) '원본 붙여넣기' 시트의 고정된 AG열 범위에서

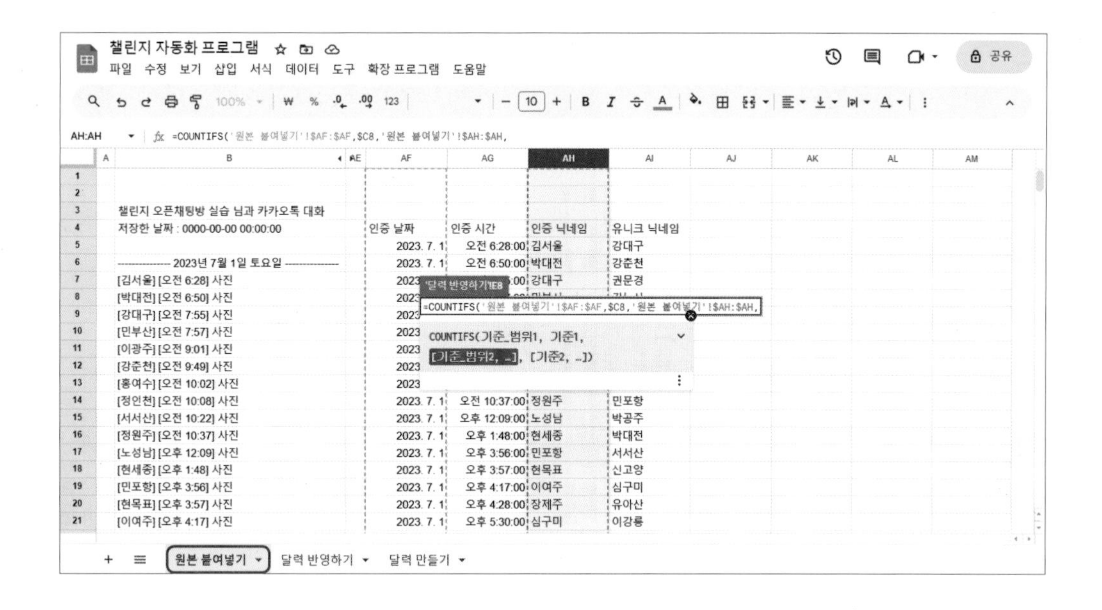

07 기준 2의 경우, 선택한 범위에 조건을 부여하기 위해 입력합니다. 기준 2는 '달력 반영하기' 시트의 '참여자 목록'과 비교해야 하므로 하단에 있는 '달력 반영하기' 시트를 클릭합니다.

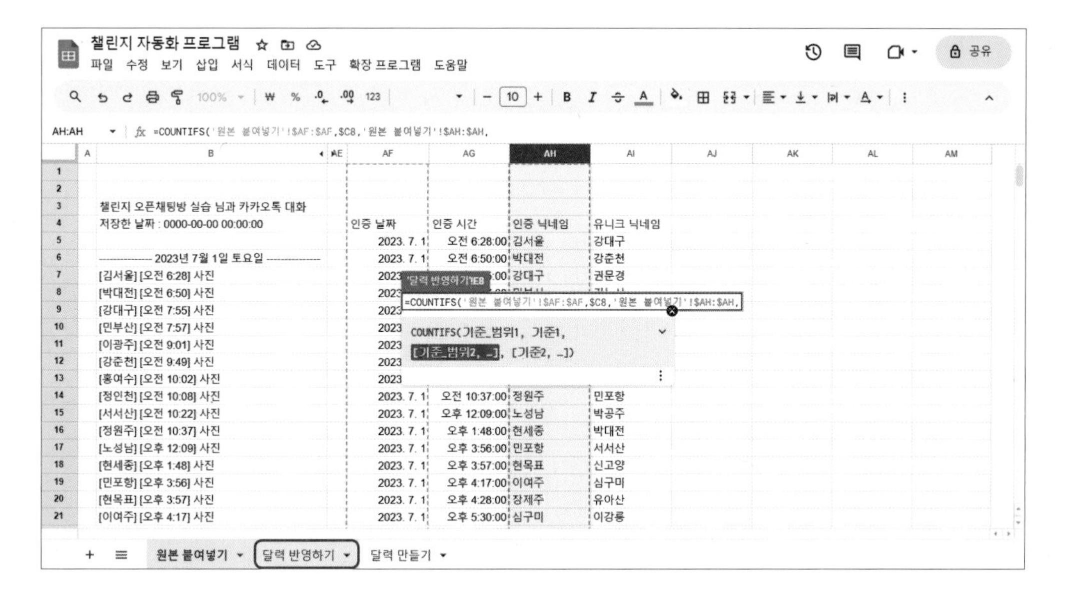

08 E7 셀을 클릭해 달력의 '닉네임'을 지정합니다. 입력한 E7 셀에서 행과 열중 7번 행이 고정된 채 E7, F7, G7, …의 오른쪽으로 열의 영문이 바뀌어야 하므로 7번 행 앞에 ⟨$⟩을 입력해 7번 행을 고정된 값으로 만듭니다.

=COUNTIFS('원본 붙여넣기'!$AF:$AF,$C8,'원본 붙여넣기'!$AH:AH,E7)
=(범위 1) '원본 붙여넣기' 시트의 고정된 AF열 범위에서
(기준 1) 고정된 C열의 8번 행의 값과 만족(부합)하는 값의 개수를 반환하라.
(범위 2) '원본 붙여넣기' 시트의 고정된 AH열 범위에서
(기준 2) E열의 고정된 7번 행의 값과 만족(부합)하는 값의 개수를 반환하라.

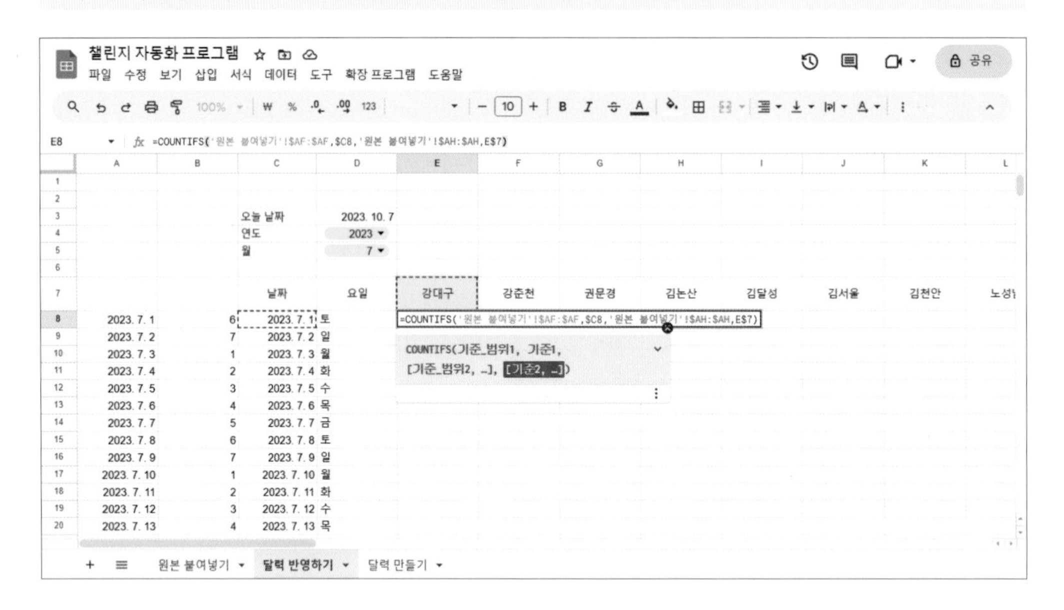

09 위의 두 범위와 조건(기준)이 맞는다면 각 셀의 결괏값이 '1'로 나올 것입니다(각 셀의 값이 '1'로 나온 이유는 조건에 맞는 값이 1개이기 때문입니다). 그러나 우리가 달력에 표시하고자 하는 결과는 인증하지 않은 '미인증' 결괏값을 보여줘 미인증한 개수의 합계를 확인하기 위해서입니다. 미인증(결석)의 합계를 구한 후 보증금에서 미인증을 차감해야 환급해 줄 수 있습니다.

우리는 위 조건에 맞는 결괏값(인증한 사람)이 '1'인데 인증하지 않은 사람의 값이 '1'이 되도록 수식을 바꿔야 합니다. IF 함수를 활용해 위의 COUNTIFS 결괏값이 '0'이면(결석 한 사람이므로) '1'로 표시해 주고 그렇지 않으면(인증한 사람은) 비어 있는 공백으로 표시하라는 수식을 입력해 줘야 합니다. COUNTIFS 함수 앞에 'IF'를 입력해 위의 내용을 수식으로 입력합니다.

=IF(COUNTIFS('원본 붙여넣기'!$AF:$AF,$C8,'원본 붙여넣기'!$AH:AH,E7)=0,1," ")
=만약 아래의 결괏값이 0이라면
(범위 1) '원본 붙여넣기' 시트의 고정된 AF열 범위에서
(기준 1) 고정된 C열의 8번 행의 값과 만족(부합)하는 값의 개수를 반환하라.
(범위 2) '원본 붙여넣기' 시트의 고정된 AH열 범위에서
(기준 2) E열의 고정된 7번 행의 값과 만족(부합)하는 값의 개수를 반환하라.
(TRUE) 1이라고 표시하고
(FALSE) 그렇지 않으면 비어 있는 공백(" ")을 반환하라.

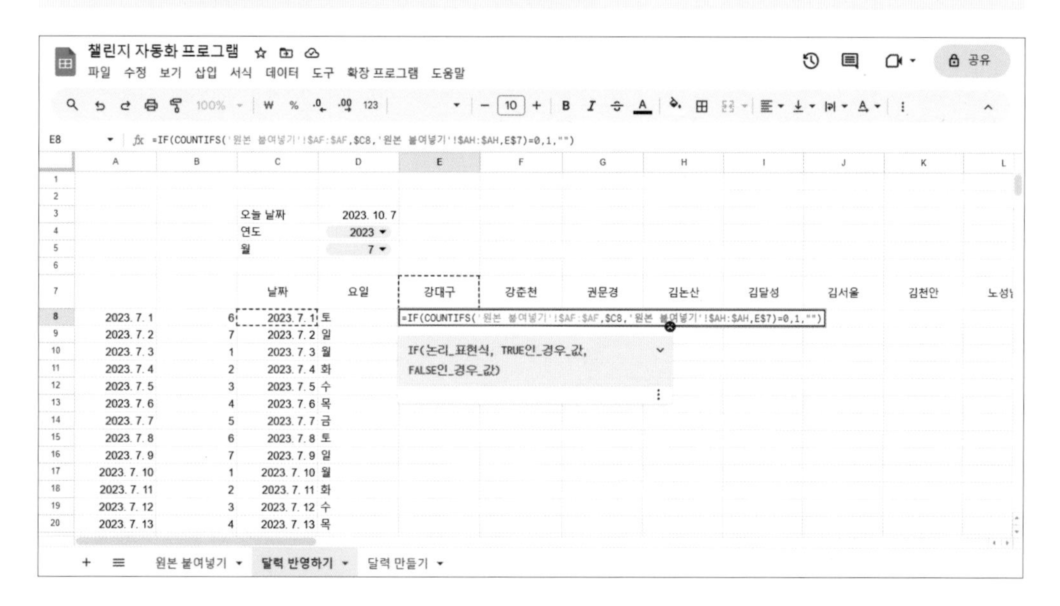

10 E8 셀의 결괏값이 공백으로 나왔으므로 닉네임 '강대구' 님은 '2023년 7월 1일'에 미션 인증했다는 뜻입니다. E8 셀에 입력한 수식을 전체 닉네임에 적용해야 합니다.

챌린지 자동화 프로그램

E8 =IF(COUNTIFS('원본 붙여넣기'!$AF:$AF,$C8,'원본 붙여넣기'!$AH:AH,E7)=0,1,"")

	A	B	C	D	E	F	G	H	I	J	K	L
1												
2												
3			오늘 날짜	2023. 10. 7								
4			연도	2023								
5			월	7								
6												
7			날짜	요일	강대구	강춘천	권문경	김논산	김달성	김서울	김천안	노성
8	2023. 7. 1	6	2023. 7. 1	토								
9	2023. 7. 2	7	2023. 7. 2	일								
10	2023. 7. 3	1	2023. 7. 3	월								
11	2023. 7. 4	2	2023. 7. 4	화								
12	2023. 7. 5	3	2023. 7. 5	수								
13	2023. 7. 6	4	2023. 7. 6	목								
14	2023. 7. 7	5	2023. 7. 7	금								
15	2023. 7. 8	6	2023. 7. 8	토								
16	2023. 7. 9	7	2023. 7. 9	일								
17	2023. 7. 10	1	2023. 7. 10	월								
18	2023. 7. 11	2	2023. 7. 11	화								
19	2023. 7. 12	3	2023. 7. 12	수								
20	2023. 7. 13	4	2023. 7. 13	목								

원본 붙여넣기 / 달력 반영하기 / 달력 만들기

11 E8 셀을 클릭하면 선택된 파란색 박스의 오른쪽 하단 모서리에 있는 [●] 모양에 마우스 커서를 올려 [+] 모양이 됐을 때 다시 클릭해 마우스에서 손을 떼지 않고 오른쪽 마지막 닉네임이 있는 AH8 셀까지 드래그합니다.

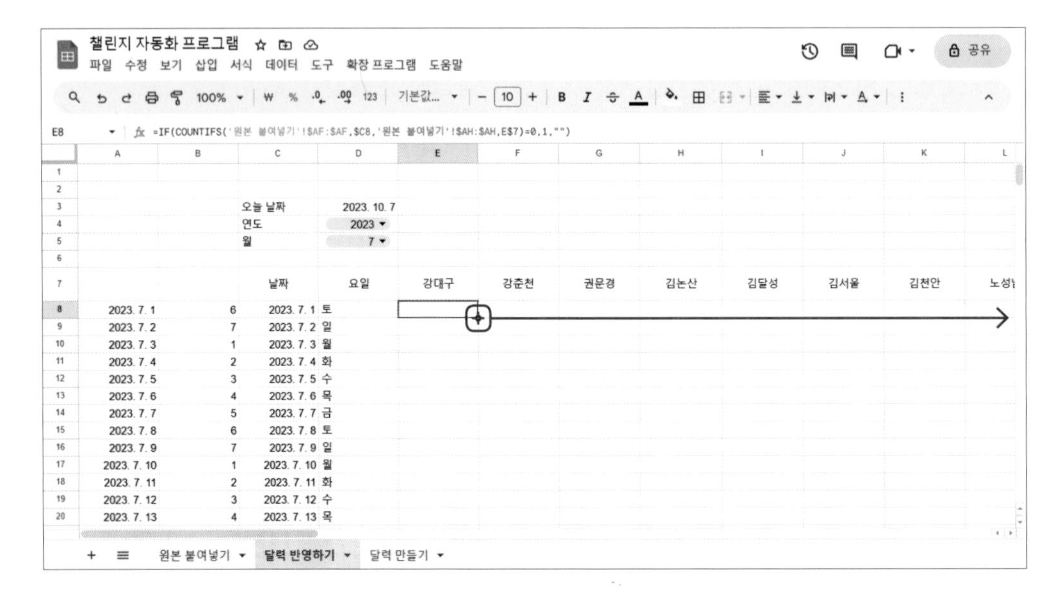

챌린지 자동화 프로그램

E8 =IF(COUNTIFS('원본 붙여넣기'!$AF:$AF,$C8,'원본 붙여넣기'!$AH:AH,E7)=0,1,"")

	A	B	C	D	E	F	G	H	I	J	K	L
1												
2												
3			오늘 날짜	2023. 10. 7								
4			연도	2023								
5			월	7								
6												
7			날짜	요일	강대구	강춘천	권문경	김논산	김달성	김서울	김천안	노성
8	2023. 7. 1	6	2023. 7. 1	토								
9	2023. 7. 2	7	2023. 7. 2	일								
10	2023. 7. 3	1	2023. 7. 3	월								
11	2023. 7. 4	2	2023. 7. 4	화								
12	2023. 7. 5	3	2023. 7. 5	수								
13	2023. 7. 6	4	2023. 7. 6	목								
14	2023. 7. 7	5	2023. 7. 7	금								
15	2023. 7. 8	6	2023. 7. 8	토								
16	2023. 7. 9	7	2023. 7. 9	일								
17	2023. 7. 10	1	2023. 7. 10	월								
18	2023. 7. 11	2	2023. 7. 11	화								
19	2023. 7. 12	3	2023. 7. 12	수								
20	2023. 7. 13	4	2023. 7. 13	목								

원본 붙여넣기 / 달력 반영하기 / 달력 만들기

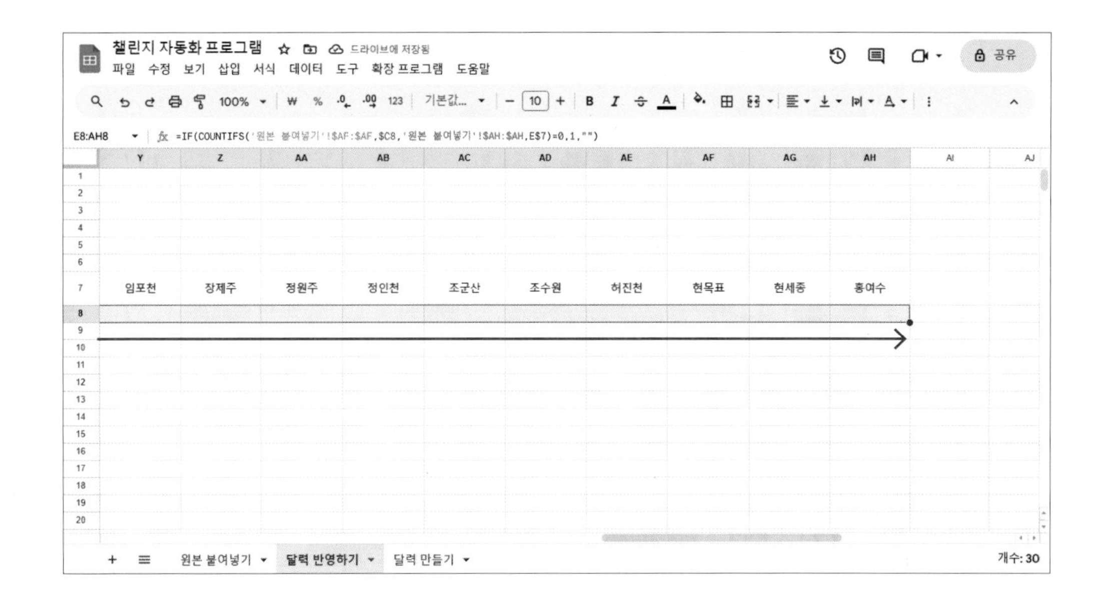

12 여기서 다른 셀을 클릭하지 말고 이 상태에서 선택된 파란색 박스의 오른쪽 하단 모서리에 있는 [●] 모양에 마우스 커서를 올려 [+] 모양이 됐을 때 다시 클릭해 마우스에서 손을 떼지 않고 아래로 마지막 날짜가 있는 AH38 셀까지 드래그합니다. E8 셀부터 AH38 셀까지 수식이 자동으로 적용돼 결괏값을 표시합니다.

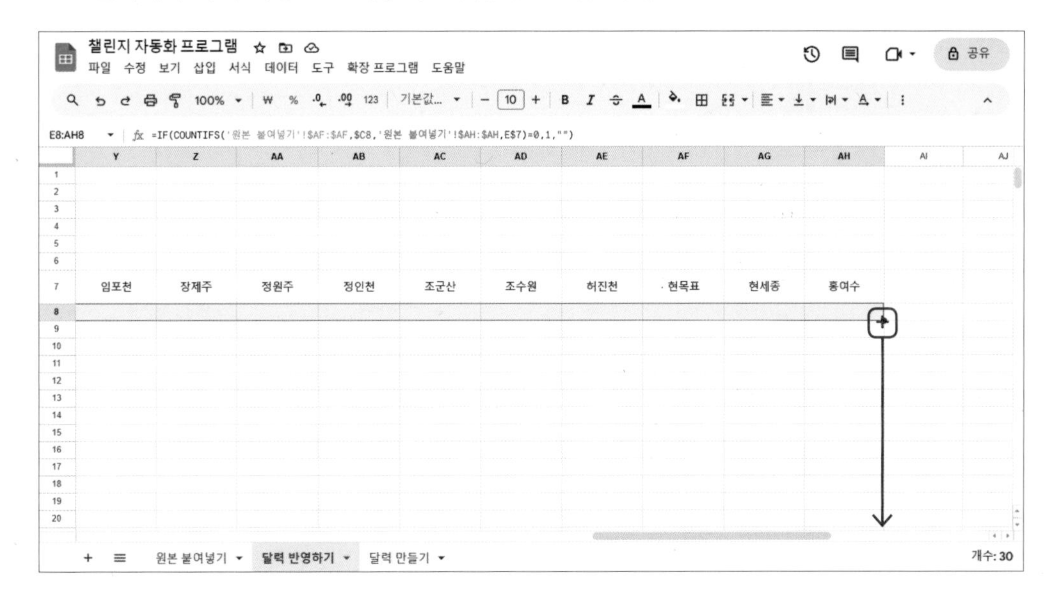

13 닉네임 '강대구' 님은 2023년 7월 7일에 인증하지 않았기 때문에 '1'로 표시됐습니다. 이제 이 미인증(결석)의 합계를 내서 총 미인증(결석) 횟수를 구해야 합니다.

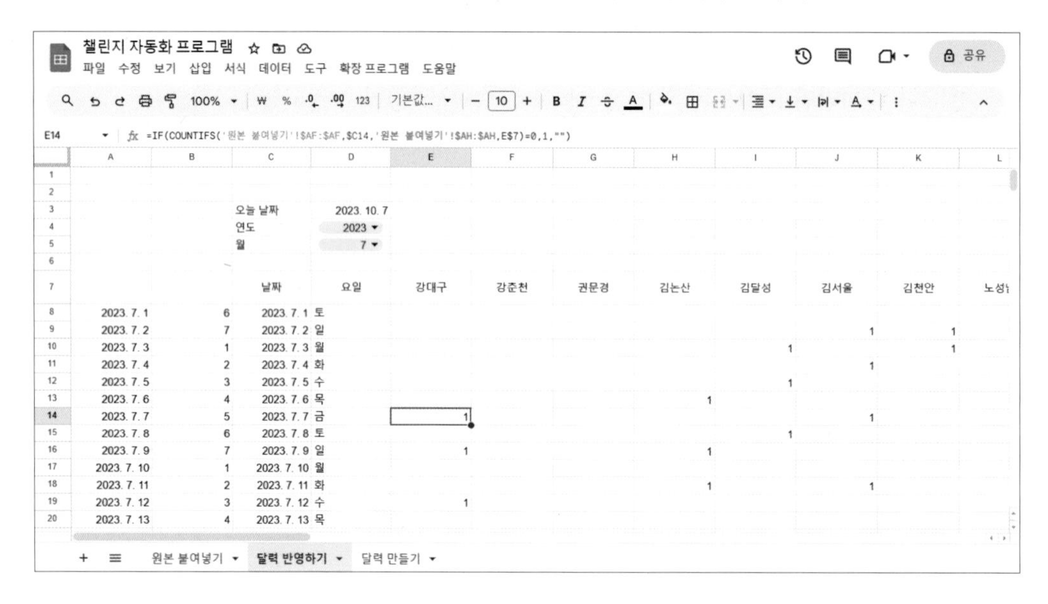

14 먼저 '달력 반영하기' 시트를 깔끔하게 정리하기 위해 A열과 B열을 숨깁니다. A열의 머리글을 클릭하고 Shift를 누른 채 B열의 머리글을 클릭해 A~B열을 선택합니다. 선택된 영역 안에서 마우스 오른쪽 버튼을 클릭하고 [A-B열 숨기기]를 클릭합니다.

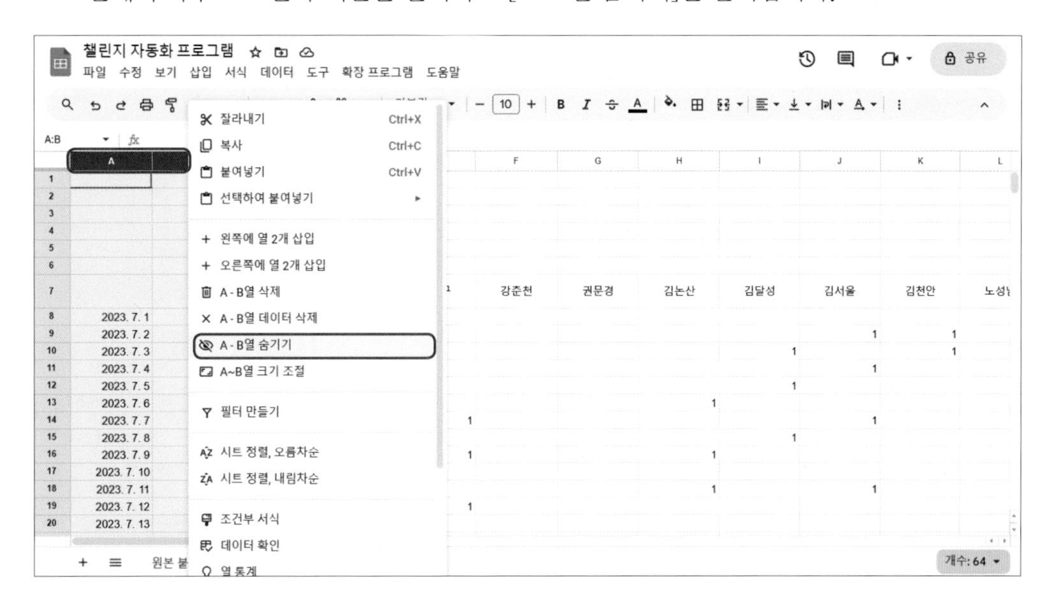

15 필요한 데이터만 보이도록 '달력 반영하기' 시트가 깔끔하게 정리됐습니다.

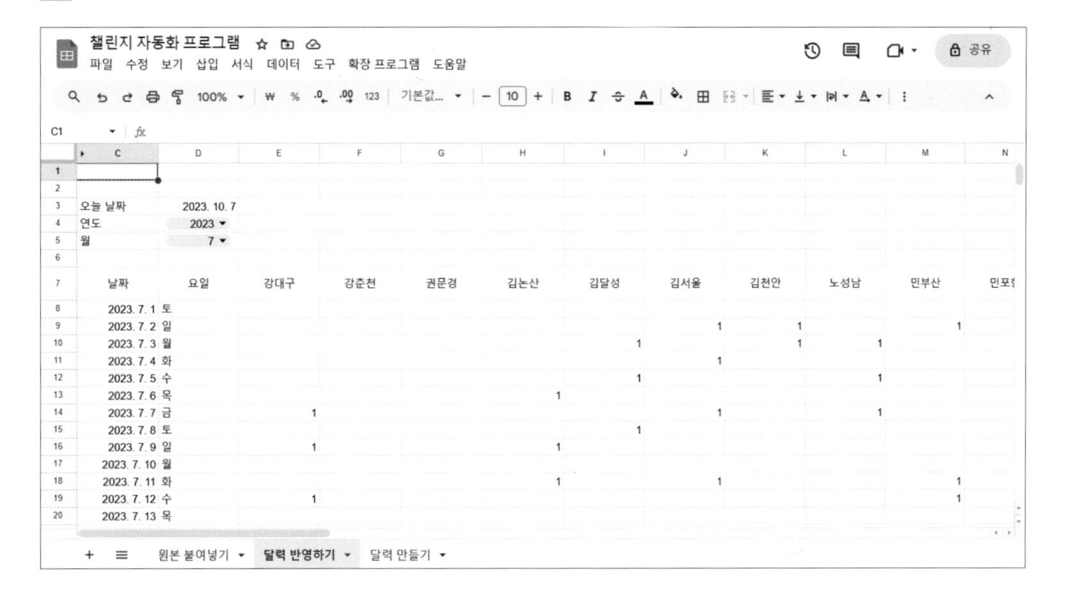

16 먼저 '미인증(결석) 합계' 글자를 입력할 셀을 만들기 위해 C6 셀과 D6 셀을 병합합니다. C6 셀을 클릭하고 D6 셀까지 드래그해 셀을 병합할 영역을 선택합니다.

17 상단 아이콘 메뉴의 [셀 병합]을 클릭하고 C6 셀과 D6 셀을 병합해 하나의 셀로 만듭니다.

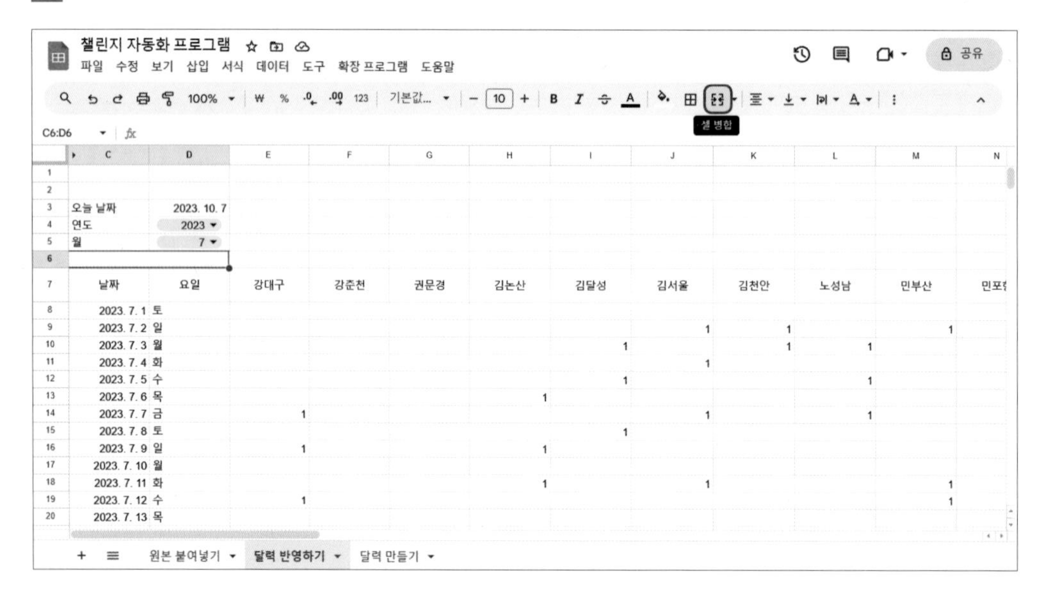

18 병합된 C6:D6 셀에 '미인증(결석) 합계'를 입력합니다. 상단 아이콘 메뉴의 정렬 중 [가운데]를 클릭해 글자가 중앙에 위치하도록 합니다.

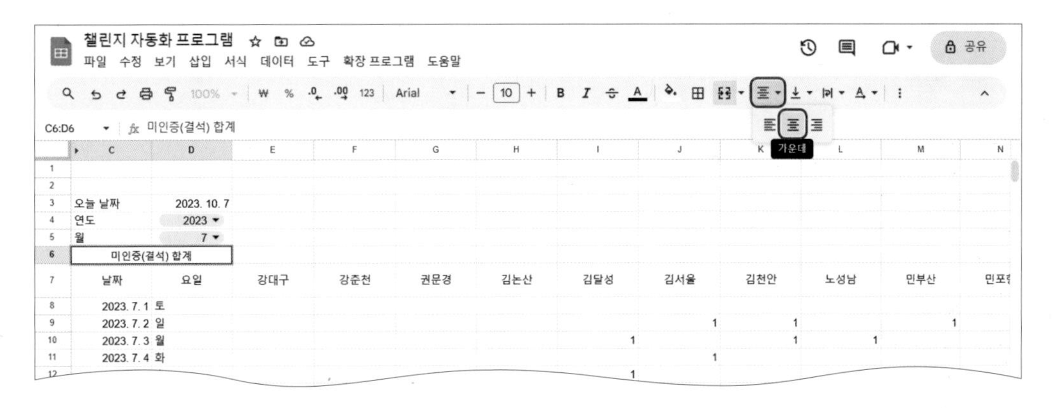

19 E6 셀에 SUM 함수를 활용해 인증한 데이터가 반영돼 있는 E8 셀(1일)부터 아래로 E38 셀(31일)까지 미인증(결석)한 '1'의 총 합계를 구합니다. SUM 함수는 일련의 숫자 또는 셀의 합계를 반환합니다. E6 셀에 =SUM(을 입력하고 합계를 구할 시작 위치인 E8 셀을 클릭합니다.

=SUM(E8

=E8 셀부터 ~까지 셀(숫자)의 합계를 반환하라.

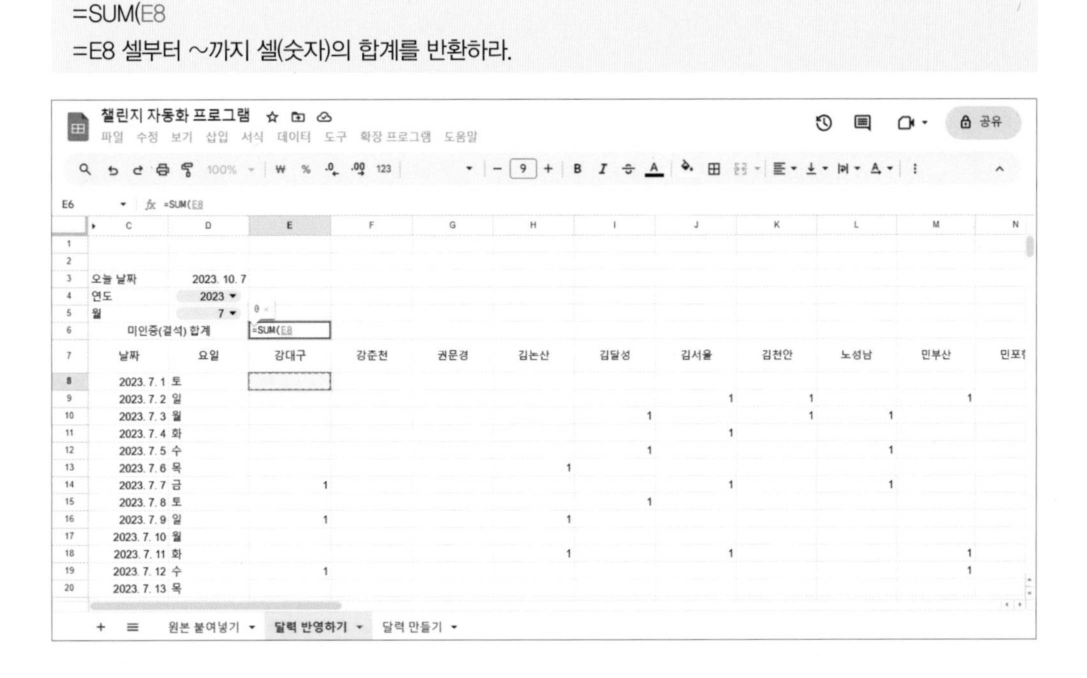

20 E8 셀(1일)을 클릭한 채 합계를 구할 마지막 위치인 E38 셀(31일)까지 드래그하고 수식을 닫습니다.

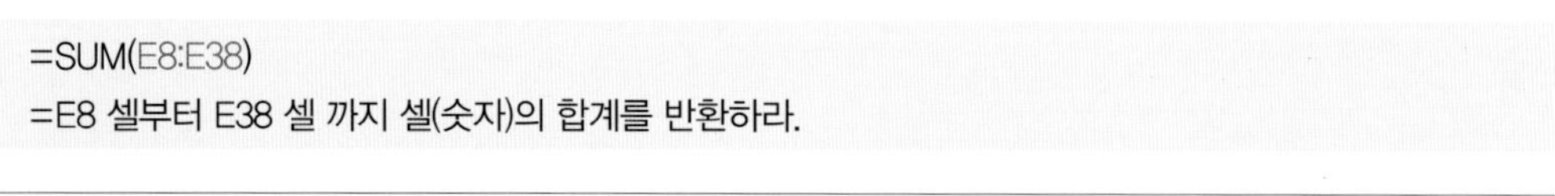

=SUM(E8:E38)
=E8 셀부터 E38 셀 까지 셀(숫자)의 합계를 반환하라.

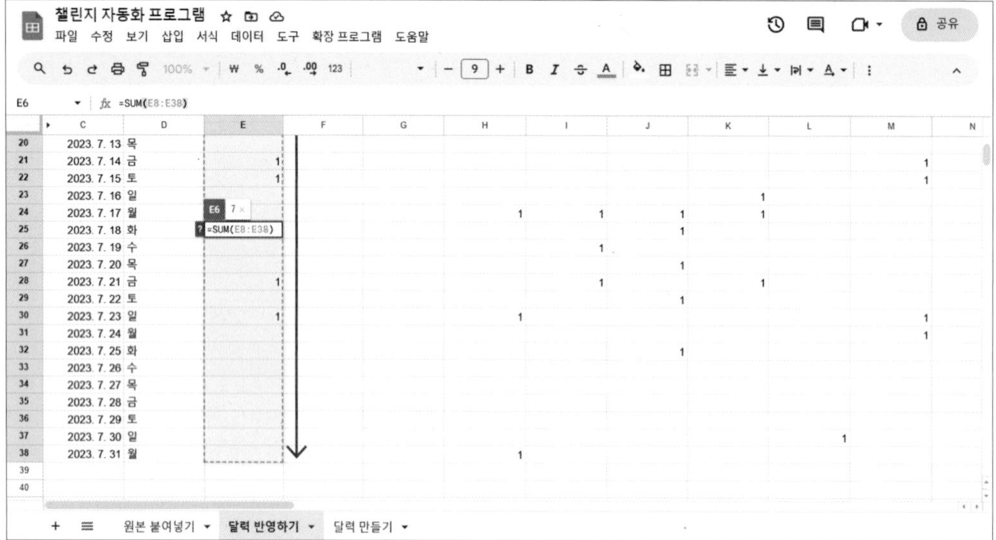

21 E6 셀의 결괏값이 '7'로 표시됐습니다. 이 데이터의 결과로 닉네임 '강대구'님의 7월 한달 동안 챌린지 미션에 인증하지 않은 날의 합계는 총 7일이라는 것을 알 수 있습니다. 이 수식을 모든 참여자에게 적용해야 합니다.

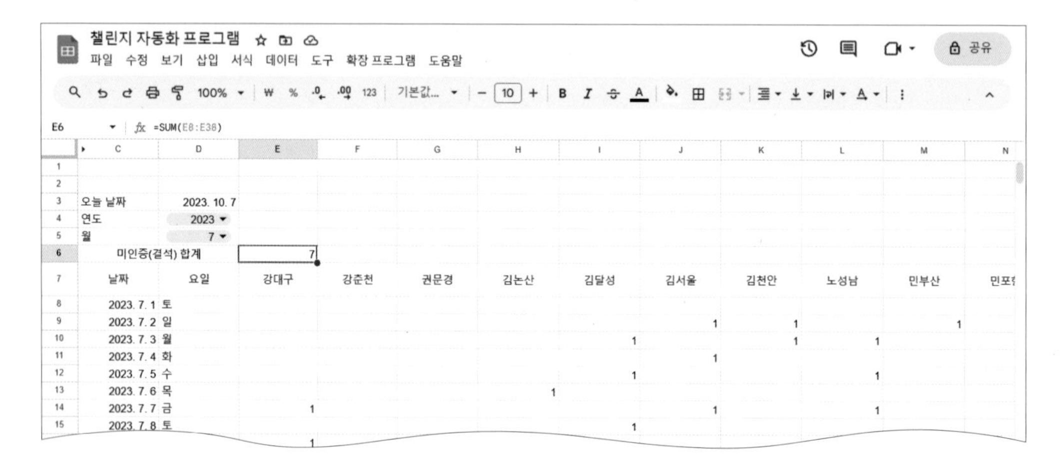

22 E6 셀의 수식을 모든 참여자에게 적용하기 위해 E6 셀을 클릭해 선택된 파란색 박스의 오른쪽 하단 모서리에 있는 [●] 모양에 마우스 커서를 올려 [+] 모양이 됐을 때 다시 클릭해 마우스에서 손을 떼지 않고 마지막 닉네임이 있는 AH6 셀까지 드래그합니다.

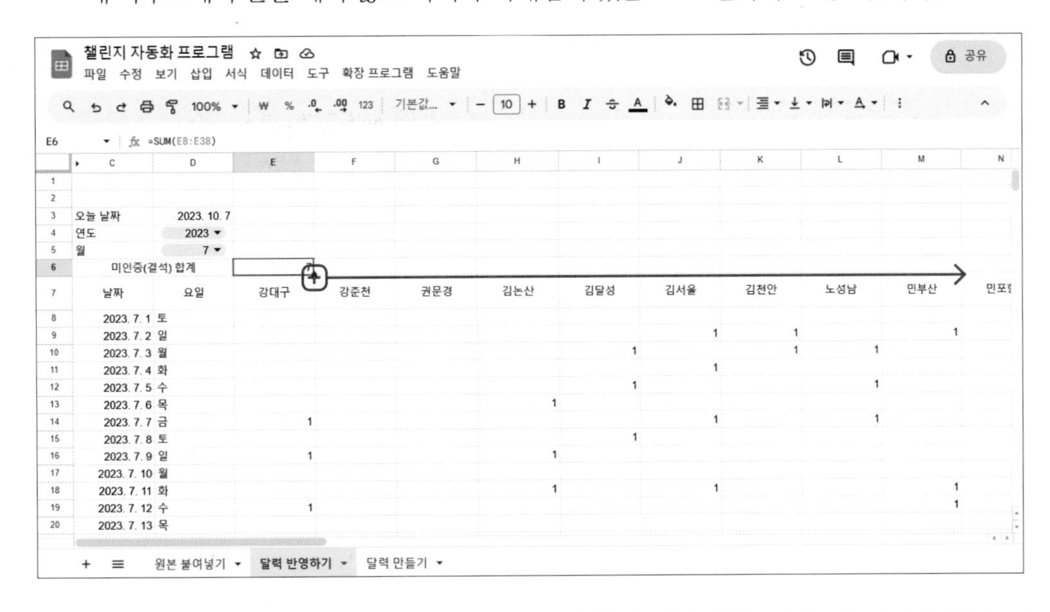

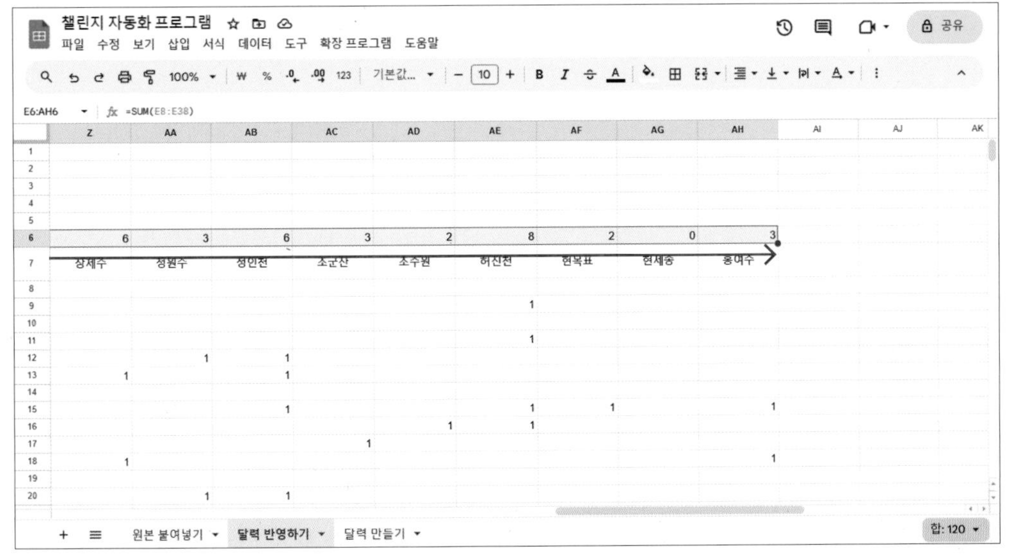

23 모든 참여자 목록에 SUM 수식이 적용돼 각 참여자별로 7월 한달 동안 미션 인증하지 않은 '미인증(결석) 합계'가 구해졌습니다. F6 셀, G6 셀은 '미인증(결석) 합계'가 '0'으로 나왔는데, 닉네임 '강춘천', '권문경' 님은 7월 한달 동안 미인증(결석)한 날이 없기 때문에 '0'이라고 표시된 것입니다. 이로써 챌린지 미션 인증 '자동화 프로그램'이 모두 완성됐습니다.

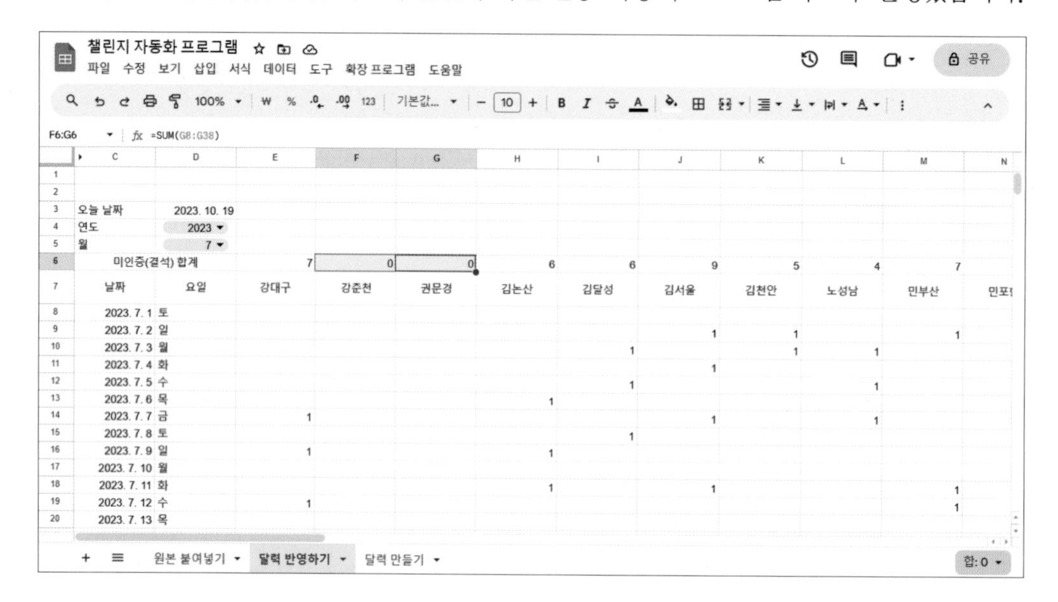

CHAPTER 05

미션 인증 자동화 프로그램의 구동 흐름 파악하기

4장에서 구글 스프레드시트 달력 만들기를 끝으로 미션 인증 자동화 프로그램을 완성했습니다. 프로그램을 만드는 과정은 어렵고 복잡해 보이지만, 딱 1번만 세팅해 놓으면 다시 만들 필요가 없기 때문에 수많은 데이터를 단 몇 초 만에 체크할 수 있습니다(챌린지 참여자가 많고 인증한 기간이 3개월처럼 긴 경우, 몇 분 정도 소요될 수 있습니다).

프로그램을 만들긴 했는데 어떻게 사용해야 하는지 아직 이해가 안 되는 분들을 위해 챌린지를 종료하고 미션 인증 체크를 하는 모든 과정을 설명하겠습니다.

미션 인증 데이터 자동화 프로그램(구글 시트)에 넣기

카카오톡 오픈 채팅방에서 챌린지를 운영하며 참여자들로부터 미션 인증한 데이터를 받습니다(30일~100일 챌린지가 종료되면 참여자들이 참가비로 지불한 금액 외에 보증금으로 지불한 금액을 미션 인증 체크해 환급해 줘야 합니다. 보증금 환급 및 미인증 시 차감 제도는 챌린지 모집 시에 꼭 안내합니다).

참여자들로부터 받은 미션 인증 데이터를 카카오톡 대화 내보내기 기능을 통해 다운로드하고 구글 스프레드시트로 만든 자동화 프로그램에 데이터를 넣어 반영합니다.

01 먼저 PC에서 카카오톡을 실행해 챌린지를 운영했던 오픈 채팅방을 엽니다. 오픈 채팅방 오른쪽 상단에 있는 [≡]을 클릭해 목록을 엽니다. [대화 내용] – [대화 내보내기]를 클릭해 오픈 채팅방에서 참여자들이 인증했던 모든 데이터(문자, 사진, 동영상, 링크 등)를 텍스트화해 내보내기합니다.

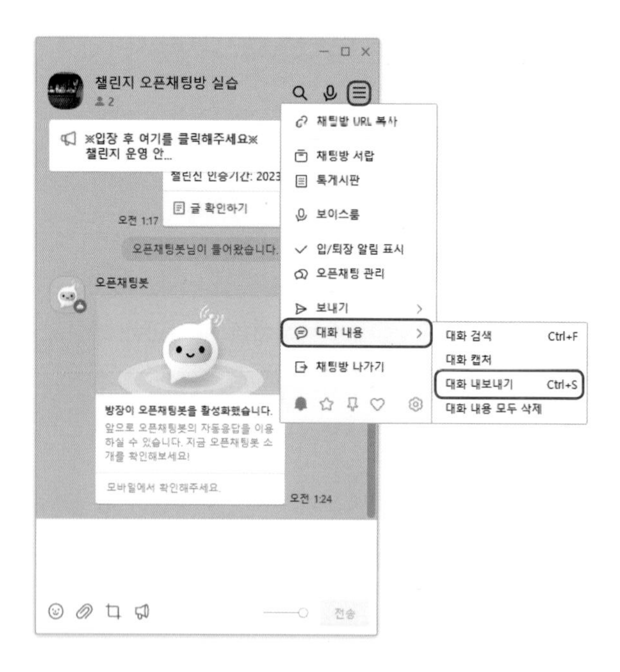

02 대화 내용은 텍스트 형태로 다운로드됩니다. 바탕화면 또는 폴더를 새로 만들어 저장 위치를 지정한 후 [저장]을 클릭합니다.

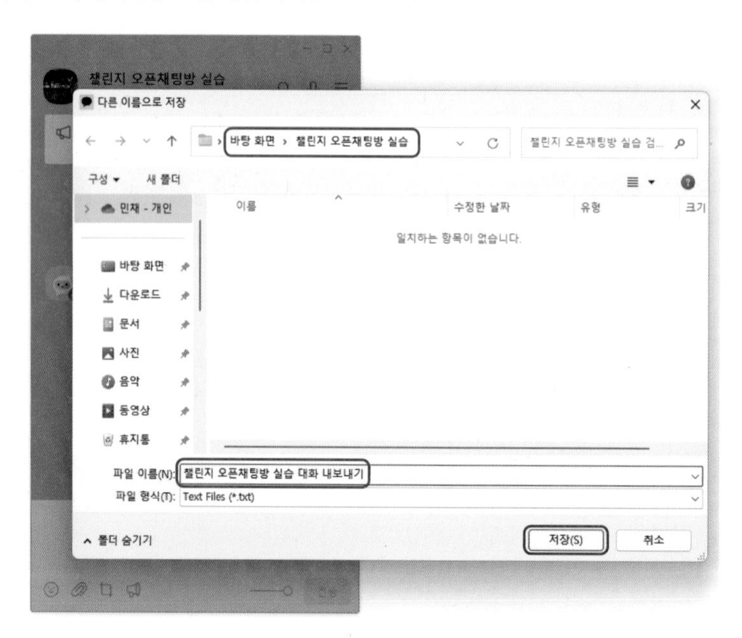

03 카카오톡 오픈 채팅방 [대화 내보내기]로 저장했던 파일을 더블클릭하면 메모장 파일이 열립니다. 메모장 파일의 데이터를 앞서 만들어 놓았던 구글 스프레드시트에 넣어 보겠습니다. 메모장 화면에서 Ctrl + A를 눌러 대화 내용 전체가 선택되도록 합니다. 이 상태에서 Ctrl + C를 눌러 전체 복사를 합니다.

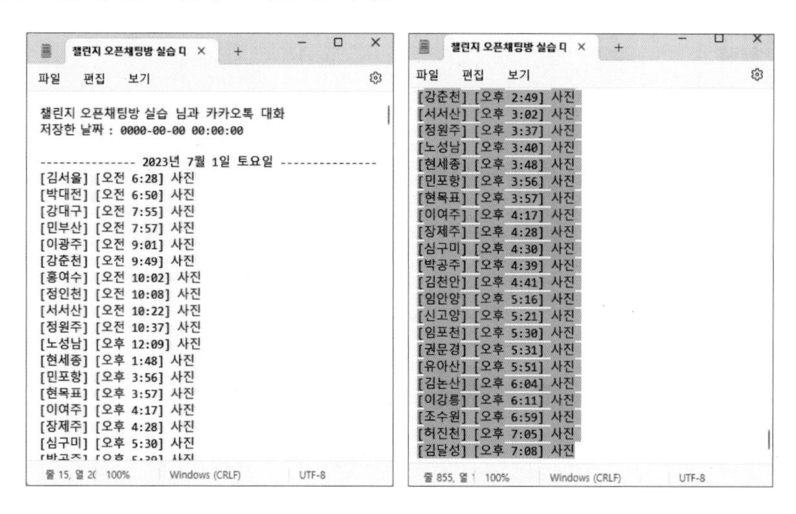

04 전체 복사된 데이터를 구글 스프레드시트에 삽입해야 하므로 앞서 미션 인증 자동화 프로그램을 만들었던 구글 스프레드시트를 엽니다.

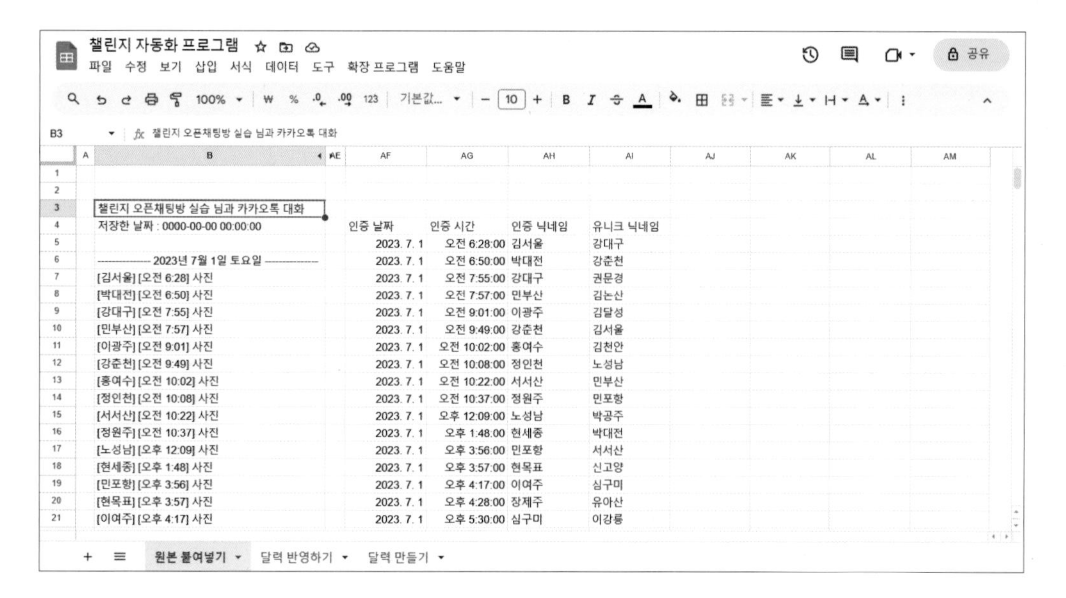

05 '원본 붙여넣기' 시트의 B3 셀부터 다운로드했던 데이터를 삽입해야 합니다. 기존에 입력해 놓았던 데이터를 지우기 전에 다른 셀에 붙여넣기하지 않도록 B3 셀을 클릭해 [채우기 색상]으로 구별하기 쉽게 색을 넣습니다.

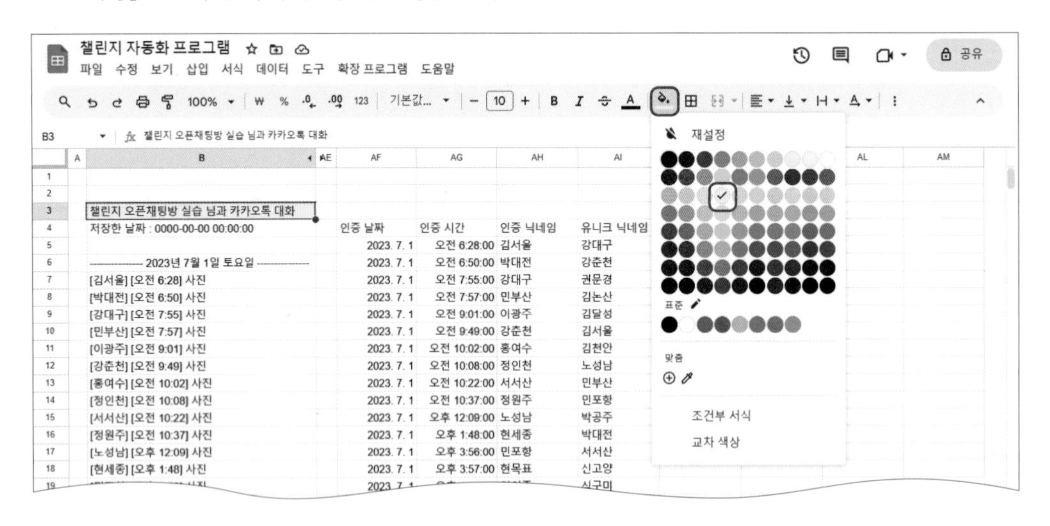

06 B열의 머리글을 클릭해 B열을 전체 선택한 후 Del을 눌러 전체 데이터를 삭제합니다. 삭제하면 오른쪽 상단에 '수식 계산 중'이라는 파란색 바가 보입니다. 다른 셀들에 많은 수식이 연결돼 있기 때문에 원본 데이터를 삭제하므로 결괏값이 바뀌게 돼 수식이 다시 계산되는 과정입니다. 수식 계산이 완료되면 '인증 날짜, '인증 시간', '인증 닉네임', '유니크 닉네임'에 '#N/A'가 나타납니다.

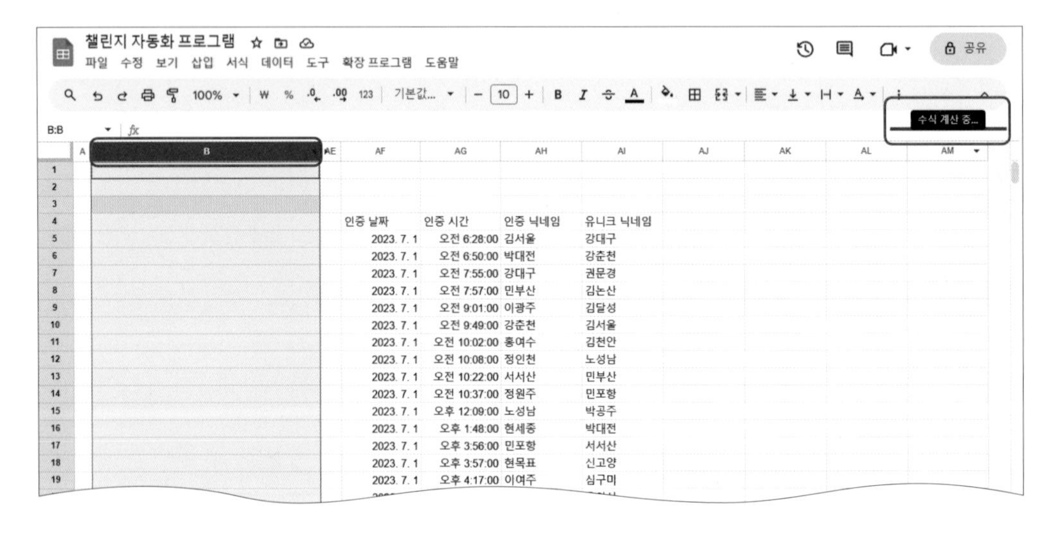

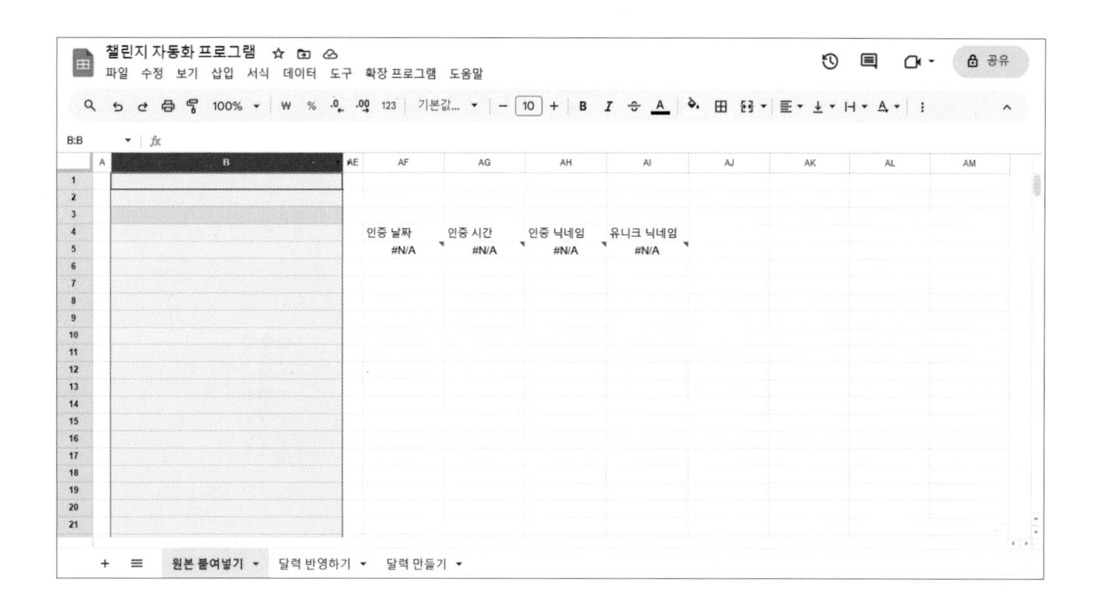

07 이제 메모장에서 전체 복사했던 데이터를 B3 셀에서 한 번만 클릭한 후 Ctrl + V를 눌러 붙여넣기합니다. 오른쪽 상단에 '수식 계산 중'이라는 파란색 바가 움직이며 방금 넣은 원본 데이터가 반영돼 수식이 계산되고 있는 것을 확인할 수 있습니다. 조금만 기다리면 수식 계산이 완료됩니다. 원본 데이터를 넣고 불과 몇 초(참여자와 인증 데이터가 많다면 몇 분 소요) 만에 미션 인증 체크가 자동으로 됩니다. 지금까지 카카오톡 오픈 채팅방에서 챌린지 미션 인증 데이터를 다운로드하고 다운로드한 데이터를 복사해 구글 스프레드시트로 만든 자동화 프로그램에 붙여넣기해 봤습니다.

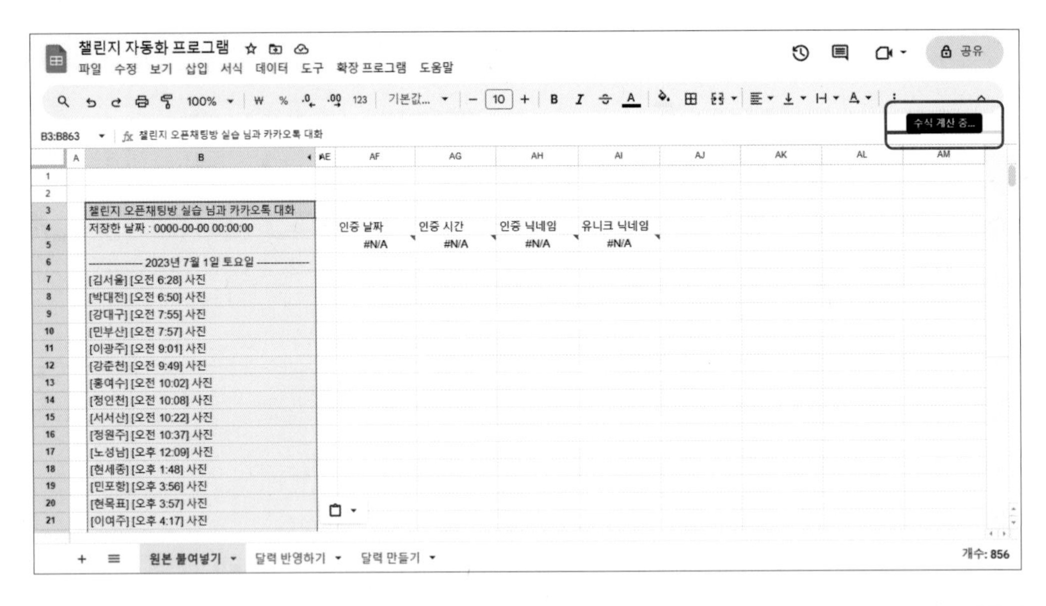
챌린지 자동화 프로그램
파일 수정 보기 삽입 서식 데이터 도구 확장 프로그램 도움말
공유
수식 계산 중...
B3:B863
챌린지 오픈채팅방 실습 님과 카카오톡 대화
챌린지 오픈채팅방 실습 님과 카카오톡 대화
저장한 날짜 : 0000-00-00 00:00:00
--------------- 2023년 7월 1일 토요일 ---------------
[김서울] [오전 6:28] 사진
[박대전] [오전 6:50] 사진
[강대구] [오전 7:55] 사진
[민부산] [오전 7:57] 사진
[이광주] [오전 9:01] 사진
[강춘천] [오전 9:49] 사진
[홍여수] [오전 10:02] 사진
[정인천] [오전 10:08] 사진
[서서산] [오전 10:22] 사진
[정원주] [오전 10:37] 사진
[노성남] [오후 12:09] 사진
[현세종] [오후 1:48] 사진
[민포항] [오후 3:56] 사진
[현목표] [오후 3:57] 사진
[이여주] [오후 4:17] 사진
인증 날짜 인증 시간 인증 닉네임 유니크 닉네임
#N/A #N/A #N/A #N/A
원본 붙여넣기 달력 반영하기 달력 만들기
개수: 856

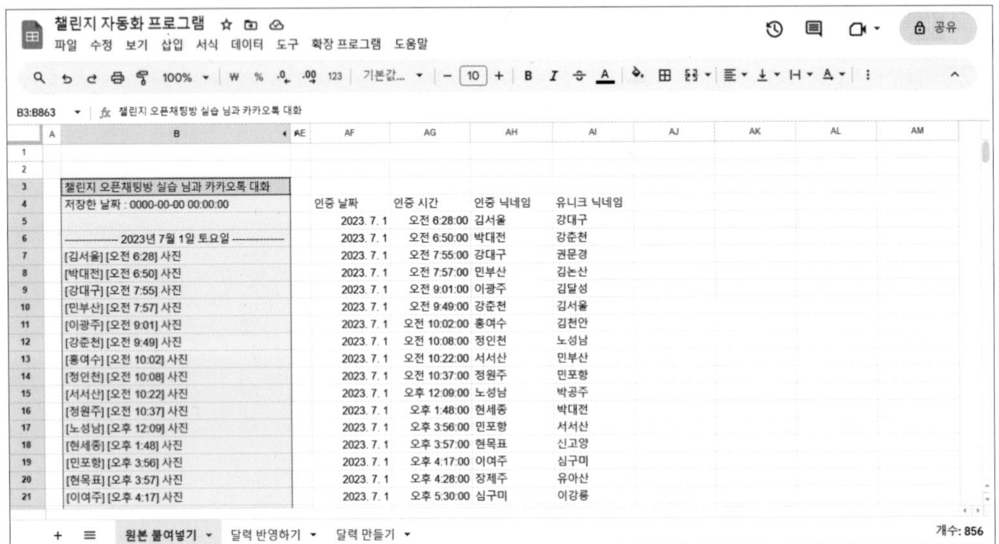
챌린지 자동화 프로그램
파일 수정 보기 삽입 서식 데이터 도구 확장 프로그램 도움말
공유
B3:B863
챌린지 오픈채팅방 실습 님과 카카오톡 대화
인증 날짜 인증 시간 인증 닉네임 유니크 닉네임
2023. 7. 1 오전 6:28:00 김서울 강대구
2023. 7. 1 오전 6:50:00 박대전 강춘천
2023. 7. 1 오전 7:55:00 강대구 권문경
2023. 7. 1 오전 7:57:00 민부산 김논산
2023. 7. 1 오전 9:01:00 이광주 김달성
2023. 7. 1 오전 9:49:00 강춘천 김서울
2023. 7. 1 오전 10:02:00 홍여수 김천안
2023. 7. 1 오전 10:08:00 정인천 노성남
2023. 7. 1 오전 10:22:00 서서산 민부산
2023. 7. 1 오전 10:37:00 정원주 민포항
2023. 7. 1 오후 12:09:00 노성남 박공주
2023. 7. 1 오후 1:48:00 현세종 박대전
2023. 7. 1 오후 3:56:00 민포항 서서산
2023. 7. 1 오후 3:57:00 현목표 신고양
2023. 7. 1 오후 4:17:00 이여주 심구미
2023. 7. 1 오후 4:28:00 장제주 유아산
2023. 7. 1 오후 5:30:00 심구미 이강릉
원본 붙여넣기 달력 반영하기 달력 만들기
개수: 856

챌린지 미션 인증/미인증 결과 확인하기

앞서 자동화 프로그램의 '원본 붙여넣기' 시트에 미션 인증 데이터를 넣었습니다. 이제 '달력 반영하기' 시트에서 '인증/미인증'의 결과를 확인해야 합니다. 챌린지가 종료되는 시점에 인증 및 미인증 확인된 상태에서 미션 100% 성공자를 발표하고 미인증(결석)한 분들은 보증금 환급 시 차감해야 할 내역을 안내해야 하기 때문에 결괏값이 잘 나왔는지 확인합니다.

01 [달력 반영하기] 시트를 클릭합니다. 원본 데이터가 잘 반영돼 '미인증(결석) 합계'가 나온 것을 확인할 수 있습니다. 닉네임 '강대구' 님은 미인증(결석) 합계가 '7'인 것으로 미뤄 보아 2023년 7월 한달 동안 총 7번 미션 인증에 실패한 것을 알 수 있습니다.

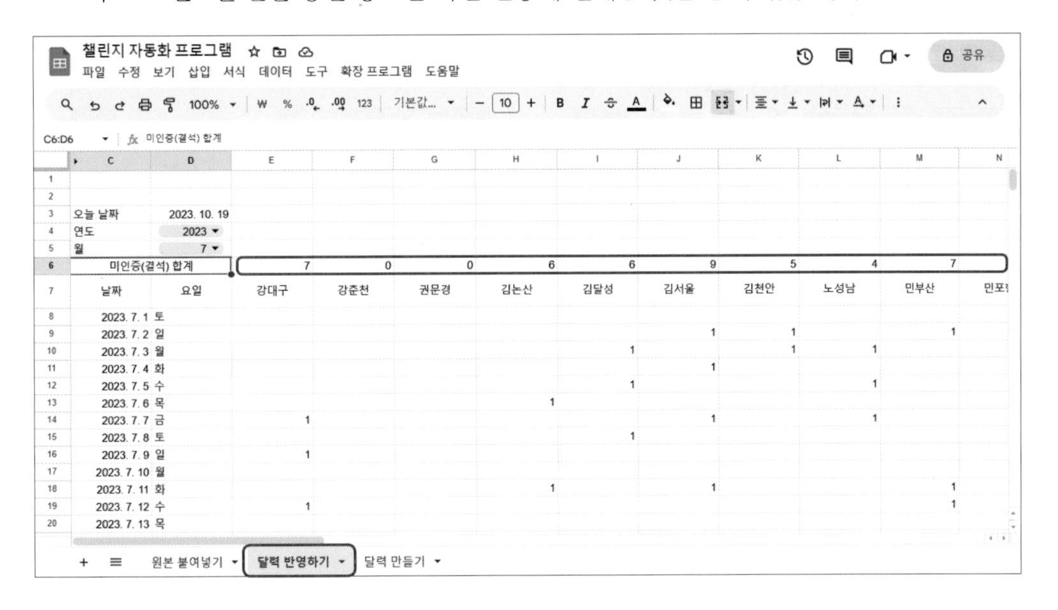

02 참여자 목록은 가로로 나열되기 때문에 앞부분의 결괏값만 확인하지 말고 하단에 있는 스크롤을 오른쪽으로 이동시켜 뒷부분의 결괏값도 잘 나왔는지 확인해야 합니다. 마지막 닉네임 '홍여수'님의 결괏값은 '3'으로 7월 한달 동안 총 3번 미션 인증에 실패한 것을 알 수 있습니다. 옆에 있는 닉네임 '현세종' 님은 결괏값이 '0'으로 7월 한달 동안 결석 없이 100% 미션 인증에 성공했습니다. 구글 스프레드시트로 미션 인증 '자동화 프로그램'을 단 1번만 세팅해 놓으면 이렇게 편리하고 정확하게 미션 인증 체크를 할 수 있습니다.

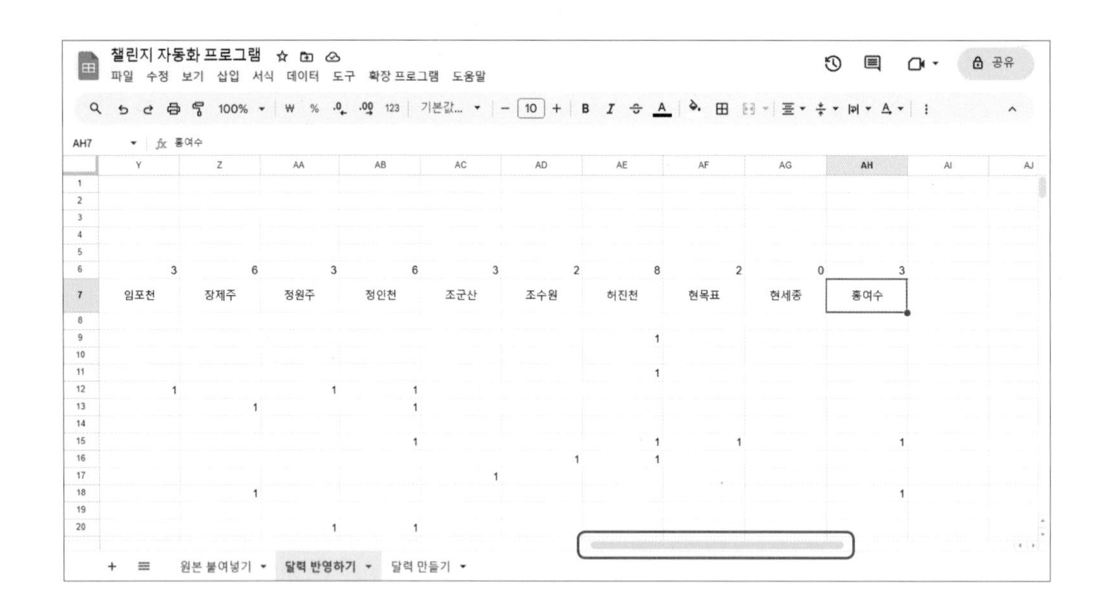

챌린지 마무리하기(미션 인증 전일 성공 인원 발표 및 보증금 환급)

챌린지를 마무리하려면 미션 인증 전일(100%) 성공 인원을 정리해 챌린지 오픈 채팅방에서 발표하고 챌린지 참여자들이 참가할 때 지불했던 보증금을 환급해 줘야 합니다.

보증금을 환급할 때는 미션 인증 전일(100%) 성공자에게는 보증금 전액을 환급해 주고 앞서 '미인증(결석) 합계' 결과를 참고해 보증금에서 '미인증(결석)' 횟수만큼 차감해 환급합니다(예를 들어, 보증금이 10,000원 또는 100,000원인 경우, 1회 미인증 시 1,000원 또는 10,000원을 차감합니다. 금액은 설정은 자율이며 보증금 환급 및 차감에 대해서는 챌린지를 시작할 때 꼭 안내합니다).

01 미션 인증 전일(100%) 성공자 발표를 하기 위해 [달력 반영하기] 시트의 '미인증(결석) 합계'가 '0'으로 나온 참여자를 메모장에 적습니다.

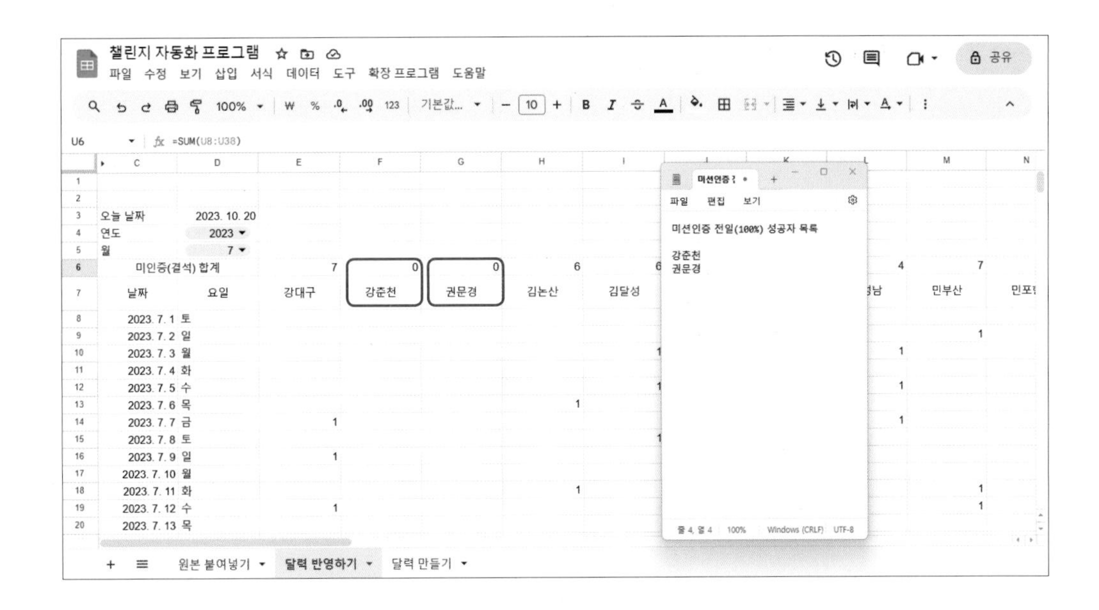

02 '달력 반영하기' 시트 하단에 있는 스크롤을 오른쪽으로 이동하면서 미션 인증 전일(100%) 성공자가 있는지 확인합니다.

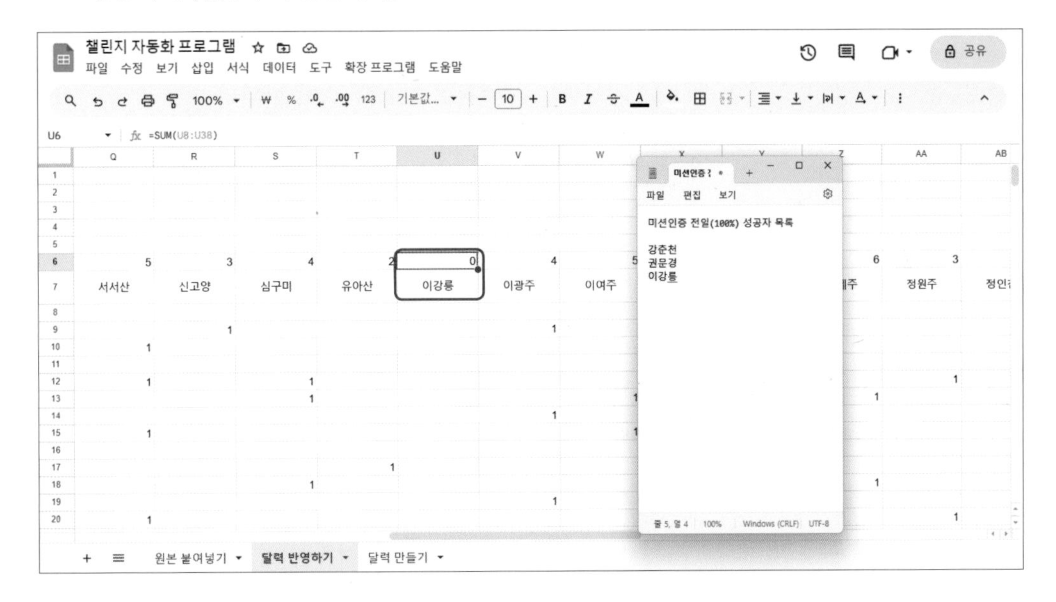

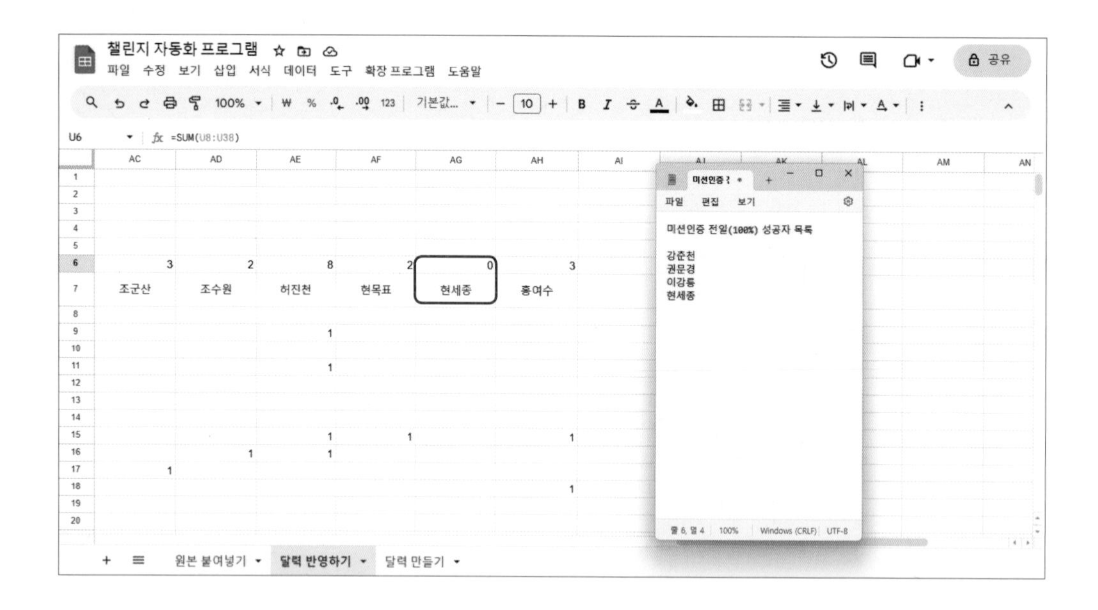

이렇게 작성된 '미션 인증 전일(100%) 성공자' 목록을 복사해 챌린지를 운영했던 오픈 채팅방에 붙여넣기하고 전송합니다. 전일(100%) 성공을 축하하며(이벤트로 소정의 상금 및 선물을 준비해도 좋습니다.), 전일(100%) 성공하지 못한 참여자들에게도 '그간 미션 인증하며 서로에게 많은 힘이 돼 주고 끝까지 함께해 주셔서 감사하다'라는 인사를 전합니다.

혹시 미션 인증 체크된 것에 이의를 제기하는 분이 있다면 해당 닉네임의 '미인증'된 내역을 캡처 및 복사해 개별적으로 안내해 주면 됩니다(주로 미션 인증 종료 시간대에 급하게 인증하시는 분들의 개인 착오가 많습니다).

보증금을 환급할 때는 미션 인증 전일(100%) 성공자에게는 보증금 전액을 환급해 주고 앞서 '미인증(결석) 합계' 결과를 참고해 보증금에서 '미인증(결석)' 횟수만큼 차감해 환급합니다(보증금이 10,000원 또는 100,000원인 경우, 1회 미인증 시 1,000원 또는 10,000원을 차감합니다. 보증금 환급 및 차감에 대해서는 챌린지를 시작할 때 꼭 안내합니다).

이렇게 보증금 환급까지 모두 마치면 챌린지가 종료돼 마무리됩니다. 자동화 프로그램을 사용하는 전체적인 흐름을 파악하는 데 많은 도움이 되었을 것이라고 확신합니다. 앞으로 다양한 챌린지(도전)를 함께하는 행복을 느낄 수 있을 것입니다.

PART

05

챌린지를 통해 변화되는 것

챌린지를 함으로써 가장 크게 변화되는 것은 바로 자기 자신입니다. 다른 사람을 돕기 위해 시작할 수 있지만 결과적으로 챌린지를 실행한 본인에게 더 크게 성장할 수 있는 시간이 되며 좋은 결과물을 얻게 됩니다. 필자가 챌린지를 하며 삶을 살아가는 데 있어 변화된 것들을 공유해 봅니다.

CHAPTER

01 선택하는 삶

첫째, '선택'하는 삶을 살아갈 수 있습니다. 필자는 챌린지를 하기 전과 후로 많은 것이 바뀌었습니다. 도전하는 삶을 산다는 것은 내가 주체자로써 내 삶을 직접 그리며 선택할 수 있는 것입니다.

과거에 선택당하는 삶을 살았다면 현재는 선택하는 삶을 살고 있습니다. 필자는 이루고 싶은 목표나 원하는 것이 있으면 종이를 꺼냅니다. 흰색 종이를 꺼내 글로 써보고 그려보며 상상합니다. 처음에는 너무 어색하고 부끄러웠지만 매일 할수록 꿈이 선명해지고 실제로 종이에 적은 것을 직접 하고 있거나 갖고 있는 모습을 발견합니다. 이루고 싶거나 원하는 것을 '선택'해 종이에 적으면 스스로에게 각인시키고 '할 수 있다.'는 다짐에서 '해냈다.'라는 성취의 과정을 나도 모르는 사이에 느끼게 될 것입니다. 그냥 보면 아무것도 아닌 '선택'이라는 단어는 삶을 살아가는데 있어 방향성을 다시 잡을 수 있게 만들어줍니다.

우리는 오늘도 많은것을 선택하며 살아갑니다. 인간은 하루에도 수십~수백 개의 선택을 하는데 그 선택을 '상황이 선택하게 만든 것'인지, 정말 '내가 선택한 것'인지 생각해 보면 좋겠습니다.

자신의 미래는 온전히 오늘의 선택에 달려 있다고 생각합니다. 즉, '성공한 미래의 나', '가족과 행복한 시간을 보내고 있는 나'의 원하는 모습 또한 지금의 내가 선택하고 만들어 나갈 수 있습니다.

현재의 '나'는 과거의 내가 만든 것이기 때문에 미래의 '나'는 현재의 내가 만들어 나가는 것입니다. 삶은 선택의 연속입니다. 그 선택은 좋고, 나쁘고를 떠나 내가 스스로 선택했다는 것에 의미를 둬야겠습니다.

선택할 수 있는 좋은 기회를 놓치지 않기 위해서는 끊임 없이 도전하고 지식과 경험을 습득해야 합니다. 우리가 배우는 이유는 단지 지식 창고에 숨겨 두려는 것이 아닙니다. 기회가 왔을 때 그것을 놓치지 않기 위해 그리고 배운 것으로 더 좋은 선택을 하기 위해 배우는 것입니다. 자신의 미래는 현재 내가 하는 선택들로 인해 만들어진다는 것을 잊지 않길 바랍니다.

도전하지 않았다면 미처 볼 수 없었던 것들이 많습니다. 도전을 하면서 많은 것을 겪고 배우며 선택하는 삶을 살아갈 수 있습니다.

CHAPTER

02 나를 향한 믿음

'나'를 향한 믿음이 깊어집니다. 도전 의식을 갖고 수많은 챌린지(도전)를 하며 결과물을 얻고 성취감이 쌓이면 '나'에 대한 신뢰도가 높아집니다. 모두가 한 번쯤은 과거에 이런 생각을 해 본 적이 있을 것입니다.

'성공한 사람들은 운이 좋거나, 능력을 타고나서…'

필자 역시 20대 초반 사회 생활을 처으 ㅁ시작할 때 외부로부터 상처를 받을 때면 성공한 자리에 있는 사람을 부러워하거나, 나와는 다른 세계 사람이라고 생각했습니다. 하지만 지금은 그들을 부러워하기보다 내 삶에 더 집중하고 앞으로 미래를 그리며 주체적으로 살고 있습니다.

하늘이 무너져도 솟아날 구멍은 있고 내일의 태양은 뜹니다. 미래를 꿈꿀 수 있다는 것은 정말 행복한 일이 아닐 수 없습니다. 삶의 과정 속에서 언제나 성공만 할 수 없겠지만, 실패와 고난을 마주한다면 내 탓으로 돌리지 않고 스스로를 믿으며 '어떻게', '무엇을' 할 수 있는지 해결책을 찾는 데 집중해야 합니다.

힘든 일이 닥치거나 누군가 나를 불편하게 할 때 '미래의 꿈꾸는 모습'과 '내가 원하는 것'을 머릿속에서 꺼내 '나'에게 집중하면 다시 평온해지고 행복해집니다.

필자는 어제보다 더 나은 오늘을 살기 위해 하루를 열정적으로 보냅니다. 무조건 성공할 수 밖에 없다고 생각합니다. 그만큼 의지는 단단해지고 모진 풍파를 마주했을 때도 다시 빛을 낼 수 있다고 믿습니다.

작은 불씨는 스치는 바람결에도 쉽게 꺼집니다. 하지만 자신에 대한 믿음과 열정이 모여 큰 불꽃이 되면 스치는 바람결에도 쉽사리 꺼지지 않습니다. 그만큼 우리는 스스로에 대한 강렬하고 굳건한 믿음과 열망을 가져야 합니다. 누구나 힘든 시기를 겪기 마련입니다. 그 시기를 잘 버티고 앞으로 나아가기 위해서는 불꽃이 꺼지지 않아야 합니다.

독자 여러분 모두 가치가 있는 사람이며 성공의 그 과정 속에 있습니다. 내가 나를 믿으면 세상이 나를 믿는 날이 옵니다. 우리 모두가 무한한 잠재력과 능력을 갖고 있습니다.

CHAPTER 03

생각하는 힘과 긍정 마인드

'생각'하는 힘과 '긍정' 마인드가 생깁니다. 챌린지(도전)를 하면서 여러 가지 문제에 맞닥뜨리게 되고 이를 극복해 나가는 과정에서 마인드의 변화가 일어납니다.

회사 생활을 할 때 일입니다. 바로 옆자리 직원은 평범하지 않은 언행들로 온갖 스트레스를 가져다 주었습니다.
회사에 가면 나도 모르게 오로지 그에게 모든 신경이 집중됐습니다. 마치 그가 나에게 언제쯤 스트레스를 줄 것인가를 기다리는 사람처럼 말입니다.
어느 날은 출근하러 집을 나서는 순간부터 그가 내게 줄 스트레스들이 걱정됐습니다.
'오늘은 이러면 어쩌지? 저러면 어쩌지?' 등 등
온갖 것들이 출근 전부터 머리 속에 떠올라서 숨이 턱턱 막혔습니다.
맞습니다. 미리부터 분노와 스트레스를 생각하고 그것을 체험한 것이었습니다. 그렇게 며칠이 지속되자 회사 생활이 너무 힘들어졌습니다. 그래서 '생각'을 바꿨습니다.

스트레스는 언제든지 찾아올 수 있지만, 그가 내게 스트레스를 줄 때마다 내가 원하는 생각들을 하려고 했습니다. 원하는 것을 이룬 모습을 떠올렸습니다. 그 날의 공기, 내 모습, 내 주변의 모든 것을 그렸습니다.

그렇게 스트레스를 줄이고 내가 원하는 생각에 집중하니 그가 점점 눈에 띄지 않게 됐습니다. 그리고 다시 집중할 수 있는 힘이 생겼습니다. 이렇듯 우리는 원하는 '생각'을 할 수 있고 그 생각대로 느끼며 경험할 수 있습니다.

『인생을 대하는 우리의 자세, 여덟 단어』 중 한 구절입니다.

"파리가 아름다운 이유는 거기에서 3일밖에 머물지 못하기 때문이야. 마음의 문제야. 그러니까 생활할 때 여행처럼 해."

우리가 뿜어 내는 에너지는 어떤 생각과 어떤(부정/긍정) 마인드로 행동하느냐에 따라 바뀝니다. 타인이 구속하는 세상 속에 나를 가두고 부정적인 시각과 마인드로 세상을 바라보면 세상은 암흑 그 자체일 것입니다. 반면, 도전을 통해 내가 스스로(주체적인) '생각'하는 힘을 기르고 '긍정'적인 시각과 마인드로 세상을 바라보면 꿈꾸던 세상 속에서 살게 되는 것입니다.

여러분은 어떤 '생각'을 하며 어떤 '마인드'로 세상을 바라보고 계신지요?

에필로그

세상은 넓고 성공의 기회와 방법은 많다. 오로지 '원하는 것'에 집중한다.

'적을 알면 백전백승'이라는 말이 있습니다. 하지만 자기 자신조차 명확하게 알지 못할 때가 있습니다. 여행을 가기 전 루트를 파악하고 명소를 표시해가며 계획을 세웁니다. 또는 시험 날짜가 잡혔을 때 공부해야 할 범위를 정하고 오답노트를 적어가며 세밀한 공부 계획을 세웁니다.
'시험에 대비하는 공부 계획마저도 열심히 세우는데 원하는 삶의 계획은 너무 안일하게 세웠던 것이 아닐까?'
필자는 나태해지려고 할 때 스스로에게 묻습니다.
우리는 내 인생에 대한 계획도 철저히 준비해야 합니다. 오래오래 건강하고 부자가 되길 원하는 것은 너무 막연합니다. 내가 무엇을 원하고 어떤 삶을 살고 싶으며 무슨 일을 하고 싶은지 좀 더 명확히 정할 필요가 있습니다.
한 번쯤은 자기가 원하는 것을 이룬 모습을 상상하거나 여유로운 삶을 보내고 있는 자신의 모습을 상상해 봤을 것입니다.
필자는 하루에도 열 번 또는 한 시간 이상 원하는 것을 명확하게 이룬 내 모습을 상상하며 시각화하는 시간을 갖습니다. 이렇게 하면 내가 원하는 모습이 점점 또렷해지고 현실로 다가올 것입니다. 오로지 '원하는 것'에 집중합니다. 미래의 '나'는 오늘의 내가 만들어 나가는 것입니다.
사회생활을 하다 보면 내 의지와 달리 '나'를 흘려 보낼 때가 있습니다. 그저 환경 속에 나를 밀어 넣고 일과에 충실한 시간을 보내며 하루를 마무리합니다. 필자를 포함한 모든 직장인이 느끼는 감정일 것입니다. 그래서 필자는 퇴근한 후 또는 주말에 나만의 세상을 만들려고 노력합니다. 주로 '나'를 찾고 '나'와 대화하는 시간을 갖습니다.
"내가 진짜 원하는 것은 뭘까?"
"나는 무엇을 하면 행복할까?"
"내가 꿈꾸는 미래 모습은 무엇일까?"
질문을 던지는 순간, 우리 뇌는 질문에 대한 답을 찾으려고 합니다. 모든 질문의 끝은 자신이 가고 싶은 곳을 가리킬 것입니다. 자신의 무한한 잠재력을 믿고 제한 신념을 없애고 오로지 '원하는 것'에 집중하는 삶을 살아가는 독자의 밝은 미래를 응원하겠습니다.

찾아보기